Diogenes Taschenbuch 140/2

Arthur Schopenhauer

Zürcher Ausgabe

Werke in zehn Bänden

Band II

Non multa
[Nicht vielerlei]

Der Text folgt der
historisch-kritischen Ausgabe von Arthur Hübscher
(3. Auflage, Brockhaus, Wiesbaden 1972)
Die editorischen Materialien
besorgte Angelika Hübscher
Redaktion von Claudia Schmölders,
Fritz Senn und Gerd Haffmans

Die Welt als Wille und Vorstellung.

Von Arthur Schopenhauer.

Erster Band.

Zweiter Teilband.

Diogenes

Diese Ausgabe erscheint mit Förderung
der Schopenhauer-Gesellschaft e. V. und des Schopenhauer-Archivs
(Sitz: Frankfurt am Main).

Ein Glossar der wichtigsten wissenschaftlichen Begriffe
und Fremdwörter findet sich jeweils im Anhang
der Bände IV, VI und X.
Nachbemerkungen von Angelika Hübscher zur *Welt als Wille und Vorstellung*, zu den *Kleineren Schriften* und *Parerga und Paralipomena* jeweils am Schluß der einzelnen Bände.
Ein Namenregister am Schluß des X. Bandes.

Umschlag: Arthur Schopenhauer,
nach einem Gemälde von Ludwig Sigismund Ruhl, 1815.

40/80/8/3
ISBN 3 257 20422 1

Viertes Buch.

Der Welt als Wille zweite Betrachtung:

Bei erreichter Selbsterkenntniß Bejahung und Verneinung des Willens zum Leben.

Tempore quo cognitio simul advenit, amor e medio supersurrexit.
[Zur Zeit, da die Erkenntnis sich einstellte,
hob sich die Begierde von dannen.]
Oupnek'hat, studio Anquetil Duperron, vol. II, p. 216.

§ 53.

Der letzte Theil unserer Betrachtung kündigt sich als der ernsteste an, da er die Handlungen der Menschen betrifft, den Gegenstand, der Jeden unmittelbar angeht, Niemanden fremd oder gleichgültig seyn kann, ja, auf welchen alles Andere zu beziehn, der Natur des Menschen so gemäß ist, daß er, bei jeder zusammenhängenden Untersuchung, den auf das Thun sich beziehenden Theil derselben immer als das Resultat ihres gesammten Inhalts, wenigstens sofern ihn derselbe interessirt, betrachten und daher diesem Theil, wenn auch sonst keinem andern, ernsthafte Aufmerksamkeit widmen wird. – In der angegebenen Beziehung würde man, nach der gewöhnlichen Art sich auszudrücken, den jetzt folgenden Theil unserer Betrachtung die praktische Philosophie, im Gegensatz der bisher abgehandelten theoretischen, nennen. Meiner Meinung nach aber ist alle Philosophie immer theoretisch, indem es ihr wesentlich ist, sich, was auch immer der nächste Gegenstand der Untersuchung sei, stets rein betrachtend zu verhalten und zu forschen, nicht vorzuschreiben. Hingegen praktisch zu werden, das Handeln zu leiten, den Charakter umzuschaffen, sind alte Ansprüche, die sie, bei gereifter Einsicht, endlich aufgeben sollte. Denn hier, wo es den Werth oder Unwerth eines Daseyns, wo es Heil oder Verdammniß gilt, geben nicht ihre todten Begriffe den Ausschlag, sondern das innerste Wesen des Menschen selbst, der Dämon, der ihn leitet und der nicht ihn, sondern den er selbst gewählt hat, – wie Plato spricht, – sein intelligibler Charakter, – wie Kant sich ausdrückt. Die Tugend wird nicht gelehrt, so wenig wie der Genius: ja, für sie ist der Begriff so unfruchtbar und nur als Werkzeug zu gebrauchen, wie er es für die Kunst ist. Wir würden daher eben so thöricht seyn, zu erwarten, daß unsere Moralsysteme und Ethiken Tugendhafte, Edle und Heilige, als daß unsere Aesthetiken Dichter, Bildner und Musiker erweckten.

Die Philosophie kann nirgends mehr thun, als das Vorhandene deuten und erklären, das Wesen der Welt, welches *in concreto*, d. h. als Gefühl, Jedem verständlich sich ausspricht, zur deutlichen, abstrakten Erkenntniß der Vernunft bringen, Dieses aber in jeder möglichen Beziehung und von jedem Gesichtspunkt aus. Wie nun Dasselbe, in den drei vorhergegangenen Büchern, in der der Philosophie eigenthümlichen Allgemeinheit, von andern Gesichtspunkten aus zu leisten gesucht wurde; so soll im gegenwärtigen Buch auf gleiche Weise das Handeln des Menschen betrachtet werden; welche Seite der Welt wohl nicht nur, wie ich vorhin bemerkte, nach subjektivem, sondern auch nach objektivem Urtheil, als die wichtigste von allen befunden werden möchte. Ich werde dabei unserer bisherigen Betrachtungsweise völlig getreu bleiben, auf das bisher Vorgetragene als Voraussetzung mich stützen, ja eigentlich nur den einen Gedanken, welcher der Inhalt dieser ganzen Schrift ist, wie bisher an allen andern Gegenständen, jetzt eben so am Handeln des Menschen entwickeln und damit das Letzte thun, was ich vermag zu einer möglichst vollständigen Mittheilung desselben.

Der gegebene Gesichtspunkt und die angekündigte Behandlungsweise geben es schon an die Hand, daß man in diesem ethischen Buche keine Vorschriften, keine Pflichtenlehre zu erwarten hat; noch weniger soll ein allgemeines Moral-Princip, gleichsam ein Universal-Recept zur Hervorbringung aller Tugenden angegeben werden. Auch werden wir von keinem »unbedingten Sollen« reden, weil solches, wie im Anhang ausgeführt, einen Widerspruch enthält, noch auch von einem »Gesetz für die Freiheit«, welches sich im selben Fall befindet. Wir werden überhaupt ganz und gar nicht von Sollen reden: denn so redet man zu Kindern und zu Völkern in ihrer Kindheit, nicht aber zu Denen, welche die ganze Bildung einer mündig gewordenen Zeit sich angeeignet haben. Es ist doch wohl handgreiflicher Widerspruch, den Willen frei zu nennen und doch ihm Gesetze vorzuschreiben, nach denen er wollen soll: – »wollen soll« – hölzernes Eisen! In Folge unserer ganzen Ansicht aber ist der Wille nicht nur frei, sondern sogar allmächtig: aus ihm ist nicht nur sein Handeln, sondern auch seine Welt; und wie er ist, so erscheint sein Handeln, so erscheint seine Welt: seine Selbsterkenntniß sind Beide und sonst nichts: er bestimmt sich und eben damit Beide: denn außer ihm ist nichts, und sie sind er selbst: nur so ist er wahrhaft autonomisch; nach jeder andern Ansicht aber heteronomisch. Unser philosophisches Bestreben kann bloß dahin gehn, das Handeln des Menschen, die so verschiedenen, ja entgegengesetzten Maximen, deren lebendiger Ausdruck es ist, zu deuten und zu erklären, ihrem innersten Wesen und Gehalt nach, im Zusammenhang mit unserer bisherigen Betrachtung und gerade so, wie wir bisher die übrigen Erscheinungen der Welt zu deuten, ihr innerstes Wesen zur deutlichen, abstrakten Erkenntniß zu bringen gesucht haben. Unsere Philosophie wird dabei die selbe Immanenz behaupten, wie in der ganzen bisherigen Betrachtung: sie wird nicht, Kants großer Lehre zuwider, die Formen der Erscheinung, deren allgemeiner Ausdruck der Satz vom Grunde ist, als einen Springstock gebrauchen wollen, um damit die allein ihnen Bedeutung gebende Erscheinung selbst zu überfliegen und im gränzenlosen Gebiet leerer Fiktionen zu landen. Sondern diese wirkliche Welt der Erkennbarkeit, in der wir sind und die in uns ist, bleibt, wie der Stoff, so auch die Gränze unserer Betrachtung: sie, die so gehaltreich ist, daß auch die tiefste Forschung, deren der menschliche Geist fähig wäre, sie nicht erschöpfen könnte. Weil nun also die wirkliche, erkennbare Welt es auch unsern ethischen Betrachtungen, so wenig als den vorhergegangenen, nie an Stoff und Realität fehlen lassen wird; so werden wir nichts weniger nöthig haben, als zu inhaltsleeren, negativen Begriffen unsere Zuflucht zu nehmen, und dann etwan gar uns selbst glauben zu machen, wir sagten etwas, wenn wir, mit hohen Augenbrauen, vom »Absoluten«, vom »Unendlichen«, vom »Uebersinnlichen«, und was dergleichen bloße Negationen mehr sind (ουδεν εστι, η το της στερησεως ονομα, μετα αμυδρας επινοιας. – *nihil est, nisi negationis nomen, cum obscura notione.* [Es ist nichts als ein negativer Ausdruck, verbunden mit einer unklaren Vorstellung] *Jul.[ianus], or[ationes]* 5), statt deren man kürzer Wolkenkukuksheim (νεφελοκοκκυγια) sagen könnte, redeten: zugedeckte, leere Schüsseln dieser Art werden wir nicht aufzutischen brauchen. – Endlich werden wir auch hier so wenig, wie im Bisherigen, Geschichten erzählen und solche für Philosophie ausgeben. Denn wir sind der Meinung, daß Jeder noch himmelweit von einer philosophischen Erkenntniß der Welt entfernt ist, der vermeint, das Wesen derselben irgendwie, und sei es noch so fein bemäntelt, historisch fassen zu können; welches aber der Fall ist, sobald in seiner Ansicht des Wesens an sich der Welt irgend ein

Werden, oder Gewordenseyn, oder Werdenwerden sich vorfindet, irgend ein Früher oder Später die mindeste Bedeutung hat und folglich, deutlich oder versteckt, ein Anfangs- und ein Endpunkt der Welt, nebst dem Wege zwischen beiden gesucht und gefunden wird und das philosophirende Individuum wohl noch gar seine eigene Stelle auf diesem Wege erkennt. Solches historisches Philosophiren liefert in den meisten Fällen eine Kosmogonie, die viele Varietäten zuläßt, sonst aber auch ein Emanationssystem [System des Hervorgehens des Niederen aus dem Höheren], Abfallslehre, oder endlich, wenn, aus Verzweiflung über fruchtlose Versuche auf jenen Wegen, auf den letzten Weg getrieben, umgekehrt eine Lehre vom steten Werden, Entsprießen, Entstehn, Hervortreten ans Licht aus dem Dunkeln, dem finstern Grund, Urgrund, Ungrund und was dergleichen Gefasels mehr ist, welches man übrigens am kürzesten abfertigt durch die Bemerkung, daß eine ganze Ewigkeit, d. h. eine unendliche Zeit, bis zum jetzigen Augenblick bereits abgelaufen ist, weshalb Alles, was da werden kann oder soll, schon geworden seyn muß. Denn alle solche historische Philosophie, sie mag auch noch so vornehm thun, nimmt, als wäre Kant nie dagewesen, die Zeit für eine Bestimmung der Dinge an sich, und bleibt daher bei dem stehn, was Kant die Erscheinung, im Gegensatz des Dinges an sich, und Plato das Werdende, nie Seiende, im Gegensatz des Seienden, nie Werdenden nennt, oder endlich was bei den Indern das Gewebe der Maja heißt: es ist eben die dem Satz vom Grunde anheimgegebene Erkenntniß, mit der man nie zum innern Wesen der Dinge gelangt, sondern nur Erscheinungen ins Unendliche verfolgt, sich ohne Ende und Ziel bewegt, dem Eichhörnchen im Rade zu vergleichen, bis man etwan endlich ermüdet, oben oder unten, bei irgend einem beliebigen Punkte stille steht und nun für denselben auch von Andern Respekt ertrotzen will. Die ächte philosophische Betrachtungsweise der Welt, d. h. diejenige, welche uns ihr inneres Wesen erkennen lehrt und so über die Erscheinung hinaus führt, ist gerade die, welche nicht nach dem Woher und Wohin und Warum, sondern immer und überall nur nach dem Was der Welt frägt, d. h. welche die Dinge nicht nach irgend einer Relation, nicht als werdend und vergehend, kurz, nicht nach einer der vier Gestalten des Satzes vom Grunde betrachtet; sondern umgekehrt, gerade Das, was nach Aussonderung dieser ganzen, jenem Satz nachgehenden Betrachtungsart noch übrig bleibt, das in allen Relationen erscheinende, selbst aber ihnen nicht unterworfene, immer sich gleiche Wesen der Welt, die Ideen derselben, zum Gegenstand hat. Von solcher Erkenntniß geht, wie die Kunst, so auch die Philosophie aus, ja, wie wir in diesem Buche finden werden, auch diejenige Stimmung des Gemüthes, welche allein zur wahren Heiligkeit und zur Erlösung von der Welt führt.

§ 54.

Die drei ersten Bücher werden hoffentlich die deutliche und gewisse Erkenntniß herbeigeführt haben, daß in der Welt als Vorstellung dem Willen sein Spiegel aufgegangen ist, in welchem er sich selbst erkennt, mit zunehmenden Graden der Deutlichkeit und Vollständigkeit, deren höchster der Mensch ist, dessen Wesen aber seinen vollendeten Ausdruck erst durch die zusammenhängende Reihe seiner Handlungen erhält, deren selbstbewußten Zusammenhang die Vernunft, die ihn das Ganze stets *in abstracto* überblicken läßt, möglich macht.

Der Wille, welcher rein an sich betrachtet, erkenntnißlos und nur ein blinder, unaufhaltsamer Drang ist, wie wir ihn noch in der unorganischen und vegetabilischen Natur und ihren Gesetzen, wie auch im vegetativen Theil unsers eigenen Lebens erscheinen sehn, erhält durch die hinzugetretene, zu seinem Dienst entwickelte Welt der Vorstellung die Erkenntniß von seinem Wollen und von dem was es sei, das er will, daß es nämlich nichts Anderes sei, als diese Welt, das Leben, gerade so wie es dasteht. Wir nannten deshalb die erscheinende Welt seinen Spiegel, seine Objektität: und da was der Wille will immer das Leben ist, eben weil dasselbe nichts weiter, als die Darstellung jenes Wollens für die Vorstellung ist; so ist es einerlei und nur ein Pleonasmus, wenn wir statt schlechthin zu sagen, »der Wille«, sagen »der Wille zum Leben.«

Da der Wille das Ding an sich, der innere Gehalt, das Wesentliche der Welt ist; das Leben, die sichtbare Welt, die Erscheinung, aber nur der Spiegel des Willens; so wird diese den Willen so unzertrennlich begleiten, wie den Körper sein Schatten: und wenn Wille daist, wird auch Leben, Welt daseyn. Dem Willen zum Leben ist also das Leben gewiß, und solange wir von Lebenswillen erfüllt sind, dürfen wir für unser Daseyn nicht besorgt seyn, auch nicht beim Anblick des Todes. Wohl sehn wir das Individuum entstehn und vergehn: aber das Individuum ist nur Erscheinung, ist nur da für die im Satz vom Grunde, dem *principio individuationis,* befangene Erkenntniß: für diese freilich empfängt es sein Leben wie ein Geschenk, geht aus dem Nichts hervor, leidet dann durch den Tod den Verlust jenes Geschenks und geht ins Nichts zurück. Aber wir wollen ja eben das Leben philosophisch, d. h. seinen Ideen nach betrachten, und da werden wir finden, daß weder der Wille, das Ding an sich in allen Erscheinungen, noch das Subjekt des Erkennens, der Zuschauer aller Erscheinungen, von Geburt und von Tod irgend berührt werden. Geburt und Tod gehören eben zur Erscheinung des Willens, also zum Leben, und es ist diesem wesentlich, sich in Individuen darzustellen, welche entstehn und vergehn, als flüchtige, in der Form der Zeit auftretende Erscheinungen Desjenigen, was an sich keine Zeit kennt, aber gerade auf die besagte Weise sich darstellen muß, um sein eigentliches Wesen zu objektiviren. Geburt und Tod gehören auf gleiche Weise zum Leben und halten sich das Gleichgewicht als wechselseitige Bedingungen von einander, oder, wenn man etwan den Ausdruck liebt, als Pole der gesammten Lebenserscheinung. Die weiseste aller Mythologien, die Indische, drückt Dieses dadurch aus, daß sie gerade dem Gotte, welcher die Zerstörung, den Tod, symbolisirt (wie Brahma, der sündigste und niedrigste Gott des Triumurtis [der Götter-Dreiheit], die Zeugung, Entstehung und Wischnu die Erhaltung), daß sie, sage ich, gerade dem Schiwa, zugleich mit dem Halsband von Todtenköpfen, den Lingam [Phallus] zum Attribut giebt, dieses Symbol der Zeugung, welche also hier als Ausgleichung des Todes auftritt, wodurch angedeutet wird, daß Zeugung und Tod wesentliche Korrelate sind, die sich gegenseitig neutralisiren und aufheben. – Ganz die selbe Gesinnung war es, welche Griechen und Römer antrieb, die kostbaren Sarkophage gerade so zu verzieren, wie wir sie noch sehn, mit Festen, Tänzen, Hochzeiten, Jagden, Thierkämpfen, Bakchanalien, also mit Darstellungen des gewaltigsten Lebensdranges, welchen sie nicht nur in solchen Lustbarkeiten, sondern sogar in wollüstigen Gruppen, selbst bis zur Begattung zwischen Satyren und Ziegen, uns vorführen. Der Zweck war offenbar, vom Tode des betrauerten Individuums, mit dem größten Nachdruck auf das unsterbliche Leben der Natur hinzuweisen und dadurch, wenn gleich ohne abstraktes Wissen, anzudeuten, daß die ganze Natur die Erscheinung und auch die Erfüllung des Willens zum Leben ist. Die Form dieser Erscheinung ist Zeit, Raum und Kausalität, mittelst dieser aber Individuation, die es mit sich bringt, daß das Individuum entstehn und vergehn muß, was aber den Willen zum Leben, von dessen Erscheinung das Individuum gleichsam nur ein einzelnes Exempel oder Specimen ist, so wenig anficht, als das Ganze der Natur gekränkt wird durch den Tod eines Individuums. Denn nicht dieses, sondern die Gattung allein ist es, woran der Natur gelegen ist, und auf deren Erhaltung sie mit allem Ernst dringt, indem sie für dieselbe so verschwenderisch sorgt, durch die ungeheure Ueberzahl der Keime und die große Macht des Befruchtungstriebes. Hingegen hat das Individuum für sie keinen Werth und kann ihn nicht haben, da unendliche Zeit, unendlicher Raum und in diesen unendliche Zahl möglicher Individuen ihr Reich sind; daher sie stets bereit ist, das Individuum fallen zu lassen, welches demnach nicht nur auf tausendfache Weise, durch die unbedeutendesten Zufälle, dem Untergang ausgesetzt, sondern ihm schon ursprünglich bestimmt ist und ihm von der Natur selbst entgegengeführt wird, von dem Augenblick an, wo es der Erhaltung der Gattung gedient hat. Ganz naiv spricht hiedurch die Natur selbst die große Wahrheit aus, daß nur die Ideen, nicht die Individuen eigentliche Realität haben, d. h. vollkommene Objektität des Willens sind. Da nun der Mensch die Natur selbst, und zwar im höchsten Grade ihres Selbstbewußtseyns ist, die Natur aber nur der objektivirte Wille zum Leben ist; so mag der Mensch, wenn er diesen Gesichtspunkt gefaßt hat und dabei stehn bleibt, allerdings und mit Recht sich über seinen und seiner Freunde Tod trösten, durch den Rückblick auf das unsterbliche Leben der Natur, die er selbst ist. So folglich ist Schiwa mit dem Lingam, so jene antiken Sarkophage zu verstehn, die mit ihren Bildern des glühendesten Lebens dem klagenden Betrachter zurufen: *Natura non contristatur* [Die Natur wird nicht traurig].

Daß Zeugung und Tod als etwas zum Leben Gehöriges und dieser Erscheinung des Willens Wesentliches zu betrachten sind, geht auch daraus hervor, daß Beide sich uns als die nur höher potenzirten Ausdrücke Dessen, woraus auch das ganze übrige

Leben besteht, darstellen. Dieses nämlich ist durch und durch nichts Anderes, als ein steter Wechsel der Materie, unter dem festen Beharren der Form: und eben das ist die Vergänglichkeit der Individuen, bei der Unvergänglichkeit der Gattung. Die beständige Ernährung und Reproduktion ist nur dem Grade nach von der Zeugung, und die beständige Exkretion [Ausscheidung] nur dem Grade nach vom Tod verschieden. Ersteres zeigt sich am einfachsten und deutlichsten bei der Pflanze. Diese ist durch und durch nur die stete Wiederholung des selben Triebes, ihrer einfachsten Faser, die sich zu Blatt und Zweig gruppirt; ist ein systematisches Aggregat gleichartiger, einander tragender Pflanzen, deren beständige Wiedererzeugung ihr einziger Trieb ist: zur vollständigern Befriedigung desselben steigert sie sich, mittelst der Stufenleiter der Metamorphose, endlich bis zur Blüthe und Frucht, jenem Kompendium ihres Daseyns und Strebens, in welchem sie nun auf einem kürzern Wege Das erlangt, was ihr einziges Ziel ist, und nunmehr mit Einem Schlage tausendfach vollbringt, was sie bis dahin im Einzelnen wirkte: Wiederholung ihrer selbst. Ihr Treiben bis zur Frucht verhält sich zu dieser, wie die Schrift zur Buchdruckerei. Offenbar ist es beim Thiere ganz das Selbe. Der Ernährungsproceß ist ein stetes Zeugen, der Zeugungsproceß ein höher potenzirtes Ernähren; die Wollust bei der Zeugung die höher potenzirte Behaglichkeit des Lebensgefühls. Andererseits ist die Exkretion, das stete Aushauchen und Abwerfen von Materie, das Selbe, was in erhöhter Potenz der Tod, der Gegensatz der Zeugung, ist. Wie wir nun hiebei allezeit zufrieden sind, die Form zu erhalten, ohne die abgeworfene Materie zu betrauern; so haben wir uns auf gleiche Weise zu verhalten, wenn im Tode das Selbe in erhöhter Potenz und im Ganzen geschieht, was täglich und stündlich im Einzelnen bei der Exkretion vor sich geht: wie wir beim erstern gleichgültig sind, sollten wir beim andern nicht zurückbeben. Von diesem Standpunkt aus erscheint es daher eben so verkehrt, die Fortdauer seiner Individualität zu verlangen, welche durch andere Individuen ersetzt wird, als den Bestand der Materie seines Leibes, die stets durch neue ersetzt wird: es erscheint eben so thöricht, Leichen einzubalsamiren, als es wäre, seine Auswürfe sorgfältig zu bewahren. Was das an den individuellen Leib gebundene individuelle Bewußtseyn betrifft, so wird es täglich durch den Schlaf gänzlich unterbrochen. Der tiefe Schlaf ist vom

Tode, in welchen er oft, z. B. beim Erfrieren, ganz stetig übergeht, für die Gegenwart seiner Dauer, gar nicht verschieden, sondern nur für die Zukunft, nämlich in Hinsicht auf das Erwachen. Der Tod ist ein Schlaf, in welchem die Individualität vergessen wird: alles Andere erwacht wieder, oder vielmehr ist wach geblieben*.

Vor Allem müssen wir deutlich erkennen, daß die Form der Erscheinung des Willens, also die Form des Lebens oder der Realität, eigentlich nur die G e g e n w a r t ist, nicht Zukunft, noch Vergangenheit: diese sind nur im Begriff, sind nur im Zusammenhange der Erkenntniß da, sofern sie dem Satz vom Grunde folgt. In der Vergangenheit hat kein Mensch gelebt, und in der Zukunft wird nie einer leben; sondern die G e g e n w a r t allein ist die Form alles Lebens, ist aber auch sein sicherer Besitz, der ihm nie entrissen werden kann. Die Gegenwart ist immer da, samt ihrem Inhalt: Beide stehn fest, ohne zu wanken; wie der Regenbogen auf dem Wasserfall. Denn dem Willen ist das Leben, dem Leben die Gegenwart sicher und gewiß. – Freilich, wenn wir zurückdenken an die verflossenen Jahrtausende, an die Millionen von Menschen, die in ihnen lebten; dann fragen wir: Was waren sie? Was ist aus ihnen geworden? – Aber wir dürfen dagegen nur die Vergangenheit unsers eigenen Lebens uns zurückrufen und ihre Scenen lebhaft in der Phantasie erneuern, und nun wieder fragen: Was war dies alles? Was ist aus ihm geworden? – Wie mit ihm, so ist es mit dem Leben jener Millionen. Oder sollten wir meinen, die Vergangenheit erhielte dadurch, daß sie durch den Tod besiegelt ist, ein neues Daseyn? Unsere eigene Vergangenheit, auch die nächste und der gestrige Tag, ist nur noch ein nichtiger Traum der Phantasie, und das

---

* Auch kann folgende Betrachtung Dem, welchem sie nicht zu subtil ist, dienen, sich deutlich zu machen, daß das Individuum nur die Erscheinung, nicht das Ding an sich ist. Jedes Individuum ist einerseits das Subjekt des Erkennens, d. h. die ergänzende Bedingung der Möglichkeit der ganzen objektiven Welt, und andererseits einzelne Erscheinung des Willens, desselben, der sich in jedem Dinge objektivirt. Aber diese Duplicität unsers Wesens ruht nicht in einer für sich bestehenden Einheit: sonst würden wir uns unserer selbst an u n s s e l b s t u n d u n a b h ä n g i g v o n d e n O b j e k t e n d e s E r k e n n e n s u n d W o l l e n s bewußt werden können: dies können wir aber schlechterdings nicht, sondern sobald wir, um es zu versuchen, in uns gehn und uns, indem wir das Erkennen nach innen richten, ein Mal völlig besinnen wollen; so verlieren wir uns in eine bodenlose Leere, finden uns gleich der gläsernen Hohlkugel, aus deren Leere eine Stimme spricht, deren Ursache aber nicht darin anzutreffen ist, und indem wir so uns selbst ergreifen wollen, erhaschen wir, mit Schaudern, nichts, als ein bestandloses Gespenst.

Selbe ist die Vergangenheit aller jener Millionen. Was war? Was ist? – Der Wille, dessen Spiegel das Leben ist, und das willensfreie Erkennen, welches in jenem Spiegel ihn deutlich erblickt. Wer Dies noch nicht erkannt hat, oder nicht erkennen will, muß zu jener obigen Frage nach dem Schicksal vergangener Geschlechter, auch noch diese fügen: warum gerade er, der Fragende, so glücklich ist, diese kostbare, flüchtige, allein reale Gegenwart inne zu haben, während jene Hunderte von Menschengeschlechtern, ja auch die Helden und Weisen jener Zeiten, in die Nacht der Vergangenheit gesunken und dadurch zu Nichts geworden sind; er aber, sein unbedeutendes Ich, wirklich daist? – oder kürzer, wenn gleich sonderbar: warum dies Jetzt, sein Jetzt, – doch gerade jetzt ist und nicht auch schon längst w a r ? – Er sieht, indem er so seltsam frägt, sein Daseyn und seine Zeit als unabhängig von einander an und jenes als in diese hineingeworfen: er nimmt eigentlich zwei Jetzt an, eines das dem Objekt, das andere, das dem Subjekt angehört, und wundert sich über den glücklichen Zufall ihres Zusammentreffens. In Wahrheit aber macht (wie in der Abhandlung über den Satz vom Grunde gezeigt ist) nur der Berührungspunkt des Objekts, dessen Form die Zeit ist, mit dem Subjekt, welches keine Gestaltung des Satzes vom Grunde zur Form hat, die Gegenwart aus. Nun ist aber alles Objekt der Wille, sofern er Vorstellung geworden, und das Subjekt ist das nothwendige Korrelat alles Objekts; reale Objekte giebt es aber nur in der Gegenwart: Vergangenheit und Zukunft enthalten bloße Begriffe und Phantasmen, daher ist die Gegenwart die wesentliche Form der Erscheinung des Willens und von dieser unzertrennlich. Die Gegenwart allein ist Das, was immer daist und unverrückbar feststeht. Empirisch aufgefaßt das Flüchtigste von Allem, stellt sie dem metaphysischen Blick, der über die Formen der empirischen Anschauung hinwegsieht, sich als das allein Beharrende dar, das *Nunc stans* [beharrende Jetzt] der Scholastiker. Die Quelle und der Träger ihres Inhalts ist der Wille zum Leben, oder das Ding an sich, – welches wir sind. Das, was immerfort wird und vergeht, indem es entweder schon gewesen ist, oder noch kommen soll, gehört der Erscheinung als solcher an, vermöge ihrer Formen, welche das Entstehn und Vergehn möglich machen. Demnach denke man: *Quid fuit? – Quod est. – Quid erit? – Quod fuit* [Was war? – Was ist. – Was wird sein? – Was war]; und nehme es im strengen Sinn der Worte, verstehe also nicht *simile* [Ähnliches], sondern *idem* [dasselbe]. Denn dem Willen ist das Leben, dem Leben die Gegenwart gewiß. Daher auch kann Jeder sagen: »Ich bin ein für alle Mal Herr der Gegenwart, und durch alle Ewigkeit wird sie mich begleiten, wie mein Schatten: demnach wundere ich mich nicht, wo sie nur hergekommen sei, und wie es zugehe, daß sie gerade jetzt sei.« – Wir können die Zeit einem endlos drehenden Kreise vergleichen: die stets sinkende Hälfte wäre die Vergangenheit, die stets steigende die Zukunft; oben aber der untheilbare Punkt, der die Tangente berührt, wäre die ausdehnungslose Gegenwart: wie die Tangente nicht mit fortrollt, so auch nicht die Gegenwart, der Berührungspunkt des Objekts, dessen Form die Zeit ist, mit dem Subjekt, das keine Form hat, weil es nicht zum Erkennbaren gehört, sondern Bedingung alles Erkennbaren ist. Oder: die Zeit gleicht einem unaufhaltsamen Strohm, und die Gegenwart einem Felsen, an dem sich jener bricht, aber nicht ihn mit fortreißt. Der Wille, als Ding an sich, ist so wenig, als das Subjekt der Erkenntniß, welches zuletzt doch in gewissem Betracht er selbst oder seine Aeußerung ist, dem Satze vom Grunde unterworfen; und wie dem Willen das Leben, seine eigene Erscheinung, gewiß ist, so ist es auch die Gegenwart, die einzige Form des wirklichen Lebens. Wir haben demnach nicht nach der Vergangenheit vor dem Leben, noch nach der Zukunft nach dem Tode zu forschen: vielmehr haben wir als die einzige Form, in welcher der Wille sich erscheint, die Gegenwart zu erkennen*; sie wird ihm nicht entrinnen, aber er ihr wahrlich auch nicht. Wen daher das Leben, wie es ist, befriedigt, wer es auf alle Weise bejaht, der kann es mit Zuversicht als endlos betrachten und die Todesfurcht als eine Täuschung bannen, welche ihm die ungereimte Furcht eingiebt, er könne der Gegenwart je verlustig werden, und ihm eine Zeit vorspiegelt ohne eine Gegenwart darin: eine Täuschung, welche in Hinsicht auf die Zeit Das ist, was in Hinsicht auf den Raum jene andere, vermöge welcher Jeder, in seiner Phantasie, die

* *Scholastici docuerunt, quod aeternitas non sit temporis sine fine aut principio successio, sed* Nunc stans; *i. e. idem nobis* Nunc *esse, quod erat* Nunc *Adamo: i. e. inter* nunc *et* tunc *nullam esse differentiam.* [Die Scholastiker lehrten, die Ewigkeit sei nicht eine Aufeinanderfolge ohne Ende oder Anfang, sondern ein beharrendes Jetzt, d. h. daß wir dasselbe Jetzt besitzen, welches das Jetzt für Adam war; d. h. daß zwischen dem Jetzt und dem Damals kein Unterschied sei.]

Hobbes, *Leviathan, c. 46.*

Stelle auf der Erdkugel, welche er gerade einnimmt, als das Oben und alles Uebrige als das Unten ansieht: eben so knüpft Jeder die Gegenwart an seine Individualität und meint, mit dieser verlösche alle Gegenwart; Vergangenheit und Zukunft seien nun ohne dieselbe. Wie aber auf der Erdkugel überall oben ist, so ist auch die Form alles Lebens Gegenwart, und den Tod fürchten, weil er uns die Gegenwart entreißt, ist nicht weiser, als fürchten, man könne von der runden Erdkugel, auf welcher man glücklicherweise nun gerade oben steht, hinuntergleiten. Der Objektivation des Willens ist die Form der Gegenwart wesentlich, welche als ausdehnungsloser Punkt die nach beiden Seiten unendliche Zeit schneidet und unverrückbar fest steht, gleich einem immerwährenden Mittag, ohne kühlenden Abend; wie die wirkliche Sonne ohne Unterlaß brennt, während sie nur scheinbar in den Schooß der Nacht sinkt: daher, wenn ein Mensch den Tod als seine Vernichtung fürchtet, es nicht anders ist, als wenn man dächte, die Sonne könne am Abend klagen: »Wehe mir! ich gehe unter in ewige Nacht.« –* Hingegen auch umgekehrt: wen die Lasten des Lebens drücken, wer zwar wohl das Leben möchte und es bejaht, aber die Quaalen desselben verabscheut, und besonders das harte Loos, das gerade ihm zugefallen ist, nicht länger tragen mag: ein solcher hat nicht vom Tode Befreiung zu hoffen und kann sich nicht durch Selbstmord retten; nur mit falschem Scheine lockt ihn der finstere kühle Orkus als Hafen der Ruhe. Die Erde wälzt sich vom Tage in die Nacht; das Individuum stirbt: aber die Sonne selbst brennt ohne Unterlaß ewigen Mittag. Dem Willen zum Leben ist das Leben gewiß: die Form des Lebens ist Gegenwart ohne Ende; gleichviel wie die Individuen, Erscheinungen der Idee, in der Zeit entstehn

* In Eckermann's »Gesprächen mit Goethe« (zweite Auflage, Bd. 1, S. 154) sagt Goethe: »Unser Geist ist ein Wesen ganz unzerstörbarer Natur: es ist ein Fortwirkendes von Ewigkeit zu Ewigkeit. Es ist der Sonne ähnlich, die bloß unsern irdischen Augen unterzugehn scheint, die aber eigentlich nie untergeht, sondern unaufhörlich fortleuchtet.« – Goethe hat das Gleichniß von mir; nicht etwan ich von ihm. Ohne Zweifel gebraucht er es, in diesem 1824 gehaltenen Gespräch, in Folge einer, vielleicht unbewußten, Reminiscenz obiger Stelle; da solche, mit den selben Worten wie hier, in der ersten Auflage, S. 401, steht; auch eben daselbst S. 528, wie hier am Schlusse des § 65, wiederkehrt. Jene erste Auflage war ihm im December 1818 übersandt worden, und im März 1819 ließ er mir nach Neapel, wo ich mich damals befand, seinen Beifall, durch meine Schwester, brieflich berichten, und hatte einen Zettel beigelegt, worauf er die Zahlen einiger Seiten, welche ihm besonders gefallen, angemerkt hatte: also hatte er mein Buch gelesen.

und vergehn, flüchtigen Träumen zu vergleichen. – Der Selbstmord erscheint uns also schon hier als eine vergebliche und darum thörichte Handlung: wenn wir in unserer Betrachtung weiter vorgedrungen seyn werden, wird er sich uns in einem noch ungünstigern Lichte darstellen.

Die Dogmen wechseln und unser Wissen ist trüglich; aber die Natur irrt nicht: ihr Gang ist sicher und sie verbirgt ihn nicht. Jedes ist ganz in ihr, und sie ist ganz in Jedem. In jedem Thier hat sie ihren Mittelpunkt: es hat seinen Weg sicher ins Daseyn gefunden, wie es ihn sicher hinausfinden wird: inzwischen lebt es furchtlos vor der Vernichtung und unbesorgt, getragen durch das Bewußtseyn, daß es die Natur selbst ist und wie sie unvergänglich. Der Mensch allein trägt in abstrakten Begriffen die Gewißheit seines Todes mit sich herum: diese kann ihn dennoch, was sehr seltsam ist, nur auf einzelne Augenblicke, wo ein Anlaß sie der Phantasie vergegenwärtigt, ängstigen. Gegen die mächtige Stimme der Natur vermag die Reflexion wenig. Auch in ihm, wie im Thiere, das nicht denkt, waltet als dauernder Zustand jene, aus dem innersten Bewußtseyn, daß er die Natur, die Welt selbst ist, entspringende Sicherheit vor, vermöge welcher keinen Menschen der Gedanke des gewissen und nie fernen Todes merklich beunruhigt, sondern jeder dahinlebt, als müsse er ewig leben; was so weit geht, daß sich sagen ließe, keiner habe eine eigentlich lebendige Ueberzeugung von der Gewißheit seines Todes, da sonst zwischen seiner Stimmung und der des verurtheilten Verbrechers kein so großer Unterschied seyn könnte; sondern jeder erkenne zwar jene Gewißheit *in abstracto* und theoretisch an, lege sie jedoch, wie andere theoretische Wahrheiten, die aber auf die Praxis nicht anwendbar sind, bei Seite, ohne sie irgend in sein lebendiges Bewußtseyn aufzunehmen. Wer diese Eigenthümlichkeit der menschlichen Sinnesart wohl beachtet, wird einsehn, daß die psychologischen Erklärungsarten derselben, aus der Gewohnheit und dem Sichzufriedengeben über das Unvermeidliche, keineswegs ausreichen, sondern der Grund derselben der angegebene, tiefer liegende ist. Aus demselben ist es auch zu erklären, warum zu allen Zeiten, bei allen Völkern, Dogmen von irgend einer Art von Fortdauer des Individuums nach dem Tode sich finden und in Ansehn stehn, da doch die Beweise dafür immer höchst unzulänglich seyn mußten, die für das Gegentheil aber stark und zahlreich, ja, dieses eigentlich keines Beweises bedarf, sondern vom gesunden Verstande als Thatsache erkannt wird und als solche bekräftigt durch die Zuversicht, daß die Natur so wenig lügt als irrt, sondern ihr Thun und Wesen offen darlegt, sogar naiv ausspricht, während nur wir selbst es durch Wahn verfinstern, um herauszudeuten was unserer beschränkten Ansicht eben zusagt.

Was wir aber jetzt zum deutlichen Bewußtseyn gebracht haben, daß, wiewohl die einzelne Erscheinung des Willens zeitlich anfängt und zeitlich endet, der Wille selbst, als Ding an sich, hievon nicht getroffen wird, noch auch das Korrelat alles Objekts, das erkennende, nie erkannte Subjekt, und daß dem Willen zum Leben das Leben immer gewiß ist: – dies ist nicht jenen Lehren von der Fortdauer beizuzählen. Denn dem Willen, als Ding an sich betrachtet, wie auch dem reinen Subjekt des Erkennens, dem ewigen Weltauge, kommt so wenig ein Beharren als ein Vergehn zu, da dieses in der Zeit allein gültige Bestimmungen sind, jene aber außer der Zeit liegen. Daher kann der Egoismus des Individuums (dieser einzelnen vom Subjekt des Erkennens beleuchteten Willenserscheinung) für seinen Wunsch, sich eine unendliche Zeit hindurch zu behaupten, aus unserer dargelegten Ansicht so wenig Nahrung und Trost schöpfen, als er es könnte aus der Erkenntniß, daß nach seinem Tode doch die übrige Außenwelt in der Zeit fortbestehn wird, welches nur der Ausdruck eben der selben Ansicht, aber objektiv und daher zeitlich betrachtet, ist. Denn zwar ist Jeder nur als Erscheinung vergänglich, hingegen als Ding an sich zeitlos, also auch endlos; aber auch nur als Erscheinung ist er von den übrigen Dingen der Welt verschieden, als Ding an sich ist er der Wille der in Allem erscheint, und der Tod hebt die Täuschung auf, die sein Bewußtseyn von dem der Uebrigen trennt: dies ist die Fortdauer. Sein Nichtberührtwerden vom Tode, welches ihm nur als Ding an sich zukommt, fällt für die Erscheinung mit der Fortdauer der übrigen Außenwelt zusammen*. Daher auch kommt es, daß das innige und bloß gefühlte Bewußtseyn Des-

* Im Veda ist dies dadurch ausgedrückt, daß gesagt wird, indem ein Mensch sterbe, werde seine Sehkraft Eins mit der Sonne, sein Geruch mit der Erde, sein Geschmack mit dem Wasser, sein Gehör mit der Luft, seine Rede mit dem Feuer u. s. w. (*Oupnek'hat*, Bd. 1, S. 249 ff.) – wie auch dadurch, daß, in einer besondern Förmlichkeit, der Sterbende seine Sinne und gesammten Fähigkeiten einzeln seinem Sohne übergiebt, als in welchem sie nun fortleben sollen. (Ebendas., Bd. 2, S. 82 ff.)

sen, was wir soeben zur deutlichen Erkenntniß erhoben haben, zwar, wie gesagt, verhindert, daß der Gedanke des Todes sogar dem vernünftigen Wesen das Leben nicht vergiftet, indem solches Bewußtseyn die Basis jenes Lebensmuthes ist, der alles Lebendige aufrecht erhält und munter fortleben läßt, als gäbe es keinen Tod, solange nämlich, als es das Leben im Auge hat und auf dieses gerichtet ist; aber hiedurch wird nicht verhindert, daß wann der Tod im Einzelnen und in der Wirklichkeit, oder auch nur in der Phantasie, an das Individuum herantritt und dieses nun ihn ins Auge fassen muß, es nicht von Todesangst ergriffen würde und auf alle Weise zu entfliehn suchte. Denn wie, solange seine Erkenntniß auf das Leben als solches gerichtet war, es in demselben auch die Unvergänglichkeit erkennen mußte, so muß, wann der Tod ihm vor die Augen tritt, es diesen erkennen für Das, was er ist, das zeitliche Ende der einzelnen zeitlichen Erscheinung. Was wir im Tode fürchten, ist keineswegs der Schmerz: denn theils liegt dieser offenbar diesseit des Todes; theils fliehn wir oft vor dem Schmerz zum Tode, eben so wohl als wir auch umgekehrt bisweilen den entsetzlichsten Schmerz übernehmen, um nur dem Tode, wiewohl er schnell und leicht wäre, noch eine Weile zu entgehn. Wir unterscheiden also Schmerz und Tod als zwei ganz verschiedene Uebel: was wir im Tode fürchten, ist in der That der Untergang des Individuums, als welcher er sich unverhohlen kund giebt, und da das Individuum der Wille zum Leben selbst in einer einzelnen Objektivation ist, sträubt sich sein ganzes Wesen gegen den Tod. – Wo nun solchermaaßen das Gefühl uns hülflos Preis giebt, kann jedoch die Vernunft eintreten und die widrigen Eindrücke desselben großentheils überwinden, indem sie uns auf einen höhern Standpunkt stellt, wo wir statt des Einzelnen nunmehr das Ganze im Auge haben. Darum könnte eine philosophische Erkenntniß des Wesens der Welt, die bis zu dem Punkt, auf welchem wir jetzt in unserer Betrachtung stehn, gekommen wäre, aber nicht weiter gienge, selbst schon auf diesem Standpunkte die Schrecken des Todes überwinden, in dem Maaß, als im gegebenen Individuum die Reflexion Macht hätte über das unmittelbare Gefühl. Ein Mensch, der die bisher vorgetragenen Wahrheiten seiner Sinnesart fest einverleibt hätte, nicht aber zugleich durch eigene Erfahrung, oder durch eine weitergehende Einsicht, dahin gekommen wäre, in allem Leben dauerndes Leiden als wesentlich zu erkennen; sondern der im Leben Befriedigung fände, dem vollkommen wohl darin wäre, und der, bei ruhiger Ueberlegung, seinen Lebenslauf, wie er ihn bisher erfahren, von endloser Dauer, oder von immer neuer Wiederkehr wünschte, und dessen Lebensmuth so groß wäre, daß er, gegen die Genüsse des Lebens, alle Beschwerde und Pein, der es unterworfen ist, willig und gern mit in den Kauf nähme; ein solcher stände »mit festen, markigen Knochen auf der wohlgegründeten, dauernden Erde« [Goethe, *Grenzen der Menschheit*] und hätte nichts zu fürchten: gewaffnet mit der Erkenntniß, die wir ihm beilegen, sähe er dem auf den Flügeln der Zeit heraneilenden Tode gleichgültig entgegen, ihn betrachtend als einen falschen Schein, ein ohnmächtiges Gespenst, Schwache zu schrecken, das aber keine Gewalt über den hat, der da weiß, daß ja er selbst jener Wille ist, dessen Objektivation oder Abbild die ganze Welt ist, dem daher das Leben allezeit gewiß bleibt und auch die Gegenwart, die eigentliche, alleinige Form der Erscheinung des Willens, den daher keine unendliche Vergangenheit oder Zukunft, in denen er nicht wäre, schrecken kann, da er diese als das eitle Blendwerk und Gewebe der Maja betrachtet, der daher so wenig den Tod zu fürchten hätte, wie die Sonne die Nacht. – Auf diesen Standpunkt stellt, im Bhagavat Gita, Krischna seinen angehenden Zögling den Ardschun, als dieser beim Anblick der schlagfertigen Heere (auf etwas ähnliche Art wie Xerxes) von Wehmuth ergriffen wird, verzagen und vom Kampf ablassen will, um den Untergang so vieler Tausende zu verhüten: Krischna stellt ihn auf jenen Standpunkt, und der Tod jener Tausende kann ihn nicht mehr aufhalten: er giebt das Zeichen zur Schlacht. – Diesen Standpunkt auch bezeichnet Goethes Prometheus, besonders wenn er sagt:

»Hier sitz ich, forme Menschen
Nach meinem Bilde,
Ein Geschlecht, das mir gleich sei,
Zu leiden, zu weinen,
Zu genießen und zu freuen sich,
Und dein nicht zu achten,
Wie ich!«

Auf diesen Standpunkt könnte auch die Philosophie des Bruno und die des Spinoza denjenigen führen, dem ihre Fehler und Unvollkommenheiten die Ueberzeugung nicht störten oder schwächten. Eine eigentliche Ethik hat die des Bruno nicht, und die in der Philosophie des Spinoza geht gar nicht aus dem Wesen seiner Lehre hervor, sondern ist, obwohl an sich lobenswerth und schön, doch nur mittelst schwacher und handgreiflicher Sophismen daran geheftet. – Auf dem bezeichneten Standpunkt endlich würden wohl viele Menschen stehn, wenn ihre Erkenntniß mit ihrem Wollen gleichen Schritt hielte, d. h. wenn sie im Stande wären, frei von jedem Wahn, sich selbst klar und deutlich zu werden. Denn dieses ist, für die Erkenntniß, der Standpunkt der gänzlichen Bejahung des Willens zum Leben.

Der Wille bejaht sich selbst, besagt: indem in seiner Objektität, d. i. der Welt und dem Leben, sein eigenes Wesen ihm als Vorstellung vollständig und deutlich gegeben wird, hemmt diese Erkenntniß sein Wollen keineswegs; sondern eben dieses so erkannte Leben wird auch als solches von ihm gewollt, wie bis dahin ohne Erkenntniß, als blinder Drang, so jetzt mit Erkenntniß, bewußt und besonnen. – Das Gegentheil hievon, die Verneinung des Willens zum Leben, zeigt sich, wenn auf jene Erkenntniß das Wollen endet, indem sodann nicht mehr die erkannten einzelnen Erscheinungen als Motive des Wollens wirken, sondern die ganze, durch Auffassung der Ideen erwachsene Erkenntniß des Wesens der Welt, die den Willen spiegelt, zum Quietiv des Willens wird und so der Wille frei sich selbst aufhebt. Diese ganz unbekannten und in diesem allgemeinen Ausdruck schwerlich verständlichen Begriffe werden hoffentlich deutlich werden, durch die bald folgende Darstellung der Phänomene, hier Handlungsweisen, in welchen sich einerseits die Bejahung, in ihren verschiedenen Graden, und andererseits die Verneinung ausspricht. Denn Beide gehn zwar von der Erkenntniß aus, aber nicht von einer abstrakten, die sich in Worten, sondern von einer lebendigen, die sich durch die That und den Wandel allein ausdrückt und unabhängig bleibt von den Dogmen, welche dabei, als abstrakte Erkenntniß, die Vernunft beschäftigen. Beide darzustellen und zur deutlichen Erkenntniß der Vernunft zu bringen, kann allein mein Zweck seyn, nicht aber eine oder die andere vorzuschreiben oder anzuempfehlen, welches so thöricht wie zwecklos wäre, da der Wille an sich der schlechthin freie, sich ganz allein selbst bestimmende ist und es kein Gesetz für ihn giebt. – Diese Freiheit und ihr Verhältniß zur Nothwendigkeit müssen wir jedoch zuvörderst und ehe wir zur besagten Auseinandersetzung schreiten, erörtern und genauer bestimmen, sodann auch noch über das Leben, dessen Bejahung und Verneinung unser Problem ist, einige allgemeine, auf den Willen und dessen Objekte sich beziehende Betrachtungen anstellen, durch welches Alles wir uns die beabsichtigte Erkenntniß der ethischen Bedeutung der Handlungsweisen, ihrem innersten Wesen nach, erleichtern werden.

Da, wie gesagt, diese ganze Schrift nur die Entfaltung eines einzigen Gedankens ist; so folgt hieraus, daß alle ihre Theile die innigste Verbindung unter einander haben und nicht bloß ein jeder zum nächstvorhergehenden in nothwendiger Beziehung steht und daher zunächst nur ihn als dem Leser erinnerlich voraussetzt, wie es der Fall ist bei allen Philosophien, die bloß aus einer Reihe von Folgerungen bestehn; sondern daß jeder Theil des ganzen Werks jedem andern verwandt ist und ihn voraussetzt, weshalb verlangt wird, daß dem Leser nicht nur das zunächst Vorhergegangene, sondern auch jedes Frühere erinnerlich sei, so daß er es an das jedesmal Gegenwärtige, soviel Anderes auch dazwischen steht, zu knüpfen vermag; eine Zumuthung, die auch Plato, durch die vielverschlungenen Irrgänge seiner Dialogen, welche erst nach langen Episoden den Hauptgedanken, eben dadurch nun aufgeklärter, wiederaufnehmen, seinem Leser gemacht hat. Bei uns ist diese Zumuthung nothwendig, da die Zerlegung unsers einen und einzigen Gedankens in viele Betrachtungen, zwar zur Mittheilung das einzige Mittel, dem Gedanken selbst aber nicht eine wesentliche, sondern nur eine künstliche Form ist. – Zur Erleichterung der Darstellung und ihrer Auffassung dient die Sonderung von vier Hauptgesichtspunkten, in vier Büchern, und die sorgfältigste Verknüpfung des Verwandten und Homogenen: dennoch läßt der Stoff eine Fortschreitung in gerader Linie, dergleichen die historische ist, durchaus nicht zu, sondern macht eine mehr verschlungene Darstellung und eben diese ein wiederholtes Studium des Buchs nothwendig, durch welches allein der Zusammenhang jedes Theils mit jedem andern deutlich wird und nun erst alle zusammen sich wechselseitig beleuchten und vollkommen hell werden*.

* Hiezu Kap. 41–44 des zweiten Bandes.

§ 55.

Daß der Wille als solcher f r e i sei, folgt schon daraus, daß er, nach unserer Ansicht, das Ding an sich, der Gehalt aller Erscheinung ist. Diese hingegen kennen wir als durchweg dem Satz vom Grunde unterworfen, in seinen vier Gestaltungen: und da wir wissen, daß Nothwendigkeit durchaus identisch ist mit Folge aus gegebenem Grunde, und Beides Wechselbegriffe sind; so ist Alles was zur Erscheinung gehört, d. h. Objekt für das als Individuum erkennende Subjekt ist, einerseits Grund, andererseits Folge, und in dieser letztern Eigenschaft durchweg nothwendig bestimmt, kann daher in keiner Beziehung anders seyn, als es ist. Der ganze Inhalt der Natur, ihre gesammten Erscheinungen, sind also durchaus nothwendig, und die Nothwendigkeit jedes Theils, jeder Erscheinung, jeder Begebenheit, läßt sich jedesmal nachweisen, indem der Grund zu finden seyn muß, von dem sie als Folge abhängt. Dies leidet keine Ausnahme: es folgt aus der unbeschränkten Gültigkeit des Satzes vom Grunde. Andererseits nun aber ist uns diese nämliche Welt, in allen ihren Erscheinungen, Objektität des Willens, welcher, da er nicht selbst Erscheinung, nicht Vorstellung oder Objekt, sondern Ding an sich ist, auch nicht dem Satz vom Grunde, der Form alles Objekts, unterworfen, also nicht als Folge durch einen Grund bestimmt ist, also keine Nothwendigkeit kennt, d. h. f r e i ist. Der Begriff der Freiheit ist also eigentlich ein negativer, indem sein Inhalt bloß die Verneinung der Nothwendigkeit, d. h. des dem Satz vom Grund gemäßen Verhältnisses der Folge zu ihrem Grunde ist. – Hier liegt nun aufs Deutlichste vor uns der Einheitspunkt jenes großen Gegensatzes, die Vereinigung der Freiheit mit der Nothwendigkeit, wovon in neuerer Zeit oft, doch, so viel mir bekannt, nie deutlich und gehörig geredet worden. Jedes Ding ist als Erscheinung, als Objekt, durchweg nothwendig: dasselbe ist a n s i c h Wille, und dieser ist völlig frei, für alle Ewigkeit. Die Erscheinung, das Objekt, ist nothwendig und unabänderlich in der Verkettung der Gründe und Folgen bestimmt, die keine Unterbrechung haben kann. Das Daseyn überhaupt aber dieses Objekts und die Art seines Daseyns, d. h. die Idee, welche in ihm sich offenbart, oder mit andern Worten, sein Charakter, ist unmittelbar Erscheinung des Willens. In Gemäßheit der Freiheit dieses Willens, könnte es also überhaupt nicht daseyn, oder auch ursprünglich und wesentlich ein ganz Anderes seyn; wo dann aber auch die ganze Kette, von der es ein Glied ist, die aber selbst Erscheinung des selben Willens ist, eine ganz andere wäre: aber ein Mal da und vorhanden, ist es in die Reihe der Gründe und Folgen eingetreten, in ihr stets nothwendig bestimmt und kann demnach weder ein Anderes werden, d. h. sich ändern, noch auch aus der Reihe austreten, d. h. verschwinden. Der Mensch ist, wie jeder andere Theil der Natur, Objektität des Willens: daher gilt alles Gesagte auch von ihm. Wie jedes Ding in der Natur seine Kräfte und Qualitäten hat, die auf bestimmte Einwirkung bestimmt reagiren und seinen Charakter ausmachen; so hat auch er seinen Charakter, aus dem die Motive seine Handlungen hervorrufen, mit Nothwendigkeit. In dieser Handlungsweise selbst offenbart sich sein empirischer Charakter, in diesem aber wieder sein intelligibler Charakter, der Wille an sich, dessen determinirte Erscheinung er ist. Aber der Mensch ist die vollkommenste Erscheinung des Willens, welche, um zu bestehn, wie im zweiten Buche gezeigt, von einem so hohen Grade von Erkenntniß beleuchtet werden mußte, daß in dieser sogar eine völlig adäquate Wiederholung des Wesens der Welt, unter der Form der Vorstellung, welches die Auffassung der Ideen, der reine Spiegel der Welt ist, möglich ward, wie wir sie im dritten Buche kennen gelernt haben. Im Menschen also kann der Wille zum völligen Selbstbewußtseyn, zum deutlichen und erschöpfenden Erkennen seines eigenen Wesens, wie es sich in der ganzen Welt abspiegelt, gelangen. Aus dem wirklichen Vorhandenseyn dieses Grades von Erkenntniß geht, wie wir im vorigen Buche sahen, die Kunst hervor. Am Ende unserer ganzen Betrachtung wird sich aber auch ergeben, daß durch die selbe Erkenntniß, indem der Wille sie auf sich selbst bezieht, eine Aufhebung und Selbstverneinung desselben, in seiner vollkommensten Erscheinung, möglich ist: so daß die Freiheit, welche sonst, als nur dem Ding an sich zukommend, nie in der Erscheinung sich zeigen kann, in solchem Fall auch in dieser hervortritt und, indem sie das der Erscheinung zum Grunde liegende Wesen aufhebt, während diese selbst in der Zeit noch fortdauert, einen Widerspruch der Erscheinung mit sich selbst hervorbringt und gerade dadurch die Phänomene der Heiligkeit und Selbstverleugnung darstellt. Jedoch kann dieses Alles erst am Ende dieses Buches ganz verständlich werden. – Vorläufig wird hiedurch nur allgemein angedeutet, wie der Mensch von allen andern Erscheinungen des Willens sich dadurch unterscheidet, daß die Freiheit, d. h. Unabhängigkeit vom Satze des Grundes, welche nur dem Willen als Ding an sich zukommt und der Erscheinung widerspricht, dennoch bei ihm möglicherweise auch in der Erscheinung eintreten kann, wo sie aber dann nothwendig als ein Widerspruch der Erscheinung mit sich selbst sich darstellt. In diesem Sinne kann nicht nur der Wille an sich, sondern sogar der Mensch allerdings frei genannt und dadurch von allen andern Wesen unterschieden werden. Wie dies aber zu verstehn sei, kann erst durch alles Nachfolgende deutlich werden, und für jetzt müssen wir noch gänzlich davon absehn. Denn zunächst ist der Irrthum zu verhüten, daß das Handeln des einzelnen, bestimmten Menschen keiner Nothwendigkeit unterworfen, d. h. die Gewalt des Motivs weniger sicher sei, als die Gewalt der Ursache, oder die Folge des Schlusses aus den Prämissen. Die Freiheit des Willens als Dinges an sich geht, sofern wir, wie gesagt, vom obigen immer nur eine Ausnahme betreffenden Fall absehn, keineswegs unmittelbar auf seine Erscheinung über, auch da nicht, wo diese die höchste Stufe der Sichtbarkeit erreicht, also nicht auf das vernünftige Thier mit individuellem Charakter, d. h. die Person. Diese ist nie frei, obwohl sie die Erscheinung eines freien Willens ist: denn eben von dessen freiem Wollen ist sie die bereits determinirte Erscheinung, und indem diese in die Form alles Objekts, den Satz vom Grunde, eingeht, entwickelt sie zwar die Einheit jenes Willens in eine Vielheit von Handlungen, die aber, wegen der außerzeitlichen Einheit jenes Wollens an sich, mit der Gesetzmäßigkeit einer Naturkraft sich darstellt. Da aber dennoch jenes freie Wollen es ist, was in der Person und ihrem ganzen Wandel sichtbar wird, sich zu diesem verhaltend wie der Begriff zur Definition; so ist auch jede einzelne That derselben dem freien Willen zuzuschreiben und kündigt sich dem Bewußtseyn unmittelbar als solche an: daher hält, wie im zweiten Buche gesagt, Jeder *a priori* (d. h. hier nach seinem ursprünglichen Gefühl) sich auch in den einzelnen Handlungen für frei, in dem Sinne, daß ihm, in jedem gegebenen Fall, jede Handlung möglich wäre, und erst *a posteriori*, aus der Erfahrung und dem Nachdenken über die Erfahrung, erkennt er, daß sein Handeln ganz nothwendig hervorgeht aus dem Zusammentreffen des Charakters mit den Motiven. Daher kommt es, daß jeder Roheste, seinem Gefühle folgend, die völlige Freiheit in den einzelnen Handlungen auf das heftigste vertheidigt, während die großen Denker aller Zeiten, ja sogar die tiefsinnigeren Glaubenslehren, sie geleugnet haben. Wem es aber deutlich geworden, daß das ganze Wesen des Menschen Wille und er selbst nur Erscheinung dieses Willens ist, solche Erscheinung aber den Satz vom Grund zur nothwendigen, selbst schon vom Subjekt aus erkennbaren Form hat, die für diesen Fall sich als Gesetz der Motivation gestaltet, dem wird ein Zweifel an der Unausbleiblichkeit der That, bei gegebenem Charakter und vorliegendem Motiv, so vorkommen, wie ein Zweifel an der Uebereinstimmung der drei Winkel des Dreiecks mit zwei rechten. – Die Nothwendigkeit des einzelnen Handelns hat Priestley in seiner *»Doctrine of philosophical necessity«* sehr genügend dargethan; aber das Zusammenbestehn dieser Nothwendigkeit mit der Freiheit des Willens an sich, d. h. außer der Erscheinung, hat zuerst Kant, dessen Verdienst hier besonders groß ist, nachgewiesen*, indem er den Unterschied zwischen intelligiblem und empirischem Charakter aufstellte, welchen ich ganz und gar beibehalte, da ersterer der Wille als Ding an sich, sofern er in einem bestimmten Individuo, in bestimmtem Grade erscheint, letzterer aber diese Erscheinung selbst ist, so wie sie sich in der Handlungsweise, der Zeit nach, und schon in der Korporisation, dem Raume nach, darstellt. Um das Verhältniß beider faßlich zu machen, ist der beste Ausdruck jener schon in der einleitenden Abhandlung gebrauchte, daß der intelligible Charakter jedes Menschen als ein außerzeitlicher, daher untheilbarer und unveränderlicher Willensakt zu betrachten sei, dessen in Zeit und Raum und allen Formen des Satzes vom Grunde entwickelte und auseinandergezogene Erscheinung der empirische Charakter ist, wie er sich in der ganzen Handlungsweise und im Lebenslaufe dieses Menschen erfahrungsmäßig darstellt. Wie der ganze Baum nur die stets wiederholte Erscheinung eines und des selben Triebes ist, der sich am einfachsten in der Faser darstellt und in der Zusammensetzung zu Blatt, Stiel, Ast, Stamm wiederholt und leicht darin zu erkennen ist; so sind alle Thaten des Men-

---

* »Kritik der reinen Vernunft«, erste Auflage, S. 532–558; fünfte Auflage, S. 560–586; und »Kritik der praktischen Vernunft«, vierte Auflage, S. 169–179. – Rosenkranzische Ausgabe, S. 224–231.

schen nur die stets wiederholte, in der Form etwas abwechselnde Aeußerung seines intelligiblen Charakters, und die aus der Summe derselben hervorgehende Induktion giebt seinen empirischen Charakter. – Ich werde hier übrigens nicht Kants meisterhafte Darstellung umarbeitend wiederholen, sondern setze sie als bekannt voraus.

Im Jahr 1840 habe ich das wichtige Kapitel der Willensfreiheit gründlich und ausführlich behandelt, in meiner gekrönten Preisschrift über dieselbe, und habe namentlich den Grund der Täuschung aufgedeckt, in Folge welcher man eine empirisch gegebene absolute Freiheit des Willens, also ein *liberum arbitrium indifferentiae* [freie, nach keiner Seite hin beeinflußte Willensentscheidung], im Selbstbewußtseyn, als Thatsache desselben, zu finden vermeint: denn gerade auf diesen Punkt war, sehr einsichtig, die Preisfrage gerichtet. Indem ich also den Leser auf jene Schrift, imgleichen auf § 10 der mit derselben zusammen, unter dem Titel »Die beiden Grundprobleme der Ethik«, herausgegebenen Preisschrift über die Grundlage der Moral verweise, lasse ich die in der ersten Auflage an dieser Stelle gegebene, noch unvollkommene Darstellung der Nothwendigkeit der Willensakte jetzt ausfallen, und will statt dessen die oben erwähnte Täuschung noch durch eine kurze Auseinandersetzung erläutern, welche das neunzehnte Kapitel unsers zweiten Bandes zu ihrer Voraussetzung hat und daher in der erwähnten Preisschrift nicht gegeben werden konnte.

Abgesehn davon, daß, weil der Wille, als das wahre Ding an sich, ein wirklich Ursprüngliches und Unabhängiges ist, auch im Selbstbewußtseyn das Gefühl der Ursprünglichkeit und Eigenmächtigkeit seine, obwohl hier schon determinirten Akte begleiten muß, – entsteht der Schein einer empirischen Freiheit des Willens (statt der transscendentalen, die ihm allein beizulegen ist), also einer Freiheit der einzelnen Thaten, aus der im neunzehnten Kapitel des zweiten Bandes, besonders unter Nr. 3, dargelegten gesonderten und subordinirten Stellung des Intellekts gegen den Willen. Der Intellekt nämlich erfährt die Beschlüsse des Willens erst *a posteriori* und empirisch. Demnach hat er, bei einer vorliegenden Wahl, kein Datum darüber, wie der Wille sich entscheiden werde. Denn der intelligible Charakter, vermöge dessen, bei gegebenen Motiven, nur e i n e Entscheidung möglich und diese demnach eine nothwendige ist, fällt nicht in die Erkenntniß des Intellekts, sondern bloß der empirische wird ihm, durch seine einzelnen Akte, successiv bekannt. Daher also scheint es dem erkennenden Bewußtseyn (Intellekt), daß, in einem vorliegenden Fall, dem Willen zwei entgegengesetzte Entscheidungen gleich möglich wären. Hiemit aber verhält es sich gerade so, wie wenn man, bei einer senkrecht stehenden, aus dem Gleichgewicht und ins Schwanken gerathenen Stange, sagt »sie kann nach der rechten, oder nach der linken Seite umschlagen«, welches »k a n n« doch nur eine subjektive Bedeutung hat und eigentlich besagt »hinsichtlich der uns bekannten Data«: denn objektiv ist die Richtung des Falls schon nothwendig bestimmt, sobald das Schwanken eintritt. So demnach ist auch die Entscheidung des eigenen Willens bloß für seinen Zuschauer, den eigenen Intellekt, indeterminirt, mithin nur relativ und subjektiv, nämlich für das Subjekt des Erkennens; hingegen an sich selbst und objektiv ist, bei jeder dargelegten Wahl, die Entscheidung sogleich determinirt und nothwendig. Nur kommt diese Determination erst durch die erfolgende Entscheidung ins Bewußtseyn. Sogar einen empirischen Beleg hiezu erhalten wir, wann irgend eine schwierige und wichtige Wahl uns vorliegt, jedoch erst unter einer Bedingung, die noch nicht eingetreten ist, sondern bloß zu hoffen steht; so daß wir vor der Hand nichts darin thun können, sondern uns passiv verhalten müssen. Jetzt überlegen wir, wozu wir uns entschließen werden, wann die Umstände eingetreten seyn werden, die uns eine freie Thätigkeit und Entscheidung gestatten. Meistens spricht nun für den einen der Entschlüsse mehr die weitsehende, vernünftige Ueberlegung, für den andern mehr die unmittelbare Neigung. Solange wir, gezwungen, passiv bleiben, scheint die Seite der Vernunft das Uebergewicht behalten zu wollen; allein wir sehn voraus, wie stark die andere Seite ziehn wird, wann die Gelegenheit zum Handeln daseyn wird. Bis dahin sind wir eifrig bemüht, durch kalte Meditation des *pro et contra* [Erwägung des Für und Wider], die beiderseitigen Motive ins hellste Licht zu stellen, damit jedes mit seiner ganzen Gewalt auf den Willen wirken könne, wann der Zeitpunkt daseyn wird, und nicht etwan ein Fehler von Seiten des Intellekts den Willen verleite, sich anders zu entscheiden, als er würde, wenn Alles gleichmäßig einwirkte. Dies deutliche Entfalten der gegenseitigen Motive ist nun aber Alles, was der Intellekt bei der Wahl thun kann. Die eigentliche

Entscheidung wartet er so passiv und mit der selben gespannten Neugier ab, wie die eines fremden Willens. Ihm müssen daher, von seinem Standpunkt aus, beide Entscheidungen als gleich möglich erscheinen: dies nun eben ist der Schein der empirischen Freiheit des Willens. In die Sphäre des Intellekts tritt die Entscheidung freilich ganz empirisch, als endlicher Ausschlag der Sache; dennoch ist sie hervorgegangen aus der innern Beschaffenheit, dem intelligibeln Charakter, des individuellen Willens, in seinem Konflikt mit gegebenen Motiven, und daher mit vollkommener Nothwendigkeit. Der Intellekt kann dabei nichts weiter thun, als die Beschaffenheit der Motive allseitig und scharf beleuchten; nicht aber vermag er den Willen selbst zu bestimmen; da dieser ihm ganz unzugänglich, ja sogar, wie wir gesehn haben, unerforschlich ist.

Könnte ein Mensch, unter gleichen Umständen, das eine Mal so, das andere Mal anders handeln; so müßte sein Wille selbst sich inzwischen geändert haben und daher in der Zeit liegen, da nur in dieser Veränderung möglich ist: dann aber müßte entweder der Wille eine bloße Erscheinung, oder die Zeit eine Bestimmung des Dinges an sich seyn. Demnach dreht jener Streit über die Freiheit des einzelnen Thuns, über das *liberum arbitrium indifferentiae*, sich eigentlich um die Frage, ob der Wille in der Zeit liege, oder nicht. Ist er, wie es sowohl Kants Lehre, als meine ganze Darstellung nothwendig macht, als Ding an sich, außer der Zeit und jeder Form des Satzes vom Grunde; so muß nicht allein das Individuum in gleicher Lage stets auf gleiche Weise handeln, und nicht nur jede böse That der feste Bürge für unzählige andere seyn, die es vollbringen m u ß und nicht lassen k a n n ; sondern es ließe sich auch, wie Kant sagt, wenn nur der empirische Charakter und die Motive vollständig gegeben wären, des Menschen Verhalten, auf die Zukunft, wie eine Sonnen- oder Mondfinsterniß ausrechnen. Wie die Natur konsequent ist, so ist es der Charakter: ihm gemäß muß jede einzelne Handlung ausfallen, wie jedes Phänomen dem Naturgesetz gemäß ausfällt: die Ursache im letztern Fall und das Motiv im erstern sind nur die Gelegenheitsursachen, wie im zweiten Buch gezeigt worden. Der Wille, dessen Erscheinung das ganze Seyn und Leben des Menschen ist, kann sich im einzelnen Fall nicht verleugnen, und was der Mensch im Ganzen will, wird er auch stets im Einzelnen wollen.

Die Behauptung einer empirischen Freiheit des Willens, eines *liberi arbitrii indifferentiae*, hängt auf das Genaueste damit zusammen, daß man das Wesen des Menschen in eine Seele setzte, die ursprünglich ein erkennendes, ja eigentlich ein abstrakt denkendes Wesen wäre und erst in Folge hievon auch ein wollendes, daß man also den Willen sekundärer Natur machte, statt daß, in Wahrheit, die Erkenntniß dies ist. Der Wille wurde sogar als ein Denkakt betrachtet und mit dem Urtheil identificirt, namentlich bei Cartesius und Spinoza. Danach nun wäre jeder Mensch Das, was er ist, erst in Folge seiner Erkenntniß geworden: er käme als moralische Null auf die Welt, erkennte die Dinge in dieser, und beschlösse darauf, Der oder Der zu seyn, so oder so zu handeln, könnte auch, in Folge neuer Erkenntniß, eine neue Handlungsweise ergreifen, also wieder ein Anderer werden. Ferner würde er danach zuvörderst ein Ding für gut erkennen und in Folge hievon es wollen; statt daß er zuvörderst es will und in Folge hievon es gut nennt. Meiner ganzen Grundansicht zufolge nämlich ist jenes Alles eine Umkehrung des wahren Verhältnisses. Der Wille ist das Erste und Ursprüngliche, die Erkenntniß bloß hinzugekommen, zur Erscheinung des Willens, als ein Werkzeug derselben, gehörig. Jeder Mensch ist demnach Das, was er ist, durch seinen Willen, und sein Charakter ist ursprünglich; da Wollen die Basis seines Wesens ist. Durch die hinzugekommene Erkenntniß erfährt er, im Laufe der Erfahrung, was er ist, d. h. er lernt seinen Charakter kennen. Er erkennt sich also in Folge und Gemäßheit der Beschaffenheit seines Willens; statt daß er, nach der alten Ansicht, will in Folge und Gemäßheit seines Erkennens. Nach dieser dürfte er nur überlegen, wie er am liebsten seyn möchte, und er wäre es: das ist ihre Willensfreiheit. Sie besteht also eigentlich darin, daß der Mensch sein eigenes Werk ist, am Lichte der Erkenntniß. Ich hingegen sage: er ist sein eigenes Werk vor aller Erkenntniß, und diese kommt bloß hinzu, es zu beleuchten. Darum kann er nicht beschließen, ein Solcher oder Solcher zu seyn, noch auch kann er ein Anderer werden; sondern er ist, ein für alle Mal, und erkennt successive was er ist. Bei Jenen will er was er erkennt; bei mir erkennt er was er will.

Die Griechen nannten den Charakter ηϑος und die Aeußerungen desselben, d. i. die Sitten ηϑη; dieses Wort kommt aber von εϑος, Gewohnheit: sie hatten es gewählt, um die Konstanz des Charakters metaphorisch durch die Konstanz der Gewohnheit auszudrücken. Το γαρ ηϑος απο του εϑους εχει την επωνυμιαν. ηϑικη γαρ καλειται δια το εϑιζεσϑαι *(a voce* εϑος, *i. e. consuetudo,* ηϑος *est appellatum: ethica ergo dicta est* απο του εϑιζεσϑαι, *sive ab assuescendo)* [Denn das Wort ἦϑος (Charakter) hat seine Benennung von ἔϑος (Gewohnheit); denn die Ethik hat ihren Namen von der Gewohnheit], sagt Aristoteles *(Eth. magna, I,* 6, S. 1186, und *Eth. Eud.*, S. 1220, und *Eth. Nic.*, S. 1103, *ed. Ber.).* Stobäos führt an: οἱ δε κατα Ζηνωνα τροπικως· ηϑος εστι πηγη βιου, αφ᾽ ἧς αἱ κατα μερος πραξεις ρεουσι *(Stoici autem, Zenonis castra sequentes, metaphorice ethos definiunt vitae fontem, e quo singulae manant actiones.)* [Die Anhänger des Zenon erklären in bildlicher Weise das Ethos für die Quelle des Lebens, welcher die einzelnen Handlungen entspringen: *Eclogae phys. et eth.*], *II*, Kap. 7. – In der Christlichen Glaubenslehre finden wir das Dogma von der Prädestination, in Folge der Gnadenwahl und Ungnadenwahl (Röm. 9, 11–24), offenbar aus der Einsicht entsprungen, daß der Mensch sich nicht ändert; sondern sein Leben und Wandel, d. i. sein empirischer Charakter, nur die Entfaltung des intelligibeln ist, die Entwickelung entschiedener, schon im Kinde erkennbarer, unveränderlicher Anlagen, daher gleichsam schon bei seiner Geburt sein Wandel fest bestimmt ist und sich bis ans Ende im Wesentlichen gleich bleibt. Diesem stimmen auch wir bei; aber freilich die Konsequenzen, welche aus der Vereinigung dieser ganz richtigen Einsicht mit den in der Jüdischen Glaubenslehre vorgefundenen Dogmen hervorgiengen und nun die allergrößte Schwierigkeit, den ewig unauflösbaren Gordischen Knoten gaben, um welchen sich die allermeisten Streitigkeiten der Kirche drehn, – übernehme ich nicht zu vertreten; da dieses sogar dem Apostel Paulus selbst wohl schwerlich gelungen ist, durch sein zu diesem Zweck aufgestelltes Gleichniß vom Töpfer: denn da wäre das Resultat zuletzt doch kein anderes als:

»Es fürchte die Götter
Das Menschengeschlecht!
Sie halten die Herrschaft
In ewigen Händen:
Und können sie brauchen
Wie's ihnen gefällt. – [Goethe, *Iphigenie*, IV, 5.]

Dergleichen Betrachtungen sind aber eigentlich unserm Gegenstande fremd. Vielmehr werden jetzt über das Verhältniß zwischen dem Charakter und dem Erkennen, in welchem alle seine Motive liegen, einige Erörterungen zweckmäßig seyn.

Da die Motive, welche die Erscheinung des Charakters, oder das Handeln, bestimmen, durch das Medium der Erkenntniß auf ihn einwirken, die Erkenntniß aber veränderlich ist, zwischen Irrthum und Wahrheit oft hin und her schwankt, in der Regel jedoch im Fortgange des Lebens immer mehr berichtigt wird, freilich in sehr verschiedenen Graden; so kann die Handlungsweise eines Menschen merklich verändert werden, ohne daß man daraus auf eine Veränderung seines Charakters zu schließen berechtigt wäre. Was der Mensch eigentlich und überhaupt will, die Anstrebung seines innersten Wesens und das Ziel, dem er ihr gemäß nachgeht, Dies können wir durch äußere Einwirkung auf ihn, durch Belehrung, nimmermehr ändern: sonst könnten wir ihn umschaffen. Seneka sagt vortrefflich: *velle non discitur* [Wollen läßt sich nicht lernen: *epist.* 81, 14]; wobei er die Wahrheit seinen Stoikern vorzieht, welche lehrten, διδακτην ειναι την αρετην *(doceri posse virtutem)* [die Tugend könne gelehrt werden]. Von außen kann auf den Willen allein durch Motive gewirkt werden. Diese können aber nie den Willen selbst ändern: denn sie selbst haben Macht über ihn nur unter der Voraussetzung, daß er gerade ein solcher ist, wie er ist. Alles, was sie können, ist also, daß sie die Richtung seines Strebens ändern, d. h. machen, daß er Das, was er unveränderlich sucht, auf einem andern Wege suche, als bisher. Daher kann Belehrung, verbesserte Erkenntniß, also Einwirkung von außen, zwar ihn lehren, daß er in den Mitteln irrte, und kann demnach machen, daß er das Ziel, dem er, seinem innern Wesen gemäß, ein Mal nachstrebt, auf einem ganz andern Wege, sogar in einem ganz andern Objekt als vorher verfolge: niemals aber kann sie machen, daß er etwas wirklich Anderes wolle, als er bisher gewollt hat; sondern dies bleibt unveränderlich, denn er ist ja nur dieses Wollen selbst, welches sonst aufgehoben werden müßte. Jenes Erstere inzwischen, die Modifikabilität der Erkenntniß und dadurch des Thuns, geht so weit, daß er seinen stets unveränderlichen Zweck, er sei z. B. Mohammeds Paradies, ein Mal in der wirklichen Welt, ein ander Mal in einer imaginären Welt zu erreichen sucht, die Mittel hienach abmessend und daher das erste

Mal Klugheit, Gewalt und Betrug, das andere Mal Enthaltsamkeit, Gerechtigkeit, Almosen, Wallfahrt nach Mekka anwendend. Sein Streben selbst hat sich aber deshalb nicht geändert, noch weniger er selbst. Wenn also auch allerdings sein Handeln sehr verschieden zu verschiedenen Zeiten sich darstellt, so ist sein Wollen doch ganz das selbe geblieben. *Velle non discitur.*

Zur Wirksamkeit der Motive ist nicht bloß ihr Vorhandenseyn, sondern auch ihr Erkanntwerden erfordert: denn, nach einem schon ein Mal erwähnten sehr guten Ausdruck der Scholastiker, *causa finalis movet non secundum suum esse reale; sed secundum esse cognitum* [Die Endursache wirkt nicht nach ihrem wirklichen, sondern nach ihrem erkannten Wesen]. Damit z. B. das Verhältniß, welches, in einem gegebenen Menschen, Egoismus und Mitleid zu einander haben, hervortrete, ist es nicht hinreichend, daß derselbe etwan Reichthum besitze und fremdes Elend sehe; sondern er muß auch wissen, was sich mit dem Reichthum machen läßt, sowohl für sich, als für Andere; und nicht nur muß fremdes Leiden sich ihm darstellen, sondern er muß auch wissen, was Leiden, aber auch was Genuß sei. Vielleicht wußte er bei einem ersten Anlaß dieses Alles nicht so gut, wie bei einem zweiten; und wenn er nun bei gleichem Anlaß verschieden handelt, so liegt dies nur daran, daß die Umstände eigentlich andere waren, nämlich dem Theil nach, der von seinem Erkennen derselben abhängt, wenn sie gleich die selben zu seyn scheinen. – Wie das Nichtkennen wirklich vorhandener Umstände ihnen die Wirksamkeit nimmt, so können andererseits ganz imaginäre Umstände wie reale wirken, nicht nur bei einer einzelnen Täuschung, sondern auch im Ganzen und auf die Dauer. Wird z. B. ein Mensch fest überredet, daß jede Wohlthat ihm im künftigen Leben hundertfach vergolten wird; so gilt und wirkt eine solche Ueberzeugung ganz und gar wie ein sicherer Wechsel auf sehr lange Sicht, und er kann aus Egoismus geben, wie er, bei anderer Einsicht, aus Egoismus nehmen würde. Geändert hat er sich nicht: *velle non discitur.* Vermöge dieses großen Einflusses der Erkenntniß auf das Handeln bei unveränderlichem Willen, geschieht es, daß erst allmälig der Charakter sich entwickelt und seine verschiedenen Züge hervortreten. Daher zeigt er sich in jedem Lebensalter verschieden, und auf eine heftige, wilde Jugend kann ein gesetztes, mäßiges, männliches Alter folgen. Besonders wird das Böse des Charakters mit der Zeit immer mächtiger hervortreten; bisweilen aber auch werden Leidenschaften, denen man in der Jugend nachgab, später freiwillig gezügelt, bloß weil die entgegengesetzten Motive erst jetzt in die Erkenntniß getreten sind. Daher auch sind wir Alle Anfangs unschuldig, welches bloß heißt, daß weder wir, noch Andere das Böse unserer eigenen Natur kennen: erst an den Motiven tritt es hervor, und erst mit der Zeit treten die Motive in die Erkenntniß. Zuletzt lernen wir uns selbst kennen, als ganz Andere, als wofür wir uns *a priori* hielten, und oft erschrecken wir dann über uns selbst.

Reue entsteht nimmermehr daraus, daß (was unmöglich) der Wille, sondern daraus, daß die Erkenntniß sich geändert hat. Das Wesentliche und Eigentliche von Dem, was ich jemals gewollt, muß ich auch noch wollen: denn ich selbst bin dieser Wille, der außer der Zeit und der Veränderung liegt. Ich kann daher nie bereuen, was ich gewollt, wohl aber was ich gethan habe; weil ich, durch falsche Begriffe geleitet, etwas Anderes that, als meinem Willen gemäß war. Die Einsicht hierin, bei richtigerer Erkenntniß, ist die Reue. Dies erstreckt sich nicht etwan bloß auf die Lebensklugheit, auf die Wahl der Mittel und die Beurtheilung der Angemessenheit des Zwecks zu meinem eigentlichen Willen; sondern auch auf das eigentlich Ethische. So kann ich z. B. egoistischer gehandelt haben, als meinem Charakter gemäß ist, irre geführt durch übertriebene Vorstellungen von der Noth, in der ich selbst war, oder auch von der List, Falschheit, Bosheit Anderer, oder auch dadurch, daß ich übereilt, d. h. ohne Ueberlegung handelte, bestimmt, nicht durch *in abstracto* deutlich erkannte, sondern durch bloß anschauliche Motive, durch den Eindruck der Gegenwart und durch den Affekt, den er erregte, und der so stark war, daß ich nicht eigentlich den Gebrauch meiner Vernunft hatte; die Rückkehr der Besinnung ist dann aber auch hier nur berichtigte Erkenntniß, aus welcher Reue hervorgehn kann, die sich dann allemal durch Gutmachen des Geschehenen, so weit es möglich ist, kund giebt. Doch ist zu bemerken, daß man, um sich selbst zu täuschen, sich scheinbare Uebereilungen vorbereitet, die eigentlich heimlich überlegte Handlungen sind. Denn wir betrügen und schmeicheln Niemanden durch so feine Kunstgriffe, als uns selbst. – Auch der umgekehrte Fall des Angeführten kann eintreten: mich kann ein zu gutes Zutrauen zu Andern, oder Unkenntniß des relativen

Werthes der Güter des Lebens, oder irgend ein abstraktes Dogma, den Glauben an welches ich nunmehr verloren habe, verleiten, weniger egoistisch zu handeln, als meinem Charakter gemäß ist, und mir dadurch Reue anderer Art zu bereiten. Immer also ist die Reue berichtigte Erkenntniß des Verhältnisses der That zur eigentlichen Absicht. – Wie dem Willen, sofern er seine Ideen im Raum allein, d. h. durch die bloße Gestalt offenbart, die schon von andern Ideen, hier Naturkräften, beherrschte Materie sich widersetzt und selten die Gestalt, welche hier zur Sichtbarkeit strebte, vollkommen rein und deutlich. d. h. schön, hervorgehn läßt; so findet ein analoges Hinderniß der in der Zeit allein, d. h. durch Handlungen sich offenbarende Wille, an der Erkenntniß, die ihm selten die Data ganz richtig angiebt, wodurch dann die That nicht ganz genau dem Willen entsprechend ausfällt und daher Reue vorbereitet. Die Reue geht also immer aus berichtigter Erkenntniß, nicht aus der Aenderung des Willens hervor, als welche unmöglich ist. Gewissensangst über das Begangene ist nichts weniger als Reue, sondern Schmerz über die Erkenntniß seiner selbst an sich, d. h. als Wille. Sie beruht gerade auf der Gewißheit, daß man den selben Willen noch immer hat. Wäre er geändert und daher die Gewissensangst bloße Reue, so höbe diese sich selbst auf: denn das Vergangene könnte dann weiter keine Angst erwecken, da es die Aeußerungen eines Willens darstellte, welcher nicht mehr der des Reuigen wäre. Wir werden weiter unten die Bedeutung der Gewissensangst ausführlich erörtern.

Der Einfluß, den die Erkenntniß, als das Medium der Motive, zwar nicht auf den Willen selbst, aber auf sein Hervortreten in den Handlungen hat, begründet auch den Hauptunterschied zwischen dem Thun der Menschen und dem der Thiere, indem die Erkenntnißweise Beider verschieden ist. Das Thier nämlich hat nur anschauliche, der Mensch, durch die Vernunft, auch abstrakte Vorstellungen, Begriffe. Obgleich nun Thier und Mensch mit gleicher Nothwendigkeit durch die Motive bestimmt werden, so hat doch der Mensch eine vollkommene Wahlentscheidung vor dem Thiere voraus, welche auch oft für eine Freiheit des Willens in den einzelnen Thaten angesehn worden, obwohl sie nichts Anderes ist, als die Möglichkeit eines ganz durchgekämpften Konflikts zwischen mehreren Motiven, davon das stärkere ihn dann mit Nothwendigkeit bestimmt.

Hiezu nämlich müssen die Motive die Form abstrakter Gedanken angenommen haben; weil nur mittelst dieser eine eigentliche Deliberation, d. h. Abwägung entgegengesetzter Gründe zum Handeln, möglich ist. Beim Thier kann die Wahl nur zwischen anschaulich vorliegenden Motiven Statt haben, weshalb dieselbe auf die enge Sphäre seiner gegenwärtigen, anschaulichen Apprehension beschränkt ist. Daher kann die Nothwendigkeit der Bestimmung des Willens durch das Motiv, welche der der Wirkung durch die Ursache gleich ist, allein bei Thieren anschaulich und unmittelbar dargestellt werden, weil hier auch der Zuschauer die Motive so unmittelbar, wie ihre Wirkung, vor Augen hat; während beim Menschen die Motive fast immer abstrakte Vorstellungen sind, deren der Zuschauer nicht theilhaft wird, und sogar dem Handelnden selbst die Nothwendigkeit ihres Wirkens sich hinter ihrem Konflikt verbirgt. Denn nur *in abstracto* können mehrere Vorstellungen, als Urtheile und Ketten von Schlüssen, im Bewußtseyn neben einander liegen und dann frei von aller Zeitbestimmung gegen einander wirken, bis das stärkere die übrigen überwältigt und den Willen bestimmt. Dies ist die vollkommene Wahlentscheidung, oder Deliberationsfähigkeit, welche der Mensch vor dem Thiere voraus hat, und wegen welcher man ihm Willensfreiheit beigelegt hat, vermeinend, sein Wollen sei ein bloßes Resultat der Operationen des Intellekts, ohne daß ein bestimmter Trieb demselben zur Basis diene; während, in Wahrheit, die Motivation nur wirkt auf der Grundlage und unter der Voraussetzung seines bestimmten Triebes, welcher bei ihm individuell, d. h. ein Charakter ist. Eine ausführlichere Darstellung jener Deliberationsfähigkeit und der durch sie herbeigeführten Verschiedenheit der menschlichen und thierischen Willkür findet man in den »Beiden Grundproblemen der Ethik« (1. Auflage, S. 35 ff. [Bd. VI uns. Ausg., S. 72 ff.]), worauf ich also hier verweise. Uebrigens gehört diese Deliberationsfähigkeit des Menschen auch zu den Dingen, die sein Daseyn so sehr viel quaalvoller, als das des Thieres machen; wie denn überhaupt unsere größten Schmerzen nicht in der Gegenwart, als anschauliche Vorstellungen oder unmittelbares Gefühl, liegen: sondern in der Vernunft, als abstrakte Begriffe, quälende Gedanken, von denen das allein in der Gegenwart und daher in beneidenswerther Sorglosigkeit lebende Thier völlig frei ist.

Die dargelegte Abhängigkeit der menschlichen Deliberationsfähigkeit vom Vermögen des Denkens *in abstracto*, also auch des Urtheilens und Schließens, scheint es gewesen zu seyn, welche sowohl den Cartesius, als den Spinoza verleitet hat, die Entscheidungen des Willens zu identificiren mit dem Vermögen zu bejahen und zu verneinen (Urtheilskraft), woraus Cartesius ableitete, daß der, bei ihm indifferent freie, Wille die Schuld auch alles theoretischen Irrthums trage: Spinoza hingegen, daß der Wille durch die Motive, wie das Urtheil durch die Gründe nothwendig bestimmt werde*; welches letztere übrigens seine Richtigkeit hat, jedoch als eine wahre Konklusion aus falschen Prämissen auftritt. –

Die nachgewiesene Verschiedenheit der Art wie das Thier, von der wie der Mensch durch die Motive bewegt wird, erstreckt ihren Einfluß auf das Wesen Beider sehr weit und trägt das Meiste bei zu dem durchgreifenden und augenfälligen Unterschied des Daseyns Beider. Während nämlich das Thier immer nur durch eine anschauliche Vorstellung motivirt wird, ist der Mensch bestrebt diese Art der Motivation gänzlich auszuschließen und allein durch abstrakte Vorstellungen sich bestimmen zu lassen, wodurch er sein Vorrecht der Vernunft zu möglichstem Vortheil benutzt und, unabhängig von der Gegenwart, nicht den vorübergehenden Genuß oder Schmerz wählt oder flieht, sondern die Folgen Beider bedenkt. In den meisten Fällen, von den ganz unbedeutenden Handlungen abgesehn, bestimmen uns abstrakte, gedachte Motive, nicht gegenwärtige Eindrücke. Daher ist uns jede einzelne Entbehrung für den Augenblick ziemlich leicht, aber jede Entsagung entsetzlich schwer: denn jene trifft nur die vorübereilende Gegenwart, diese aber die Zukunft und schließt daher unzählige Entbehrungen in sich, deren Aequivalent sie ist. Die Ursache unseres Schmerzes, wie unserer Freude, liegt daher meistens nicht in der realen Gegenwart; sondern bloß in abstrakten Gedanken: diese sind es, welche uns oft unerträglich fallen, Quaalen schaffen, gegen welche alle Leiden der Thierheit sehr klein sind, da über dieselben auch unser eigener physischer Schmerz oft gar nicht empfunden wird, ja, wir bei heftigen geistigen Leiden uns physische verursachen, bloß um dadurch die Aufmerksamkeit von jenen abzu-

* *Cart. medit. 4. – Spin. Eth., P. II., prop. 48 et 49, caet.*

lenken auf diese: daher rauft man, im größten geistigen Schmerze, sich die Haare aus, schlägt die Brust, zerfleischt das Antlitz, wälzt sich auf dem Boden; welches Alles eigentlich nur gewaltsame Zerstreuungsmittel von einem unerträglich fallenden Gedanken sind. Eben weil der geistige Schmerz, als der viel größere, gegen den physischen unempfindlich macht, wird dem Verzweifelnden, oder von krankhaftem Unmuth Verzehrten, der Selbstmord sehr leicht, auch wenn er früher, im behaglichen Zustande, vor dem Gedanken daran zurückbebte. Imgleichen reiben die Sorge und Leidenschaft, also das Gedankenspiel, den Leib öfter und mehr auf, als die physischen Beschwerden. Dem also gemäß sagt Epiktetos mit Recht: Ταρασσει τους ανθρωπους ου τα πραγματα, αλλα τα περι των πραγματων δογματα *(Perturbant homines non res ipsae, sed de rebus decreta)* [Nicht die Dinge selbst beunruhigen die Menschen, sondern die Meinungen über die Dinge] *(V.)* und Seneka: *Plura sunt, quae nos terrent, quam quae premunt, et saepius opinione quam re laboramus* [Es gibt mehr, was uns erschreckt, als was uns bedrückt, und wir leiden öfter an der Vorstellung als an der Wirklichkeit] *(Ep. 5)*. Auch Eulenspiegel persiflirte die menschliche Natur ganz vortrefflich, indem er bergauf gehend lachte, aber bergab gehend weinte. Ja, Kinder die sich wehe gethan, weinen oft nicht über den Schmerz, sondern erst, wenn man sie beklagt, über den dadurch erregten Gedanken des Schmerzes. So große Unterschiede im Handeln und im Leiden fließen aus der Verschiedenheit der thierischen und menschlichen Erkenntnißweise. Ferner ist das Hervortreten des deutlichen und entschiedenen Individualcharakters, der hauptsächlich den Menschen vom Thier, welches fast nur Gattungscharakter hat, unterscheidet, ebenfalls durch die, nur mittelst der abstrakten Begriffe mögliche, Wahl zwischen mehreren Motiven bedingt. Denn allein nach vorhergegangener Wahl sind die in verschiedenen Individuen verschieden ausfallenden Entschlüsse ein Zeichen des individuellen Charakters derselben, der bei Jedem ein anderer ist; während das Thun des Thieres nur von der Gegenwart, oder Abwesenheit des Eindrucks abhängt, vorausgesetzt, daß derselbe überhaupt ein Motiv für seine Gattung ist. Daher endlich ist beim Menschen allein der Entschluß, nicht aber der bloße Wunsch, ein gültiges Zeichen seines Charakters, für ihn selbst und für Andere. Der Entschluß aber wird allein durch die That gewiß, für ihn selbst, wie für Andere. Der Wunsch ist bloß nothwendige Folge des gegenwärtigen Eindrucks, sei es des äußern Reizes, oder der innern vorübergehenden Stimmung, und ist daher so unmittelbar nothwendig und ohne Ueberlegung, wie das Thun der Thiere: daher auch drückt er, eben wie dieses, bloß den Gattungscharakter aus, nicht den individuellen, d. h. deutet bloß an, was der Mensch überhaupt, nicht was das den Wunsch fühlende Individuum zu thun fähig wäre. Die That allein ist, weil sie, schon als menschliche Handlung, immer einer gewissen Ueberlegung bedarf, und weil der Mensch in der Regel seiner Vernunft mächtig, also besonnen ist, d. h. sich nach gedachten, abstrakten Motiven entscheidet, der Ausdruck der intelligibeln Maxime seines Handelns, das Resultat seines innersten Wollens, und stellt sich hin als ein Buchstabe zu dem Worte, das seinen empirischen Charakter bezeichnet, welcher selbst nur der zeitliche Ausdruck seines intelligibeln Charakters ist. Daher beschweren, bei gesundem Gemüthe, nur Thaten das Gewissen, nicht Wünsche und Gedanken. Denn nur unsere Thaten halten uns den Spiegel unsers Willens vor. Die schon oben erwähnte, völlig unüberlegt und wirklich im blinden Affekt begangene That ist gewissermaaßen ein Mittelding zwischen bloßem Wunsch und Entschluß: daher kann sie durch wahre Reue, die sich aber auch als That zeigt, wie ein verzeichneter Strich, ausgelöscht werden aus dem Bilde unsers Willens, welches unser Lebenslauf ist. – Uebrigens mag hier, als ein sonderbares Gleichniß, die Bemerkung Platz finden, daß das Verhältniß zwischen Wunsch und That eine ganz zufällige, aber genaue Analogie hat mit dem zwischen elektrischer Vertheilung und elektrischer Mittheilung.

Zufolge dieser gesammten Betrachtung über die Freiheit des Willens und was sich auf sie bezieht, finden wir, obwohl der Wille an sich selbst und außer der Erscheinung frei, ja allmächtig zu nennen ist, denselben in seinen einzelnen, von Erkenntniß beleuchteten Erscheinungen, also in Menschen und Thieren, durch Motive bestimmt, gegen welche der jedesmalige Charakter, immer auf gleiche Weise, gesetzmäßig und nothwendig reagirt. Den Menschen sehn wir, vermöge der hinzugekommenen abstrakten oder Vernunft-Erkenntniß, eine Wahlentscheidung vor dem Thiere voraushaben, die ihn aber nur zum Kampfplatz des Konflikts der Motive macht, ohne ihn ihrer Herrschaft zu entziehn, und daher zwar die Möglichkeit der vollkommenen Aeußerung des individuellen Charakters bedingt, keineswegs aber als Freiheit des einzelnen Wollens, d. h. Unabhängigkeit vom Gesetze der Kausalität anzusehn ist, dessen Nothwendigkeit sich über den Menschen, wie über jede andere Erscheinung erstreckt. Bis auf den angegebenen Punkt also, und nicht weiter, geht der Unterschied, welchen die Vernunft, oder die Erkenntniß mittelst Begriffen, zwischen dem menschlichen Wollen und dem thierischen herbeiführt. Allein welches ganz andere, bei der Thierheit unmögliche Phänomen des menschlichen Willens hervorgehn kann, wenn der Mensch die gesammte, dem Satz vom Grund unterworfene Erkenntniß der einzelnen Dinge als solcher verläßt und mittelst Erkenntniß der Ideen das *principium individuationis* durchschaut, wo alsdann ein wirkliches Hervortreten der eigentlichen Freiheit des Willens als Dinges an sich möglich wird, durch welches die Erscheinung in einen gewissen Widerspruch mit sich selbst tritt, den das Wort Selbstverleugnung bezeichnet, ja zuletzt das Ansich ihres Wesens sich aufhebt: – diese eigentliche und einzige unmittelbare Aeußerung der Freiheit des Willens an sich, auch in der Erscheinung, kann hier noch nicht deutlich dargestellt werden, sondern wird ganz zuletzt der Gegenstand unserer Betrachtung seyn.

Nachdem uns aber, durch die gegenwärtigen Auseinandersetzungen, die Unveränderlichkeit des empirischen Charakters, als welcher die bloße Entfaltung des außerzeitlichen intelligibeln ist, wie auch die Nothwendigkeit, mit der aus seinem Zusammentreffen mit den Motiven die Handlungen hervorgehn, deutlich geworden ist: haben wir zuvörderst eine Folgerung zu beseitigen, welche zu Gunsten der verwerflichen Neigungen sich sehr leicht daraus ziehn ließe. Da nämlich unser Charakter als die zeitliche Entfaltung eines außerzeitlichen und mithin untheilbaren und unveränderlichen Willensaktes, oder eines intelligibeln Charakters, anzusehn ist, durch welchen alles Wesentliche, d. h. der ethische Gehalt unsers Lebenswandels, unveränderlich bestimmt ist und sich demgemäß in seiner Erscheinung, dem empirischen Charakter, ausdrücken muß, während nur das Unwesentliche dieser Erscheinung, die äußere Gestaltung unsers Lebenslaufes, abhängt von den Gestalten, unter welchen die Motive sich darstellen; so könnte man schließen, daß es vergebliche Mühe wäre, an einer Besserung seines Charakters zu arbeiten, oder der Gewalt böser Neigungen zu widerstreben, daher es gerathener wäre, sich dem Unabänderlichen zu unterwerfen und jeder Neigung, sei sie auch böse, sofort zu willfahren. – Allein es hat hiemit ganz und gar das selbe Bewandtniß, wie mit der Theorie vom unabwendbaren Schicksal, und der daraus gemachten Folgerung, die man αργος λογος [träge Vernunft], in neuerer Zeit Türkenglaube, nennt, deren richtige Widerlegung, wie sie Chrysippos gegeben haben soll, Cicero darstellt im Buche *de fato*, Kap. 12, 13.

Obwohl nämlich Alles als vom Schicksal unwiderruflich vorherbestimmt angesehn werden kann, so ist es dies doch eben nur mittelst der Kette der Ursachen. Daher in keinem Fall bestimmt seyn kann, daß eine Wirkung ohne ihre Ursache eintrete. Nicht die Begebenheit schlechthin also ist vorherbestimmt, sondern dieselbe als Erfolg vorhergängiger Ursachen: also ist nicht der Erfolg allein, sondern auch die Mittel, als deren Erfolg er einzutreten bestimmt ist, vom Schicksal beschlossen. Treten demnach die Mittel nicht ein, dann auch sicherlich nicht der Erfolg: Beides immer nach der Bestimmung des Schicksals, die wir aber auch immer erst hinterher erfahren.

Wie die Begebenheiten immer dem Schicksal, d. h. der endlosen Verkettung der Ursachen, so werden unsere Thaten immer unserm intelligibeln Charakter gemäß ausfallen: aber wie wir jenes nicht vorherwissen, so ist uns auch keine Einsicht *a priori* in diesen gegeben; sondern nur *a posteriori*, durch die Erfahrung, lernen wir, wie die Andern, so auch uns selbst kennen. Brachte der intelligible Charakter es mit sich, daß wir einen guten Entschluß nur nach langem Kampf gegen eine böse Neigung fassen konnten; so muß dieser Kampf vorhergehn und abgewartet werden. Die Reflexion über die Unveränderlichkeit des Charakters, über die Einheit der Quelle, aus welcher alle unsere Thaten fließen, darf uns nicht verleiten, zu Gunsten des einen noch des andern Theiles, der Entscheidung des Charakters vorzugreifen: am erfolgenden Entschluß werden wir sehn, welcher Art wir sind, und uns an unsern Thaten spiegeln. Hieraus eben erklärt sich die Befriedigung, oder die Seelenangst, mit der wir auf den zurückgelegten Lebensweg zurücksehn: Beide kommen nicht daher, daß jene vergangenen Thaten noch ein Daseyn hätten: sie sind vergangen, gewesen und jetzt nichts mehr; aber ihre große Wichtigkeit für uns kommt aus ihrer Bedeutung, kommt daher, daß diese Thaten der Abdruck des Charakters, der Spiegel des Willens sind, in welchen schauend wir unser innerstes Selbst, den Kern unsers Willens erkennen. Weil wir dies also nicht vorher, sondern erst nachher erfahren, kommt es uns zu, in der Zeit zu streben und zu kämpfen, eben damit das Bild, welches wir durch unsere Thaten wirken, so ausfalle, daß sein Anblick uns möglichst beruhige, nicht beängstige. Die Bedeutung aber solcher Beruhigung, oder Seelenangst, wird, wie gesagt, weiter unten untersucht werden. Hieher gehört hingegen noch folgende für sich bestehende Betrachtung.

Neben dem intelligibeln und dem empirischen Charakter ist noch ein drittes, von beiden Verschiedenes zu erwähnen, der erworbene Charakter, den man erst im Leben, durch den Weltgebrauch, erhält, und von dem die Rede ist, wenn man gelobt wird als ein Mensch, der Charakter hat, oder getadelt als charakterlos. – Zwar könnte man meinen, daß, da der empirische Charakter, als Erscheinung des intelligibeln, unveränderlich und, wie jede Naturerscheinung, in sich konsequent ist, auch der Mensch eben deshalb immer sich selbst gleich und konsequent erscheinen müßte und daher nicht nöthig hätte, durch Erfahrung und Nachdenken, sich künstlich einen Charakter zu erwerben. Dem ist aber anders, und wiewohl man immer der Selbe ist, so versteht man jedoch sich selbst nicht jederzeit, sondern verkennt sich oft, bis man die eigentliche Selbstkenntniß in gewissem Grade erworben hat. Der empirische Chrakter ist, als bloßer Naturtrieb, an sich unvernünftig: ja, seine Aeußerungen werden noch dazu durch die Vernunft gestört, und zwar um so mehr, je mehr Besonnenheit und Denkkraft der Mensch hat. Denn diese halten ihm immer vor, was dem Menschen überhaupt, als Gattungscharakter, zukommt und im Wollen, wie im Leisten, demselben möglich ist. Hiedurch wird ihm die Einsicht in Dasjenige, was allein von dem Allen er, vermöge seiner Individualität, will und vermag, erschwert. Er findet in sich zu allen, noch so verschiedenen menschlichen Anstrebungen und Kräften die Anlagen; aber der verschiedene Grad derselben in seiner Individualität wird ihm nicht ohne Erfahrung klar: und wenn er nun zwar zu den Bestrebungen greift, die seinem Charakter allein gemäß sind, so fühlt er doch, besonders in einzelnen Momenten und Stimmungen, die Anregung zu gerade entgegengesetzten, damit unvereinbaren, die, wenn er jenen ersteren ungestört nachgehn will, ganz unterdrückt werden müssen. Denn, wie unser physischer Weg auf der Erde immer nur eine Linie, keine Fläche ist; so müssen wir im Leben, wenn wir Eines ergreifen und besitzen wollen, unzähliges Anderes, rechts und links, entsagend, liegen lassen. Können wir uns dazu nicht entschließen, sondern greifen, wie Kinder auf dem Jahrmarkt, nach Allem was uns im Vorübergehn reizt; dann ist dies das verkehrte Bestreben, die Linie unsers Wegs in eine Fläche zu verwandeln: wir laufen sodann im Zickzack, irrlichterliren hin und her und gelangen zu nichts. – Oder, um ein anderes Gleichniß zu gebrauchen, wie, nach Hobbes' Rechtslehre, ursprünglich Jeder auf jedes Ding ein Recht hat, aber auf keines ein ausschließliches; letzteres jedoch auf einzelne Dinge erlangen kann, dadurch, daß er seinem Recht auf alle übrigen entsagt, wogegen die Andern in Hinsicht auf das von ihm erwählte das gleiche thun; gerade so ist es im Leben, wo wir irgend eine bestimmte Bestrebung, sei sie nach Genuß, Ehre, Reichthum, Wissenschaft, Kunst, oder Tugend, nur dann recht mit Ernst und mit Glück verfolgen können, wann wir alle ihr fremden Ansprüche aufgeben, auf alles Andere verzichten. Darum ist das bloße Wollen und auch Können an sich noch nicht zureichend, sondern ein Mensch muß auch w i s s e n , was er will, und w i s s e n , was er kann: erst so wird er Charakter zeigen, und erst dann kann er etwas Rechtes vollbringen. Bevor er dahin gelangt, ist er, ungeachtet der natürlichen Konsequenz des empirischen Charakters, doch charakterlos, und obwohl er im Ganzen sich treu bleiben und seine Bahn durchlaufen muß, von seinem Dämon gezogen; so wird er doch keine schnurgerechte, sondern eine zitternde, ungleiche Linie beschreiben, schwanken, abweichen, umkehren, sich Reue und Schmerz bereiten: dies Alles, weil er, im Großen und Kleinen, so Vieles als dem Menschen möglich und erreichbar vor sich sieht, und noch nicht weiß, was davon allein ihm gemäß und ihm ausführbar, ja, auch nur ihm genießbar ist. Er wird daher Manchen um eine Lage und Verhältnisse beneiden, die doch nur dessen Charakter, nicht dem seinigen, angemessen sind, und in denen er sich unglücklich fühlen würde, wohl gar es nicht ein Mal aushalten könnte. Denn wie dem Fische nur im Wasser, dem Vogel nur in der Luft, dem Maulwurf nur unter der Erde wohl ist, so jedem Menschen nur in der ihm angemessenen Atmosphäre; wie denn z. B. die Hofluft nicht

Jedem respirabel [zuträglich] ist. Aus Mangel an genugsamer Einsicht in alles Dieses wird Mancher allerlei mißlingende Versuche machen, wird seinem Charakter im Einzelnen Gewalt anthun, und im Ganzen ihm doch wieder nachgeben müssen: und was er so, gegen seine Natur, mühsam erlangt, wird ihm keinen Genuß geben; was er so erlernt, wird todt bleiben; ja sogar in ethischer Hinsicht wird eine nicht aus reinem, unmittelbarem Antriebe, sondern aus einem Begriff, einem Dogma entsprungene, für seinen Charakter zu edle That, durch nachfolgende egoistische Reue, alles Verdienst verlieren, selbst in seinen eigenen Augen. *Velle non discitur* [Wollen läßt sich nicht lernen]. Wie wir der Unbiegsamkeit der fremden Charaktere erst durch die Erfahrung inne werden und bis dahin kindisch glauben, durch unvernünftige Vorstellungen, durch Bitten und Flehen, durch Beispiel und Edelmuth könnten wir irgend Einen dahin bringen, daß er von seiner Art lasse, seine Handlungsweise ändere, von seiner Denkungsart abgehe, oder gar seine Fähigkeiten erweitere; so geht es uns auch mit uns selbst. Wir müssen erst aus Erfahrung lernen, was wir wollen und was wir können: bis dahin wissen wir es nicht, sind charakterlos und müssen oft durch harte Stöße von außen auf unsern eigenen Weg zurückgeworfen werden. – Haben wir es aber endlich gelernt, dann haben wir erlangt, was man in der Welt Charakter nennt, den erworbenen Charakter. Dieses ist demnach nichts Anderes, als möglichst vollkommene Kenntniß der eigenen Individualität: es ist das abstrakte, folglich deutliche Wissen von den unabänderlichen Eigenschaften seines eigenen empirischen Charakters und von dem Maaß und der Richtung seiner geistigen und körperlichen Kräfte, also von den gesammten Stärken und Schwächen der eigenen Individualität. Dies setzt uns in den Stand, die an sich ein Mal unveränderliche Rolle der eigenen Person, die wir vorhin regellos naturalisirten [natürlich darstellten], jetzt besonnen und methodisch durchzuführen und die Lücken, welche Launen oder Schwächen darin verursachen, nach Anleitung fester Begriffe auszufüllen. Die durch unsere individuelle Natur ohnehin nothwendige Handlungsweise haben wir jetzt auf deutlich bewußte, uns stets gegenwärtige Maximen gebracht, nach denen wir sie so besonnen durchführen, als wäre es eine erlernte, ohne hiebei je irre zu werden durch den vorübergehenden Einfluß der Stimmung, oder des Eindrucks der

Gegenwart, ohne gehemmt zu werden durch das Bittere oder Süße einer im Wege angetroffenen Einzelheit, ohne Zaudern, ohne Schwanken, ohne Inkonsequenzen. Wir werden nun nicht mehr, als Neulinge, warten, versuchen, umhertappen, um zu sehn, was wir eigentlich wollen und was wir vermögen; sondern wir wissen es ein für alle Mal, haben bei jeder Wahl nur allgemeine Sätze auf einzelne Fälle anzuwenden und gelangen gleich zum Entschluß. Wir kennen unsern Willen im Allgemeinen und lassen uns nicht durch Stimmung, oder äußere Aufforderung verleiten, im Einzelnen zu beschließen, was ihm im Ganzen entgegen ist. Wir kennen eben so die Art und das Maaß unserer Kräfte und unserer Schwächen, und werden uns dadurch viele Schmerzen ersparen. Denn es giebt eigentlich gar keinen Genuß anders, als im Gebrauch und Gefühl der eigenen Kräfte, und der größte Schmerz ist wahrgenommener Mangel an Kräften, wo man ihrer bedarf. Haben wir nun erforscht, wo unsere Stärken und wo unsere Schwächen liegen; so werden wir unsere hervorstechenden natürlichen Anlagen ausbilden, gebrauchen, auf alle Weise zu nutzen suchen und immer uns dahin wenden, wo diese taugen und gelten, aber durchaus und mit Selbstüberwindung die Bestrebungen vermeiden, zu denen wir von Natur geringe Anlagen haben; werden uns hüten, Das zu versuchen, was uns doch nicht gelingt. Nur wer dahin gelangt ist, wird stets mit voller Besonnenheit ganz er selbst seyn, und wird nie von sich selbst im Stiche gelassen werden, weil er immer wußte, was er sich selber zumuthen konnte. Er wird alsdann oft der Freude theilhaft werden, seine Stärken zu fühlen, und selten den Schmerz erfahren, an seine Schwächen erinnert zu werden, welches letztere Demüthigung ist, die vielleicht den größten Geistesschmerz verursacht: daher man es viel besser ertragen kann, sein Mißgeschick, als sein Ungeschick deutlich ins Auge zu fassen. – Sind wir nun also vollkommen bekannt mit unsern Stärken und Schwächen; so werden wir auch nicht versuchen, Kräfte zu zeigen, die wir nicht haben, werden nicht mit falscher Münze spielen, weil solche Spiegelfechterei doch endlich ihr Ziel verfehlt. Denn da der ganze Mensch nur die Erscheinung seines Willens ist; so kann nichts verkehrter seyn, als, von der Reflexion ausgehend, etwas Anderes seyn zu wollen, als man ist: denn es ist ein unmittelbarer Widerspruch des Willens mit sich selbst. Nachahmung fremder Eigenschaften und Eigenthümlichkeiten ist viel schimpflicher, als das Tragen fremder Kleider: denn es ist das Urtheil der eigenen Werthlosigkeit von sich selbst ausgesprochen. Kenntniß seiner eigenen Gesinnung und seiner Fähigkeiten jeder Art und ihrer unabänderlichen Gränzen ist in dieser Hinsicht der sicherste Weg, um zur möglichsten Zufriedenheit mit sich selbst zu gelangen. Denn es gilt von den inneren Umständen, was von den äußeren, daß es nämlich für uns keinen wirksamern Trost giebt, als die volle Gewißheit der unabänderlichen Nothwendigkeit. Uns quält ein Uebel, das uns betroffen, nicht so sehr, als der Gedanke an die Umstände, durch die es hätte abgewendet werden können; daher nichts wirksamer zu unserer Beruhigung ist, als das Betrachten des Geschehenen aus dem Gesichtspunkte der Nothwendigkeit, aus welchem alle Zufälle sich als Werkzeuge eines waltenden Schicksals darstellen und wir mithin das eingetretene Uebel als durch den Konflikt innerer und äußerer Umstände unausweichbar herbeigezogen erkennen, also der Fatalismus. Wir jammern oder toben auch eigentlich nur so lange, als wir hoffen dadurch entweder auf Andere zu wirken, oder uns selbst zu unerhörter Anstrengung anzuregen. Aber Kinder und Erwachsene wissen sich sehr wohl zufrieden zu geben, sobald sie deutlich einsehn, daß es durchaus nicht anders ist:

> θυμὸν ἐνὶ στήθεσσι φίλον δαμάσαντες ἀνάγκῃ.
> *(Animo in pectoribus nostro domito necessitate.)*
> [Niederhaltend mit Zwang den gehegten Groll in dem Busen.
>
> Homer, *Ilias* XVIII, 113.]

Wir gleichen den eingefangenen Elephanten, die viele Tage entsetzlich toben und ringen, bis sie sehn, daß es fruchtlos ist, und dann plötzlich gelassen ihren Nacken dem Joch bieten, auf immer gebändigt. Wir sind wie der König David, der, so lange sein Sohn noch lebte, unablässig den Jehovah mit Bitten bestürmte und sich verzweifelnd geberdete; sobald aber der Sohn todt war, nicht weiter daran dachte. Daher kommt es, daß unzählige bleibende Uebel, wie Krüppelhaftigkeit, Armuth, niederer Stand, Häßlichkeit, widriger Wohnort, von Unzähligen ganz gleichgültig ertragen und gar nicht mehr gefühlt werden, gleich vernarbten Wunden, bloß weil diese wissen, daß innere oder äußere Nothwendigkeit hier nichts zu ändern übrig läßt;

während Glücklichere nicht einsehn, wie man es ertragen kann. Wie nun mit der äußern, so mit der innern Nothwendigkeit versöhnt nichts so fest, als eine deutliche Kenntniß derselben. Haben wir, wie unsere guten Eigenschaften und Stärken, so unsere Fehler und Schwächen ein für alle Mal deutlich erkannt, dem gemäß uns unser Ziel gesteckt und über das Unerreichbare uns zufrieden gegeben; so entgehn wir dadurch am sichersten, so weit es unsere Individualität zuläßt, dem bittersten aller Leiden, der Unzufriedenheit mit uns selbst, welche die unausbleibliche Folge der Unkenntniß der eigenen Individualität, des falschen Dünkels und daraus entstandener Vermessenheit ist. Auf die bittern Kapitel der anempfohlenen Selbsterkenntniß leidet vortreffliche Anwendung der Ovidsche Vers:

> *Optimus ille animi vindex laedentia pectus*
> *Vincula qui rupit, dedoluitque semel.*
> [Das ist der beste Helfer dem Geist, der die quälenden Bande,
> Die umstricken das Herz, einmal für allemal bricht.
> *Remedia amoris*, 293.]

Soviel über den erworbenen Charakter, der zwar nicht sowohl für die eigentliche Ethik, als für das Weltleben wichtig ist, dessen Erörterung sich jedoch der des intelligibeln und des empirischen Charakters als die dritte Art nebenordnete, über welche ersteren wir uns in eine etwas ausführliche Betrachtung einlassen mußten, um uns deutlich zu machen, wie der Wille in allen seinen Erscheinungen der Nothwendigkeit unterworfen ist, während er dennoch an sich selbst frei, ja allmächtig genannt werden kann.

§ 56.

Diese Freiheit, diese Allmacht, als deren Aeußerung und Abbild die ganze sichtbare Welt, ihre Erscheinung, dasteht und den Gesetzen gemäß, welche die Form der Erkenntniß mit sich bringt, sich fortschreitend entwickelt, – kann nun auch, und zwar da, wo ihr, in ihrer vollendetesten Erscheinung, die vollkommen adäquate Kenntniß ihres eigenen Wesens aufgegangen ist, von Neuem sich äußern, indem sie nämlich entweder auch hier, auf dem Gipfel der Besinnung und des Selbstbewußtseyns, das Selbe will, was sie blind und sich selbst nicht kennend wollte, wo dann die Erkenntniß, wie im Einzelnen, so im Ganzen, für sie stets Motiv bleibt; oder aber auch umgekehrt, diese Erkenntniß wird ihr ein Quietiv, welches alles Wollen beschwichtigt und aufhebt. Dies ist die schon oben im Allgemeinen aufgestellte Bejahung und Verneinung des Willens zum Leben, welche, als in Hinsicht auf den Wandel des Individuums allgemeine, nicht einzelne Willensäußerung, nicht die Entwickelung des Charakters störend modificirt, noch in einzelnen Handlungen ihren Ausdruck findet; sondern entweder durch immer stärkeres Hervortreten der ganzen bisherigen Handlungsweise, oder umgekehrt, durch Aufhebung derselben, lebendig die Maxime ausspricht, welche, nach nunmehr erhaltener Erkenntniß, der Wille frei ergriffen hat. – Die deutlichere Entwicklung von allem Diesen, der Hauptgegenstand dieses letzten Buches, ist uns jetzt durch die dazwischen getretenen Betrachtungen über Freiheit, Nothwendigkeit und Charakter schon etwas erleichtert und vorbereitet: sie wird es aber noch mehr werden, nachdem wir, jene abermals hinausschiebend, zuvörderst unsere Betrachtung auf das Leben selbst, dessen Wollen oder Nichtwollen die große Frage ist, werden gerichtet haben, und zwar so, daß wir im Allgemeinen zu erkennen suchen, was dem Willen selbst, der ja überall dieses Lebens innerstes Wesen ist, eigentlich durch seine Bejahung werde, auf welche Art und wie weit sie ihn befriedigt, ja befriedigen kann; kurz, was wohl im Allgemeinen und Wesentlichen als sein Zustand in dieser seiner eigenen und ihm in jeder Beziehung angehörenden Welt anzusehn sei.

Zuvörderst wünsche ich, daß man hier sich diejenige Betrachtung zurückrufe, mit welcher wir das zweite Buch beschlossen, veranlaßt durch die dort aufgeworfene Frage, nach dem Ziel und Zweck des Willens; statt deren Beantwortung sich uns vor Augen stellte, wie der Wille, auf allen Stufen seiner Erscheinung, von der niedrigsten bis zur höchsten, eines letzten Zieles und Zweckes ganz entbehrt, immer strebt, weil Streben sein alleiniges Wesen ist, dem kein erreichtes Ziel ein Ende macht, das daher keiner endlichen Befriedigung fähig ist, sondern nur durch Hemmung aufgehalten werden kann, an sich aber ins Unendliche geht. Wir sahen dies an der einfachsten aller Naturerscheinungen, der Schwere, die nicht aufhört zu streben und nach einem ausdehnungslosen Mittelpunkt, dessen Erreichung ihre und der Materie Vernichtung wäre, zu drängen, nicht aufhört, wenn auch schon das ganze Weltall zusammengeballt wäre. Wir sehn es in den andern einfachen Naturerscheinungen: das Feste strebt, sei es durch Schmelzen oder durch Auflösung, nach Flüssigkeit, wo allein seine chemischen Kräfte frei werden: Starrheit ist ihre Gefangenschaft, in der sie von der Kälte gehalten werden. Das Flüssige strebt nach Dunstgestalt, in welche es, sobald es nur von allem Druck befreit ist, sogleich übergeht. Kein Körper ist ohne Verwandtschaft, d. i. ohne Streben, oder ohne Sucht und Begier, wie Jakob Böhme sagen würde. Die Elektricität pflanzt ihre innere Selbstentzweiung ins Unendliche fort, wenn gleich die Masse des Erdballs die Wirkung verschlingt. Der Galvanismus ist, so lange die Säule lebt, ebenfalls ein zwecklos unaufhörlich erneuerter Akt der Selbstentzweiung und Versöhnung. Eben ein solches rastloses, nimmer befriedigtes Streben ist das Daseyn der Pflanze, ein unaufhörliches Treiben, durch immer höher gesteigerte Formen, bis der Endpunkt, das Saamenkorn, wieder der Anfangspunkt wird: dies ins Unendliche wiederholt: nirgends ein Ziel, nirgends endliche Befriedigung, nirgends ein Ruhepunkt. Zugleich werden wir uns aus dem zweiten Buch erinnern, daß überall die mannigfaltigen Naturkräfte und organischen Formen einander die Materie streitig machen, an der sie hervortreten wollen, indem Jedes nur besitzt was es dem Andern entrissen hat, und so ein steter Kampf um Leben und Tod unterhalten wird, aus welchem eben hauptsächlich der Widerstand hervorgeht, durch welchen jenes, das innerste Wesen jedes Dinges ausmachende Streben überall gehemmt wird, vergeblich drängt, doch von seinem Wesen nicht lassen kann, sich durchquält, bis diese Erscheinung untergeht, wo dann andere ihren Platz und ihre Materie gierig ergreifen.

Wir haben längst dieses den Kern und das Ansich jedes Dinges ausmachende Streben als das selbe und nämliche erkannt, was in uns, wo es sich am deutlichsten, am Lichte des vollesten Bewußtseyns manifestirt, W i l l e heißt. Wir nennen dann seine Hemmung durch ein Hindernis, welches sich zwischen ihn und sein einstweiliges Ziel stellt, L e i d e n ; hingegen sein Erreichen des Ziels B e f r i e d i g u n g , Wohlseyn, Glück. Wir können diese Benennungen auch auf jene, dem Grade nach schwächern, dem Wesen nach identischen Erscheinungen der erkenntnißlosen Welt übertragen. Diese sehn wir alsdann in stetem Leiden begriffen und ohne bleibendes Glück. Denn alles Streben entspringt aus Mangel, aus Unzufriedenheit mit seinem Zustande, ist also Leiden, so lange es nicht befriedigt ist; keine Befriedigung aber ist dauernd, vielmehr ist sie stets nur der Anfangspunkt eines neuen Strebens. Das Streben sehn wir überall vielfach gehemmt, überall kämpfend; so lange also immer als Leiden: kein letztes Ziel des Strebens, also kein Maaß und Ziel des Leidens.

Was wir aber so nur mit geschärfter Aufmerksamkeit und mit Anstrengung in der erkenntnißlosen Natur entdecken, tritt uns deutlich entgegen in der erkennenden, im Leben der Thierheit, dessen stetes Leiden leicht nachzuweisen ist. Wir wollen aber, ohne auf dieser Zwischenstufe zu verweilen, uns dahin wenden, wo, von der hellsten Erkenntniß beleuchtet, Alles aufs deutlichste hervortritt, im Leben des Menschen. Denn wie die Erscheinung des Willens vollkommener wird, so wird auch das Leiden mehr und mehr offenbar. In der Pflanze ist noch keine Sensibilität, also kein Schmerz: ein gewiß sehr geringer Grad von Beiden wohnt den untersten Thieren, den Infusorien und Radiarien ein: sogar in den Insekten ist die Fähigkeit zu empfinden und zu leiden noch beschränkt: erst mit dem vollkommenen Nervensystem der Wirbelthiere tritt sie in hohem Grade ein, und in immer höherem, je mehr die Intelligenz sich entwickelt. In gleichem Maaße also, wie die Erkenntniß zur Deutlichkeit gelangt, das Bewußtseyn sich steigert, wächst auch die Quaal, welche folglich ihren höchsten Grad im Menschen erreicht, und dort wieder um so mehr, je deutlicher erkennend, je intelligenter der Mensch ist: der, in welchem der Genius lebt, leidet am meisten. In diesem Sinne, nämlich in Beziehung auf den Grad der Erkenntniß überhaupt, nicht auf das bloße abstrakte Wissen, verstehe und gebrauche ich hier jenen Spruch des Koheleth [Predigers Salomo]: *Qui auget scientiam, auget et dolorem* [Wer das Wissen vermehrt, vermehrt zugleich den Schmerz: 1,18]. – Dieses genaue Verhältniß zwischen dem Grade des Bewußtseyns und dem des Leidens hat durch eine anschauliche und augenfällige Darstellung überaus schön in einer Zeichnung ausgedrückt jener philosophische Maler, oder malende Philosoph, T i s c h b e i n. Die obere Hälfte seines Blattes stellt Weiber dar, denen ihre Kinder entführt werden, und die, in verschiedenen Gruppen und Stellungen, den tiefen mütterlichen Schmerz, Angst, Verzweiflung, mannigfaltig ausdrücken; die untere Hälfte des Blattes zeigt, in ganz gleicher Anordnung und Gruppirung, Schaafe, denen die Lämmer weggenommen werden: so daß jedem menschlichen Kopf, jeder menschlichen Stellung der obern Blatthälfte, da unten ein thierisches Analogon entspricht und man nun deutlich sieht, wie sich der im dumpfen thierischen Bewußtseyn mögliche Schmerz verhält zu der gewaltigen Quaal, welche erst durch die Deutlichkeit der Erkenntniß, die Klarheit des Bewußtseyns, möglich ward.

Wir wollen dieserwegen im menschlichen Daseyn das innere und wesentliche Schicksal des Willens betrachten. Jeder wird leicht im Leben des Thieres das Nämliche, nur schwächer, in verschiedenen Graden ausgedrückt wiederfinden und zur Genüge auch an der leidenden Thierheit sich überzeugen können, wie wesentlich alles Leben Leiden ist.

§ 57.

Auf jeder Stufe, welche die Erkenntniß beleuchtet, erscheint sich der Wille als Individuum. Im unendlichen Raum und unendlicher Zeit findet das menschliche Individuum sich als endliche, folglich als eine gegen Jene verschwindende Größe, in sie hineingeworfen und hat, wegen ihrer Unbegränztheit, immer nur ein relatives, nie ein absolutes Wann und Wo seines Daseyns: denn sein Ort und seine Dauer sind endliche Theile eines Unendlichen und Gränzenlosen. – Sein eigentliches Daseyn ist nur in der Gegenwart, deren ungehemmte Flucht in die Vergangenheit ein steter Uebergang in den Tod, ein stetes Sterben ist; da sein vergangenes Leben, abgesehn von dessen etwanigen Folgen für die Gegenwart, wie auch von dem Zeugniß über seinen Willen, das darin abgedrückt ist, schon völlig abgethan, gestorben und nichts mehr ist: daher auch es ihm vernünftigerweise gleichgültig seyn muß, ob der Inhalt jener Vergangenheit Quaalen oder Genüsse waren. Die Gegenwart aber wird beständig unter seinen Händen zur Vergangenheit: die Zukunft ist ganz ungewiß und immer kurz. So ist sein Daseyn, schon von der formellen Seite allein betrachtet, ein stetes Hinstürzen der Gegenwart in die todte Vergangenheit, ein stetes Sterben. Sehn wir es nun aber auch von der physischen Seite an; so ist offenbar, daß wie bekanntlich unser Gehn nur ein stets gehemmtes

Fallen ist, das Leben unsers Leibes nur ein fortdauernd gehemmtes Sterben, ein immer aufgeschobener Tod ist: endlich ist eben so die Regsamkeit unsers Geistes eine fortdauernd zurückgeschobene Langeweile. Jeder Athemzug wehrt den beständig eindringenden Tod ab, mit welchem wir auf diese Weise in jeder Sekunde kämpfen, und dann wieder, in größern Zwischenräumen, durch jede Mahlzeit, jeden Schlaf, jede Erwärmung u. s. w. Zuletzt muß er siegen: denn ihm sind wir schon durch die Geburt anheimgefallen, und er spielt nur eine Weile mit seiner Beute, bevor er sie verschlingt. Wir setzen indessen unser Leben mit großem Antheil und vieler Sorgfalt fort, so lange als möglich, wie man eine Seifenblase so lange und so groß als möglich aufbläst, wiewohl mit der festen Gewißheit, daß sie platzen wird.

Sahen wir schon in der erkenntnißlosen Natur das innere Wesen derselben als ein beständiges Streben, ohne Ziel und ohne Rast; so tritt uns bei der Betrachtung des Thieres und des Menschen dieses noch viel deutlicher entgegen. Wollen und Streben ist sein ganzes Wesen, einem unlöschbaren Durst gänzlich zu vergleichen. Die Basis alles Wollens aber ist Bedürftigkeit, Mangel, also Schmerz, dem er folglich schon ursprünglich und durch sein Wesen anheimfällt. Fehlt es ihm hingegen an Objekten des Wollens, indem die zu leichte Befriedigung sie ihm sogleich wieder wegnimmt; so befällt ihn furchtbare Leere und Langeweile: d. h. sein Wesen und sein Daseyn selbst wird ihm zur unerträglichen Last. Sein Leben schwingt also, gleich einem Pendel, hin und her, zwischen dem Schmerz und der Langenweile, welche Beide in der That dessen letzte Bestandtheile sind. Dieses hat sich sehr seltsam auch dadurch aussprechen müssen, daß, nachdem der Mensch alle Leiden und Quaalen in die Hölle versetzt hatte, für den Himmel nun nichts übrig blieb, als eben Langeweile.

Das stete Streben aber, welches das Wesen jeder Erscheinung des Willens ausmacht, erhält auf den höhern Stufen der Objektivation seine erste und allgemeinste Grundlage dadurch, daß hier der Wille sich erscheint als ein lebendiger Leib, mit dem eisernen Gebot, ihn zu nähren: und was diesem Gebote die Kraft giebt, ist eben, daß dieser Leib nichts Anderes, als der objektivirte Wille zum Leben selbst ist. Der Mensch, als die vollkommenste Objektivation jenes Willens, ist demgemäß auch das bedürftigste unter allen Wesen: er ist konkretes Wollen und Bedürfen durch und durch, ist ein Konkrement [Gebilde] von tausend Bedürfnissen. Mit diesen steht er auf der Erde, sich selber überlassen, über Alles in Ungewißheit, nur nicht über seine Bedürftigkeit und seine Noth: demgemäß füllt die Sorge für die Erhaltung jenes Daseyns, unter so schweren, sich jeden Tag von Neuem meldenden Forderungen, in der Regel, das ganze Menschenleben aus. An sie knüpft sich sodann unmittelbar die zweite Anforderung, die der Fortpflanzung des Geschlechts. Zugleich bedrohen ihn von allen Seiten die verschiedenartigsten Gefahren, denen zu entgehn es beständiger Wachsamkeit bedarf. Mit behutsamem Schritt und ängstlichem Umherspähen verfolgt er seinen Weg: denn tausend Zufälle und tausend Feinde lauern ihm auf. So gieng er in der Wildniß, und so geht er im civilisirten Leben; es giebt für ihn keine Sicherheit:

> *Qualibus in tenebris vitae, quantisque periclis*
> *Degitur hocc' aevi, quodcunque est!*
> [Ach, in welchem Dunkel des Seins, in wie großen Gefahren,
> Wird dies Leben verbracht, solange es dauert!]
>
> *Lucr[etius, De rerum natura], II. 15.*

Das Leben der Allermeisten ist auch nur ein steter Kampf um diese Existenz selbst, mit der Gewißheit ihn zuletzt zu verlieren. Was sie aber in diesem so mühsäligen Kampfe ausdauern läßt, ist nicht sowohl die Liebe zum Leben, als die Furcht vor dem Tode, der jedoch als unausweichbar im Hintergrunde steht und jeden Augenblick herantreten kann. – Das Leben selbst ist ein Meer voller Klippen und Strudel, die der Mensch mit der größten Behutsamkeit und Sorgfalt vermeidet, obwohl er weiß, daß, wenn es ihm auch gelingt, mit aller Anstrengung und Kunst sich durchzuwinden, er eben dadurch mit jedem Schritt dem größten, dem totalen, dem unvermeidlichen und unheilbaren Schiffbruch näher kommt, ja gerade auf ihn zusteuert, – dem Tode: dieser ist das endliche Ziel der mühsäligen Fahrt und für ihn schlimmer als alle Klippen, denen er auswich.

Nun ist es aber sogleich sehr bemerkenswerth, daß einerseits die Leiden und Quaalen des Lebens leicht so anwachsen können, daß selbst der Tod, in der Flucht vor welchem das ganze Leben besteht, wünschenswerth wird und man freiwillig zu ihm eilt; und andererseits wieder, daß sobald Noth und Leiden dem

Menschen eine Rast vergönnen, die Langeweile gleich so nahe ist, daß er des Zeitvertreibes nothwendig bedarf. Was alle Lebenden beschäftigt und in Bewegung erhält, ist das Streben nach Daseyn. Mit dem Daseyn aber, wenn es ihnen gesichert ist, wissen sie nichts anzufangen: daher ist das Zweite, was sie in Bewegung setzt, das Streben, die Last des Daseyns los zu werden, es unfühlbar zu machen, »die Zeit zu tödten«, d. h. der Langenweile zu entgehn. Demgemäß sehn wir, daß fast alle vor Noth und Sorgen geborgene Menschen, nachdem sie nun endlich alle andern Lasten abgewälzt haben, jetzt sich selbst zur Last sind und nun jede durchgebrachte Stunde für Gewinn achten, also jeden Abzug von eben jenem Leben, zu dessen möglichst langer Erhaltung sie bis dahin alle Kräfte aufboten. Die Langeweile aber ist nichts weniger, als ein gering zu achtendes Uebel: sie malt zuletzt wahre Verzweiflung auf das Gesicht. Sie macht, daß Wesen, welche einander so wenig lieben, wie die Menschen, doch so sehr einander suchen, und wird dadurch die Quelle der Geselligkeit. Auch werden überall gegen sie, wie gegen andere allgemeine Kalamitäten, öffentliche Vorkehrungen getroffen, schon aus Staatsklugheit; weil dieses Uebel, so gut als sein entgegengesetztes Extrem, die Hungersnoth, die Menschen zu den größten Zügellosigkeiten treiben kann: *panem et Circenses* [Brot und Zirkusspiele: nach Juvenal] braucht das Volk. Das strenge Philadelphische Pönitenziarsystem [Strafsystem] macht, mittelst Einsamkeit und Unthätigkeit, bloß die Langeweile zum Strafwerkzeug: und es ist ein so fürchterliches, daß es schon die Züchtlinge zum Selbstmord geführt hat. Wie die Noth die beständige Geißel des Volkes ist, so die Langeweile die der vornehmen Welt. Im bürgerlichen Leben ist sie durch den Sonntag, wie die Noth durch die sechs Wochentage repräsentirt.

Zwischen Wollen und Erreichen fließt nun durchaus jedes Menschenleben fort. Der Wunsch ist, seiner Natur nach, Schmerz: die Erreichung gebiert schnell Sättigung: das Ziel war nur scheinbar: der Besitz nimmt den Reiz weg: unter einer neuen Gestalt stellt sich der Wunsch, das Bedürfniß wieder ein: wo nicht, so folgt Oede, Leere, Langeweile, gegen welche der Kampf eben so quälend ist, wie gegen die Noth. – Daß Wunsch und Befriedigung sich ohne zu kurze und ohne zu lange Zwischenräume folgen, verkleinert das Leiden, welches Beide geben, zum geringsten Maaße und macht den glücklichsten Lebenslauf aus. Denn Das, was man sonst den schönsten Theil, die reinsten Freuden des Lebens nennen möchte, eben auch nur, weil es uns aus dem realen Daseyn heraushebt und uns in antheilslose Zuschauer desselben verwandelt, also das reine Erkennen, dem alles Wollen fremd bleibt, der Genuß des Schönen, die ächte Freude an der Kunst, dies ist, weil es schon seltene Anlagen erfordert, nur höchst Wenigen und auch diesen nur als ein vorübergehender Traum vergönnt: und dann macht eben diese Wenigen die höhere intellektuelle Kraft für viel größere Leiden empfänglich, als die Stumpferen je empfinden können, und stellt sie überdies einsam unter merklich von ihnen verschiedene Wesen: wodurch sich denn auch Dieses ausgleicht. Dem bei weitem größten Theile der Menschen aber sind die rein intellektuellen Genüsse nicht zugänglich; der Freude, die im reinen Erkennen liegt, sind sie fast ganz unfähig: sie sind gänzlich auf das Wollen verwiesen. Wenn daher irgend etwas ihren Antheil abgewinnen, ihnen interessant seyn soll, so muß es (dies liegt auch schon in der Wortbedeutung) irgendwie ihren Willen anregen, sei es auch nur durch eine ferne und nur in der Möglichkeit liegende Beziehung auf ihn; er darf aber nie ganz aus dem Spiele bleiben, weil ihr Daseyn bei Weitem mehr im Wollen als im Erkennen liegt: Aktion und Reaktion ist ihr einziges Element. Die naiven Aeußerungen dieser Beschaffenheit kann man aus Kleinigkeiten und alltäglichen Erscheinungen abnehmen: so z. B. schreiben sie an sehenswerthen Orten, die sie besuchen, ihre Namen hin, um so zu reagiren, um auf den Ort zu wirken, da er nicht auf sie wirkte: ferner können sie nicht leicht ein fremdes, seltenes Thier bloß betrachten, sondern müssen es reizen, necken, mit ihm spielen, um nur Aktion und Reaktion zu empfinden; ganz besonders aber zeigt jenes Bedürfniß der Willensanregung sich an der Erfindung und Erhaltung des Kartenspieles, welches recht eigentlich der Ausdruck der kläglichen Seite der Menschheit ist.

Aber was auch Natur, was auch das Glück gethan haben mag; wer man auch sei, und was man auch besitze; der dem Leben wesentliche Schmerz läßt sich nicht abwälzen:

> Πηλειδης δ' ῳμωξεν, ιδων εις ουρανον ευρυν.
> *(Pelides autem ejulavit, intuitus in coelum latum.)*
> [Des Peleus Sohn wehklagte, den Blick zum Himmel erhebend. Homer, *Ilias*, XXI, 272.]

Und wieder:

Ζηνος μεν παις ηα Κρονιονος, αυταρ οιζυν
Ειχον απειρεσιην.
(Jovis quidem filius eram Saturnii; verum aerumnam
Habebam infinitam.)
[Sohn zwar war ich des Zeus, des Kroniden, und duldete dennoch
Unaussprechlichen Jammer.

Homer, *Odyssee*, XI, 620.]

Die unaufhörlichen Bemühungen, das Leiden zu verbannen, leisten nichts weiter, als daß es seine Gestalt verändert. Diese ist ursprünglich Mangel, Noth, Sorge um die Erhaltung des Lebens. Ist es, was sehr schwer hält, geglückt, den Schmerz in dieser Gestalt zu verdrängen, so stellt er sogleich sich in tausend andern ein, abwechselnd nach Alter und Umständen, als Geschlechtstrieb, leidenschaftliche Liebe, Eifersucht, Neid, Haß, Angst, Ehrgeiz, Geldgeiz, Krankheit u. s. w. u. s. w. Kann er endlich in keiner andern Gestalt Eingang finden, so kommt er im traurigen, grauen Gewand des Ueberdrusses und der Langenweile, gegen welche dann mancherlei versucht wird. Gelingt es endlich diese zu verscheuchen, so wird es schwerlich geschehn, ohne dabei den Schmerz in einer der vorigen Gestalten wieder einzulassen und so den Tanz von vorne zu beginnen; denn zwischen Schmerz und Langerweile wird jedes Menschenleben hin und her geworfen. So niederschlagend diese Betrachtung ist, so will ich doch nebenher auf eine Seite derselben aufmerksam machen, aus der sich ein Trost schöpfen, ja vielleicht gar eine Stoische Gleichgültigkeit gegen das vorhandene eigene Uebel erlangen läßt. Denn unsere Ungeduld über dieses entsteht großentheils daraus, daß wir es als zufällig erkennen, als herbeigeführt durch eine Kette von Ursachen, die leicht anders seyn könnte. Denn über die unmittelbar nothwendigen und ganz allgemeinen Uebel, z. B. Nothwendigkeit des Alters und des Todes und vieler täglichen Unbequemlichkeiten, pflegen wir uns nicht zu betrüben. Es ist vielmehr die Betrachtung der Zufälligkeit der Umstände, die gerade auf uns ein Leiden brachten, was diesem den Stachel giebt. Wenn wir nun aber erkannt haben, daß der Schmerz als solcher dem Leben wesentlich und unausweichbar ist, und nichts weiter als seine bloße Gestalt, die Form unter der er sich darstellt, vom Zufall abhängt, daß also unser gegenwärtiges Leiden eine Stelle ausfüllt, in welche, ohne dasselbe, sogleich ein anderes träte, das jetzt von jenem ausgeschlossen wird, daß demnach, im Wesentlichen, das Schicksal uns wenig anhaben kann; so könnte eine solche Reflexion, wenn sie zur lebendigen Ueberzeugung würde, einen bedeutenden Grad Stoischen Gleichmuths herbeiführen und die ängstliche Besorgniß um das eigene Wohl sehr vermindern. In der That aber mag eine so viel vermögende Herrschaft der Vernunft über das unmittelbar gefühlte Leiden selten oder nie sich finden.

Uebrigens könnte man durch jene Betrachtung über die Unvermeidlichkeit des Schmerzes und über das Verdrängen des einen durch den andern und das Herbeiziehn des neuen durch den Austritt des vorigen, sogar auf die paradoxe, aber nicht ungereimte Hypothese geleitet werden, daß in jedem Individuum das Maaß des ihm wesentlichen Schmerzes durch seine Natur ein für alle Mal bestimmt wäre, welches Maaß weder leer bleiben, noch überfüllt werden könnte, wie sehr auch die Form des Leidens wechseln mag. Sein Leiden und Wohlseyn wäre demnach gar nicht von außen, sondern eben nur durch jenes Maaß, jene Anlage, bestimmt, welche zwar durch das physische Befinden einige Ab- und Zunahme zu verschiedenen Zeiten erfahren möchte, im Ganzen aber doch die selbe bliebe und nichts Anderes wäre, als was man sein Temperament nennt, oder genauer, der Grad in welchem er, wie Plato es im ersten Buch der Republik ausdrückt, ευκολος oder δυσκολος, d. i. leichten oder schweren Sinnes wäre. – Für diese Hypothese spricht nicht nur die bekannte Erfahrung, daß große Leiden alle kleineren gänzlich unfühlbar machen, und umgekehrt, bei Abwesenheit großer Leiden, selbst die kleinsten Unannehmlichkeiten uns quälen und verstimmen; sondern die Erfahrung lehrt auch, daß, wenn ein großes Unglück, bei dessen bloßen Gedanken wir schauderten, nun wirklich eingetreten ist, dennoch unsere Stimmung, sobald wir den ersten Schmerz überstanden haben, im Ganzen ziemlich unverändert dasteht; und auch umgekehrt, daß nach dem Eintritt eines lang ersehnten Glückes, wir uns im Ganzen und anhaltend nicht merklich wohler und behaglicher fühlen als vorher. Bloß der Augenblick des Eintritts jener Veränderungen bewegt uns ungewöhnlich stark als tiefer Jammer, oder lauter Jubel; aber Beide verschwinden bald, weil sie auf Täuschung beruhten. Denn sie entstehn nicht über den unmittelbar gegenwärtigen Genuß oder Schmerz, sondern nur über die Eröffnung einer neuen Zukunft, die darin anticipirt wird. Nur dadurch, daß Schmerz oder Freude von der Zukunft borgten, konnten sie so abnorm erhöht werden, folglich nicht auf die Dauer. – Für die aufgestellte Hypothese, der zufolge, wie im Erkennen, so auch im Gefühl des Leidens oder Wohlseyns ein sehr großer Theil subjektiv und *a priori* bestimmt wäre, können noch als Belege die Bemerkungen angeführt werden, daß der menschliche Frohsinn, oder Trübsinn, augenscheinlich nicht durch äußere Umstände, durch Reichthum oder Stand, bestimmt wird; da wir wenigstens eben so viele frohe Gesichter unter den Armen, als unter den Reichen antreffen: ferner, daß die Motive, auf welche der Selbstmord erfolgt, so höchst verschieden sind; indem wir kein Unglück angeben können, das groß genug wäre, um ihn nur mit vieler Wahrscheinlichkeit, bei jedem Charakter, herbeizuführen, und wenige, die so klein wären, daß nicht ihnen gleichwiegende ihn schon veranlaßt hätten. Wenn nun gleich der Grad unserer Heiterkeit oder Traurigkeit nicht zu allen Zeiten der selbe ist; so werden wir, dieser Ansicht zufolge, es nicht dem Wechsel äußerer Umstände, sondern dem des innern Zustandes, des physischen Befindens, zuschreiben. Denn, wann eine wirkliche, wiewohl immer nur temporäre, Steigerung unserer Heiterkeit, selbst bis zur Freudigkeit, eintritt; so pflegt sie ohne allen äußern Anlaß sich einzufinden. Zwar sehn wir oft unsern Schmerz nur aus einem bestimmten äußern Verhältniß hervorgehn, und sind sichtbarlich nur durch dieses gedrückt und betrübt: wir glauben dann, daß wenn nur dieses gehoben wäre, die größte Zufriedenheit eintreten müßte. Allein dies ist Täuschung. Das Maaß unsers Schmerzes und Wohlseyns im Ganzen ist, nach unserer Hypothese, für jeden Zeitpunkt subjektiv bestimmt, und in Beziehung auf dasselbe ist jenes äußere Motiv zur Betrübniß nur was für den Leib ein Vesikatorium [blasenheilendes Mittel], zu dem sich alle, sonst vertheilten bösen Säfte hinziehn. Der in unserm Wesen, für diese Zeitperiode, begründete und daher unabwälzbare Schmerz wäre, ohne jene bestimmte äußere Ursache des Leidens, an hundert Punkten vertheilt und erschiene in Gestalt von hundert kleinen Verdrießlichkeiten und Grillen über Dinge, die wir jetzt ganz übersehn, weil unsere Kapacität für den Schmerz schon durch jenes Hauptübel ausgefüllt ist, welches alles sonst zerstreute Leiden auf einen

Punkt koncentrirt hat. Diesem entspricht auch die Beobachtung, daß, wenn eine große, uns beklemmende Besorgniß endlich, durch den glücklichen Ausgang, uns von der Brust gehoben wird, alsbald an ihre Stelle eine andere tritt, deren ganzer Stoff schon vorher dawar, jedoch nicht als Sorge ins Bewußtseyn kommen konnte, weil dieses keine Kapacität dafür übrig hatte, weshalb dieser Sorgestoff bloß als dunkle unbemerkte Nebelgestalt an dessen Horizonts äußerstem Ende stehn blieb. Jetzt aber, da Platz geworden, tritt sogleich dieser fertige Stoff heran und nimmt den Thron der herrschenden (πρυτανευουσα) Besorgniß des Tages ein: wenn er nun auch, der Materie nach, sehr viel leichter ist, als der Stoff jener verschwundenen Besorgniß; so weiß er doch sich so aufzublähen, daß er ihr an scheinbarer Größe gleichkommt und so als Hauptbesorgniß des Tages den Thron vollkommen ausfüllt.

Unmäßige Freude und sehr heftiger Schmerz finden sich immer nur in der selben Person ein: denn Beide bedingen sich wechselseitig und sind auch gemeinschaftlich durch große Lebhaftigkeit des Geistes bedingt. Beide werden, wie wir soeben fanden, nicht durch das rein Gegenwärtige, sondern durch Anticipation der Zukunft hervorgebracht. Da aber der Schmerz dem Leben wesentlich ist und auch seinem Grade nach durch die Natur des Subjekts bestimmt ist, daher plötzliche Veränderungen, weil sie immer äußere sind, seinen Grad eigentlich nicht ändern können; so liegt dem übermäßigen Jubel oder Schmerz immer ein Irrthum und Wahn zum Grunde: folglich ließen jene beiden Ueberspannungen des Gemüths sich durch Einsicht vermeiden. Jeder unmäßige Jubel *(exultatio, insolens laetitia)* beruht immer auf dem Wahn, etwas im Leben gefunden zu haben, was gar nicht darin anzutreffen ist, nämlich dauernde Befriedigung der quälenden, sich stets neu gebärenden Wünsche, oder Sorgen. Von jedem einzelnen Wahn dieser Art muß man später unausbleiblich zurückgebracht werden und ihn dann, wann er verschwindet, mit eben so bittern Schmerzen bezahlen, als sein Eintritt Freude verursachte. Er gleicht insofern durchaus einer Höhe, von der man nur durch Fall wieder herab kann; daher man sie vermeiden sollte: und jeder plötzliche, übermäßige Schmerz ist eben nur der Fall von so einer Höhe, das Verschwinden eines solchen Wahnes, und daher durch ihn bedingt. Man könnte folglich Beide vermeiden, wenn man es über sich vermöchte, die Dinge stets im Ganzen und in ihrem Zusammenhang völlig klar zu übersehn und sich standhaft zu hüten, ihnen die Farbe wirklich zu leihen, die man wünschte, daß sie hätten. Die Stoische Ethik gieng hauptsächlich darauf aus, das Gemüth von allem solchen Wahn und dessen Folgen zu befreien, und ihm statt dessen unerschütterlichen Gleichmuth zu geben. Von dieser Einsicht ist Horatius erfüllt, in der bekannten Ode:

Aequam memento rebus in arduis
Servare mentem, non secus in bonis
Ab insolenti temperatam
Laetitia. –
[Denk stets in schweren Zeiten den Gleichmut dir
Zu wahren, wie in guten ein Herz, das klug
Die übermütige Freude meistert ...
Carmina, II, 3.]

Meistens aber verschließen wir uns der, einer bittern Arzenei zu vergleichenden Erkenntniß, daß das Leiden dem Leben wesentlich ist und daher nicht von außen auf uns einströmt, sondern Jeder die unversiegbare Quelle desselben in seinem eigenen Innern herumträgt. Wir suchen vielmehr zu dem nie von uns weichenden Schmerz stets eine äußere einzelne Ursache, gleichsam einen Vorwand; wie der Freie sich einen Götzen bildet, um einen Herrn zu haben. Denn unermüdlich streben wir von Wunsch zu Wunsch, und wenn gleich jede erlangte Befriedigung, soviel sie auch verhieß, uns doch nicht befriedigt, sondern meistens bald als beschämender Irrthum dasteht, sehn wir doch nicht ein, daß wir mit dem Faß der Danaiden schöpfen; sondern eilen zu immer neuen Wünschen:

Sed, dum abest quod avemus, id exsuperare videtur
Caetera; post aliud, quum contigit illud, avemus;
Et sitis aequa tenet vitai semper hiantes.
[Denn solange uns fehlt, was wir wünschten,
erscheint es an Wert uns
Alles zu übertreffen; sogleich aber, wenn es
erlangt ward,
Stellt sich ein anderes ein, und so hält immer
ein gleicher

Durst uns fest, die wir nach dem Leben lech-
zend verlangen.]
(Lucr[etius, *de rerum natura,*] III, 1095 [= 1080/83].)

So geht es denn entweder ins Unendliche, oder, was seltener ist und schon eine gewisse Kraft des Charakters voraussetzt, bis wir auf einen Wunsch treffen, der nicht erfüllt und doch nicht aufgegeben werden kann: dann haben wir gleichsam was wir suchten, nämlich etwas, das wir jeden Augenblick, statt unsers eigenen Wesens, als die Quelle unserer Leiden anklagen können, und wodurch wir nun mit unserm Schicksal entzweit, dafür aber mit unserer Existenz versöhnt werden, indem die Erkenntniß sich wieder entfernt, daß dieser Existenz selbst das Leiden wesentlich und wahre Befriedigung unmöglich sei. Die Folge dieser letzten Entwickelungsart ist eine etwas melancholische Stimmung, das beständige Tragen eines einzigen, großen Schmerzes und daraus entstehende Geringschätzung aller kleineren Leiden oder Freuden; folglich eine schon würdigere Erscheinung, als das stete Haschen nach immer andern Truggestalten, welches viel gewöhnlicher ist.

§ 58.

Alle Befriedigung, oder was man gemeinhin Glück nennt, ist eigentlich und wesentlich immer nur n e g a t i v und durchaus nie positiv. Es ist nicht eine ursprünglich und von selbst auf uns kommende Beglückung, sondern muß immer die Befriedigung eines Wunsches seyn. Denn Wunsch, d. h. Mangel, ist die vorhergehende Bedingung jedes Genusses. Mit der Befriedigung hört aber der Wunsch und folglich der Genuß auf. Daher kann die Befriedigung oder Beglückung nie mehr seyn, als die Befreiung von einem Schmerz, von einer Noth: denn dahin gehört nicht nur jedes wirkliche, offenbare Leiden, sondern auch jeder Wunsch, dessen Importunität [Ungelegenheit] unsere Ruhe stört, ja sogar auch die ertödtende Langeweile, die uns das Daseyn zur Last macht. – Nun aber ist es so schwer, irgend etwas zu erreichen und durchzusetzen: jedem Vorhaben stehn Schwierigkeiten und Bemühungen ohne Ende entgegen, und bei jedem Schritt häufen sich die Hindernisse. Wann aber endlich Alles überwunden und erlangt ist, so kann doch nie etwas Anderes gewonnen seyn, als daß man von irgend einem Leiden, oder einem Wunsche, befreit ist, folglich nur sich so befindet, wie vor dessen Eintritt. – Unmittelbar gegeben ist uns immer nur der Mangel, d. h. der Schmerz. Die Befriedigung aber und den Genuß können wir nur mittelbar erkennen, durch Erinnerung an das vorhergegangene Leiden und Entbehren, welches bei seinem Eintritt aufhörte. Daher kommt es, daß wir der Güter und Vortheile, die wir wirklich besitzen, gar nicht recht inne werden, noch sie schätzen, sondern nicht anders meinen, als eben es müsse so seyn: denn sie beglücken immer nur negativ, Leiden abhaltend. Erst nachdem wir sie verloren haben, wird uns ihr Werth fühlbar: denn der Mangel, das Entbehren, das Leiden ist das Positive, sich unmittelbar Ankündigende. Daher auch freut uns die Erinnerung überstandener Noth, Krankheit, Mangel u. dgl., weil solche das einzige Mittel die gegenwärtigen Güter zu genießen ist. Auch ist nicht zu leugnen, daß in dieser Hinsicht und auf diesem Standpunkt des Egoismus, der die Form des Lebenswollens ist, der Anblick oder die Schilderung fremder Leiden uns auf eben jenem Wege Befriedigung und Genuß giebt, wie es Lukretius schön und offenherzig ausspricht, im Anfang des zweiten Buches:

Suave, mari magno, turbantibus aequora ventis,
E terra magnum alterius spectare laborem:
Non, quia vexari quemquam est jucunda voluptas;
Sed, quibus ipse malis careas, quia cernere suave est.

[Freude macht es am Meer, wenn stürmische Winde es peitschen,
An dem Ufer zu stehn und zu sehn, wie der Schiffer in Not ist.
Nicht als machte es Lust, zu sehn, wie der andre gequält wird,
Sondern weil es dich freut, vom Übel befreit dich zu wissen.
De rerum natura, II, I.]

Jedoch wird sich uns weiterhin zeigen, daß diese Art der Freude, durch so vermittelte Erkenntniß seines Wohlseyns, der Quelle der eigentlichen positiven Bosheit sehr nahe liegt.

Daß alles Glück nur negativer, nicht positiver Natur ist, daß es eben deshalb nicht dauernde Befriedigung und Beglückung seyn kann, sondern immer nur von einem Schmerz oder Mangel erlöst, auf welchen entweder ein neuer Schmerz, oder auch *lan-*

guor, leeres Sehnen und Langeweile folgen muß; dies findet einen Beleg auch in jenem treuen Spiegel des Wesens der Welt und des Lebens, in der Kunst, besonders in der Poesie. Jede epische, oder dramatische Dichtung nämlich kann immer nur ein Ringen, Streben und Kämpfen um Glück, nie aber das bleibende und vollendete Glück selbst darstellen. Sie führt ihren Helden durch tausend Schwierigkeiten und Gefahren bis zum Ziel: sobald es erreicht ist, läßt sie schnell den Vorhang fallen. Denn es bliebe ihr jetzt nichts übrig, als zu zeigen, daß das glänzende Ziel, in welchem der Held das Glück zu finden wähnte, auch ihn nur geneckt hatte, und er nach dessen Erreichung nicht besser daran war, als zuvor. Weil ein ächtes, bleibendes Glück nicht möglich ist, kann es kein Gegenstand der Kunst seyn. Zwar ist der Zweck des Idylls wohl eigentlich die Schilderung eines solchen: allein man sieht auch, daß das Idyll als solches sich nicht halten kann. Immer wird es dem Dichter unter den Händen entweder episch, und ist dann nur ein sehr unbedeutendes Epos, aus kleinen Leiden, kleinen Freuden und kleinen Bestrebungen zusammengesetzt: dies ist der häufigste Fall; oder aber es wird zur bloß beschreibenden Poesie, schildert die Schönheit der Natur, d. h. eigentlich das reine willensfreie Erkennen, welches freilich auch in der That das einzige reine Glück ist, dem weder Leiden noch Bedürfniß vorhergeht, noch auch Reue, Leiden, Leere, Ueberdruß nothwendig folgt: nur kann dieses Glück nicht das ganze Leben füllen, sondern bloß Augenblicke desselben. – Was wir in der Poesie sehn, finden wir in der Musik wieder, in deren Melodie wir ja die allgemein ausgedrückte innerste Geschichte des sich selbst bewußten Willens, das geheimste Leben, Sehnen, Leiden und Freuen, das Ebben und Fluthen des menschlichen Herzens wiedererkannt haben. Die Melodie ist immer ein Abweichen vom Grundton, durch tausend wunderliche Irrgänge, bis zur schmerzlichsten Dissonanz, darauf sie endlich den Grundton wiederfindet, der die Befriedigung und Beruhigung des Willens ausdrückt, mit welchem aber nachher weiter nichts mehr zu machen ist und dessen längeres Anhalten nur lästige und nichtssagende Monotonie wäre, der Langenweile entsprechend.

Alles was diese Betrachtungen deutlich machen sollten, die Unerreichbarkeit dauernder Befriedigung und die Negativität alles Glückes, findet seine Erklärung in Dem, was am Schlusse des zweiten Buches gezeigt ist: daß nämlich der Wille, dessen Objektivation das Menschenleben wie jede Erscheinung ist, ein Streben ohne Ziel und ohne Ende ist. Das Gepräge dieser Endlosigkeit finden wir auch allen Theilen seiner gesammten Erscheinung aufgedrückt, von der allgemeinsten Form dieser, der Zeit und dem Raum ohne Ende an, bis zur vollendetesten aller Erscheinungen, dem Leben und Streben des Menschen. – Man kann drei Extreme des Menschenlebens theoretisch annehmen und sie als Elemente des wirklichen Menschenlebens betrachten. Erstlich, das gewaltige Wollen, die großen Leidenschaften (Radscha-Guna). Es tritt hervor in den großen historischen Charakteren; es ist geschildert im Epos und Drama: es kann sich aber auch in der kleinen Sphäre zeigen, denn die Größe der Objekte mißt sich hier nur nach dem Grade, in welchem sie den Willen bewegen, nicht nach ihren äußeren Verhältnissen. Sodann zweitens das reine Erkennen, das Auffassen der Ideen, bedingt durch Befreiung der Erkenntniß vom Dienste des Willens: das Leben des Genius (Satwa-Guna). Endlich drittens, die größte Lethargie des Willens und damit der an ihn gebundenen Erkenntniß, leeres Sehnen, lebenerstarrende Langeweile (Tama-Guna). Das Leben des Individuums, weit entfernt in einem dieser Extreme zu verharren, berührt sie nur selten, und ist meistens nur ein schwaches und schwankendes Annähern zu dieser oder jener Seite, ein dürftiges Wollen kleiner Objekte, stets wiederkehrend und so der Langenweile entrinnend. – Es ist wirklich unglaublich, wie nichtssagend und bedeutungsleer, von außen gesehn, und wie dumpf und besinnungslos, von innen empfunden, das Leben der allermeisten Menschen dahinfließt. Es ist ein mattes Sehnen und Quälen, ein träumerisches Taumeln durch die vier Lebensalter hindurch zum Tode, unter Begleitung einer Reihe trivialer Gedanken. Sie gleichen Uhrwerken, welche aufgezogen werden und gehn, ohne zu wissen warum; und jedesmal, daß ein Mensch gezeugt und geboren worden, ist die Uhr des Menschenlebens aufs Neue aufgezogen, um jetzt ihr schon zahllose Male abgespieltes Leierstück abermals zu wiederholen, Satz vor Satz und Takt vor Takt, mit unbedeutenden Variationen. – Jedes Individuum, jedes Menschengesicht und dessen Lebenslauf ist nur ein kurzer Traum mehr des unendlichen Naturgeistes, des beharrlichen Willens zum Leben, ist nur ein flüchtiges Gebilde mehr, das er spielend hinzeichnet auf sein unendliches Blatt, Raum und Zeit, und eine gegen diese verschwindend kleine Weile bestehn läßt, dann auslöscht, neuen Platz zu machen. Dennoch, und hier liegt die bedenkliche Seite des Lebens, muß jedes dieser flüchtigen Gebilde, dieser schaalen Einfälle, vom ganzen Willen zum Leben, in aller seiner Heftigkeit, mit vielen und tiefen Schmerzen und zuletzt mit einem lange gefürchteten, endlich eintretenden bittern Tode bezahlt werden. Darum macht uns der Anblick eines Leichnams so plötzlich ernst.

Das Leben jedes Einzelnen ist, wenn man es im Ganzen und Allgemeinen übersieht und nur die bedeutsamsten Züge heraushebt, eigentlich immer ein Trauerspiel; aber im Einzelnen durchgegangen, hat es den Charakter des Lustspiels. Denn das Treiben und die Plage des Tages, die rastlose Neckerei des Augenblicks, das Wünschen und Fürchten der Woche, die Unfälle jeder Stunde, mittelst des stets auf Schabernack bedachten Zufalls, sind lauter Komödienscenen. Aber die nie erfüllten Wünsche, das vereitelte Streben, die vom Schicksal unbarmherzig zertretenen Hoffnungen, die unsäligen Irrthümer des ganzen Lebens, mit dem steigenden Leiden und Tode am Schlusse, geben immer ein Trauerspiel. So muß, als ob das Schicksal zum Jammer unsers Daseyns noch den Spott fügen gewollt, unser Leben alle Wehen des Trauerspiels enthalten, und wir dabei doch nicht ein Mal die Würde tragischer Personen behaupten können, sondern, im breiten Detail des Lebens, unumgänglich läppische Lustspielcharaktere seyn.

So sehr nun aber auch große und kleine Plagen jedes Menschenleben füllen und in steter Unruhe und Bewegung erhalten, so vermögen sie doch nicht die Unzulänglichkeit des Lebens zur Erfüllung des Geistes, das Leere und Schaale des Daseyns zu verdecken, oder die Langeweile auszuschließen, die immer bereit ist jede Pause zu füllen, welche die Sorge läßt. Daraus ist es entstanden, daß der menschliche Geist, noch nicht zufrieden mit den Sorgen, Bekümmernissen und Beschäftigungen, die ihm die wirkliche Welt auflegt, sich in der Gestalt von tausend verschiedenen Superstitionen [Aberglauben] noch eine imaginäre Welt schafft, mit dieser sich dann auf alle Weise zu thun macht und Zeit und Kräfte an ihr verschwendet, sobald die wirkliche ihm die Ruhe gönnen will, für die er gar nicht empfänglich ist. Dieses ist daher auch ursprünglich am meisten der Fall bei den Völkern, welchen die Milde des Himmelstriches und Bodens das Leben leicht macht, vor allen bei den Hindus, dann bei den Griechen, Römern, und später bei den Italiänern, Spaniern u. s. w. – Dämonen, Götter und Heilige schafft sich der Mensch nach seinem eigenen Bilde; diesen müssen dann unablässig Opfer, Gebete, Tempelverzierungen, Gelübde und deren Lösung, Wallfahrten, Begrüßungen, Schmückung der Bilder u. s. w. dargebracht werden. Ihr Dienst verwebt sich überall mit der Wirklichkeit, ja verdunkelt diese: jedes Ereigniß des Lebens wird dann als Gegenwirkung jener Wesen aufgenommen: der Umgang mit ihnen füllt die halbe Zeit des Lebens aus, unterhält beständig die Hoffnung und wird, durch den Reiz der Täuschung, oft interessanter, als der mit wirklichen Wesen. Er ist der Ausdruck und das Symptom der doppelten Bedürftigkeit des Menschen, theils nach Hülfe und Beistand, und theils nach Beschäftigung und Kurzweil: und wenn er auch dem erstern Bedürfniß oft gerade entgegenarbeitet, indem, bei vorkommenden Unfällen und Gefahren, kostbare Zeit und Kräfte, statt auf deren Abwendung, auf Gebete und Opfer unnütz verwendet werden; so dient er dem zweiten Bedürfniß dafür desto besser, durch jene phantastische Unterhaltung mit einer erträumten Geisterwelt: und dies ist der gar nicht zu verachtende Gewinn aller Superstitionen.

§ 59.

Haben wir nunmehr durch die allerallgemeinsten Betrachtungen, durch Untersuchung der ersten elementaren Grundzüge des Menschenlebens, uns insofern *a priori* überzeugt, daß dasselbe, schon der ganzen Anlage nach, keiner wahren Glücksäligkeit fähig, sondern wesentlich ein vielgestaltetes Leiden und ein durchweg unsäliger Zustand ist; so könnten wir jetzt diese Ueberzeugung viel lebhafter in uns erwecken, wenn wir, mehr *a posteriori* verfahrend, auf die bestimmteren Fälle eingehn, Bilder vor die Phantasie bringen und in Beispielen den namenlosen Jammer schildern wollten, den Erfahrung und Geschichte darbieten, wohin man auch blicken und in welcher Rücksicht man auch forschen mag. Allein das Kapitel würde ohne Ende seyn und uns von dem Standpunkt der Allgemeinheit entfernen, welcher der Philosophie wesentlich ist. Zudem könnte man leicht eine solche Schilderung für eine bloße Deklamation über das menschliche Elend, wie sie schon oft dagewesen ist, halten und sie als solche der Einseitigkeit beschuldigen, weil sie von einzelnen Thatsachen ausgienge. Von solchem Vorwurf und Verdacht ist daher unsere ganz kalte und philosophische, vom Allgemeinen ausgehende und *a priori* geführte Nachweisung des im Wesen des Lebens begründeten unumgänglichen Leidens frei. Die Bestätigung *a posteriori* aber ist überall leicht zu haben. Jeder, welcher aus den ersten Jugendträumen erwacht ist, eigene und fremde Erfahrung beachtet, sich im Leben, in der Geschichte der Vergangenheit und des eigenen Zeitalters, endlich in den Werken der großen Dichter umgesehn hat, wird, wenn nicht irgend ein unauslöschlich eingeprägtes Vorurtheil seine Urtheilskraft lähmt, wohl das Resultat erkennen, daß diese Menschenwelt das Reich des Zufalls und des Irrthums ist, die unbarmherzig darin schalten, im Großen, wie im Kleinen, neben welchen aber noch Thorheit und Bosheit die Geißel schwingen: daher es kommt, daß jedes Bessere nur mühsam sich durchdrängt, das Edle und Weise sehr selten zur Erscheinung gelangt und Wirksamkeit oder Gehör findet, aber das Absurde und Verkehrte im Reiche des Denkens, das Platte und Abgeschmackte im Reiche der Kunst, das Böse und Hinterlistige im Reiche der Thaten, nur durch kurze Unterbrechungen gestört, eigentlich die Herrschaft behaupten; hingegen das Treffliche jeder Art immer nur eine Ausnahme, ein Fall aus Millionen ist, daher auch, wenn es sich in einem dauernden Werke kund gegeben, dieses nachher, nachdem es den Groll seiner Zeitgenossen überlebt hat, isolirt dasteht, aufbewahrt wird, gleich einem Meteorstein, aus einer andern Ordnung der Dinge, als die hier herrschende ist, entsprungen. – Was aber das Leben des Einzelnen betrifft, so ist jede Lebensgeschichte eine Leidensgeschichte: denn jeder Lebenslauf ist, in der Regel, eine fortgesetzte Reihe großer und kleiner Unfälle, die zwar jeder möglichst verbirgt, weil er weiß, daß Andere selten Theilnahme oder Mitleid, fast immer aber Befriedigung durch die Vorstellung der Plagen, von denen sie gerade jetzt verschont sind, dabei empfinden müssen; – aber vielleicht wird nie ein Mensch, am Ende seines Lebens, wenn er besonnen und zugleich aufrichtig ist, wünschen, es nochmals durchzumachen, sondern, eher als das, viel lieber gänzliches Nichtseyn erwählen. Der wesentliche Inhalt des weltberühmten Monologs im »Hamlet«

ist, wenn zusammengefaßt, dieser: Unser Zustand ist ein so elender, daß gänzliches Nichtseyn ihm entschieden vorzuziehn wäre. Wenn nun der Selbstmord uns dieses wirklich darböte, so daß die Alternative »Seyn oder Nichtseyn« im vollen Sinn des Wortes vorläge; dann wäre er unbedingt zu erwählen, als eine höchst wünschenswerthe Vollendung *(a consummation devoutly to be wish'd* [Shakespeare, *Hamlet*, III, 1]). Allein in uns ist etwas, das uns sagt, dem sei nicht so; es sei damit nicht aus, der Tod sei keine absolute Vernichtung. – Imgleichen ist, was schon der Vater der Geschichte anführt*, auch wohl seitdem nicht widerlegt worden, daß nämlich kein Mensch existirt hat, der nicht mehr als ein Mal gewünscht hätte, den folgenden Tag nicht zu erleben. Danach möchte die so oft beklagte Kürze des Lebens vielleicht gerade das Beste daran seyn. – Wenn man nun endlich noch Jedem die entsetzlichen Schmerzen und Quaalen, denen sein Leben beständig offen steht, vor die Augen bringen wollte; so würde ihn Grausen ergreifen: und wenn man den verstocktesten Optimisten durch die Krankenhospitäler, Lazarethe und chirurgische Marterkammern, durch die Gefängnisse, Folterkammern und Sklavenställe, über Schlachtfelder und Gerichtsstätten führen, dann alle die finstern Behausungen des Elends, wo es sich vor den Blicken kalter Neugier verkriecht, ihm öffnen und zum Schluß ihn in den Hungerthurm des Ugolino blicken lassen wollte; so würde sicherlich auch er zuletzt einsehn, welcher Art dieser *meilleur des mondes possibles* [diese beste der möglichen Welten: Leibniz, *Theodicée*, I, 8] ist. Woher denn anders hat Dante den Stoff zu seiner Hölle genommen, als aus dieser unserer wirklichen Welt? Und doch ist es eine recht ordentliche Hölle geworden. Hingegen als er an die Aufgabe kam, den Himmel und seine Freuden zu schildern, da hatte er eine unüberwindliche Schwierigkeit vor sich; weil eben unsere Welt gar keine Materialien zu so etwas darbietet. Daher blieb ihm nichts übrig, als, statt der Freuden des Paradieses, die Belehrung, die ihm dort von seinem Ahnherrn, seiner Beatrix und verschiedenen Heiligen ertheilt worden, uns wiederzugeben. Hieraus aber erhellt genugsam, welcher Art diese Welt ist. Freilich ist am Menschenleben, wie an jeder schlechten Waare, die Außenseite mit falschem Schimmer überzogen: immer verbirgt sich was lei-

* *Herodot, VII, 46.*

det; hingegen was Jeder an Prunk und Glanz erschwingen kann, trägt er zur Schau, und je mehr ihm innere Zufriedenheit abgeht, desto mehr wünscht er, in der Meinung Anderer als ein Beglückter dazustehn: so weit geht die Thorheit, und die Meinung Anderer ist ein Hauptziel des Strebens eines Jeden, obgleich die gänzliche Nichtigkeit desselben schon dadurch sich ausdrückt, daß in fast allen Sprachen Eitelkeit, *vanitas*, ursprünglich Leerheit und Nichtigkeit bedeutet. – Allein auch unter allem diesen Blendwerk können die Quaalen des Lebens sehr leicht so anwachsen, und es geschieht ja täglich, daß der sonst über Alles gefürchtete Tod mit Begierde ergriffen wird. Ja, wenn das Schicksal seine ganze Tücke zeigen will, so kann selbst diese Zuflucht dem Leidenden versperrt und er, unter den Händen ergrimmter Feinde, grausamen, langsamen Martern ohne Rettung hingegeben bleiben. Vergebens ruft dann der Gequälte seine Götter um Hülfe an: er bleibt seinem Schicksal ohne Gnade Preis gegeben. Diese Rettungslosigkeit ist aber eben nur der Spiegel der Unbezwinglichkeit seines Willens, dessen Objektität seine Person ist. – So wenig eine äußere Macht diesen Willen ändern oder aufheben kann, so wenig auch kann irgend eine fremde Macht ihn von den Quaalen befreien, die aus dem Leben hervorgehn, welches die Erscheinung jenes Willens ist. Immer ist der Mensch auf sich selbst zurückgewiesen, wie in jeder, so in der Hauptsache. Vergebens macht er sich Götter, um von ihnen zu erbetteln und zu erschmeicheln was nur die eigene Willenskraft herbeizuführen vermag. Hatte das Alte Testament die Welt und den Menschen zum Werk eines Gottes gemacht; so sah das Neue Testament, um zu lehren, daß Heil und Erlösung aus dem Jammer dieser Welt nur von ihr selbst ausgehn kann, sich genöthigt, jenen Gott Mensch werden zu lassen. Des Menschen Wille ist und bleibt es, wovon Alles für ihn abhängt. Saniassis [indische Einsiedler], Märtyrer, Heilige jedes Glaubens und Namens, haben freiwillig und gern jede Marter erduldet, weil in ihnen der Wille zum Leben sich aufgehoben hatte; dann aber war sogar die langsame Zerstörung seiner Erscheinung ihnen willkommen. Doch ich will der fernern Darstellung nicht vorgreifen. – Uebrigens kann ich hier die Erklärung nicht zurückhalten, daß mir der Optimismus, wo er nicht etwan das gedankenlose Reden Solcher ist, unter deren platten Stirnen nichts als Worte herbergen, nicht bloß als eine absurde, sondern auch als eine wahrhaft ruchlose Denkungsart erscheint, als ein bitterer Hohn über die namenlosen Leiden der Menschheit. – Man denke nur ja nicht etwan, daß die Christliche Glaubenslehre dem Optimismus günstig sei; da im Gegentheil in den Evangelien Welt und Uebel beinahe als synonyme Ausdrücke gebraucht werden*.

§ 60.

Nachdem wir nunmehr die beiden Auseinandersetzungen, deren Dazwischentreten nothwendig war, nämlich über die Freiheit des Willens an sich, zugleich mit der Nothwendigkeit seiner Erscheinung, sodann über sein Loos in der sein Wesen abspiegelnden Welt, auf deren Erkenntniß er sich zu bejahen oder zu verneinen hat, vollendet haben; können wir diese Bejahung und Verneinung selbst, die wir oben nur allgemein aussprachen und erklärten, jetzt zu größerer Deutlichkeit erheben, indem wir die Handlungsweisen, in welchen allein sie ihren Ausdruck finden, darstellen und ihrer innern Bedeutung nach betrachten.

Die Bejahung des Willens ist das von keiner Erkenntniß gestörte beständige Wollen selbst, wie es das Leben der Menschen im Allgemeinen ausfüllt. Da schon der Leib des Menschen die Objektität des Willens, wie er auf dieser Stufe und in diesem Individuo erscheint, ist; so ist sein in der Zeit sich entwickelndes Wollen gleichsam die Paraphrase des Leibes, die Erläuterung der Bedeutung des Ganzen und seiner Theile, ist eine andere Darstellungsweise des selben Dinges an sich, dessen Erscheinung auch schon der Leib ist. Daher können wir, statt Bejahung des Willens, auch Bejahung des Leibes sagen. Das Grundthema aller mannigfaltigen Willensakte ist die Befriedigung der Bedürfnisse, welche vom Daseyn des Leibes in seiner Gesundheit unzertrennlich sind, schon in ihm ihren Ausdruck haben und sich zurückführen lassen auf Erhaltung des Individuums und Fortpflanzung des Geschlechts. Allein mittelbar erhalten hiedurch die verschiedenartigsten Motive Gewalt über den Willen und bringen die mannigfaltigsten Willensakte hervor. Jeder von diesen ist nur eine Probe, ein Exempel, des hier erscheinenden Willens überhaupt: welcher Art diese Probe sei,

* Hiezu Kap. 46 des zweiten Bandes.

welche Gestalt das Motiv habe und ihr mittheile, ist nicht wesentlich; sondern nur, daß überhaupt gewollt wird, und mit welchem Grade der Heftigkeit, ist hier die Sache. Der Wille kann nur an den Motiven sichtbar werden, wie das Auge nur am Lichte seine Sehkraft äußert. Das Motiv überhaupt steht vor dem Willen als vielgestaltiger Proteus: es verspricht stets völlige Befriedigung, Löschung des Willensdurstes; ist es aber erreicht, so steht es gleich in anderer Gestalt da und bewegt in dieser aufs Neue den Willen, immer seinem Grade der Heftigkeit und seinem Verhältniß zur Erkenntniß gemäß, die eben durch diese Proben und Exempel als empirischer Charakter offenbar werden.

Der Mensch findet, vom Eintritt seines Bewußtseyns an, sich als wollend, und in der Regel bleibt seine Erkenntniß in beständiger Beziehung zu seinem Willen. Er sucht erst die Objekte seines Wollens, dann die Mittel zu diesen, vollständig kennen zu lernen. Jetzt weiß er, was er zu thun hat, und nach anderm Wissen strebt er, in der Regel, nicht. Er handelt und treibt: das Bewußtseyn, immer nach dem Ziele seines Wollens hinzuarbeiten, hält ihn aufrecht und thätig: sein Denken betrifft die Wahl der Mittel. So ist das Leben fast aller Menschen: sie wollen, wissen was sie wollen, streben danach mit so vielem Gelingen, als sie vor Verzweiflung, und so vielem Mißlingen, als sie vor Langerweile und deren Folgen schützt. Daraus geht eine gewisse Heiterkeit, wenigstens Gelassenheit hervor, an welcher Reichthum oder Armuth eigentlich nichts ändern: denn der Reiche und der Arme genießen nicht was sie haben, da dies, wie gezeigt, nur negativ wirkt; sondern was sie durch ihr Treiben zu erlangen hoffen. Sie treiben vorwärts, mit vielem Ernst, ja mit wichtiger Miene: so treiben auch die Kinder ihr Spiel. – Es ist immer eine Ausnahme, wenn so ein Lebenslauf eine Störung erleidet dadurch, daß aus einem vom Dienste des Willens unabhängigen und auf das Wesen der Welt überhaupt gerichteten Erkennen, entweder die ästhetische Aufforderung zur Beschaulichkeit, oder die ethische zur Entsagung hervorgeht. Die Meisten jagt die Noth durchs Leben, ohne sie zur Besinnung kommen zu lassen. Hingegen entzündet sich oft der Wille zu einem die Bejahung des Leibes weit übersteigenden Grade, welchen dann heftige Affekte und gewaltige Leidenschaften zeigen, in welchen das Individuum nicht bloß sein eigenes Daseyn bejaht, sondern das der übrigen verneint und aufzuheben sucht, wo es ihm im Wege steht.

Die Erhaltung des Leibes durch dessen eigene Kräfte ist ein so geringer Grad der Bejahung des Willens, daß, wenn es freiwillig bei ihm bliebe, wir annehmen könnten, mit dem Tode dieses Leibes sei auch der Wille erloschen, der in ihm erschien. Allein schon die Befriedigung des Geschlechtstriebes geht über die Bejahung der eigenen Existenz, die eine so kurze Zeit füllt, hinaus, bejaht das Leben über den Tod des Individuums, in eine unbestimmte Zeit hinaus. Die Natur, immer wahr und konsequent, hier sogar naiv, legt ganz offen die innere Bedeutung des Zeugungsaktes vor uns dar. Das eigene Bewußtseyn, die Heftigkeit des Triebes, lehrt uns, daß in diesem Akt sich die entschiedenste Bejahung des Willens zum Leben, rein und ohne weitern Zusatz (etwan von Verneinung fremder Individuen) ausspricht; und nun in der Zeit und Kausalreihe, d. h. in der Natur, erscheint als Folge des Akts ein neues Leben: vor den Erzeuger stellt sich der Erzeugte, in der Erscheinung von jenem verschieden, aber an sich, oder der Idee nach, mit ihm identisch. Daher ist es dieser Akt, durch den die Geschlechter der Lebenden sich jedes zu einem Ganzen verbinden und als solches perpetuiren [fortdauern]. Die Zeugung ist in Beziehung auf den Erzeuger nur der Ausdruck, das Symptom, seiner entschiedenen Bejahung des Willens zum Leben: in Beziehung auf den Erzeugten ist sie nicht etwan der Grund des Willens, der in ihm erscheint, da der Wille an sich weder Grund noch Folge kennt; sondern sie ist, wie alle Ursache, nur Gelegenheitsursache der Erscheinung dieses Willens zu dieser Zeit an diesem Ort. Als Ding an sich ist der Wille des Erzeugers und der des Erzeugten nicht verschieden; da nur die Erscheinung, nicht das Ding an sich, dem *principio individuationis* unterworfen ist. Mit jener Bejahung über den eigenen Leib hinaus, und bis zur Darstellung eines neuen, ist auch Leiden und Tod, als zur Erscheinung des Lebens gehörig, aufs Neue mitbejaht und die durch die vollkommenste Erkenntnißfähigkeit herbeigeführte Möglichkeit der Erlösung diesmal für fruchtlos erklärt. Hier liegt der tiefe Grund der Schaam über das Zeugungsgeschäft. – Diese Ansicht ist mythisch dargestellt in dem Dogma der Christlichen Glaubenslehre, daß wir alle des Sündenfalles Adams (der offenbar nur die Befriedigung der Geschlechtslust ist) theilhaft und durch denselben des Leidens und des Todes schuldig sind. Jene Glaubenslehre geht hierin über die Betrachtung nach dem Satz vom Grunde hinaus und erkennt die Idee des Menschen, deren Einheit, aus ihrem Zerfallen in unzählige Individuen, durch das alle zusammenhaltende Band der Zeugung wiederhergestellt wird. Diesem zufolge sieht sie jedes Individuum einerseits als identisch mit dem Adam, dem Repräsentanten der Bejahung des Lebens, an, und insofern als der Sünde (Erbsünde), dem Leiden und dem Tode anheimgefallen: andererseits zeigt ihr die Erkenntniß der Idee auch jedes Individuum als identisch mit dem Erlöser, dem Repräsentanten der Verneinung des Willens zum Leben, und insofern seiner Selbstaufopferung theilhaft, durch sein Verdienst erlöst, und gerettet aus den Banden der Sünde und des Todes, d. i. der Welt (Röm. 5, 12–21).

Eine andere mythische Darstellung unserer Ansicht von der Geschlechtsbefriedigung als der Bejahung des Willens zum Leben über das individuelle Leben hinaus, als einer erst dadurch konsummirten [vollzogenen] Anheimfallung an dasselbe, oder gleichsam als einer erneuerten Verschreibung an das Leben, ist der Griechische Mythos von der Proserpina, der die Rückkehr aus der Unterwelt noch möglich war, so lange sie die Früchte der Unterwelt nicht gekostet, die aber durch den Genuß des Granatapfels jener gänzlich anheimfällt. Aus Goethes unvergleichlicher Darstellung dieses Mythos spricht jener Sinn desselben sehr deutlich, besonders wann, sogleich nach dem Genuß des Granatapfels, plötzlich der unsichtbare Chor der Parzen einfällt:

»Du bist unser!
Nüchtern solltest wiederkehren:
Und der Biß des Apfels macht dich unser!«
[*Triumph der Empfindsamkeit*, IV.]

Bemerkenswerth ist es, daß Klemens Alexandrinus *(Strom., III, c. 15)* die Sache durch das selbe Bild und den selben Ausdruck bezeichnet: Οἱ μεν ευνουχισαντες ἑαυτους απο πασης ἁμαρτιας, δια την βασιλειαν των ουρανων, μακαριοι οὗτοι εισιν, οἱ του κοσμου νηστευοντες. *(Qui se castrarunt ab omni peccato, propter regnum coelorum, ii sunt beati, a mundo jejunantes.)* [Die sich selbst verschnitten haben von aller Sünde, um des Himmelreichs willen, die sind selig, denn sie halten sich nüchtern von der Welt.]

Als die entschiedene, stärkste Bejahung des Lebens bestätigt sich der Geschlechtstrieb auch dadurch, daß er dem natürlichen Menschen, wie dem Thier, der letzte Zweck, das höchste Ziel seines Lebens ist. Selbsterhaltung ist sein erstes Streben, und sobald er für diese gesorgt hat, strebt er nur nach Fortpflanzung des Geschlechts: mehr kann er als bloß natürliches Wesen nicht anstreben. Auch die Natur, deren inneres Wesen der Wille zum Leben selbst ist, treibt mit aller ihrer Kraft den Menschen, wie das Thier, zur Fortpflanzung. Danach hat sie mit dem Individuum ihren Zweck erreicht und ist ganz gleichgültig gegen dessen Untergang, da ihr, als dem Willen zum Leben, nur an der Erhaltung der Gattung gelegen, das Individuum ihr nichts ist. – Weil im Geschlechtstrieb das innere Wesen der Natur, der Wille zum Leben, sich am stärksten ausspricht, sagten die alten Dichter und Philosophen – Hesiodos und Parmenides – sehr bedeutungsvoll, der E r o s sei das Erste, das Schaffende, das Princip, aus dem alle Dinge hervorgiengen. (Man sehe *Aristot. Metaph., I, 4.)* Pherekydes hat gesagt: Εις ερωτα μεταβεβλησθαι τον Δια, μελλοντα δημιουργειν. *(Jovem, cum mundum fabricare vellet, in cupidinem sese transformasse.)* [Zeus habe sich in Eros verwandelt, als er die Welt erschaffen wollte.] *Proclus ad Plat. Tim., L. III.* – Eine ausführliche Behandlung dieses Gegenstandes haben wir neuerlich erhalten von G. F. S c h o e m a n n, *»De cupidine cosmogonico«*, 1852. Auch die Maja der Inder, deren Werk und Gewebe die ganze Scheinwelt ist, wird durch *amor* paraphrasirt.

Die Genitalien sind viel mehr als irgend ein anderes äußeres Glied des Leibes bloß dem Willen und gar nicht der Erkenntniß unterworfen: ja, der Wille zeigt sich hier fast so unabhängig von der Erkenntniß, wie in den, auf Anlaß bloßer Reize, dem vegetativen Leben, der Reproduktion, dienenden Theilen, in welchen der Wille blind wirkt, wie in der erkenntnißlosen Natur. Denn die Zeugung ist nur die auf ein neues Individuum übergehende Reproduktion, gleichsam die Reproduktion auf der zweiten Potenz, wie der Tod nur die Exkretion auf der zweiten Potenz ist. – Diesem allen zufolge sind die Genitalien der eigentliche B r e n n p u n k t des Willens und folglich der entgegengesetzte Pol des Gehirns, des Repräsentanten der Erkenntniß, d. i. der andern Seite der Welt, der Welt als Vorstellung. Jene sind das lebenerhaltende, der Zeit endloses Leben zusichernde Princip; in welcher Eigenschaft sie bei den Griechen im Phallus, bei den Hindu im Lingam verehrt wurden, welche also das Symbol der Bejahung des Willens sind. Die Erkenntniß dagegen giebt die Möglichkeit der Aufhebung des Wollens, der Erlösung durch Freiheit, der Ueberwindung und Vernichtung der Welt.

Wir haben schon am Anfang dieses vierten Buches ausführlich betrachtet, wie der Wille zum Leben in seiner Bejahung sein Verhältniß zum Tode anzusehn hat, dieser nämlich ihn nicht anficht, weil er als etwas selbst schon im Leben Begriffenes und dazu Gehöriges dasteht, dem sein Gegensatz, die Zeugung, völlig das Gleichgewicht hält und dem Willen zum Leben, trotz dem Tode des Individuums, auf alle Zeit das Leben sichert und verbürgt; welches auszudrücken die Inder dem Todesgott Schiwa den Lingam zum Attribut gaben. Wir haben daselbst auch ausgeführt, wie der mit vollkommener Besonnenheit auf dem Standpunkt entschiedener Bejahung des Lebens Stehende dem Tode furchtlos entgegensieht. Daher hier nichts mehr davon. Ohne klare Besonnenheit stehn die meisten Menschen auf diesem Standpunkt und bejahen fortdauernd das Leben. Als Spiegel dieser Bejahung steht die Welt da, mit unzähligen Individuen, in endloser Zeit und endlosem Raum, und endlosem Leiden, zwischen Zeugung und Tod ohne Ende. – Es ist hierüber jedoch von keiner Seite weiter eine Klage zu erheben: denn der Wille führt das große Trauer- und Lustspiel auf eigene Kosten auf, und ist auch sein eigener Zuschauer. Die Welt ist gerade eine solche, weil der Wille, dessen Erscheinung sie ist, ein solcher ist, weil er so will. Für die Leiden ist die Rechtfertigung die, daß der Wille auch auf diese Erscheinung sich selbst bejaht; und diese Bejahung ist gerechtfertigt und ausgeglichen dadurch, daß er die Leiden trägt. Es eröffnet sich uns schon hier ein Blick auf die e w i g e G e r e c h t i g k e i t, im Ganzen; wir werden sie weiterhin näher und deutlicher auch im Einzelnen erkennen. Doch wird zuvor noch von der zeitlichen oder menschlichen Gerechtigkeit geredet werden müssen*.

* Hiezu Kap. 45 des zweiten Bandes.

§ 61.

Wir erinnern uns aus dem zweiten Buch, daß in der ganzen Natur, auf allen Stufen der Objektivation des Willens, nothwendig ein beständiger Kampf zwischen den Individuen aller Gattungen war, und eben dadurch sich ein innerer Widerstreit des Willens zum Leben gegen sich selbst ausdrückte. Auf der höchsten Stufe der Objektivation wird, wie alles Andere, auch jenes Phänomen sich in erhöhter Deutlichkeit darstellen und sich daher weiter entziffern lassen. Zu diesem Zweck wollen wir zunächst dem Egoismus, als dem Ausgangspunkt alles Kampfes, in seiner Quelle nachspüren.

Wir haben Zeit und Raum, weil nur durch sie und in ihnen Vielheit des Gleichartigen möglich ist, das *principium individuationis* genannt. Sie sind die wesentlichen Formen der natürlichen, d. h. dem Willen entsprossenen Erkenntniß. Daher wird überall der Wille sich in der Vielheit von Individuen erscheinen. Aber diese Vielheit trifft nicht ihn, den Willen als Ding an sich, sondern nur seine Erscheinungen: er ist in jeder von diesen ganz und ungetheilt vorhanden und erblickt um sich herum das zahllos wiederholte Bild seines eigenen Wesens. Dieses selbst aber, also das wirklich Reale, findet er unmittelbar nur in seinem Innern. Daher will Jeder Alles für sich, will Alles besitzen, wenigstens beherrschen, und was sich ihm widersetzt, möchte er vernichten. Hiezu kommt, bei den erkennenden Wesen, daß das Individuum Träger des erkennenden Subjekts und dieses Träger der Welt ist; d. h. daß die ganze Natur außer ihm, also auch alle übrigen Individuen, nur in seiner Vorstellung existiren, er sich ihrer stets nur als seiner Vorstellung, also bloß mittelbar und als eines von seinem eigenen Wesen und Daseyn Abhängigen bewußt ist; da mit seinem Bewußtseyn ihm nothwendig auch die Welt untergeht, d. h. ihr Seyn und Nichtseyn gleichbedeutend und ununterscheidbar wird. Jedes erkennende Individuum ist also in Wahrheit und findet sich als den ganzen Willen zum Leben, oder das Ansich der Welt selbst, und auch als die ergänzende Bedingung der Welt als Vorstellung, folglich als einen Mikrokosmos, der dem Makrokosmos gleich zu schätzen ist. Die immer und überall wahrhafte Natur selbst giebt ihm, schon ursprünglich und unabhängig von aller Reflexion, diese Erkenntniß einfach und unmittelbar gewiß. Aus den angegebenen beiden nothwendigen Bestimmungen nun erklärt es sich, daß jedes in der gränzenlosen Welt gänzlich verschwindende und zu Nichts verkleinerte Individuum dennoch sich zum Mittelpunkt der Welt macht, seine eigene Existenz und Wohlseyn vor allem Andern berücksichtigt, ja, auf dem natürlichen Standpunkte, alles Andere dieser aufzuopfern bereit ist, bereit ist die Welt zu vernichten, um nur sein eigenes Selbst, diesen Tropfen im Meer, etwas länger zu erhalten. Diese Gesinnung ist der Egoismus, der jedem Dinge in der Natur wesentlich ist. Eben er aber ist es, wodurch der innere Widerstreit des Willens mit sich selbst zur fürchterlichen Offenbarung gelangt. Denn dieser Egoismus hat seinen Bestand und Wesen in jenem Gegensatz des Mikrokosmos und Makrokosmos, oder darin, daß die Objektivation des Willens das *principium individuationis* zur Form hat und dadurch der Wille in unzähligen Individuen sich auf gleiche Weise erscheint und zwar in jedem derselben nach beiden Seiten (Wille und Vorstellung) ganz und vollständig. Während also jedes sich selber als der ganze Wille und das ganze Vorstellende unmittelbar gegeben ist, sind die übrigen ihm zunächst nur als seine Vorstellungen gegeben; daher geht ihm sein eigenes Wesen und dessen Erhaltung allen andern zusammen vor. Auf seinen eigenen Tod blickt Jeder als auf der Welt Ende, während er den seiner Bekannten als eine ziemlich gleichgültige Sache vernimmt, wenn er nicht etwan persönlich dabei betheiligt ist. In dem auf den höchsten Grad gesteigerten Bewußtseyn, dem menschlichen, muß, wie die Erkenntniß, der Schmerz, die Freude, so auch der Egoismus den höchsten Grad erreicht haben und der durch ihn bedingte Widerstreit der Individuen auf das entsetzlichste hervortreten. Dies sehn wir denn auch überall vor Augen, im Kleinen wie im Großen, sehn es bald von der schrecklichen Seite, im Leben großer Tyrannen und Bösewichter und in weltverheerenden Kriegen, bald von der lächerlichen Seite, wo es das Thema des Lustspiels ist und ganz besonders im Eigendünkel und Eitelkeit hervortritt, welche, so wie kein Anderer, Rochefoucault aufgefaßt und *in abstracto* dargestellt hat: wir sehn es in der Weltgeschichte und in der eigenen Erfahrung. Aber am deutlichsten tritt es hervor, sobald irgend ein Haufen Menschen von allem Gesetz und Ordnung entbunden ist: da zeigt sich sogleich aufs Deutlichste das *bellum omnium contra omnes* [der Krieg aller gegen alle], welches Hobbes, im ersten Kapitel *de cive*, trefflich geschildert hat. Es zeigt sich, wie nicht nur Jeder dem Andern zu entreißen sucht was er selbst haben will; sondern sogar oft Einer, um sein Wohlseyn durch einen unbedeutenden Zuwachs zu vermehren, das ganze Glück oder Leben des Andern zerstört. Dies ist der höchste Ausdruck des Egoismus, dessen Erscheinungen, in dieser Hinsicht, nur noch übertroffen werden von denen der eigentlichen Bosheit, die ganz uneigennützig den Schaden und Schmerz Anderer, ohne allen eigenen Vortheil, sucht; davon bald die Rede seyn wird. – Mit dieser Aufdeckung der Quelle des Egoismus vergleiche man die Darstellung desselben, in meiner Preisschrift über das Fundament der Moral, § 14.

Eine Hauptquelle des Leidens, welches wir oben als allem Leben wesentlich und unvermeidlich gefunden haben, ist, sobald es wirklich und in bestimmter Gestalt eintritt, jene Eris, der Kampf aller Individuen, der Ausdruck des Widerspruchs, mit welchem der Wille zum Leben im Innern behaftet ist, und der durch das *principium individuationis* zur Sichtbarkeit gelangt: ihn unmittelbar und grell zu veranschaulichen sind Thierkämpfe das grausame Mittel. In diesem ursprünglichen Zwiespalt liegt eine unversiegbare Quelle des Leidens, trotz den Vorkehrungen, die man dagegen getroffen hat, und welche wir sogleich näher betrachten werden.

§ 62.

Es ist bereits auseinandergesetzt, daß die erste und einfache Bejahung des Willens zum Leben nur Bejahung des eigenen Leibes ist, d. h. Darstellung des Willens durch Akte in der Zeit, in so weit schon der Leib, in seiner Form und Zweckmäßigkeit, den selben Willen räumlich darstellt, und nicht weiter. Diese Bejahung zeigt sich als Erhaltung des Leibes, mittelst Anwendung der eigenen Kräfte desselben. An sie knüpft sich unmittelbar die Befriedigung des Geschlechtstriebes, ja gehört zu ihr, sofern die Genitalien zum Leibe gehören. Daher ist freiwillige und durch gar kein Motiv begründete Entsagung der Befriedigung jenes Triebes schon ein Grad von Verneinung des Willens zum Leben, ist eine, auf eingetretene, als Quietiv wirkende Erkenntniß, freiwillige Selbstaufhebung desselben; demgemäß stellt solche Verneinung des eigenen Leibes sich schon als ein

Widerspruch des Willens gegen seine eigene Erscheinung dar. Denn obgleich auch hier der Leib in den Genitalien den Willen zur Fortpflanzung objektivirt, wird diese dennoch nicht gewollt. Eben dieserhalb, nämlich weil sie Verneinung oder Aufhebung des Willens zum Leben ist, ist solche Entsagung eine schwere und schmerzliche Selbstüberwindung; doch davon weiter unten. – Indem nun aber der Wille jene Selbstbejahung des eigenen Leibes in unzähligen Individuen neben einander darstellt, geht er, vermöge des Allen eigenthümlichen Egoismus, sehr leicht in einem Individuo über diese Bejahung hinaus, bis zur Verneinung des selben, im andern Individuo erscheinenden Willens. Der Wille des erstern bricht in die Gränze der fremden Willensbejahung ein, indem das Individuum entweder den fremden Leib selbst zerstört oder verletzt, oder aber auch, indem es die Kräfte jenes fremden Leibes seinem Willen zu dienen zwingt, statt dem in jenem fremden Leibe selbst erscheinenden Willen; also wenn es dem als fremder Leib erscheinenden Willen die Kräfte dieses Leibes entzieht und dadurch die seinem Willen dienende Kraft über die seines eigenen Leibes hinaus vermehrt, folglich seinen eigenen Willen über seinen eigenen Leib hinaus bejaht, mittelst Verneinung des in einem fremden Leibe erscheinenden Willens. – Dieser Einbruch in die Gränze fremder Willensbejahung ist von jeher deutlich erkannt und der Begriff desselben durch das Wort Unrecht bezeichnet worden. Denn beide Theile erkennen die Sache, zwar nicht wie wir hier in deutlicher Abstraktion, sondern als Gefühl, augenblicklich. Der Unrechtleidende fühlt den Einbruch in die Sphäre der Bejahung seines eigenen Leibes, durch Verneinung derselben von einem fremden Individuo, als einen unmittelbaren und geistigen Schmerz, der ganz getrennt und verschieden ist von dem daneben empfundenen physischen Leiden durch die That, oder Verdruß durch den Verlust. Dem Unrecht-Ausübenden andererseits stellt sich die Erkenntniß, daß er an sich der selbe Wille ist, der auch in jenem Leibe erscheint, und der sich in der einen Erscheinung mit solcher Vehemenz bejaht, daß er, die Gränze des eigenen Leibes und dessen Kräfte überschreitend, zur Verneinung eben dieses Willens in der andern Erscheinung wird, folglich er, als Wille an sich betrachtet, eben durch seine Vehemenz gegen sich selbst streitet, sich selbst zerfleischt; – auch ihm stellt sich, sage ich, diese Erkenntniß augenblicklich, nicht *in abstracto*, sondern als ein dunkles Gefühl dar: und dieses nennt man Gewissensbiß, oder, näher für diesen Fall, Gefühl des ausgeübten Unrechts.

Das Unrecht, dessen Begriff wir in der allgemeinsten Abstraktion hiemit analysirt haben, drückt sich *in concreto* am vollendetesten, eigentlichsten und handgreiflichsten aus im Kannibalismus: dieser ist sein deutlichster augenscheinlichster Typus, das entsetzliche Bild des größten Widerstreites des Willens gegen sich selbst, auf der höchsten Stufe seiner Objektivation, welche der Mensch ist. Nächst diesem im Morde, auf dessen Ausübung daher der Gewissensbiß, dessen Bedeutung wir soeben abstrakt und trocken angegeben haben, augenblicklich mit furchtbarer Deutlichkeit folgt, und der Ruhe des Geistes eine auf die ganze Lebenszeit unheilbare Wunde schlägt; indem unser Schauder über den begangenen, wie auch unser Zurückbeben vor dem zu begehenden Mord, der gränzenlosen Anhänglichkeit an das Leben entspricht, von der alles Lebende, eben als Erscheinung des Willens zum Leben, durchdrungen ist. (Uebrigens werden wir weiterhin jenes Gefühl, das die Ausübung des Unrechts und des Bösen begleitet, oder die Gewissensangst, noch ausführlicher zergliedern und zur Deutlichkeit des Begriffs erheben.) Als dem Wesen nach mit dem Morde gleichartig und nur im Grade von ihm verschieden, ist die absichtliche Verstümmelung, oder bloße Verletzung des fremden Leibes anzusehn, ja jeder Schlag. – Ferner stellt das Unrecht sich dar in der Unterjochung des andern Individuums, im Zwange desselben zur Sklaverei; endlich im Angriff des fremden Eigenthums, welcher, sofern dieses als Frucht seiner Arbeit betrachtet wird, mit jener im Wesentlichen gleichartig ist und sich zu ihr verhält, wie die bloße Verletzung zum Mord.

Denn Eigenthum, welches ohne Unrecht dem Menschen nicht genommen wird, kann, unserer Erklärung des Unrechts zufolge, nur dasjenige seyn, welches durch seine Kräfte bearbeitet ist, durch Entziehung dessen man daher die Kräfte seines Leibes dem in diesem objektivirten Willen entzieht, um sie dem in einem andern Leibe objektivirten Willen dienen zu lassen. Denn nur so bricht der Ausüber des Unrechts, durch Angriff, nicht des fremden Leibes, sondern einer leblosen, von diesem ganz verschiedenen Sache, doch in die Sphäre der fremden Willensbejahung ein, indem mit dieser Sache die Kräfte, die Arbeit des fremden Leibes gleichsam verwachsen und identificirt sind. Hieraus folgt, daß sich alles ächte, d. h. moralische Eigenthumsrecht ursprünglich einzig und allein auf Bearbeitung gründet; wie man dies auch vor Kant ziemlich allgemein annahm, ja, wie es das älteste aller Gesetzbücher deutlich und schön aussagt: »Weise, welche die Vorzeit kennen, erklären, daß ein bebautes Feld Dessen Eigenthum ist, welcher das Holz ausrottete, es reinigte und pflügte; wie eine Antilope dem ersten Jäger gehört, welcher sie tödtlich verwundete.« – Gesetze des Menu, IX, 44. – Nur aus Kants Altersschwäche ist mir seine ganze Rechtslehre, als eine sonderbare Verflechtung einander herbeiziehender Irrthümer, und auch dieses erklärlich, daß er das Eigenthumsrecht durch erste Besitzergreifung begründen will. Denn wie sollte doch die bloße Erklärung meines Willens, Andere vom Gebrauch einer Sache auszuschließen, sofort auch selbst ein Recht hiezu geben? Offenbar bedarf sie selbst erst eines Rechtsgrundes; statt daß Kant annimmt, sie sei einer. Und wie sollte doch Derjenige an sich, d. h. moralisch, unrecht handeln, der jene, auf nichts als auf ihre eigene Erklärung gegründeten Ansprüche auf den Alleinbesitz einer Sache nicht achtete? Wie sollte sein Gewissen ihn darüber beunruhigen? da es so klar und leicht einzusehn ist, daß es ganz und gar keine rechtliche Besitzergreifung geben kann, sondern ganz allein eine rechtliche Aneignung, Besitzerwerbung der Sache, durch Verwendung ursprünglich eigener Kräfte auf sie. Wo nämlich eine Sache, durch irgend eine fremde Mühe, sei diese noch so klein, bearbeitet, verbessert, vor Unfällen geschützt, bewahrt ist, und wäre diese Mühe nur das Abpflücken oder vom Boden Aufheben einer wildgewachsenen Frucht; da entzieht der Angreifer solcher Sache offenbar dem Andern den Erfolg seiner darauf verwendeten Kraft, läßt also den Leib jenes, statt dem eigenen, seinem Willen dienen, bejaht seinen eigenen Willen über dessen Erscheinung hinaus, bis zur Verneinung des fremden, d. h. thut Unrecht*. – Hingegen bloßer Genuß einer Sache, ohne alle Bearbeitung oder Sicherstellung derselben gegen Zerstörung,

* Es bedarf also zur Begründung des natürlichen Eigenthumsrechtes nicht der Annahme zweier Rechtsgründe neben einander, des auf Detention [Besitz] gegründeten, neben dem auf Formation [Erwerb] gegründeten; sondern letzterer reicht überall aus. Nur ist der Name Formation nicht recht passend, da die Verwendung irgend einer Mühe auf eine Sache nicht immer eine Formgebung zu seyn braucht.

giebt eben so wenig ein Recht darauf, wie die Erklärung seines Willens zum Alleinbesitz. Daher, wenn eine Familie auch ein Jahrhundert auf einem Revier allein gejagt hat, ohne jedoch irgend etwas zu dessen Verbesserung gethan zu haben; so kann sie einem fremden Ankömmling, der jetzt eben dort jagen will, es ohne moralisches Unrecht gar nicht wehren. Das sogenannte Präokkupations-Recht also, demzufolge man für den bloßen gehabten Genuß einer Sache, noch obendrein Belohnung, nämlich ausschließliches Recht auf den fernern Genuß fordert, ist moralisch ganz grundlos. Dem sich bloß auf dieses Recht Stützenden könnte der neue Ankömmling mit viel besserem Rechte entgegnen: »Eben weil du schon so lange genossen hast, ist es Recht, daß jetzt auch Andere genießen.« Von jeder Sache, die durchaus keiner Bearbeitung, durch Verbesserung oder Sicherstellung vor Unfällen, fähig ist, giebt es keinen moralisch begründeten Alleinbesitz; es sei denn durch freiwillige Abtretung von Seiten aller Andern, etwan zur Belohnung anderweitiger Dienste; was aber schon ein durch Konvention geregeltes Gemeinwesen, den Staat, voraussetzt. – Das moralisch begründete Eigenthumsrecht, wie es oben abgeleitet ist, giebt, seiner Natur nach, dem Besitzer eine eben so uneingeschränkte Macht über die Sache, wie die ist, welche er über seinen eigenen Leib hat; woraus folgt, daß er sein Eigenthum, durch Tausch oder Schenkung, Andern übertragen kann, welche alsdann, mit dem selben moralischen Rechte wie er, die Sache besitzen.

Die Ausübung des Unrechts überhaupt betreffend, so geschieht sie entweder durch Gewalt, oder durch List; welches in Hinsicht auf das moralisch Wesentliche einerlei ist. Zuvörderst beim Morde ist es moralisch einerlei, ob ich mich des Dolches, oder des Giftes bediene; und auf analoge Weise bei jeder körperlichen Verletzung. Die anderweitigen Fälle des Unrechts sind allemal darauf zurückzuführen, daß ich, als Unrecht ausübend, das fremde Individuum zwinge, statt seinem, meinem Willen zu dienen, statt nach seinem, nach meinem Willen zu handeln. Auf dem Wege der Gewalt erreiche ich dieses durch physische Kausalität; auf dem Wege der List aber mittelst der Motivation, d. h. der durch das Erkennen durchgegangenen Kausalität, folglich dadurch, daß ich seinem Willen Scheinmotive vorschiebe, vermöge welcher er seinem Willen zu folgen glaubend, meinem folgt. Da das Medium, in welchem die Motive liegen, die Erkenntniß ist; kann ich jenes nur durch Verfälschung seiner Erkenntniß thun, und diese ist die Lüge. Sie bezweckt allemal Einwirkung auf den fremden Willen, nicht auf seine Erkenntniß allein, für sich und als solche, sondern auf diese nur als Mittel, nämlich sofern sie seinen Willen bestimmt. Denn mein Lügen selbst, als von meinem Willen ausgehend, bedarf eines Motivs: ein solches aber kann nur der fremde Wille seyn, nicht die fremde Erkenntniß an und für sich; da sie als solche nie einen Einfluß auf meinen Willen haben, daher ihn nie bewegen, nie ein Motiv seiner Zwecke seyn kann: sondern nur das fremde Wollen und Thun kann ein solches seyn, und dadurch, folglich nur mittelbar, die fremde Erkenntniß. Dies gilt nicht nur von allen aus offenbarem Eigennutz entsprungenen Lügen, sondern auch von den aus reiner Bosheit, die sich an den schmerzlichen Folgen des von ihr veranlaßten fremden Irrthums weiden will, hervorgegangenen. Sogar auch die bloße Windbeutelei bezweckt, mittelst dadurch erhöhter Achtung, oder verbesserter Meinung, von Seiten der Andern, größern oder leichtern Einfluß auf ihr Wollen und Thun. Das bloße Verweigern einer Wahrheit, d. h. einer Aussage überhaupt, ist an sich kein Unrecht, wohl aber jedes Aufheften einer Lüge. Wer dem verirrten Wanderer den rechten Weg zu zeigen sich weigert, thut ihm kein Unrecht; wohl aber der, welcher ihn auf den falschen hinweist. – Aus dem Gesagten folgt, daß jede Lüge, eben wie jede Gewaltthätigkeit, als solche Unrecht ist; weil sie schon als solche zum Zweck hat, die Herrschaft meines Willens auf fremde Individuen auszudehnen, also meinen Willen durch Verneinung des ihrigen zu bejahen, so gut wie die Gewalt. – Die vollkommenste Lüge aber ist der gebrochene Vertrag; weil hier alle angeführten Bestimmungen vollständig und deutlich beisammen sind. Denn, indem ich einen Vertrag eingehe, ist die fremde verheißene Leistung unmittelbar und eingeständlich das Motiv zur meinigen nunmehr erfolgenden. Die Versprechen werden mit Bedacht und förmlich gewechselt. Die Wahrheit der darin gemachten Aussage eines Jeden steht, der Annahme zufolge, in seiner Macht. Bricht der Andere den Vertrag, so hat er mich getäuscht und, durch Unterschieben bloßer Scheinmotive in meine Erkenntniß, meinen Willen nach seiner Absicht gelenkt, die Herrschaft seines Willens über das fremde Individuum ausgedehnt, also ein vollkommenes Unrecht begangen. Hierauf gründet sich die moralische Rechtmäßigkeit und Gültigkeit der Verträge.

Unrecht durch Gewalt ist für den Ausüber nicht so schimpflich, wie Unrecht durch List; weil jenes von physischer Kraft zeugt, welche, unter allen Umständen, dem Menschengeschlechte imponirt; dieses hingegen, durch Gebrauch des Umwegs, Schwäche verräth, und ihn also als physisches und moralisches Wesen zugleich herabsetzt; zudem, weil Lug und Betrug nur dadurch gelingen kann, daß der sie ausübt zu gleicher Zeit selbst Abscheu und Verachtung dagegen äußern muß, um Zutrauen zu gewinnen, und sein Sieg darauf beruht, daß man ihm die Redlichkeit zutraut, die er nicht hat. – Der tiefe Abscheu, den Arglist, Treulosigkeit und Verrath überall erregen, beruht darauf, daß Treue und Redlichkeit das Band sind, welches den in die Vielheit der Individuen zersplitterten Willen doch von außen wieder zur Einheit verbindet und dadurch den Folgen des aus jener Zersplitterung hervorgegangenen Egoismus Schranken setzt. Treulosigkeit und Verrath zerreißen dieses letzte, äußere Band, und geben dadurch den Folgen des Egoismus gränzenlosen Spielraum.

Wir haben im Zusammenhang unserer Betrachtungsweise als den Inhalt des Begriffs Unrecht gefunden die Beschaffenheit der Handlung eines Individuums, in welcher es die Bejahung des in seinem Leben erscheinenden Willens soweit ausdehnt, daß solche zur Verneinung des in fremden Leibern erscheinenden Willens wird. Wir haben auch an ganz allgemeinen Beispielen die Gränze nachgewiesen, wo das Gebiet des Unrechts anfängt, indem wir zugleich seine Abstufungen vom höchsten Grade zu den niedrigeren durch wenige Hauptbegriffe bestimmten. Diesem zufolge ist der Begriff Unrecht der ursprüngliche und positive: der ihm entgegengesetzte des Rechts ist der abgeleitete und negative. Denn wir müssen uns nicht an die Worte, sondern an die Begriffe halten. In der That würde nie von Recht geredet worden seyn, gäbe es kein Unrecht. Der Begriff Recht enthält nämlich bloß die Negation des Unrechts, und ihm wird jede Handlung subsumirt, welche nicht Ueberschreitung der oben dargestellten Gränze, d. h. nicht Verneinung des fremden Willens, zur stärkern Bejahung des eigenen, ist. Jene Gränze theilt daher, in Hinsicht auf eine bloß und rein moralische Bestimmung, das ganze Gebiet möglicher Handlungen in solche, die Unrecht oder Recht sind. Sobald eine Handlung nicht, auf die oben auseinandergesetzte Weise, in die Sphäre der fremden Willensbejahung, diese verneinend, eingreift, ist sie nicht Unrecht. Daher z. B. das Versagen der Hülfe bei dringender fremder Noth, das ruhige Zuschauen fremden Hungertodes bei eigenem Ueberfluß, zwar grausam und teuflisch, aber nicht Unrecht ist: nur läßt sich mit völliger Sicherheit sagen, daß wer fähig ist, die Lieblosigkeit und Härte bis zu einem solchen Grade zu treiben, auch ganz gewiß jedes Unrecht ausüben wird, sobald seine Wünsche es fordern und kein Zwang es wehrt.

Der Begriff des Rechts, als der Negation des Unrechts, hat aber seine hauptsächliche Anwendung, und ohne Zweifel auch seine erste Entstehung, gefunden in den Fällen, wo versuchtes Unrecht durch Gewalt abgewehrt wird, welche Abwehrung nicht selbst wieder Unrecht seyn kann, folglich Recht ist; obgleich die dabei ausgeübte Gewaltthätigkeit, bloß an sich und abgerissen betrachtet, Unrecht wäre, und hier nur durch ihr Motiv gerechtfertigt, d. h. zum Recht wird. Wenn ein Individuum in der Bejahung seines eigenen Willens so weit geht, daß es in die Sphäre der meiner Person als solcher wesentlichen Willensbejahung eindringt und damit diese verneint; so ist mein Abwehren jenes Eindringens nur die Verneinung jener Verneinung und insofern von meiner Seite nichts mehr, als die Bejahung des in meinem Leibe wesentlich und ursprünglich erscheinenden und durch dessen bloße Erscheinung schon *implicite* [einbegriffen] ausgedrückten Willens; folglich nicht Unrecht, mithin Recht. Dies heißt: ich habe alsdann ein Recht, jene fremde Verneinung mit der zu ihrer Aufhebung nöthigen Kraft zu verneinen, welches, wie leicht einzusehn, bis zur Tödtung des fremden Individuums gehn kann, dessen Beeinträchtigung, als eindringende äußere Gewalt, mit einer diese etwas überwiegenden Gegenwirkung abgewehrt werden kann, ohne alles Unrecht, folglich mit Recht; weil alles, was von meiner Seite geschieht, immer nur in der Sphäre der meiner Person als solcher wesentlichen und schon durch sie ausgedrückten Willensbejahung liegt (welche der Schauplatz des Kampfes ist), nicht in die fremde eindringt, folglich nur Negation der Negation, also Affirmation, nicht selbst Negation ist. Ich kann also, ohne Unrecht, den meinen Willen, wie dieser in meinem Leibe und der Verwendung von dessen Kräften zu dessen Erhaltung, ohne Verneinung irgend eines gleiche Schranken haltenden fremden Willens, erscheint, verneinenden fremden Willen *zwingen*, von dieser Verneinung abzustehn: d. h. ich habe so weit ein *Zwangsrecht*.

In allen Fällen, wo ich ein Zwangsrecht, ein vollkommenes Recht habe, *Gewalt* gegen Andere zu gebrauchen, kann ich, nach Maaßgabe der Umstände, eben so wohl der fremden Gewalt auch die *List* entgegenstellen, ohne Unrecht zu thun, und habe folglich ein wirkliches *Recht zur Lüge*, *gerade so weit, wie ich es zum Zwange habe*. Daher handelt Jemand, der einen ihn durchsuchenden Straßenräuber versichert, er habe nichts weiter bei sich, vollkommen recht: eben so auch Der, welcher den nächtlich eingedrungenen Räuber durch eine Lüge in einen Keller lockt, wo er ihn einsperrt. Wer von Räubern, z. B. von Barbaresken, gefangen fortgeführt wird, hat das Recht, zu seiner Befreiung, sie nicht nur mit offener Gewalt, sondern auch mit Hinterlist zu tödten. – Darum auch bindet ein durch unmittelbare körperliche Gewaltthätigkeit abgezwungenes Versprechen durchaus nicht; weil der solchen Zwang Erleidende, mit vollem Recht, sich durch Tödtung, geschweige durch Hintergehung, der Gewältiger befreien kann. Wer sein ihm geraubtes Eigenthum nicht durch Gewalt zurücknehmen kann, begeht kein Unrecht, wenn er es sich durch List verschafft. Ja, wenn Jemand mein mir geraubtes Geld verspielt, habe ich das Recht falsche Würfel gegen ihn zu gebrauchen, weil alles was ich ihm abgewinne mir schon gehört. Wer dieses leugnen wollte, müßte noch mehr die Rechtmäßigkeit der Kriegslist leugnen, als welche sogar eine thätliche Lüge und ein Beleg zum Ausspruch der Königin Christine von Schweden ist: »Die Worte der Menschen sind für nichts zu achten, kaum daß man ihren Thaten trauen darf.« – So scharf streift demnach die Gränze des Rechts an die des Unrechts. Uebrigens halte ich es für überflüssig nachzuweisen, daß dieses Alles mit dem oben über die Unrechtmäßigkeit der Lüge, wie der Gewalt, Gesagten völlig übereinstimmt: auch kann es zur Aufklärung der seltsamen Theorien über die Nothlüge dienen*.

---

* Die weitere Auseinandersetzung der hier aufgestellten Rechtslehre findet man in meiner Preisschrift »Ueber das Fundament der Moral«, § 17, S. 221–230 der ersten Auflage [Bd. VI uns. Ausg., S. 256–65].

Nach allem Bisherigen sind also Unrecht und Recht bloß moralische Bestimmungen, d. h. solche, welche hinsichtlich der Betrachtung des menschlichen Handelns als solchen, und in Beziehung auf die innere Bedeutung dieses Handelns an sich, Gültigkeit haben. Diese kündigt sich im Bewußtseyn unmittelbar an, dadurch, daß einerseits das Unrechtthun von einem innern Schmerz begleitet ist, welcher das bloß gefühlte Bewußtseyn des Unrechtausübenden ist von der übermäßigen Stärke der Bejahung des Willens in ihm selbst, die bis zum Grade der Verneinung der fremden Willenserscheinung geht; wie auch, daß er zwar als Erscheinung von dem Unrechtleidenden verschieden, an sich aber mit ihm identisch ist. Die weitere Auseinandersetzung dieser innern Bedeutung aller Gewissensangst kann erst weiter unten folgen. Der Unrechtleidende andererseits ist sich der Verneinung seines Willens, wie dieser schon durch seinen Leib und dessen natürliche Bedürfnisse, zu deren Befriedigung ihn die Natur auf die Kräfte dieses Leibes verweist, ausgedrückt ist, schmerzlich bewußt, und auch zugleich, daß er, ohne Unrecht zu thun, jene Verneinung auf alle Weise abwehren könnte, wenn es ihm nicht an der Macht gebräche. Diese rein moralische Bedeutung ist die einzige, welche Recht und Unrecht für den Menschen als Menschen, nicht als Staatsbürger haben, die folglich auch im Naturzustande, ohne alles positive Gesetz, bliebe und welche die Grundlage und den Gehalt alles dessen ausmacht, was man deshalb Naturrecht genannt hat, besser aber moralisches Recht hieße, da seine Gültigkeit nicht auf das Leiden, auf die äußere Wirklichkeit, sondern nur auf das Thun und die aus diesem dem Menschen erwachsende Selbsterkenntniß seines individuellen Willens, welche Gewissen heißt, sich erstreckt, sich aber im Naturzustande nicht in jedem Fall auch nach außen, auf andere Individuen, geltend machen und verhindern kann, daß nicht Gewalt statt des Rechts herrsche. Im Naturzustande hängt es nämlich von Jedem bloß ab, in jedem Fall nicht Unrecht zu thun, keineswegs aber in jedem Fall nicht Unrecht zu leiden, welches von seiner zufälligen äußern Gewalt abhängt. Daher sind die Begriffe Recht und Unrecht zwar auch für den Naturzustand gültig und keineswegs konventionell; aber sie gelten dort bloß als moralische Begriffe, zur Selbsterkenntniß des eigenen Willens in Jedem. Sie sind nämlich auf der Skala der höchst verschiedenen Grade der Stärke, mit welchen der Wille zum Leben sich in den menschlichen Individuen bejaht, ein fester Punkt, gleich dem Gefrierpunkt auf dem Thermometer, nämlich der Punkt, wo die Bejahung des eigenen Willens zur Verneinung des fremden wird, d. h. den Grad seiner Heftigkeit, vereint mit dem Grad der Befangenheit der Erkenntniß im *principio individuationis* (welches die Form der ganz im Dienste des Willens stehenden Erkenntniß ist), durch Unrechtthun angiebt. Wer nun aber die rein moralische Betrachtung des menschlichen Handelns bei Seite setzen, oder verleugnen, und das Handeln bloß nach dessen äußerer Wirksamkeit und deren Erfolg betrachten will, der kann allerdings, mit Hobbes, Recht und Unrecht für konventionelle, willkürlich angenommene und daher außer dem positiven Gesetz gar nicht vorhandene Bestimmungen erklären, und wir können ihm nie durch äußere Erfahrung das beibringen, was nicht zur äußern Erfahrung gehört; wie wir dem selben Hobbes, der jene seine vollendet empirische Denkungsart höchst merkwürdig dadurch charakterisirt, daß er in seinem Buche *»De principiis Geometrarum«* die ganze eigentliche reine Mathematik ableugnet und hartnäckig behauptet, der Punkt habe Ausdehnung und die Linie Breite, doch nie einen Punkt ohne Ausdehnung und eine Linie ohne Breite vorzeigen, also ihm so wenig die Apriorität der Mathematik, als die Apriorität des Rechts beibringen können, weil er sich nun ein Mal jeder nicht empirischen Erkenntniß verschließt.

Die reine Rechtslehre ist also ein Kapitel der Moral und bezieht sich direkt bloß auf das Thun, nicht auf das Leiden. Denn nur jenes ist Aeußerung des Willens, und diesen allein betrachtet die Moral. Leiden ist bloße Begebenheit: bloß indirekt kann die Moral auch das Leiden berücksichtigen, nämlich allein um nachzuweisen, daß, was bloß geschieht um kein Unrecht zu leiden, kein Unrechtthun ist. – Die Ausführung jenes Kapitels der Moral würde zum Inhalt haben die genaue Bestimmung der Gränze, bis zu welcher ein Individuum in der Bejahung des schon in seinem Leibe objektivirten Willens gehn kann, ohne daß dieses zur Verneinung eben jenes Willens, sofern er in einem andern Individuo erscheint, werde, und sodann auch der Handlungen, welche diese Gränze überschreiten, folglich Unrecht sind und daher auch wieder ohne Unrecht abgewehrt werden können. Immer also bliebe das eigene T h u n das Augenmerk der Betrachtung.

In äußerer Erfahrung, als Begebenheit, erscheint nun aber das U n r e c h t l e i d e n , und in ihm manifestirt sich, wie gesagt, deutlicher als irgendwo, die Erscheinung des Widerstreits des Willens zum Leben gegen sich selbst, hervorgehend aus der Vielheit der Individuen und dem Egoismus, welche Beide durch das *principium individuationis,* welches die Form der Welt als Vorstellung für die Erkenntniß des Individuums ist, bedingt sind. Auch haben wir oben gesehn, daß ein sehr großer Theil des dem menschlichen Leben wesentlichen Leidens an jenem Widerstreit der Individuen seine stets fließende Quelle hat.

Die allen diesen Individuen gemeinsame Vernunft, welche sie nicht, wie die Thiere, bloß den einzelnen Fall, sondern auch das Ganze im Zusammenhang abstrakt erkennen läßt, hat sie nun aber bald die Quelle jenes Leidens einsehn gelehrt und sie auf das Mittel bedacht gemacht, dasselbe zu verringern, oder wo möglich aufzuheben, durch ein gemeinschaftliches Opfer, welches jedoch von dem gemeinschaftlich daraus hervorgehenden Vortheil überwogen wird. So angenehm nämlich auch dem Egoismus des Einzelnen, bei vorkommenden Fällen, das Unrechtthun ist, so hat es jedoch ein nothwendiges Korrelat im Unrechtleiden eines andern Individuums, dem dieses ein großer Schmerz ist. Und indem nun die das Ganze überdenkende Vernunft aus dem einseitigen Standpunkt des Individuums, dem sie angehört, heraustrat und von der Anhänglichkeit an dasselbe sich für den Augenblick los machte, sah sie den Genuß des Unrechtthuns in einem Individuo jedesmal durch einen verhältnismäßig größeren Schmerz im Unrechtleiden des andern überwogen, und fand ferner, daß, weil hier Alles dem Zufall überlassen blieb, Jeder zu befürchten hätte, daß ihm viel seltener der Genuß des gelegentlichen Unrechtthuns, als der Schmerz des Unrechtleidens zu Theil werden würde. Die Vernunft erkannte hieraus, daß, sowohl um das über Alle verbreitete Leiden zu mindern, als um es möglichst gleichförmig zu vertheilen, das beste und einzige Mittel sei, Allen den Schmerz des Unrechtleidens zu ersparen, dadurch, daß auch Alle dem durch das Unrechtthun zu erlangenden Genuß entsagten. – Dieses also von dem, durch den Gebrauch der Vernunft, methodisch verfahrenden und seinen einseitigen Standpunkt verlassenden Egoismus leicht ersonnene und allmälig vervollkommnete Mittel ist der Staatsvertrag oder das Gesetz. Wie ich hier den Ursprung desselben angebe, stellte ihn schon Plato in der Republik dar. In der That ist jener Ursprung der wesentlich einzige und durch die Natur der Sache gesetzte. Auch kann der Staat, in keinem Lande, je einen andern gehabt haben, weil eben erst diese Entstehungsart, dieser Zweck, ihn zum Staat macht; wobei es aber gleichviel ist, ob der in jedem bestimmten Volk ihm vorhergegangene Zustand der eines Haufens von einander unabhängiger Wilden (Anarchie), oder eines Haufens Sklaven war, die der Stärkere nach Willkür beherrscht (Despotie). In beiden Fällen war noch kein Staat da: erst durch jene gemeinsame Uebereinkunft entsteht er, und je nachdem diese Uebereinkunft mehr oder weniger unvermischt ist mit Anarchie oder Despotie, ist auch der Staat vollkommener oder unvollkommener. Die Republiken tendiren zur Anarchie, die Monarchien zur Despotie, der deshalb ersonnene Mittelweg der konstitutionellen Monarchie tendirt zur Herrschaft der Faktionen [politischen Parteien]. Um einen vollkommenen Staat zu gründen, muß man damit anfangen, Wesen zu schaffen, deren Natur es zuläßt, daß sie durchgängig das eigene Wohl dem öffentlichen zum Opfer bringen. Bis dahin aber läßt sich schon etwas dadurch erreichen, daß es eine Familie giebt, deren Wohl von dem des Landes ganz unzertrennlich ist; so daß sie, wenigstens in Hauptsachen, nie das Eine ohne das Andere befördern kann. Hierauf beruht die Kraft und der Vorzug der erblichen Monarchie.

Gieng nun die Moral ausschließlich auf das Recht- oder Unrecht-Thun, und konnte sie Dem, welcher etwan entschlossen wäre, kein Unrecht zu thun, die Gränze seines Handelns genau bezeichnen; so geht umgekehrt die Staatslehre, die Lehre von der Gesetzgebung, ganz allein auf das Unrecht-Leiden, und würde sich nie um das Unrecht-Thun bekümmern, wäre es nicht wegen seines allemal nothwendigen Korrelats, des Unrechtleidens, welches, als der Feind dem sie entgegenarbeitet, ihr Augenmerk ist. Ja, ließe sich ein Unrechtthun denken, mit welchem kein Unrechtleiden von einer andern Seite verknüpft wäre; so würde, konsequent, der Staat es keineswegs verbieten. – Ferner, weil in der Moral der Wille, die Gesinnung, der Gegenstand der Betrachtung und das allein Reale ist, gilt ihr der feste Wille zum zu verübenden Unrecht, den allein die äußere

Macht zurückhält und unwirksam macht, dem wirklich verübten Unrecht ganz gleich, und sie verdammt den solches Wollenden als ungerecht vor ihrem Richterstuhl. Hingegen den Staat kümmern Wille und Gesinnung, bloß als solche, ganz und gar nicht; sondern allein die That (sie sei nun bloß versucht oder ausgeführt) wegen ihres Korrelats, des Leidens von der andern Seite: ihm ist also die That, die Begebenheit, das allein Reale: die Gesinnung, die Absicht wird bloß erforscht, sofern aus ihr die Bedeutung der That kenntlich wird. Daher wird der Staat Niemanden verbieten, Mord und Gift gegen einen Andern beständig in Gedanken zu tragen, sobald er nur gewiß weiß, daß die Furcht vor Schwerdt und Rad die Wirkungen jenes Wollens beständig hemmen werden. Der Staat hat auch keineswegs den thörichten Plan, die Neigung zum Unrechtthun, die böse Gesinnung zu vertilgen; sondern bloß jedem möglichen Motiv zur Ausübung eines Unrechts immer ein überwiegendes Motiv zur Unterlassung desselben, in der unausbleiblichen Strafe, an die Seite zu stellen: demgemäß ist der Kriminalkodex ein möglichst vollständiges Register von Gegenmotiven zu sämmtlichen, als möglich präsumirten, verbrecherischen Handlungen, – Beides *in abstracto*, um vorkommenden Falles die Anwendung *in concreto* zu machen. Die Staatslehre, oder die Gesetzgebung, wird nun, zu diesem ihrem Zweck, von der Moral jenes Kapitel, welches die Rechtslehre ist und welches neben der innern Bedeutung des Rechts und des Unrechts, die genaue Gränze zwischen Beiden bestimmt, borgen, aber einzig und allein, um dessen Kehrseite zu benutzen und alle die Gränzen, welche die Moral als unüberschreitbar, wenn man nicht Unrecht thun will, angiebt, von der andern Seite zu betrachten, als die Gränzen, deren Ueberschrittenwerden vom Andern man nicht dulden darf, wenn man nicht Unrecht leiden will, und von denen man also Andere zurückzutreiben ein Recht hat: daher diese Gränzen nun, von der möglicherweise passiven Seite aus, durch Gesetze verbollwerkt werden. Es ergiebt sich, daß wie man, recht witzig, den Geschichtschreiber einen umgewandten Propheten genannt hat, der Rechtslehrer der umgewandte Moralist ist, und daher auch die Rechtslehre im eigentlichen Sinn, d. h. die Lehre von den Rechten, welche man behaupten darf, die umgewandte Moral, in dem Kapitel, wo diese die Rechte lehrt, welche man nicht verletzen darf. Der

Begriff des Unrechts und seiner Negation des Rechts, der ursprünglich m o r a l i s c h ist, wird j u r i d i s c h, durch die Verlegung des Ausgangspunktes von der aktiven auf die passive Seite, also durch Umwendung. Dieses, nebst der Rechtslehre Kants, der aus seinem kategorischen Imperativ die Errichtung des Staats als eine moralische Pflicht sehr fälschlich ableitet, hat dann auch in der neuesten Zeit, hin und wieder, den sehr sonderbaren Irrthum veranlaßt, der Staat sei eine Anstalt zur Beförderung der Moralität, gehe aus dem Streben nach dieser hervor und sei demnach gegen den Egoismus gerichtet. Als ob die innere Gesinnung, welcher allein Moralität oder Immoralität zukommt, der ewig freie Wille, sich von außen modificiren und durch Einwirkung ändern ließe! Noch verkehrter ist das Theorem, der Staat sei die Bedingung der Freiheit im moralischen Sinne und dadurch der Moralität: da doch die Freiheit jenseit der Erscheinung, geschweige jenseit menschlicher Einrichtungen liegt. Der Staat ist, wie gesagt, so wenig gegen den Egoismus überhaupt und als solchen gerichtet, daß er umgekehrt gerade aus dem sich wohlverstehenden, methodisch verfahrenden, vom einseitigen auf den allgemeinen Standpunkt tretenden und so durch Aufsummirung gemeinschaftlichen Egoismus Aller entsprungen und diesem zu dienen allein daist, errichtet unter der richtigen Voraussetzung, daß reine Moralität, d. h. Rechthandeln aus moralischen Gründen, nicht zu erwarten ist; außerdem er selbst ja überflüssig wäre. Keineswegs also gegen den Egoismus, sondern allein gegen die nachtheiligen Folgen des Egoismus, welche aus der Vielheit egoistischer Individuen ihnen allen wechselseitig hervorgehn und ihr Wohlseyn stören, ist, dieses Wohlseyn bezweckend, der Staat gerichtet. Daher sagt schon A r i s t o t e l e s *(De Rep., III* [,9]): Τελος μεν ουν πολεως το ευ ζην· τουτο δε εστιν το ζην ευδαιμονως και καλως. *(Finis civitatis est bene vivere, hoc autem est beate et pulchre vivere.)* [Der Zweck des Staates ist, daß man gut lebe; das aber heißt, daß man glücklich und schön lebe.] Auch H o b b e s hat diesen Ursprung und Zweck des Staats ganz richtig und vortrefflich auseinandergesetzt; wie denn auch der alte Grundsatz aller Staatsordnung, *salus publica prima lex esto* [Das Allgemeinwohl soll das erste Gesetz sein: nach Cicero, *de legibus, III*, 3, 8], denselben bezeichnet. – Wenn der Staat seinen Zweck vollkommen erreicht, wird er die selbe Erscheinung hervorbringen, als wenn vollkommene Gerechtigkeit der Gesinnung allgemein herrschte. Das innere Wesen und der Ursprung beider Erscheinungen wird aber der umgekehrte seyn. Nämlich im letztern Fall wäre es dieser, daß Niemand Unrecht t h u n wollte; im erstern aber dieser, daß Niemand Unrecht l e i d e n wollte und die gehörigen Mittel zu diesem Zweck vollkommen angewandt wären. So läßt sich die selbe Linie aus entgegengesetzten Richtungen beschreiben, und ein Raubthier mit einem Maulkorb ist so unschädlich wie ein grasfressendes Thier. – Weiter aber als bis zu diesem Punkt kann es der Staat nicht bringen: er kann also nicht eine Erscheinung zeigen, gleich der, welche aus allgemeinem wechselseitigen Wohlwollen und Liebe entspringen würde. Denn, wie wir eben fanden, daß er, seiner Natur zufolge, ein Unrechtthun, dem gar kein Unrechtleiden von einer andern Seite entspräche, nicht verbieten würde, und bloß weil dies unmöglich ist, jedes Unrechtthun verwehrt; so würde er umgekehrt, seiner auf das Wohlseyn Aller gerichteten Tendenz gemäß, sehr gern dafür sorgen, daß Jeder Wohlwollen und Werke der Menschenliebe aller Art e r f ü h r e ; hätten nicht auch diese ein unumgängliches Korrelat im L e i s t e n von Wohlthaten und Liebeswerken, wobei nun aber jeder Bürger des Staats die passive, keiner die aktive Rolle würde übernehmen wollen, und letztere wäre auch aus keinem Grund dem Einen vor dem Andern zuzumuthen. Demnach läßt sich nur das Negative, welches eben das R e c h t ist, nicht das Positive, welches man unter dem Namen der Liebespflichten, oder unvollkommenen Pflichten verstanden hat, e r z w i n g e n.

Die Gesetzgebung entlehnt, wie gesagt, die reine Rechtslehre, oder die Lehre vom Wesen und den Gränzen des Rechts und des Unrechts, von der Moral, um dieselbe nun zu ihren, der Moral fremden Zwecken, von der Kehrseite anzuwenden und danach positive Gesetzgebung und die Mittel zur Aufrechthaltung derselben, d. h. den Staat, zu errichten. Die positive Gesetzgebung ist also die von der Kehrseite angewandte rein moralische Rechtslehre. Diese Anwendung kann mit Rücksicht auf eigenthümliche Verhältnisse und Umstände eines bestimmten Volks geschehn. Aber nur wenn die positive Gesetzgebung im Wesentlichen durchgängig nach Anleitung der reinen Rechtslehre bestimmt ist und für jede ihrer Satzungen ein Grund in der reinen Rechtslehre sich nachweisen läßt, ist die entstandene Gesetzgebung eigentlich ein positives Recht, und der Staat ein rechtlicher Verein, Staat im eigentlichen Sinn des Worts, eine moralisch zulässige, nicht unmoralische Anstalt. Widrigenfalls ist hingegen die positive Gesetzgebung Begründung eines positiven Unrechts, ist selbst ein öffentlich zugestandenes erzwungenes Unrecht. Dergleichen ist jede Despotie, die Verfassung der meisten Mohammedanischen Reiche, dahin gehören sogar manche Theile vieler Verfassungen, z. B. Leibeigenschaft, Frohn u. dgl. m. – Die reine Rechtslehre, oder das Naturrecht, besser moralisches Recht, liegt, obwohl immer durch Umkehrung, jeder rechtlichen positiven Gesetzgebung so zum Grunde, wie die reine Mathematik jedem Zweige der angewandten. Die wichtigsten Punkte der reinen Rechtslehre, wie die Philosophie, zu jenem Zweck, sie der Gesetzgebung zu überliefern hat, sind folgende: 1) Erklärung der innern und eigentlichen Bedeutung und des Ursprungs der Begriffe Unrecht und Recht, und ihrer Anwendung und Stelle in der Moral. 2) Die Ableitung des Eigenthumsrechts. 3) Die Ableitung der moralischen Gültigkeit der Verträge; da diese die moralische Grundlage des Staatsvertrages ist. 4) Die Erklärung der Entstehung und des Zweckes des Staats, des Verhältnisses dieses Zweckes zur Moral und der in Folge dieses Verhältnisses zweckmäßigen Uebertragung der moralischen Rechtslehre, durch Umkehrung, auf die Gesetzgebung. 5) Die Ableitung des Strafrechts. – Der übrige Inhalt der Rechtslehre ist bloße Anwendung jener Principien, nähere Bestimmung der Gränzen des Rechts und des Unrechts, für alle möglichen Verhältnisse des Lebens, welche deshalb unter gewisse Gesichtspunkte und Titel vereinigt und abgetheilt werden. In diesen besondern Lehren stimmen die Lehrbücher des reinen Rechts alle ziemlich überein: nur in den Principien lauten sie sehr verschieden; weil solche immer mit irgend einem philosophischen System zusammenhängen. Nachdem wir in Gemäßheit des unserigen die vier ersten jener Hauptpunkte kurz und allgemein, jedoch bestimmt und deutlich erörtert haben, ist noch vom Strafrechte eben so zu reden.

Kant stellt die grundfalsche Behauptung auf, daß es außer dem Staate kein vollkommenes Eigenthumsrecht gäbe. Unserer obigen Ableitung zufolge giebt es auch im Naturzustande Eigenthum, mit vollkommenem natürlichen, d. h. moralischen Rechte, welches ohne Unrecht nicht verletzt, aber ohne Unrecht auf das äußerste vertheidigt werden kann. Hingegen ist gewiß, daß es außer dem Staate kein Strafrecht giebt. Alles Recht zu strafen ist allein durch das positive Gesetz begründet, welches vor dem Vergehn diesem eine Strafe bestimmt hat, deren Androhung, als Gegenmotiv, alle etwanigen Motive zu jenem Vergehn überwiegen sollte. Dieses positive Gesetz ist anzusehn als von allen Bürgern des Staats sanktionirt und anerkannt. Es gründet sich also auf einen gemeinsamen Vertrag, zu dessen Erfüllung unter allen Umständen, also zur Vollziehung der Strafe auf der einen und zur Duldung derselben von der andern Seite, die Glieder des Staats verpflichtet sind: daher ist die Duldung mit Recht erzwingbar. Folglich ist der unmittelbare Zweck der Strafe im einzelnen Fall Erfüllung des Gesetzes als eines Vertrages. Der einzige Zweck des Gesetzes aber ist Abschreckung von Beeinträchtigung fremder Rechte: denn damit Jeder vor Unrechtleiden geschützt sei, hat man sich zum Staat vereinigt, dem Unrechtthun entsagt und die Lasten der Erhaltung des Staats auf sich genommen. Das Gesetz also und die Vollziehung desselben, die Strafe, sind wesentlich auf die Zukunft gerichtet, nicht auf die Vergangenheit. Dies unterscheidet Strafe von Rache, welche letztere lediglich durch das Geschehene, also das Vergangene als solches, motivirt ist. Alle Vergeltung des Unrechts durch Zufügung eines Schmerzes, ohne Zweck für die Zukunft, ist Rache, und kann keinen andern Zweck haben, als durch den Anblick des fremden Leidens, welches man selbst verursacht hat, sich über das selbst erlittene zu trösten. Solches ist Bosheit und Grausamkeit, und ethisch nicht zu rechtfertigen. Unrecht, das mir Jemand zugefügt, befugt mich keineswegs ihm Unrecht zuzufügen. Vergeltung des Bösen mit Bösem, ohne weitere Absicht, ist weder moralisch, noch sonst, durch irgend einen vernünftigen Grund zu rechtfertigen, und das *jus talionis* [Recht der Wiedervergeltung] als selbstständiges, letztes Princip des Strafrechts aufgestellt, ist sinnleer. Daher ist Kants Theorie der Strafe als bloßer Vergeltung, um der Vergeltung Willen, eine völlig grundlose und verkehrte Ansicht. Und doch spukt sie noch immer in den Schriften vieler Rechtslehrer, unter allerlei vornehmen Phrasen, die auf leeren Wortkram hinauslaufen, wie: durch die Strafe werde das Verbrechen gesühnt, oder neutralisirt und aufgehoben, u. dgl. m. Kein

Mensch aber hat die Befugniß, sich zum rein moralischen Richter und Vergelter aufzuwerfen und die Missethaten des Andern, durch Schmerzen, welche er ihm zufügt, heimzusuchen, ihm also Buße dafür aufzulegen. Vielmehr wäre Dieses eine höchst vermessene Anmaaßung; daher eben das Biblische: »Mein ist die Rache, spricht der Herr, und ich will vergelten« [5. Mose, 32, 35]. Wohl aber hat der Mensch das Recht, für die Sicherheit der Gesellschaft zu sorgen: dies aber kann allein geschehn durch Verpönung aller der Handlungen, die das Wort »kriminell« bezeichnet, um ihnen durch Gegenmotive, welches die angedrohten Strafen sind, vorzubeugen; welche Drohung nur durch Vollziehung, im dennoch vorkommenden Fall, wirksam seyn kann. Daß demnach der Zweck der Strafe, oder genauer des Strafgesetzes, Abschreckung vom Verbrechen sei, ist eine so allgemein anerkannte, ja, von selbst einleuchtende Wahrheit, daß sie in England sogar in der sehr alten Anklagungsformel *(indictment)*, deren sich noch jetzt in Kriminalfällen der Kronadvokat [Oberstaatsanwalt] bedient, ausgesprochen ist, indem solche schließt: *if this be proved, you, the said N. N., ought to be punished with pains of law, to deter others from the like crimes, in all time coming.** Wenn ein Fürst einen mit Recht verurtheilten Verbrecher zu begnadigen wünscht, wird sein Minister ihm einwenden, daß alsdann dies Verbrechen sich bald wiederholen würde. – Zweck für die Zukunft unterscheidet Strafe von Rache, und diesen hat die Strafe nur dann, wann sie zur Erfüllung eines Gesetzes vollzogen wird, welche, nur eben dadurch als unausbleiblich auch für jeden künftigen Fall sich ankündigend, dem Gesetze die Kraft abzuschrecken erhält, worin eben sein Zweck besteht. – Hier würde nun ein Kantianer unfehlbar einwenden, daß ja, nach dieser Ansicht, der gestrafte Verbrecher »bloß als Mittel« gebraucht würde. Aber dieser von allen Kantianern so unermüdlich nachgesprochene Satz, »man dürfe den Menschen immer nur als Zweck, nie als Mittel behandeln«, ist zwar ein bedeutend klingender und daher für alle die, welche gern eine Formel haben mögen, die sie alles fernern Denkens überhebt, überaus geeigneter Satz; aber beim Lichte betrachtet ist es ein höchst vager, unbestimmter, seine

---

* Wenn Dieses bewiesen wird, so müßt ihr, der besagte *N. N.*, die gesetzliche Strafe erleiden, um Andere von ähnlichen Verbrechen, in aller künftigen Zeit, abzuschrecken.

Absicht ganz indirekt erreichender Ausspruch, der für jeden Fall seiner Anwendung erst besonderer Erklärung, Bestimmung und Modifikation bedarf, so allgemein genommen aber ungenügend, wenigsagend und noch dazu problematisch ist. Der dem Gesetze zufolge der Todesstrafe anheimgefallene Mörder muß jetzt allerdings und mit vollem Recht als bloßes Mittel gebraucht werden. Denn die öffentliche Sicherheit, der Hauptzweck des Staats, ist durch ihn gestört, ja sie ist aufgehoben, wenn das Gesetz unerfüllt bleibt: er, sein Leben, seine Person, muß jetzt das Mittel zur Erfüllung des Gesetzes und dadurch zur Wiederherstellung der öffentlichen Sicherheit seyn, und wird zu solchem gemacht mit allem Recht, zur Vollziehung des Staatsvertrages, der auch von ihm, sofern er Staatsbürger war, eingegangen war, und demzufolge er, um Sicherheit für sein Leben, seine Freiheit und sein Eigenthum zu genießen, auch der Sicherheit Aller sein Leben, seine Freiheit und sein Eigenthum zum Pfande gesetzt hatte, welches Pfand jetzt verfallen ist.

Diese hier aufgestellte, der gesunden Vernunft unmittelbar einleuchtende Theorie der Strafe ist freilich, in der Hauptsache, kein neuer Gedanke, sondern nur ein durch neue Irrthümer beinahe verdrängter, dessen deutlichste Darstellung insofern nöthig war. Dieselbe ist, dem Wesentlichen nach, schon in dem enthalten, was Pufendorf, *»De officio hominis et civis«*, Buch 2, Kap. 13, darüber sagt. Mit ihr stimmt ebenfalls Hobbes überein: »Leviathan«, Kap. 15 u. 28. In unsern Tagen hat sie bekanntlich Feuerbach verfochten. Ja, sie findet sich schon in den Aussprüchen der Philosophen des Alterthums: Plato legt sie deutlich dar im Protagoras (S. 114, *edit. Bip.*), auch im Gorgias (S. 168), endlich im elften Buch von den Gesetzen (S. 165). Seneka spricht Plato's Meinung und die Theorie aller Strafe vollkommen aus, in den kurzen Worten: *Nemo prudens punit, quia peccatum est; sed ne peccetur* [Kein weiser Mann straft, weil gefehlt worden ist, sondern damit nicht gefehlt werde] *(De ira, I, 16* [= I, 19,7]).

Wir haben also im Staat das Mittel kennen gelernt, wodurch der mit Vernunft ausgerüstete Egoismus seinen eigenen, sich gegen ihn selbst wendenden schlimmen Folgen auszuweichen sucht, und nun Jeder das Wohl Aller befördert, weil er sein eigenes mit darin begriffen sieht. Erreichte der Staat seinen Zweck vollkommen, so könnte gewissermaaßen, da er, durch die in ihm vereinigten Menschenkräfte, auch die übrige Natur sich mehr und mehr dienstbar zu machen weiß, zuletzt, durch Fortschaffung aller Arten von Uebel, etwas dem Schlaraffenlande sich Annäherndes zu Stande kommen. Allein, theils ist er noch immer sehr weit von diesem Ziel entfernt geblieben; theils würden auch noch immer unzählige, dem Leben durchaus wesentliche Uebel, unter denen, wären sie auch alle fortgeschafft, zuletzt die Langeweile jede von den andern verlassene Stelle sogleich okkupirt, es nach wie vor im Leiden erhalten; theils ist auch sogar der Zwist der Individuen nie durch den Staat völlig aufzuheben, da er im Kleinen neckt, wo er im Großen verpönt ist; und endlich wendet sich die aus dem Innern glücklich vertriebene Eris zuletzt nach außen: als Streit der Individuen durch die Staatseinrichtung verbannt, kommt sie von außen als Krieg der Völker wieder, und fordert nun im Großen und mit einem Male, als aufgehäufte Schuld, die blutigen Opfer ein, welche man ihr durch kluge Vorkehrung im Einzelnen entzogen hatte. Ja gesetzt, auch dieses Alles wäre endlich, durch eine auf die Erfahrung von Jahrtausenden gestützte Klugheit, überwunden und beseitigt; so würde am Ende die wirkliche Uebervölkerung des ganzen Planeten das Resultat seyn, dessen entsetzliche Uebel sich jetzt nur eine kühne Einbildungskraft zu vergegenwärtigen vermag*.

§ 63.

Wir haben die zeitliche Gerechtigkeit, welche im Staat ihren Sitz hat, kennen gelernt, als vergeltend oder strafend, und gesehn, daß eine solche allein durch die Rücksicht auf die Zukunft zur Gerechtigkeit wird; da ohne solche Rücksicht alles Strafen und Vergelten eines Frevels ohne Rechtfertigung bliebe, ja, ein bloßes Hinzufügen eines zweiten Uebels zum Geschehenen wäre, ohne Sinn und Bedeutung. Ganz anders aber ist es mit der ewigen Gerechtigkeit, welche schon früher erwähnt wurde, und welche nicht den Staat, sondern die Welt beherrscht, nicht von menschlichen Einrichtungen abhängig, nicht dem Zufall und der Täuschung unterworfen, nicht unsicher, schwankend und irrend, sondern unfehlbar, fest und sicher

* Hiezu Kap. 47 des zweiten Bandes.

ist. – Der Begriff der Vergeltung schließt schon die Zeit in sich: daher kann die ewige Gerechtigkeit keine vergeltende seyn, kann also nicht, wie diese, Aufschub und Frist gestatten und, nur mittelst der Zeit die schlimme That mit der schlimmen Folge ausgleichend, der Zeit bedürfen um zu bestehn. Die Strafe muß hier mit dem Vergehn so verbunden seyn, daß Beide Eines sind.

Δοκειτε πηδᾳν τ' αδικηματ' εις θεους
Πτεροισι, κἄπειτ' εν Διος δελτου πτυχαις
Γραφειν τιν' αυτα, Ζηνα δ' εισορωντα νιν
Θνητοις δικαζειν; Ουδ' ὁ πας [αν] ουρανος,
Διος γραφοντος τας βροτων ἁμαρτιας,
Εξαρκεσειεν, ουδ' εκεινος αν σκοπων
Πεμπειν ἑκαστῳ ζημιαν· αλλ' ἡ Δικη
Ενταυθα που 'στιν εγγυς, ει βουλεσθ' ὁρᾳν.

Eurip[ides], ap. Stob. *Ecl., I, c. 4.*

(Volare pennis scelera ad aetherias domus
Putatis, illic in Jovis tabularia
Scripto referri; tum Jovem lectis super
Sententiam proferre? – sed mortalium
Facinora coeli, quantaquanta est, regia
Nequit tenere: nec legendis Juppiter
Et puniendis par est. Est tamen ultio,
Et, si intuemur, illa nos habitat prope.)

[Glaubt ihr, daß die Verbrechen zu den Göttern sich
Auf Flügeln schwingen, und daß weiter jemand sie
Dort in des Zeus Schreibtafel aufzuzeichnen hat,
Und Zeus auf sie hinblickend Recht den Menschen spricht?
Auch nicht der ganze Himmel wäre groß genug,
Der Menschen Sünden, wenn sie Zeus dort schriebe auf,
Zu fassen, noch auch er, zu überschauen sie
Und jedem seine Strafe zuzuteilen. Nein!
Die Strafe ist schon hier, wenn ihr nur sehen wollt.]

Daß nun eine solche ewige Gerechtigkeit wirklich im Wesen der Welt liege, wird aus unserm ganzen bisher entwickelten Gedanken Dem, der diesen gefaßt hat, bald vollkommen einleuchtend werden.

Die Erscheinung, die Objektität des einen Willens zum Leben ist die Welt, in aller Vielheit ihrer Theile und Gestalten. Das Daseyn selbst und die Art des Daseyns, in der Gesammtheit, wie in jedem Theil, ist allein aus dem Willen. Er ist frei, er ist allmächtig. In jedem Dinge erscheint der Wille gerade so, wie er sich selbst an sich und außer der Zeit bestimmt. Die Welt ist nur der Spiegel dieses Wollens: und alle Endlichkeit, alle Leiden, alle Quaalen, welche sie enthält, gehören zum Ausdruck dessen, was er will, sind so, weil er so will. Mit dem strengsten Rechte trägt sonach jedes Wesen das Daseyn überhaupt, sodann das Daseyn seiner Art und seiner eigenthümlichen Individualität, ganz wie sie ist und unter Umgebungen wie sie sind, in einer Welt so wie sie ist, vom Zufall und vom Irrthum beherrscht, zeitlich, vergänglich, stets leidend: und in allem was ihm widerfährt, ja nur widerfahren kann, geschieht ihm immer Recht. Denn sein ist der Wille: und wie der Wille ist, so ist die Welt. Die Verantwortlichkeit für das Daseyn und die Beschaffenheit dieser Welt kann nur sie selbst tragen, kein Anderer; denn wie hätte er sie auf sich nehmen mögen? – Will man wissen, was die Menschen, moralisch betrachtet, im Ganzen und Allgemeinen werth sind; so betrachte man ihr Schicksal, im Ganzen und Allgemeinen. Dieses ist Mangel, Elend, Jammer, Quaal und Tod. Die ewige Gerechtigkeit waltet: wären sie nicht, im Ganzen genommen, nichtswürdig; so würde ihr Schicksal, im Ganzen genommen, nicht so traurig seyn. In diesem Sinne können wir sagen: die Welt selbst ist das Weltgericht. Könnte man allen Jammer der Welt in e i n e Waagschaale legen, und alle Schuld der Welt in die andere; so würde gewiß die Zunge einstehn.

Freilich aber stellt sich der Erkenntniß, so wie sie, dem Willen zu seinem Dienst entsprossen, dem Individuo als solchem wird, die Welt nicht so dar, wie sie dem Forscher zuletzt sich enthüllt, als die Objektität des einen und alleinigen Willens zum Leben, der er selbst ist; sondern den Blick des rohen Individuums trübt, wie die Inder sagen, der Schleier der Maja: ihm zeigt sich, statt des Dinges an sich, nur die Erscheinung, in Zeit und Raum, dem *principio individuationis,* und in den übrigen Gestaltungen des Satzes vom Grunde: und in dieser Form seiner beschränkten Erkenntniß sieht er nicht das Wesen der Dinge, welches Eines ist, sondern dessen Erscheinungen, als gesondert, getrennt, unzählbar, sehr verschieden, ja entgegengesetzt. Da erscheint ihm die

Wollust als Eines, und die Quaal als ein ganz Anderes, dieser Mensch als Peiniger und Mörder, jener als Dulder und Opfer, das Böse als Eines und das Uebel als ein Anderes. Er sieht den Einen in Freuden, Ueberfluß und Wollüsten leben, und zugleich vor dessen Thüre den Andern durch Mangel und Kälte quaalvoll sterben. Dann frägt er: wo bleibt die Vergeltung? Und er selbst, im heftigen Willensdrange, der sein Ursprung und sein Wesen ist, ergreift die Wollüste und Genüsse des Lebens, hält sie umklammert fest, und weiß nicht, daß er durch eben diesen Akt seines Willens, alle die Schmerzen und Quaalen des Lebens, vor deren Anblick er schaudert, ergreift und fest an sich drückt. Er sieht das Uebel, er sieht das Böse in der Welt: aber weit entfernt zu erkennen, daß Beide nur verschiedene Seiten der Erscheinung des einen Willens zum Leben sind, hält er sie für sehr verschieden, ja ganz entgegengesetzt, und sucht oft durch das Böse, d. h. durch Verursachung des fremden Leidens, dem Uebel, dem Leiden des eigenen Individuums, zu entgehn, befangen im *principio individuationis,* getäuscht durch den Schleier der Maja. – Denn, wie auf dem tobenden Meere, das, nach allen Seiten unbegränzt, heulend Wasserberge erhebt und senkt, auf einem Kahn ein Schiffer sitzt, dem schwachen Fahrzeug vertrauend; so sitzt, mitten in einer Welt voll Quaalen, ruhig der einzelne Mensch, gestützt und vertrauend auf das *principium individuationis,* oder die Weise wie das Individuum die Dinge erkennt, als Erscheinung. Die unbegränzte Welt, voll Leiden überall, in unendlicher Vergangenheit, in unendlicher Zukunft, ist ihm fremd, ja ist ihm ein Mährchen: seine verschwindende Person, seine ausdehnungslose Gegenwart, sein augenblickliches Behagen, dies allein hat Wirklichkeit für ihn: und dies zu erhalten, thut er Alles, solange nicht eine bessere Erkenntniß ihm die Augen öffnet. Bis dahin lebt bloß in der innersten Tiefe seines Bewußtseyns die ganz dunkle Ahndung, daß ihm jenes Alles doch wohl eigentlich so fremd nicht ist, sondern einen Zusammenhang mit ihm hat, vor welchem das *principium individuationis* ihn nicht schützen kann. Aus dieser Ahndung stammt jenes so unvertilgbare und allen Menschen (ja vielleicht selbst den klügeren Thieren) gemeinsame Grausen, das sie plötzlich ergreift, wenn sie, durch irgend einen Zufall, irre werden am *principio individuationis*, indem der Satz vom Grunde, in irgend einer seiner Gestaltungen, eine Ausnahme zu erleiden scheint: z. B. wenn es scheint, daß irgend eine Veränderung ohne Ursache vor sich gienge, oder ein Gestorbener wieder dawäre, oder sonst irgendwie das Vergangene oder das Zukünftige gegenwärtig, oder das Ferne nah wäre. Das ungeheure Entsetzen über so etwas gründet sich darauf, daß sie plötzlich irre werden an den Erkenntnißformen der Erscheinungen, welche allein ihr eigenes Individuum von der übrigen Welt gesondert halten. Diese Sonderung aber eben liegt nur in der Erscheinung und nicht im Dinge an sich: eben darauf beruht die ewige Gerechtigkeit. – In der That steht alles zeitliche Glück und wandelt alle Klugheit – auf untergrabenem Boden. Sie schützen die Person vor Unfällen und verschaffen ihr Genüsse; aber die Person ist bloße Erscheinung, und ihre Verschiedenheit von andern Individuen und das Freiseyn von den Leiden, welche diese tragen, beruht auf der Form der Erscheinung, dem *principio individuationis*. Dem wahren Wesen der Dinge nach hat Jeder alle Leiden der Welt als die seinigen, ja alle nur möglichen als für ihn wirklich zu betrachten, solange er der feste Wille zum Leben ist, d. h. mit aller Kraft das Leben bejaht. Für die das *principium individuationis* durchschauende Erkenntniß ist ein glückliches Leben in der Zeit, vom Zufall geschenkt, oder ihm durch Klugheit abgewonnen, mitten unter den Leiden unzähliger Andern, – doch nur der Traum eines Bettlers, in welchem er ein König ist, aber aus dem er erwachen muß, um zu erfahren, daß nur eine flüchtige Täuschung ihn von dem Leiden seines Lebens getrennt hatte.

Dem in der Erkenntniß, welche dem Satz vom Grunde folgt, in dem *principio individuationis*, befangenen Blick entzieht sich die ewige Gerechtigkeit: er vermißt sie ganz, wenn er nicht etwan sie durch Fiktionen rettet. Er sieht den Bösen, nach Unthaten und Grausamkeiten aller Art, in Freuden leben und unangefochten aus der Welt gehn. Er sieht den Unterdrückten ein Leben voll Leiden bis an's Ende schleppen, ohne daß sich ein Rächer, ein Vergelter zeigte. Aber die ewige Gerechtigkeit wird nur Der begreifen und fassen, der über jene am Leitfaden des Satzes vom Grunde fortschreitende und an die einzelnen Dinge gebundene Erkenntniß sich erhebt, die Ideen erkennt, das *principium individuationis* durchschaut, und inne wird, daß dem Dinge an sich die Formen der Erscheinung nicht zukommen. Dieser ist es auch allein, der, vermöge der selben Erkenntniß, das wahre Wesen der Tugend, wie es im Zusammenhang mit der gegenwärtigen Betrachtung sich uns bald aufschließen wird, verstehn kann; wiewohl zur Ausübung derselben diese Erkenntniß *in abstracto* keineswegs erfordert wird. Wer also bis zu der besagten Erkenntniß gelangt ist, dem wird es deutlich, daß, weil der Wille das Ansich aller Erscheinung ist, die über Andere verhängte und die selbsterfahrene Quaal, das Böse und das Uebel, immer nur jenes eine und selbe Wesen treffen; wenn gleich die Erscheinungen, in welchen das Eine und das Andere sich darstellt, als ganz verschiedene Individuen dastehn und sogar durch ferne Zeiten und Räume getrennt sind. Er sieht ein, daß die Verschiedenheit zwischen Dem, der das Leiden verhängt, und Dem, welcher es dulden muß, nur Phänomen ist und nicht das Ding an sich trifft, welches der in Beiden lebende Wille ist, der hier, durch die an seinen Dienst gebundene Erkenntniß getäuscht, sich selbst verkennt, in e i n e r seiner Erscheinungen gesteigertes Wohlseyn suchend, in der a n d e r n großes Leiden hervorbringt und so, im heftigen Drange, die Zähne in sein eigenes Fleisch schlägt, nicht wissend, daß er immer nur sich selbst verletzt, dergestalt, durch das Medium der Individuation, den Widerstreit mit sich selbst offenbarend, welchen er in seinem Innern trägt. Der Quäler und der Gequälte sind Eines. Jener irrt, indem er sich der Quaal, dieser, indem er sich der Schuld nicht theilhaft glaubt. Giengen ihnen Beiden die Augen auf, so würde der das Leid verhängt erkennen, daß er in Allem lebt, was auf der weiten Welt Quaal leidet und, wenn mit Vernunft begabt, vergeblich nachsinnt, warum es zu so großem Leiden, dessen Verschuldung es nicht einsieht, ins Daseyn gerufen ward: und der Gequälte würde einsehn, daß alles Böse, das auf der Welt verübt wird, oder je ward, aus jenem Willen fließt, der auch s e i n Wesen ausmacht, auch in i h m erscheint und er durch diese Erscheinung und ihre Bejahung alle Leiden auf sich genommen hat, die aus solchem Willen hervorgehn und sie mit Recht erduldet, so lange er dieser Wille ist. – Aus dieser Erkenntniß spricht der ahndungsvolle Dichter Calderon im »Leben ein Traum« [I, 2]:

Pues el delito mayor
Del hombre es haber nacido.
(Denn die größte Schuld des Menschen
Ist, daß er geboren ward.)

Wie sollte es nicht eine Schuld seyn, da nach einem ewigen Gesetze der Tod darauf steht? Calderon hat auch nur das Christliche Dogma von der Erbsünde durch jenen Vers ausgesprochen.

Die lebendige Erkenntniß der ewigen Gerechtigkeit, des Waagebalkens, der das *malum culpae* [Übel der Schuld] mit dem *malo poenae* [Übel der Strafe] unzertrennlich verbindet, erfordert gänzliche Erhebung über die Individualität und das Princip ihrer Möglichkeit: sie wird daher, wie auch die ihr verwandte und sogleich zu erörternde reine und deutliche Erkenntniß des Wesens aller Tugend, der Mehrzahl der Menschen stets unzugänglich bleiben. – Daher haben die weisen Urväter des Indischen Volkes sie zwar in den, den drei wiedergeborenen Kasten allein erlaubten Veden, oder in der esoterischen Weisheitslehre, direkt, so weit nämlich Begriff und Sprache es fassen und ihre immer noch bildliche, auch rhapsodische [bruchstückhafte] Darstellungsweise es zuläßt, ausgesprochen; aber in der Volksreligion, oder exoterischen Lehre, nur mythisch mitgetheilt. Die direkte Darstellung finden wir in den Veden, der Frucht der höchsten menschlichen Erkenntniß und Weisheit, deren Kern in den Upanischaden uns, als das größte Geschenk dieses Jahrhunderts, endlich zugekommen ist, auf mancherlei Weise ausgedrückt, besonders aber dadurch, daß vor den Blick des Lehrlings alle Wesen der Welt, lebende und leblose, der Reihe nach vorübergeführt werden und über jedes derselben jenes zur Formel gewordene und als solche die *Mahavakya* [grundlegende Wahrheit] genannte Wort ausgesprochen wird: *Tatoumes,* richtiger *tat twam asi,* welches heißt: »Dies bist du«*. – Dem Volke aber wurde jene große Wahrheit, so weit es, in seiner Beschränktheit, sie fassen konnte, in die Erkenntnißweise, welche dem Satz vom Grunde folgt, übersetzt, die zwar, ihrem Wesen nach, jene Wahrheit rein und an sich durchaus nicht aufnehmen kann, sogar im geraden Widerspruch mit ihr steht, allein in der Form des Mythos ein Surrogat derselben empfieng, welches als Regulativ für das Handeln hinreichend war, indem es die ethische Bedeutung desselben, in der dieser selbst ewig fremden Erkenntnißweise gemäß dem Satz vom Grunde, doch durch bildliche Darstellung faßlich macht; welches der Zweck aller Glaubens-

* *Oupnek'hat,* Bd. 1, S. 60 fg.

lehren ist, indem sie sämmtlich mythische Einkleidungen der dem rohen Menschensinn unzugänglichen Wahrheit sind. Auch könnte in diesem Sinne jener Mythos, in Kants Sprache, ein Postulat der praktischen Vernunft genannt werden: als ein solches betrachtet aber hat er den großen Vorzug, gar keine Elemente zu enthalten, als die im Reiche der Wirklichkeit vor unsern Augen liegen, und daher alle seine Begriffe mit Anschauungen belegen zu können. Das hier Gemeinte ist der Mythos von der Seelenwanderung. Er lehrt, daß alle Leiden, welche man im Leben über andere Wesen verhängt, in einem folgenden Leben auf eben dieser Welt, genau durch die selben Leiden wieder abgebüßt werden müssen; welches so weit geht, daß wer nur ein Thier tödtet, einst in der unendlichen Zeit auch als eben ein solches Thier geboren werden und den selben Tod erleiden wird. Er lehrt, daß böser Wandel ein künftiges Leben, auf dieser Welt, in leidenden und verachteten Wesen nach sich zieht, daß man demgemäß sodann wieder geboren wird in niedrigeren Kasten, oder als Weib, oder als Thier, als Paria oder Tschandala, als Aussätziger, als Krokodil u. s. w. Alle Quaalen, die der Mythos droht, belegt er mit Anschauungen aus der wirklichen Welt, durch leidende Wesen, welche auch nicht wissen, wie sie ihre Quaal verschuldet haben, und er braucht keine andere Hölle zu Hülfe zu nehmen. Als Belohnung aber verheißt er dagegen Wiedergeburt in besseren, edleren Gestalten, als Brahmane, als Weiser, als Heiliger. Die höchste Belohnung, welche der edelsten Thaten und der völligen Resignation wartet, welche auch dem Weibe wird, das in sieben Leben hinter einander freiwillig auf dem Scheiterhaufen des Gatten starb, nicht weniger auch dem Menschen, dessen reiner Mund nie eine einzige Lüge gesprochen hat, diese Belohnung kann der Mythos in der Sprache dieser Welt nur negativ ausdrücken, durch die so oft vorkommende Verheißung, gar nicht mehr wiedergeboren zu werden: *non adsumes iterum existentiam apparentem* [Du wirst nicht wieder die erscheinende Existenz annehmen: *Chandogya-Upanishad*, VIII, 15]: oder wie die Buddhaisten, welche weder Veda noch Kasten gelten lassen, es ausdrücken: »Du sollst Nirwana erlangen, d. i. einen Zustand, in welchem es vier Dinge nicht giebt: Geburt, Alter, Krankheit und Tod.«

Nie hat ein Mythos und nie wird einer sich der so Wenigen zugänglichen, philosophischen Wahrheit enger anschließen, als diese uralte Lehre des edelsten und ältesten Volkes, bei welchem sie, so entartet es auch jetzt in vielen Stücken ist, doch noch als allgemeiner Volksglaube herrscht und auf das Leben entschiedenen Einfluß hat, heute so gut, wie vor vier Jahrtausenden. Jenes *non plus ultra* [Unübertreffliche] mythischer Darstellung haben daher schon Pythagoras und Plato mit Bewunderung aufgefaßt, von Indien, oder Aegypten, herübergenommen, verehrt, angewandt und, wir wissen nicht wie weit, selbst geglaubt. – Wir hingegen schicken nunmehr den Brahmanen Englische *clergymen* [Geistliche] und Herrnhuterische Leinweber, um sie aus Mitleid eines bessern zu belehren und ihnen zu bedeuten, daß sie aus Nichts gemacht sind und sich dankbarlich darüber freuen sollen. Aber uns widerfährt was Dem, der eine Kugel gegen einen Felsen abschießt. In Indien fassen unsere Religionen nie und nimmermehr Wurzel: die Urweisheit des Menschengeschlechts wird nicht von den Begebenheiten in Galiläa verdrängt werden. Hingegen ströhmt Indische Weisheit nach Europa zurück und wird eine Grundveränderung in unserm Wissen und Denken hervorbringen.

§ 64.

Aber von unserer nicht mythischen, sondern philosophischen Darstellung der ewigen Gerechtigkeit wollen wir jetzt zu den dieser verwandten Betrachtungen der ethischen Bedeutsamkeit des Handelns und des Gewissens, welches die bloß gefühlte Erkenntniß jener ist, fortschreiten. – Nur will ich, an dieser Stelle, zuvor noch auf zwei Eigenthümlichkeiten der menschlichen Natur aufmerksam machen, welche beitragen können zu verdeutlichen, wie einem Jeden das Wesen jener ewigen Gerechtigkeit und die Einheit und Identität des Willens in allen seinen Erscheinungen, worauf jene beruht, wenigstens als dunkles Gefühl bewußt ist.

Ganz unabhängig von dem nachgewiesenen Zwecke des Staates, bei der Strafe, der das Strafrecht begründet, gewährt es, nachdem eine böse That geschehn, nicht nur dem Gekränkten, den meistens Rachsucht beseelt, sondern auch dem ganz antheilslosen Zuschauer Befriedigung, zu sehn, daß Der, welcher einem Andern einen Schmerz verursachte, gerade das selbe Maaß des Schmerzes wieder erleide. Mir scheint sich hierin nichts Anderes, als eben das Bewußtseyn jener ewigen Gerechtigkeit auszusprechen, welches aber von dem ungeläuterten Sinn sogleich mißverstanden und verfälscht wird, indem er, im *principio individuationis* befangen, eine Amphibolie [Doppeldeutigkeit] der Begriffe begeht und von der Erscheinung Das verlangt, was nur dem Dinge an sich zukommt, nicht einsieht, inwiefern an sich der Beleidiger und der Beleidigte Eines sind und das selbe Wesen es ist, was, in seiner eigenen Erscheinung sich selbst nicht wiedererkennend, sowohl die Quaal als die Schuld trägt; sondern vielmehr verlangt, am nämlichen Individuo, dessen die Schuld ist, auch die Quaal wiederzusehn. – Daher möchten die Meisten auch fordern, daß ein Mensch, der einen sehr hohen Grad von Bosheit hat, welcher jedoch sich wohl in Vielen, nur nicht mit andern Eigenschaften wie in ihm gepaart, finden möchte, der nämlich dabei durch ungewöhnliche Geisteskraft Andern weit überlegen wäre und welcher demzufolge nun unsägliche Leiden über Millionen Andere verhienge, z. B. als Welteroberer, – sie würden fordern, sage ich, daß ein solcher alle jene Leiden irgendwann und irgendwo durch ein gleiches Maaß von Schmerzen abbüßte; weil sie nicht erkennen, wie an sich der Quäler und die Gequälten Eines sind und der selbe Wille, durch welchen diese dasind und leben, es eben auch ist, der in jenem erscheint und gerade durch ihn zur deutlichsten Offenbarung seines Wesens gelangt, und der ebenfalls wie in den Unterdrückten, so auch im Ueberwältiger leidet, und zwar in diesem in dem Maaße mehr, als das Bewußtseyn höhere Klarheit und Deutlichkeit und der Wille größere Vehemenz hat. – Daß aber die tiefere, im *principio individuationis* nicht mehr befangene Erkenntniß, aus welcher alle Tugend und Edelmuth hervorgehn, jene Vergeltung fordernde Gesinnung nicht mehr hegt, bezeugt schon die Christliche Ethik, welche alle Vergeltung des Bösen mit Bösem schlechthin untersagt und die ewige Gerechtigkeit als in dem von der Erscheinung verschiedenen Gebiet des Dinges an sich walten läßt. (»Die Rache ist mein, Ich will vergelten, spricht der Herr.« Röm. 12, 19.)

Ein viel auffallenderer, aber auch viel seltenerer Zug in der menschlichen Natur, welcher jenes Verlangen, die ewige Gerechtigkeit in das Gebiet der Erfahrung, d. i. der Individuation, zu ziehn, ausspricht, und dabei zugleich ein gefühltes Bewußtseyn andeutet, daß, wie ich es oben ausdrückte, der Wille zum Leben das große Trauer- und Lustspiel auf eigene Kosten aufführt, und daß der selbe und eine Wille in allen Erscheinungen lebt, ein solcher Zug, sage ich, ist folgender. Wir sehn bisweilen einen Menschen über ein großes Unbild [Unrecht], das er erfahren, ja vielleicht nur als Zeuge erlebt hat, so tief empört werden, daß er sein eigenes Leben, mit Ueberlegung und ohne Rettung, daran setzt, um Rache an dem Ausüber jenes Frevels zu nehmen. Wir sehn ihn etwan einen mächtigen Unterdrücker Jahre lang aufsuchen, endlich ihn morden und dann selbst auf dem Schafott sterben, wie er vorhergesehn, ja oft gar nicht zu vermeiden suchte, indem sein Leben nur noch als Mittel zur Rache Werth für ihn behalten hatte. – Besonders unter den Spaniern finden sich solche Beispiele*. Wenn wir nun den Geist jener Vergeltungssucht genau betrachten, so finden wir sie sehr verschieden von der gemeinen Rache, die das erlittene Leid durch den Anblick des verursachten mildern will: ja, wir finden, daß was sie bezweckt nicht sowohl Rache als Strafe genannt zu werden verdient: denn in ihr liegt eigentlich die Absicht einer Wirkung auf die Zukunft, durch das Beispiel, und zwar hier ohne allen eigennützigen Zweck, weder für das rächende Individuum, denn es geht dabei unter, noch für eine Gesellschaft, die durch Gesetze sich Sicherheit schafft: denn jene Strafe wird vom Einzelnen, nicht vom Staat, noch zur Erfüllung eines Gesetzes vollzogen, vielmehr trifft sie immer eine That, die der Staat nicht strafen wollte oder konnte und deren Strafe er mißbilligt. Mir scheint es, daß der Unwille, welcher einen solchen Menschen so weit über die Gränzen aller Selbstliebe hinaus treibt, aus dem tiefsten Bewußtseyn entspringt, daß er der ganze Wille zum Leben, der in allen Wesen, durch alle Zeiten erscheint, selbst ist, dem daher die fernste Zukunft wie die Gegenwart auf gleiche Weise angehört und nicht gleichgültig seyn kann: diesen Willen bejahend, verlangte er jedoch, daß in dem Schauspiel, welches sein Wesen darstellt, kein so ungeheures Unbild je wieder erscheine, und will, durch das Beispiel einer Rache, gegen welche es keine Wehrmauer giebt, da Todesfurcht den Rächer nicht abschreckt, jeden künfti-

* Jener Spanische Bischof, der im letzten Kriege [1808–1814] sich und die Französischen Generäle, an seiner Tafel, zugleich vergiftete, gehört hieher, wie mehrere Thatsachen aus jenem Kriege. Auch findet man Beispiele im Montaigne *[Les essais]*, Buch 2, Kap. 12.

gen Frevler schrecken. Der Wille zum Leben, obwohl sich noch bejahend, hängt hier nicht mehr an der einzelnen Erscheinung, dem Individuo, sondern umfaßt die Idee des Menschen und will ihre Erscheinung rein erhalten von solchem ungeheuern, empörenden Unbild. Es ist ein seltener, bedeutungsvoller, ja erhabener Charakterzug, durch welchen der Einzelne sich opfert, indem er sich zum Arm der ewigen Gerechtigkeit zu machen strebt, deren eigentliches Wesen er noch verkennt.

§ 65.

Durch alle bisherigen Betrachtungen über das menschliche Handeln haben wir die letzte vorbereitet und uns die Aufgabe sehr erleichtert, die eigentliche ethische Bedeutsamkeit des Handelns, welche man im Leben durch die Worte gut und böse bezeichnet und sich dadurch vollkommen verständigt, zu abstrakter und philosophischer Deutlichkeit zu erheben und als Glied unsers Hauptgedankens nachzuweisen.

Ich will aber zuvörderst jene Begriffe gut und böse, welche von den philosophischen Schriftstellern unserer Tage, höchst wunderlicherweise, als einfache, also keiner Analyse fähige Begriffe behandelt werden, auf ihre eigentliche Bedeutung zurückführen; damit man nicht etwan in einem undeutlichen Wahn befangen bleibe, daß sie mehr enthalten, als wirklich der Fall ist, und an und für sich schon alles hier Nöthige besagten. Dies kann ich thun, weil ich selbst so wenig gesonnen bin, in der Ethik hinter dem Worte Gut einen Versteck zu suchen, als ich solchen früher hinter den Worten Schön und Wahr gesucht habe, um dann etwan durch ein angehängtes »heit«, das heut zu Tage eine besondere σεμνοτης [Würde] haben und dadurch in mehreren Fällen aushelfen soll, und durch eine feierliche Miene glauben zu machen, ich hätte durch Aussprechung solcher Worte mehr gethan, als drei sehr weite und abstrakte, folglich gar nicht inhaltsreiche Begriffe bezeichnen, welche sehr verschiedenen Ursprung und Bedeutung haben. Wem in der That, der sich mit den Schriften unserer Tage bekannt gemacht hat, sind nicht jene drei Worte, auf so treffliche Dinge sie ursprünglich auch weisen, doch endlich zum Ekel geworden, nachdem er tausend Mal sehn mußte, wie jeder zum Denken

Unfähigste nur glaubt, mit weitem Munde und der Miene eines begeisterten Schaafes, jene drei Worte vorbringen zu dürfen, um große Weisheit geredet zu haben?

Die Erklärung des Begriffes wahr ist schon in der Abhandlung über den Satz vom Grunde, Kap. 5, § 29 ff., gegeben. Der Inhalt des Begriffs schön hat durch unser ganzes drittes Buch zum ersten Mal seine eigentliche Erklärung gefunden. Jetzt wollen wir den Begriff gut auf seine Bedeutung zurückführen, was mit sehr Wenigem geschehn kann. Dieser Begriff ist wesentlich relativ und bezeichnet die Angemessenheit eines Objekts zu irgend einer bestimmten Bestrebung des Willens. Also Alles, was dem Willen in irgend einer seiner Aeußerungen zusagt, seinen Zweck erfüllt, das wird durch den Begriff gut gedacht, so verschieden es auch im Uebrigen seyn mag. Darum sagen wir gutes Essen, gute Wege, gutes Wetter, gute Waffen, gute Vorbedeutung u. s. w., kurz, nennen Alles gut, was gerade so ist, wie wir es eben wollen; daher auch dem Einen gut seyn kann, was dem Andern gerade das Gegentheil davon ist. Der Begriff des Guten zerfällt in zwei Unterarten: nämlich die der unmittelbar gegenwärtigen und die der nur mittelbaren, auf die Zukunft gehenden Befriedigung des jedesmaligen Willens: d. h. das Angenehme und das Nützliche. – Der Begriff des Gegentheils wird, so lange von nichterkennenden Wesen die Rede ist, durch das Wort schlecht, seltener und abstrakter durch Uebel ausgedrückt, welches also alles dem jedesmaligen Streben des Willens nicht Zusagende bezeichnet. Wie alle andern Wesen, die in Beziehung zum Willen treten können, hat man nun auch Menschen, die den gerade gewollten Zwecken günstig, förderlich, befreundet waren, gut genannt, in der selben Bedeutung und immer mit Beibehaltung des Relativen, welches sich z. B. in der Redensart zeigt: »Dieser ist mir gut, dir aber nicht.« Diejenigen aber, deren Charakter es mit sich brachte, überhaupt die fremden Willensbestrebungen als solche nicht zu hindern, vielmehr zu befördern, die also durchgängig hülfreich, wohlwollend, freundlich, wohlthätig waren, sind, wegen dieser Relation ihrer Handlungsweise zum Willen Anderer überhaupt, gute Menschen genannt worden. Den entgegengesetzten Begriff bezeichnet man im Deutschen und seit etwan hundert Jahren auch im Französischen, bei erkennenden Wesen (Thieren und Menschen) durch ein anderes Wort als bei erkenntnißlosen, nämlich durch b ö s e, *méchant*, während in fast allen andern Sprachen dieser Unterschied nicht Statt findet und κακος, *malus, cattivo, bad* von Menschen wie von leblosen Dingen gebraucht werden, welche den Zwecken eines bestimmten individuellen Willens entgegen sind. Also ganz und gar vom passiven Theil des Guten ausgegangen, konnte die Betrachtung erst später auf den aktiven übergehn und die Handlungsweise des g u t genannten Menschen nicht mehr in Bezug auf Andere, sondern auf ihn selbst untersuchen, besonders sich die Erklärung aufgebend, theils der rein objektiven Hochachtung, die sie in Andern, theils der eigenthümlichen Zufriedenheit mit sich selbst, die sie in ihm offenbar hervorbrachte, da er solche sogar mit Opfern anderer Art erkaufte; so wie auch im Gegentheil des innern Schmerzes, der die böse Gesinnung begleitete, so viel äußere Vortheile sie auch Dem brachte, der sie gehegt. Hieraus entsprangen nun die ethischen Systeme, sowohl philosophische, als auf Glaubenslehren gestützte. Beide suchten stets die Glücksäligkeit mit der Tugend irgendwie in Verbindung zu setzen, die ersteren entweder durch den Satz des Widerspruchs, oder auch durch den des Grundes, Glücksäligkeit also entweder zum Identischen, oder zur Folge der Tugend zu machen, immer sophistisch: die letzteren aber durch Behauptung anderer Welten, als die der Erfahrung möglicherweise bekannte*. Hingegen wird, unserer Betrachtung

* Hiebei sei es beiläufig bemerkt, daß Das, was jeder positiven Glaubenslehre ihre große Kraft giebt, der Anhaltspunkt, durch welchen sie die Gemüther fest in Besitz nimmt, durchaus ihre ethische Seite ist; wiewohl nicht unmittelbar als solche, sondern indem sie mit dem übrigen, der jedesmaligen Glaubenslehre eigenthümlichen, mythischen Dogma fest verknüpft und verwebt, als allein durch dasselbe erklärbar erscheint; so sehr, daß, obgleich die ethische Bedeutung der Handlungen gar nicht gemäß dem Satz des Grundes erklärbar ist, jeder Mythos aber diesem Satz folgt, dennoch die Gläubigen die ethische Bedeutung des Handelns und ihren Mythos für ganz unzertrennlich, ja schlechthin Eins halten und nun jeden Angriff auf den Mythos für einen Angriff auf Recht und Tugend ansehn. Dies geht so weit, daß bei den monotheistischen Völkern Atheismus, oder Gottlosigkeit, das Synonym von Abwesenheit aller Moralität geworden ist. Den Priestern sind solche Begriffsverwechselungen willkommen, und nur in Folge derselben konnte jenes furchtbare Ungeheuer, der Fanatismus, entstehn, und nicht etwan nur einzelne ausgezeichnet verkehrte und böse Individuen, sondern ganze Völker beherrschen und zuletzt, was zur Ehre der Menschheit nur Ein Mal in ihrer Geschichte dasteht, in diesem Occident sich als Inquisition verkörpern, welche, nach den neuesten endlich authentischen Nachrichten, in Madrid allein (während im übrigen Spanien noch viele solche geistliche Mördergruben waren) in 300 Jahren 300 000 Menschen, Glaubenssachen halber, auf dem Scheiterhaufen quaalvoll sterben ließ: woran jeder Eiferer, so oft er laut werden will, sogleich zu erinnern ist.

zufolge, sich das innere Wesen der Tugend ergeben als ein Streben in ganz entgegengesetzter Richtung als das nach Glücksäligkeit, d. h. Wohlseyn und Leben.

Dem Obigen zufolge ist das Gute, seinem Begriffe nach, των προς τι [ein beziehungsweise Geltendes], also jedes Gute wesentlich relativ: denn es hat sein Wesen nur in seinem Verhältniß zu einem begehrenden Willen. Absolutes Gut ist demnach ein Widerspruch: höchstes Gut, *summum bonum* [höchstes Gut], bedeutet das Selbe, nämlich eigentlich eine finale Befriedigung des Willens, nach welcher kein neues Wollen einträte, ein letztes Motiv, dessen Erreichung ein unzerstörbares Genügen des Willens gäbe. Nach unserer bisherigen Betrachtung in diesem vierten Buch ist dergleichen nicht denkbar. Der Wille kann so wenig durch irgend eine Befriedigung aufhören stets wieder von Neuem zu wollen, als die Zeit enden oder anfangen kann: eine dauernde, sein Streben vollständig und auf immer befriedigende Erfüllung giebt es für ihn nicht. Er ist das Faß der Danaiden: es giebt kein höchstes Gut, kein absolutes Gut für ihn; sondern stets nur ein einstweiliges. Wenn es indessen beliebt, um einem alten Ausdruck, den man aus Gewohnheit nicht ganz abschaffen möchte, gleichsam als *emeritus*, ein Ehrenamt zu geben; so mag man, tropischerweise [figürlicherweise] und bildlich, die gänzliche Selbstaufhebung und Verneinung des Willens, die wahre Willenslosigkeit, als welche allein den Willensdrang für immer stillt und beschwichtigt, allein jene Zufriedenheit giebt, die nicht wieder gestört werden kann, allein welterlösend ist, und von der wir jetzt bald, am Schluß unserer ganzen Betrachtung, handeln werden, – das absolute Gut, das *summum bonum* nennen, und sie ansehn als das einzige radikale Heilmittel der Krankheit, gegen welche alle andern Güter, nämlich alle erfüllten Wünsche und alles erlangte Glück, nur Palliativmittel [Linderungsmittel], nur Anodyna [schmerzstillende Mittel] sind. In diesem Sinne entspricht das Griechische τελος [Höhepunkt], wie auch *finis bonorum* [höchstes Gut], der Sache sogar noch besser. – So viel von den Worten Gut und Böse; jetzt aber zur Sache.

Wenn ein Mensch, sobald Veranlassung daist und ihn keine äußere Macht abhält, stets geneigt ist Unrecht zu thun, nennen wir ihn böse. Nach unserer Erklärung des Unrechts heißt dieses, daß ein solcher nicht allein den Willen zum Leben, wie er in seinem Leibe erscheint, bejaht; sondern in dieser Bejahung so weit geht, daß er den in andern Individuen erscheinenden Willen verneint; was sich darin zeigt, daß er ihre Kräfte zum Dienste seines Willens verlangt und ihr Daseyn zu vertilgen sucht, wenn sie den Bestrebungen seines Willens entgegenstehn. Die letzte Quelle hievon ist ein hoher Grad des Egoismus, dessen Wesen oben auseinandergesetzt ist. Zweierlei ist hier sogleich offenbar: erstlich, daß in einem solchen Menschen ein überaus heftiger, weit über die Bejahung seines eigenen Lebens hinausgehender Wille zum Leben sich ausspricht; und zweitens, daß seine Erkenntniß, ganz dem Satz vom Grunde hingegeben und im *principio individuationis* befangen, bei dem durch dieses letztere gesetzten gänzlichen Unterschiede zwischen seiner eigenen Person und allen andern fest stehn bleibt; daher er allein sein eigenes Wohlseyn sucht, vollkommen gleichgültig gegen das aller Andern, deren Wesen ihm vielmehr völlig fremd ist, durch eine weite Kluft von dem seinigen geschieden, ja, die er eigentlich nur als Larven [Masken], ohne alle Realität, ansieht. – Und diese zwei Eigenschaften sind die Grundelemente des bösen Charakters.

Jene große Heftigkeit des Wollens ist nun schon an und für sich und unmittelbar eine stete Quelle des Leidens. Erstlich, weil alles Wollen, als solches, aus dem Mangel, also dem Leiden, entspringt. (Daher ist, wie aus dem dritten Buch erinnerlich, das augenblickliche Schweigen alles Wollens, welches eintritt, sobald wir als reines willenloses Subjekt des Erkennens – Korrelat der Idee – der ästhetischen Betrachtung hingegeben sind, eben schon ein Hauptbestandtheil der Freude am Schönen.) Zweitens, weil, durch den kausalen Zusammenhang der Dinge, die meisten Begehrungen unerfüllt bleiben müssen und der Wille viel öfter durchkreuzt, als befriedigt wird, folglich auch dieserhalb heftiges und vieles Wollen stets heftiges und vieles Leiden mit sich bringt. Denn alles Leiden ist durchaus nichts Anderes, als unerfülltes und durchkreuztes Wollen: und selbst der Schmerz des Leibes, wenn er verletzt oder zerstört wird, ist als solcher allein dadurch möglich, daß der Leib nichts Anderes, als der Objekt gewordene Wille selbst ist. – Dieserhalb nun, weil vieles und heftiges Leiden von vielem und heftigem Wollen unzertrennlich ist, trägt schon der Gesichtsausdruck sehr böser Menschen das Gepräge des innern Leidens: selbst wenn sie alles äußerliche

Glück erlangt haben, sehn sie stets unglücklich aus, sobald sie nicht im augenblicklichen Jubel begriffen sind, oder sich verstellen. Aus dieser, ihnen ganz unmittelbar wesentlichen, innern Quaal geht zuletzt sogar die nicht aus dem bloßen Egoismus entsprungene, sondern uneigennützige Freude an fremdem Leiden hervor, welche die eigentliche B o s h e i t ist und sich bis zur G r a u s a m k e i t steigert. Dieser ist das fremde Leiden nicht mehr Mittel zur Erlangung der Zwecke des eigenen Willens, sondern Zweck an sich. Die nähere Erklärung dieses Phänomens ist folgende. Weil der Mensch Erscheinung des Willens, von der klarsten Erkenntniß beleuchtet, ist, mißt er die wirkliche und gefühlte Befriedigung seines Willens stets gegen die bloß mögliche ab, welche ihm die Erkenntniß vorhält. Hieraus entspringt der Neid: jede Entbehrung wird unendlich gesteigert durch fremden Genuß, und erleichtert durch das Wissen, daß auch Andere die selbe Entbehrung dulden. Die Uebel, welche Allen gemeinschaftlich und vom Menschenleben unzertrennlich sind, betrüben uns wenig: eben so die, welche dem Klima, dem ganzen Lande angehören. Die Erinnerung an größere Leiden, als die unserigen sind, stillt ihren Schmerz: der Anblick fremder Leiden lindert die eigenen. Wenn nun ein Mensch von einem überaus heftigen Willensdrange erfüllt ist, mit brennender Gier Alles zusammenfassen möchte, um den Durst des Egoismus zu kühlen, und dabei, wie es nothwendig ist, erfahren muß, daß alle Befriedigung nur scheinbar ist, das Erlangte nie leistet, was das Begehrte versprach, nämlich endliche Stillung des grimmigen Willensdranges; sondern durch die Erfüllung der Wunsch nur seine Gestalt ändert und jetzt unter einer andern quält, ja endlich, wenn sie alle erschöpft sind, der Willensdrang selbst, auch ohne erkanntes Motiv, bleibt und sich als Gefühl der entsetzlichsten Oede und Leere, mit heilloser Quaal kund giebt: wenn aus diesem Allen, was bei den gewöhnlichen Graden des Wollens nur in geringerm Maaß empfunden, auch nur den gewöhnlichen Grad trüber Stimmung hervorbringt, bei Jenem, der die bis zur ausgezeichneten Bosheit gehende Erscheinung des Willens ist, nothwendig eine übermäßige innere Quaal, ewige Unruhe, unheilbarer Schmerz erwächst; so sucht er nun indirekt die Linderung, deren er direkt nicht fähig ist, sucht nämlich durch den Anblick des fremden Leidens, welches er zugleich als eine Aeußerung seiner Macht erkennt, das eigene zu mildern. Fremdes Leiden wird ihm jetzt Zweck an sich, ist ihm ein Anblick, an dem er sich weidet: und so entsteht die Erscheinung der eigentlichen Grausamkeit, des Blutdurstes, welche die Geschichte so oft sehn läßt, in den Neronen und Domitianen, in den Afrikanischen Deis [Janitscharenführern], im Robespierre u. s. w.

Mit der Bosheit verwandt ist schon die Rachsucht, die das Böse mit Bösem vergilt, nicht aus Rücksicht auf die Zukunft, welches der Charakter der Strafe ist, sondern bloß wegen des Geschehenen, Vergangenen, als solchen, also uneigennützig, nicht als Mittel, sondern als Zweck, um an der Quaal des Beleidigers, die man selbst verursacht, sich zu weiden. Was die Rache von der reinen Bosheit unterscheidet und in etwas entschuldigt, ist ein Schein des Rechts; sofern nämlich der selbe Akt, der jetzt Rache ist, wenn er gesetzlich, d. h. nach einer vorher bestimmten und bekannten Regel und in einem Verein, der sie sanktionirt hat, verfügt würde, Strafe, also Recht, seyn würde.

Außer dem beschriebenen, mit der Bosheit aus einer Wurzel, dem sehr heftigen Willen, entsprossenen und daher von ihr unabtrennlichen Leiden, ist ihr nun aber noch eine davon ganz verschiedene und besondere Pein beigesellt, welche bei jeder bösen Handlung, diese sei nun bloße Ungerechtigkeit aus Egoismus, oder reine Bosheit, fühlbar wird und, nach der Länge ihrer Dauer, G e w i s s e n s b i ß, oder G e w i s s e n s a n g s t heißt. – Wem nun der bisherige Inhalt dieses vierten Buchs, besonders aber die am Anfange desselben auseinandergesetzte Wahrheit, daß dem Willen zum Leben das Leben selbst, als sein bloßes Abbild oder Spiegel, immer gewiß ist, sodann auch die Darstellung der ewigen Gerechtigkeit, – erinnerlich und gegenwärtig sind; der wird finden, daß in Gemäßheit jener Betrachtungen, der Gewissensbiß keine andere, als folgende Bedeutung haben kann, d. h. sein Inhalt, abstrakt ausgedrückt, folgender ist, in welchem man zwei Theile unterscheidet, die aber doch wieder ganz zusammenfallen und als völlig vereint gedacht werden müssen.

So dicht nämlich auch den Sinn des Bösen der Schleier der Maja umhüllt, d. h. so fest er auch im *principio individuationis* befangen ist, demgemäß er seine Person von jeder andern als absolut verschieden und durch eine weite Kluft getrennt ansieht, welche Erkenntniß, weil sie seinem Egoismus allein gemäß und die Stütze desselben ist, er mit aller Gewalt festhält, wie denn fast immer die Erkenntniß vom Willen bestochen ist; so regt sich dennoch, im Innersten seines Bewußtseyns, die geheime Ahndung, daß eine solche Ordnung der Dinge doch nur Erscheinung ist, an sich aber es sich ganz anders verhält, daß, so sehr auch Zeit und Raum ihn von andern Individuen und deren unzählbaren Quaalen, die sie leiden, ja durch ihn leiden, trennen und sie als ihm ganz fremd darstellen; dennoch an sich und abgesehn von der Vorstellung und ihren Formen der eine Wille zum Leben es ist, der in ihnen allen erscheint, der hier, sich selbst verkennend, gegen sich selbst seine Waffen wendet, und indem er in einer seiner Erscheinungen gesteigertes Wohlseyn sucht, eben dadurch der andern das größte Leiden auflegt, und daß er, der Böse, eben dieser ganze Wille ist, er folglich nicht allein der Quäler, sondern eben er auch der Gequälte, von dessen Leiden ihn nur ein täuschender Traum, dessen Form Raum und Zeit ist, trennt und frei hält, der aber dahinschwindet und er, der Wahrheit nach, die Wollust mit der Quaal bezahlen muß, und alles Leiden, das er nur als möglich erkennt, ihn als den Willen zum Leben wirklich trifft, indem nur für die Erkenntniß des Individuums, nur mittelst des *principii individuationis,* Möglichkeit und Wirklichkeit, Nähe und Ferne der Zeit und des Raumes, verschieden sind; nicht so an sich. Diese Wahrheit ist es, welche mythisch, d. h. dem Satze vom Grunde angepaßt und dadurch in die Form der Erscheinung übersetzt, durch die Seelenwanderung ausgedrückt wird: ihren von aller Beimischung reinsten Ausdruck aber hat sie eben in jener dunkel gefühlten, aber trostlosen Quaal, die man Gewissensangst nennt. – Diese entspringt aber außerdem noch aus einer z w e i t e n, mit jener ersten genau verbundenen, unmittelbaren Erkenntniß, nämlich der der Stärke, mit welcher im bösen Individuo der Wille zum Leben sich bejaht, welche weit über seine individuelle Erscheinung hinausgeht, bis zur gänzlichen Verneinung des selben, in fremden Individuen erscheinenden Willens. Das innere Entsetzen folglich des Bösewichts über seine eigene That, welches er sich selber zu verhehlen sucht, enthält neben jener Ahndung der Nichtigkeit und bloßen Scheinbarkeit des *principii individuationis* und des durch dasselbe gesetzten Unterschiedes zwischen ihm und Andern, zugleich auch die Erkenntniß der Heftigkeit seines eigenen Willens, der Gewalt, mit welcher er das Leben gefaßt, sich daran festgesogen hat, eben dieses Leben, dessen schreckliche

Seite er in der Quaal der von ihm Unterdrückten vor sich sieht und mit welchem er dennoch so fest verwachsen ist, daß eben dadurch das Entsetzlichste von ihm selbst ausgeht, als Mittel zur völligern Bejahung seines eigenen Willens. Er erkennt sich als koncentrirte Erscheinung des Willens zum Leben, fühlt bis zu welchem Grade er dem Leben anheimgefallen ist und damit auch den zahllosen Leiden, die diesem wesentlich sind, da es endlose Zeit und endlosen Raum hat, um den Unterschied zwischen Möglichkeit und Wirklichkeit aufzuheben und alle von ihm für jetzt bloß erkannte Quaalen in empfundene zu verwandeln. Die Millionen Jahre steter Wiedergeburt bestehn dabei zwar bloß im Begriff, wie die ganze Vergangenheit und Zukunft allein im Begriff existirt: die erfüllte Zeit, die Form der Erscheinung des Willens ist allein die Gegenwart, und für das Individuum ist die Zeit immer neu: es findet sich stets als neu entstanden. Denn von dem Willen zum Leben ist das Leben unzertrennlich und dessen Form allein das Jetzt. Der Tod (man entschuldige die Wiederholung des Gleichnisses) gleicht dem Untergange der Sonne, die nur scheinbar von der Nacht verschlungen wird, wirklich aber, selbst Quelle alles Lichtes, ohne Unterlaß brennt, neuen Welten neue Tage bringt, allezeit im Aufgange und allezeit im Niedergange. Anfang und Ende trifft nur das Individuum, mittelst der Zeit, der Form dieser Erscheinung für die Vorstellung. Außer der Zeit liegt allein der Wille, Kants Ding an sich, und dessen adäquate Objektität, Plato's Idee. Daher giebt Selbstmord keine Rettung: was Jeder im Innersten will, das muß er seyn: und was Jeder ist, das will er eben. – Also neben der bloß gefühlten Erkenntniß der Scheinbarkeit und Nichtigkeit der die Individuen absondernden Formen der Vorstellung, ist es die Selbsterkenntniß des eigenen Willens und seines Grades, welche dem Gewissen den Stachel giebt. Der Lebenslauf wirkt das Bild des empirischen Chrakters, dessen Original der intelligible ist, und der Böse erschrickt bei diesem Bilde; gleichviel ob es mit großen Zügen gewirkt ist, so daß die Welt seinen Abscheu theilt, oder mit so kleinen, daß er allein es sieht: denn nur ihn betrifft es unmittelbar. Das Vergangene wäre gleichgültig, als bloße Erscheinung, und könnte nicht das Gewissen beängstigen, fühlte sich nicht der Charakter frei von aller Zeit und durch sie unveränderlich, so lange er nicht sich selbst verneint. Darum lasten längst geschehene Dinge immer noch auf dem Gewissen. Die Bitte: »Führe mich nicht in Versuchung«, sagt: »Lass' es mich nicht sehn, wer ich bin.« – An der Gewalt, mit welcher der Böse das Leben bejaht, und die sich ihm darstellt an dem Leiden, welches er über Andere verhängt, ermißt er die Ferne, in welcher von ihm das Aufgeben und Verneinen eben jenes Willens, die einzig mögliche Erlösung von der Welt und ihrer Quaal liegt. Er sieht, wie weit er ihr angehört und wie fest er ihr verbunden ist: das erkannte Leiden Anderer hat ihn nicht bewegen können: dem Leben und dem empfundenen Leiden fällt er anheim. Es bleibt dahin gestellt, ob dieses je die Heftigkeit seines Willens brechen und überwinden wird.

Diese Auseinandersetzung der Bedeutung und des innern Wesens des Bösen, welche als bloßes Gefühl, d. h. nicht als deutliche, abstrakte Erkenntniß, der Inhalt der Gewissensangst ist, wird noch mehr Deutlichkeit und Vollständigkeit gewinnen durch die eben so durchgeführte Betrachtung des Guten, als Eigenschaft des menschlichen Willens, und zuletzt der gänzlichen Resignation und Heiligkeit, welche aus jener, nachdem solche den höchsten Grad erreicht hat, hervorgeht. Denn die Gegensätze erläutern sich immer wechselseitig, und der Tag offenbart zugleich sich selbst und die Nacht, wie Spinoza vortrefflich gesagt hat.

§ 66.

Eine Moral ohne Begründung, also bloßes Moralisiren, kann nicht wirken; weil sie nicht motivirt. Eine Moral aber, die motivirt, kann dies nur durch Einwirkung auf die Eigenliebe. Was nun aber aus dieser entspringt, hat keinen moralischen Werth. Hieraus folgt, daß durch Moral, und abstrakte Erkenntniß überhaupt, keine ächte Tugend bewirkt werden kann; sondern diese aus der intuitiven Erkenntniß entspringen muß, welche im fremden Individuo das selbe Wesen erkennt, wie im eigenen.

Denn die Tugend geht zwar aus der Erkenntniß hervor; aber nicht aus der abstrakten, durch Worte mittheilbaren. Wäre dieses, so ließe sie sich lehren, und indem wir hier ihr Wesen und die ihr zum Grunde liegende Erkenntniß abstrakt aussprechen, hätten wir Jeden, der dies faßt, auch ethisch gebessert. So ist es aber keineswegs. Vielmehr kann man so wenig durch ethische Vorträge oder Predigten einen Tugendhaften zu Stande bringen, als alle Aesthetiken, von der des Aristoteles an, je einen Dichter gemacht haben. Denn für das eigentliche und innere Wesen der Tugend ist der Begriff unfruchtbar, wie er es für die Kunst ist, und kann nur völlig untergeordnet als Werkzeug Dienste bei der Ausführung und Aufbewahrung des anderweitig Erkannten und Beschlossenen leisten. *Velle non discitur.* [Wollen läßt sich nicht erlernen.] Auf die Tugend, d. h. auf die Güte der Gesinnung, sind die abstrakten Dogmen in der That ohne Einfluß: die falschen stören sie nicht, und die wahren befördern sie schwerlich. Es wäre auch wahrlich sehr schlimm, wenn die Hauptsache des menschlichen Lebens, sein ethischer, für die Ewigkeit geltender Werth, von etwas abhienge, dessen Erlangung so sehr dem Zufall unterworfen ist, wie Dogmen, Glaubenslehren, Philosopheme. Die Dogmen haben für die Moralität bloß den Werth, daß der aus anderweitiger, bald zu erörternder Erkenntniß schon Tugendhafte an ihnen ein Schema, ein Formular hat, nach welchem er seiner eigenen Vernunft von seinem nichtegoistischen Thun, dessen Wesen sie, d. i. er selbst, nicht begreift, eine meistens nur fingirte Rechenschaft ablegt, bei welcher er sie gewöhnt hat sich zufrieden zu geben.

Zwar auf das Handeln, das äußere Thun, können die Dogmen starken Einfluß haben, wie auch Gewohnheit und Beispiel (letztere, weil der gewöhnliche Mensch seinem Urtheil, dessen Schwäche er sich bewußt ist, nicht traut, sondern nur eigener oder fremder Erfahrung folgt); aber damit ist die Gesinnung nicht geändert*. Alle abstrakte Erkenntniß giebt nur Motive: Motive aber können, wie oben gezeigt, nur die Richtung des Willens, nie ihn selbst ändern. Alle mittheilbare Erkenntniß kann auf den Willen aber nur als Motiv wirken: wie die Dogmen ihn also auch lenken, so ist dabei dennoch immer Das, was der Mensch eigentlich und überhaupt will, das selbe geblieben: bloß über die Wege, auf welchen es zu erlangen, hat er andere Gedanken erhalten, und imaginäre Motive leiten ihn gleich

---

* Es sind bloße *opera operata* [um der Verdienste willen verrichtete gute Werke], würde die Kirche sagen, die nichts helfen, wenn nicht die Gnade den Glauben schenkt, der zur Wiedergeburt führt. Davon weiter unten.

wirklichen. Daher z. B. ist es in Hinsicht auf seinen ethischen Werth gleich viel, ob er große Schenkungen an Hülflose macht, fest überredet in einem künftigen Leben alles zehnfach wieder zu erhalten, oder ob er die selbe Summe auf Verbesserung eines Landgutes verwendet, das zwar späte, aber desto sicherere und erklecklichere Zinsen tragen wird: – und ein Mörder, so gut wie der Bandit, welcher dadurch einen Lohn erwirbt, ist auch Der, welcher rechtgläubig den Ketzer den Flammen überliefert; ja sogar, nach inneren Umständen, auch Der, welcher die Türken im Gelobten Lande erwürgt, wenn er nämlich, wie auch Jener, es eigentlich darum thut, weil er sich dadurch einen Platz im Himmel zu erwerben vermeint. Denn nur für sich, für ihren Egoismus, wollen ja Diese sorgen, eben wie auch jener Bandit, von dem sie sich nur durch die Absurdität der Mittel unterscheiden. – Von außen ist, wie schon gesagt, dem Willen immer nur durch Motive beizukommen: diese aber ändern bloß die Art wie er sich äußert, nimmermehr ihn selbst. *Velle non discitur.*

Bei guten Thaten, deren Ausüber sich auf Dogmen beruft, muß man aber immer unterscheiden, ob diese Dogmen auch wirklich das Motiv dazu sind, oder ob sie, wie ich oben sagte, nichts weiter, als die scheinbare Rechenschaft sind, durch die Jener seine eigene Vernunft zu befriedigen sucht, über eine aus ganz anderer Quelle fließende gute That, die er vollbringt, weil er gut ist, aber nicht gehörig zu erklären versteht, weil er kein Philosoph ist, und dennoch etwas dabei denken möchte. Der Unterschied ist aber sehr schwer zu finden, weil er im Innern des Gemüthes liegt. Daher können wir fast nie das Thun Anderer und selten unser eigenes moralisch richtig beurtheilen. – Die Thaten und Handlungsweisen des Einzelnen und eines Volkes können durch Dogmen, Beispiel und Gewohnheit sehr modificirt werden. Aber an sich sind alle Thaten *(opera operata)* bloß leere Bilder, und allein die Gesinnung, welche zu ihnen leitet, giebt ihnen moralische Bedeutsamkeit. Diese aber kann wirklich ganz die selbe seyn, bei sehr verschiedener äußerer Erscheinung. Bei gleichem Grade von Bosheit kann der Eine auf dem Rade, der Andere ruhig im Schooße der Seinigen sterben. Es kann der selbe Grund von Bosheit seyn, der sich bei einem Volke in groben Zügen, in Mord und Kannibalismus, beim andern hingegen in Hofintriguen, Unterdrückungen und feinen Ränken aller Art fein und leise *en miniature* ausspricht: das Wesen bleibt das selbe. Es ließe sich denken, daß ein vollkommener Staat, oder sogar vielleicht auch ein vollkommen fest geglaubtes Dogma von Belohnungen und Strafen jenseit des Todes, jedes Verbrechen verhinderte: politisch wäre dadurch viel, moralisch gar nichts gewonnen, vielmehr nur die Abbildung des Willens durch das Leben gehemmt.

Die ächte Güte der Gesinnung, die uneigennützige Tugend und der reine Edelmuth gehn also nicht von abstrakter Erkenntniß aus, aber doch von Erkenntniß: nämlich von einer unmittelbaren und intuitiven, die nicht wegzuräsonniren und nicht anzuräsonniren ist, von einer Erkenntniß, die eben weil sie nicht abstrakt ist, sich auch nicht mittheilen läßt, sondern Jedem selbst aufgehn muß, die daher ihren eigentlich adäquaten Ausdruck nicht in Worten findet, sondern ganz allein in Thaten, im Handeln, im Lebenslauf des Menschen. Wir, die wir hier von der Tugend die Theorie suchen und daher auch das Wesen der ihr zum Grunde liegenden Erkenntniß abstrakt auszudrücken haben, werden dennoch in diesem Ausdruck nicht jene Erkenntniß selbst liefern können, sondern nur den Begriff derselben, wobei wir immer vom Handeln, in welchem allein sie sichtbar wird, ausgehn und auf dasselbe, als ihren allein adäquaten Ausdruck verweisen, welchen wir nur deuten und auslegen, d. h. abstrakt aussprechen, was eigentlich dabei vorgeht.

Bevor wir nun, im Gegensatz des dargestellten Bösen, von der eigentlichen Güte reden, ist, als Zwischenstufe, die bloße Negation des Bösen zu berühren: dieses ist die Gerechtigkeit. Was Recht und Unrecht sei, ist oben hinlänglich auseinandergesetzt: daher wir hier mit Wenigem sagen können, daß Derjenige, welcher jene bloß moralische Gränze zwischen Unrecht und Recht freiwillig anerkennt und sie gelten läßt, auch wo kein Staat oder sonstige Gewalt sie sichert, folglich, unserer Erklärung gemäß, nie in der Bejahung seines eigenen Willens bis zur Verneinung des in einem andern Individuo sich darstellenden geht, – gerecht ist. Er wird also nicht, um sein eigenes Wohlseyn zu vermehren, Leiden über Andere verhängen: d. h. er wird kein Verbrechen begehn, wird die Rechte, wird das Eigenthum eines Jeden respectiren. – Wir sehn nun, daß einem solchen Gerechten, schon nicht mehr, wie dem Bösen, das *principium individuationis* eine absolute Scheidewand ist, daß er nicht, wie jener, nur seine eigene Willenserscheinung bejaht und alle andern verneint, daß ihm Andere nicht bloße Larven sind, deren Wesen von dem seinigen ganz verschieden ist; sondern durch seine Handlungsweise zeigt er an, daß er sein eigenes Wesen, nämlich den Willen zum Leben als Ding an sich, auch in der fremden, ihm bloß als Vorstellung gegebenen Erscheinung wiedererkennt, also sich selbst in jener wiederfindet, bis auf einen gewissen Grad, nämlich den des Nicht-Unrechtthuns, d. h. des Nichtverletzens. In eben diesem Grade nun durchschaut er das *principium individuationis*, den Schleier der Maja: er setzt insofern das Wesen außer sich dem eigenen gleich: er verletzt es nicht.

In dieser Gerechtigkeit liegt, wenn man auf das Innerste derselben sieht, schon der Vorsatz, in der Bejahung des eigenen Willens nicht so weit zu gehn, daß sie die fremden Willenserscheinungen verneint, indem sie solche jenem zu dienen zwingt. Man wird daher eben so viel Andern leisten wollen, als man von ihnen genießt. Der höchste Grad dieser Gerechtigkeit der Gesinnung, welcher aber immer schon mit der eigentlichen Güte, deren Charakter nicht mehr bloß negativ ist, gepaart ist, geht so weit, daß man seine Rechte auf ererbtes Eigenthum in Zweifel zieht, den Leib nur durch die eigenen Kräfte, geistige oder körperliche, erhalten will, jede fremde Dienstleistung, jeden Luxus als einen Vorwurf empfindet und zuletzt zur freiwilligen Armuth greift. So sehn wir den Pascal, als er die asketische Richtung nahm, keine Bedienung mehr leiden wollen, obgleich er Dienerschaft genug hatte: seiner beständigen Kränklichkeit ungeachtet, machte er sein Bett selbst, holte selbst sein Essen aus der Küche u. s. w. (*Vie de Pascal par sa sœur*, S. 19.) Diesem ganz entsprechend wird berichtet, daß manche Hindu, sogar Radschahs, bei vielem Reichthum, diesen nur zum Unterhalt der Ihrigen, ihres Hofes und ihrer Dienerschaft verwenden und mit strenger Skrupulosität [Gewissenhaftigkeit] die Maxime befolgen, nichts zu essen, als was sie selbst eigenhändig gesäet und geerndtet haben. Ein gewisses Mißverständniß liegt dabei doch zum Grunde: denn der Einzelne kann, gerade weil er reich und mächtig ist, dem Ganzen der menschlichen Gesellschaft so beträchtliche Dienste leisten, daß sie dem ererbten Reichthum gleichwiegen, dessen Sicherung er der Gesellschaft verdankt. Eigentlich ist jene übermäßige Gerechtigkeit solcher Hindu schon mehr als Gerechtigkeit, nämlich wirkliche Entsagung, Verneinung des Willens zum

Leben, Askese; von der wir zuletzt reden werden. Hingegen kann umgekehrt reines Nichtsthun und Leben durch die Kräfte Anderer, bei ererbtem Eigenthum, ohne irgend etwas zu leisten, doch schon als moralisch unrecht angesehn werden, wenn es auch nach positiven Gesetzen recht bleiben muß.

Wir haben gefunden, daß die freiwillige Gerechtigkeit ihren innersten Ursprung hat in einem gewissen Grad der Durchschauung des *principii individuationis*, während in diesem der Ungerechte ganz und gar befangen bleibt. Diese Durchschauung kann nicht nur in dem hiezu erforderlichen, sondern auch in höherm Grade Statt haben, welcher zum positiven Wohlwollen und Wohlthun, zur Menschenliebe treibt: und dies kann geschehn, wie stark und energisch an sich selbst auch der in solchem Individuo erscheinende Wille sei. Immer kann die Erkenntniß ihm das Gleichgewicht halten, der Versuchung zum Unrecht widerstehn lehren und selbst jeden Grad von Güte, ja von Resignation hervorbringen. Also ist keineswegs der gute Mensch für eine ursprünglich schwächere Willenserscheinung als der böse zu halten; sondern es ist die Erkenntniß, welche in ihm den blinden Willensdrang bemeistert. Es giebt zwar Individuen, welche bloß scheinen gutmüthig zu seyn, wegen der Schwäche des in ihnen erscheinenden Willens: was sie sind, zeigt sich aber bald daran, daß sie keiner beträchtlichen Selbstüberwindung fähig sind, um eine gerechte oder gute That auszuführen.

Wenn uns nun aber, als eine seltene Ausnahme, ein Mensch vorkommt, der etwan ein beträchtliches Einkommen besitzt, von diesem aber nur wenig für sich benutzt und alles Uebrige den Nothleidenden giebt, während er selbst viele Genüsse und Annehmlichkeiten entbehrt, und wir das Thun dieses Menschen uns zu verdeutlichen suchen; so werden wir, ganz absehend von den Dogmen, durch welche er etwan selbst sein Thun seiner Vernunft begreiflich machen will, als den einfachsten, allgemeinen Ausdruck und als den wesentlichen Charakter seiner Handlungsweise finden, daß er weniger, als sonst geschieht, einen Unterschied macht zwischen Sich und Andern. Wenn eben dieser Unterschied, in den Augen manches Andern, so groß ist, daß fremdes Leiden dem Boshaften unmittelbare Freude, dem Ungerechten ein willkommenes Mittel zum eigenen Wohlseyn ist; wenn der bloß Gerechte dabei stehn bleibt, es nicht zu verursachen; wenn überhaupt die meisten Menschen unzählige Leiden Anderer in ihrer Nähe wissen und kennen, aber sich nicht entschließen sie zu mildern, weil sie selbst einige Entbehrung dabei übernehmen müßten; wenn also Jedem von diesen Allen ein mächtiger Unterschied obzuwalten scheint zwischen dem eigenen Ich und dem fremden; so ist hingegen jenem Edlen, den wir uns denken, dieser Unterschied nicht so bedeutend; das *principium individuationis,* die Form der Erscheinung, befängt ihn nicht mehr so fest; sondern das Leiden, welches er an Andern sieht, geht ihn fast so nahe an, wie sein eigenes: er sucht daher das Gleichgewicht zwischen beiden herzustellen, versagt sich Genüsse, übernimmt Entbehrungen, um fremde Leiden zu mildern. Er wird inne, daß der Unterschied zwischen ihm und Andern, welcher dem Bösen eine so große Kluft ist, nur einer vergänglichen täuschenden Erscheinung angehört: er erkennt, unmittelbar und ohne Schlüsse, daß das Ansich seiner eigenen Erscheinung auch das der fremden ist, nämlich jener Wille zum Leben, welcher das Wesen jeglichen Dinges ausmacht und in Allem lebt; ja, daß dieses sich sogar auf die Thiere und die ganze Natur erstreckt: daher wird er auch kein Thier quälen*.

Er ist jetzt so wenig im Stande, Andere darben zu lassen, während er selbst Ueberflüssiges und Entbehrliches hat, wie irgend Jemand einen Tag Hunger leiden wird, um am folgenden mehr zu haben, als er genießen kann. Denn Jenem, der die Werke der Liebe übt, ist der Schleier der Maja durchsichtig geworden, und die Täuschung des *principii individuationis* hat ihn verlassen. Sich, sein Selbst, seinen Willen erkennt er in jedem Wesen, folglich auch in dem Leidenden. Die Verkehrtheit ist von

---

* Das Recht des Menschen auf das Leben und die Kräfte der Thiere beruht darauf, daß, weil mit der Steigerung der Klarheit des Bewußtseyns das Leiden sich gleichmäßig steigert, der Schmerz, welchen das Thier durch den Tod, oder die Arbeit leidet, noch nicht so groß ist, wie der, welchen der Mensch durch die bloße Entbehrung des Fleisches, oder die Kräfte des Thieres leiden würde, der Mensch daher in der Bejahung seines Daseyns bis zur Verneinung des Daseyns des Thieres gehn kann, und der Wille zum Leben im Ganzen dadurch weniger Leiden trägt, als wenn man es umgekehrt hielte. Dies bestimmt zugleich den Grad des Gebrauchs, den der Mensch ohne Unrecht von den Kräften der Thiere machen darf, welchen man aber oft überschreitet, besonders bei Lastthieren und Jagdhunden; wogegen daher die Thätigkeit der Thier-Schutz-Gesellschaften besonders gerichtet ist. Auch erstreckt jenes Recht, meiner Ansicht nach, sich nicht auf Vivisektionen, zumal der oberen Thiere. Hingegen leidet das Insekt durch seinen Tod noch nicht so viel, wie der Mensch durch dessen Stich. – Die Hindu sehn dies nicht ein.

ihm gewichen, mit welcher der Wille zum Leben, sich selbst verkennend, hier in Einem Individuo flüchtige, gauklerische Wollüste genießt, und dafür dort in einem a n d e r n leidet und darbt, und so Quaal verhängt und Quaal duldet, nicht erkennend, daß er, wie Thyestes, sein eigenes Fleisch gierig verzehrt, und dann hier jammert über unverschuldetes Leid und dort frevelt ohne Scheu vor der Nemesis, immer und immer nur weil er sich selbst verkennt in der fremden Erscheinung, und daher die ewige Gerechtigkeit nicht wahrnimmt, befangen im *principio individuationis*, also überhaupt in jener Erkenntnißart, welche der Satz vom Grunde beherrscht. Von diesem Wahn und Blendwerk der Maja geheilt seyn, und Werke der Liebe üben, ist Eins. Letzteres ist aber unausbleibliches Symptom jener Erkenntniß.

Das Gegentheil der Gewissenspein, deren Ursprung und Bedeutung oben erläutert worden, ist d a s g u t e G e w i s s e n , die Befriedigung, welche wir nach jeder uneigennützigen That verspüren. Sie entspringt daraus, daß solche That, wie sie hervorgeht aus dem unmittelbaren Wiedererkennen unsers eigenen Wesens an sich auch in der fremden Erscheinung, uns auch wiederum die Beglaubigung dieser Erkenntniß giebt, der Erkenntniß, daß unser wahres Selbst nicht bloß in der eigenen Person, dieser einzelnen Erscheinung, daist, sondern in Allem was lebt. Dadurch fühlt sich das Herz erweitert, wie durch den Egoismus zusammengezogen. Denn wie dieser unsern Antheil koncentrirt auf die einzelne Erscheinung des eigenen Individui, wobei die Erkenntniß uns stets die zahllosen Gefahren, welche fortwährend diese Erscheinung bedrohen, vorhält, wodurch Aengstlichkeit und Sorge der Grundton unserer Stimmung wird; so verbreitet die Erkenntniß, daß alles Lebende eben so wohl unser eigenes Wesen an sich ist, wie die eigene Person, unsern Antheil auf alles Lebende: hiedurch wird das Herz erweitert. Durch den also verminderten Antheil am eigenen Selbst wird die ängstliche Sorge für dasselbe in ihrer Wurzel angegriffen und beschränkt: daher die ruhige, zuversichtliche Heiterkeit, welche tugendhafte Gesinnung und gutes Gewissen giebt, und das deutlichere Hervortreten derselben bei jeder guten That, indem diese den Grund jener Stimmung uns selber beglaubigt. Der Egoist fühlt sich von fremden und feindlichen Erscheinungen umgeben, und alle seine Hoffnung ruht auf dem eigenen Wohl. Der Gute lebt in einer Welt befreundeter Erscheinungen: das Wohl einer jeden derselben ist sein eigenes. Wenn daher gleich die Erkenntniß des Menschenlooses überhaupt seine Stimmung nicht zu einer fröhlichen macht, so giebt die bleibende Erkenntniß seines eigenen Wesens in allem Lebenden ihm doch eine gewisse Gleichmäßigkeit und selbst Heiterkeit der Stimmung. Denn der über unzählige Erscheinungen verbreitete Antheil kann nicht so beängstigen, wie der auf e i n e koncentrirte. Die Zufälle, welche die Gesammtheit der Individuen treffen, gleichen sich aus, während die dem Einzelnen begegnenden Glück und Unglück herbeiführen.

Wenn nun also Andere Moralprincipien aufstellten, die sie als Vorschriften zur Tugend und nothwendig zu befolgende Gesetze hingaben, ich aber, wie schon gesagt, dergleichen nicht kann, indem ich dem ewig freien Willen kein Soll noch Gesetz vorzuhalten habe; so ist dagegen, im Zusammenhange meiner Betrachtung, das jenem Unternehmen gewissermaaßen Entsprechende und Analoge jene rein theoretische Wahrheit, als deren bloße Ausführung auch das Ganze meiner Darstellung angesehn werden kann, daß nämlich der Wille das Ansich jeder Erscheinung, selbst aber, als solches, von den Formen dieser und dadurch von der Vielheit frei ist: welche Wahrheit ich, in Bezug auf das Handeln, nicht würdiger auszudrücken weiß, als durch die schon erwähnte Formel des Veda: *»Tat twam asi!«* (»Dieses bist du!«) Wer sie mit klarer Erkenntniß und fester inniger Ueberzeugung über jedes Wesen, mit dem er in Berührung kommt, zu sich selber auszusprechen vermag; der ist eben damit aller Tugend und Säligkeit gewiß und auf dem geraden Wege zur Erlösung.

Bevor ich nun aber weiter gehe und, als das Letzte meiner Darstellung zeige, wie die Liebe, als deren Ursprung und Wesen wir die Durchschauung des *principii individuationis* erkennen, zur Erlösung, nämlich zum gänzlichen Aufgeben des Willens zum Leben, d. h. alles Wollens, führt, und auch, wie ein anderer Weg, minder sanft, jedoch häufiger, den Menschen eben dahin bringt, muß zuvor hier ein paradoxer Satz ausgesprochen und erläutert werden, nicht weil er ein solcher, sondern weil er wahr ist und zur Vollständigkeit meines darzulegenden Gedankens gehört. Es ist dieser: »Alle Liebe *(αγαπη, caritas)* ist Mitleid.«

§ 67.

Wir haben gesehn, wie aus der Durchschauung des *principii individuationis* im geringern Grade die Gerechtigkeit, im höhern die eigentliche Güte der Gesinnung hervorgieng, welche sich als reine, d. h. uneigennützige Liebe gegen Andere zeigte. Wo nun diese vollkommen wird, setzt sie das fremde Individuum und sein Schicksal dem eigenen völlig gleich: weiter kann sie nie gehn, da kein Grund vorhanden ist, das fremde Individuum dem eigenen vorzuziehn. Wohl aber kann die Mehrzahl der fremden Individuen, deren ganzes Wohlseyn oder Leben in Gefahr ist, die Rücksicht auf das eigene Wohl des Einzelnen überwiegen. In solchem Falle wird der zur höchsten Güte und zum vollendeten Edelmuth gelangte Charakter sein Wohl und sein Leben gänzlich zum Opfer bringen für das Wohl vieler Andern: so starb Kodros, so Leonidas, so Regulus, so Decius Mus, so Arnold von Winkelried, so Jeder, der freiwillig und bewußt für die Seinigen, für das Vaterland, in den gewissen Tod geht. Auch steht auf dieser Stufe Jeder, der zur Behauptung Dessen, was der gesammten Menschheit zum Wohle gereicht und rechtmäßig angehört, d. h. für allgemeine, wichtige Wahrheiten und für Vertilgung großer Irrthümer, Leiden und Tod willig übernimmt: so starb Sokrates, so Jordanus Brunus, so fand mancher Held der Wahrheit den Tod auf dem Scheiterhaufen, unter den Händen der Priester.

Nunmehr aber habe ich, in Hinsicht auf das oben ausgesprochene Paradoxon, daran zu erinnern, daß wir früher dem Leben im Ganzen das Leiden wesentlich und von ihm unzertrennlich gefunden haben, und daß wir einsahen, wie jeder Wunsch aus einem Bedürfniß, einem Mangel, einem Leiden hervorgeht, daß daher jede Befriedigung nur ein hinweggenommener Schmerz, kein gebrachtes positives Glück ist, daß die Freuden zwar dem Wunsche lügen, sie wären ein positives Gut, in Wahrheit aber nur negativer Natur sind und nur das Ende eines Uebels. Was daher auch Güte, Liebe und Edelmuth für Andere thun, ist immer nur Linderung ihrer Leiden, und folglich ist, was sie bewegen kann zu guten Thaten und Werken der Liebe, immer nur die Erkenntniß des fremden Leidens, aus dem eigenen unmittelbar verständlich und diesem gleichgesetzt. Hieraus aber ergiebt sich, daß die reine Liebe (*αγαπη*, *caritas*) ihrer Natur nach Mitleid ist; das Leiden, welches sie lindert, mag nun ein großes oder ein kleines, wohin jeder unbefriedigte Wunsch gehört, seyn. Wir werden daher keinen Anstand nehmen, im geraden Widerspruch mit Kant, der alles wahrhaft Gute und alle Tugend allein für solche anerkennen will, wenn sie aus der abstrakten Reflexion und zwar dem Begriffe der Pflicht und des kategorischen Imperativs hervorgegangen ist, und der gefühltes Mitleid für Schwäche, keineswegs für Tugend erklärt, – im geraden Widerspruch mit Kant zu sagen: der bloße Begriff ist für die ächte Tugend so unfruchtbar, wie für die ächte Kunst: alle wahre und reine Liebe ist Mitleid, und jede Liebe, die nicht Mitleid ist, ist Selbstsucht. Selbstsucht ist der ερως; Mitleid ist die αγαπη. Mischungen von Beiden finden häufig Statt. Sogar die ächte Freundschaft ist immer Mischung von Selbstsucht und Mitleid: erstere liegt im Wohlgefallen an der Gegenwart des Freundes, dessen Individualität der unserigen entspricht, und sie macht fast immer den größten Theil aus; Mitleid zeigt sich in der aufrichtigen Theilnahme an seinem Wohl und Wehe und den uneigennützigen Opfern, die man diesem bringt. Sogar Spinoza sagt: *Benevolentia nihil aliud est, quam cupiditas ex commiseratione orta.* [Die Zuneigung ist nichts anderes als ein aus dem Mitleid entstandenes Verlangen.] *(Eth. III, pr. 27, cor. 3, schol.)* Als Bestätigung unsers paradoxen Satzes mag man bemerken, daß Ton und Worte der Sprache und Liebkosungen der reinen Liebe ganz zusammenfallen mit dem Tone des Mitleids: beiläufig auch, daß im Italiänischen Mitleid und reine Liebe durch das selbe Wort *pietà* bezeichnet werden.

Auch ist hier die Stelle zur Erörterung einer der auffallendesten Eigenheiten der menschlichen Natur, des Weinens, welches, wie das Lachen, zu den Aeußerungen gehört, die ihn vom Thiere unterscheiden. Das Weinen ist keineswegs geradezu Aeußerung des Schmerzes: denn bei den wenigsten Schmerzen wird geweint. Meines Erachtens weint man sogar nie unmittelbar über den empfundenen Schmerz, sondern immer nur über dessen Wiederholung in der Reflexion. Man geht nämlich von dem empfundenen Schmerz, selbst wann er körperlich ist, über zu einer bloßen Vorstellung desselben, und findet dann seinen eigenen Zustand so bemitleidenswerth, daß, wenn ein Anderer der Dulder wäre, man voller Mitleid und Liebe ihm helfen zu werden fest und aufrichtig überzeugt ist: nun aber ist man selbst der Gegenstand seines eigenen aufrichtigen Mitleids: mit der hülfreichsten Gesinnung ist man selbst der Hülfsbedürftige, fühlt, daß man mehr duldet, als man einen Andern dulden sehn könnte, und in dieser sonderbar verflochtenen Stimmung, wo das unmittelbar gefühlte Leid erst auf einem doppelten Umwege wieder zur Perception kommt, als fremdes vorgestellt, als solches mitgefühlt und dann plötzlich wieder als unmittelbar eigenes wahrgenommen wird, – schafft sich die Natur durch jenen sonderbaren körperlichen Krampf Erleichterung. – Das Weinen ist demnach Mitleid mit sich selbst, oder das auf seinen Ausgangspunkt zurückgeworfene Mitleid. Es ist daher durch Fähigkeit zur Liebe und zum Mitleid und durch Phantasie bedingt: daher weder hartherzige, noch phantasielose Menschen leicht weinen, und das Weinen sogar immer als Zeichen eines gewissen Grades von Güte des Charakters angesehn wird und den Zorn entwaffnet, weil man fühlt, daß wer noch weinen kann, auch nothwendig der Liebe, d. h. des Mitleids gegen Andere fähig seyn muß, eben weil dieses, auf die beschriebene Weise, in jene zum Weinen führende Stimmung eingeht. – Ganz der aufgestellten Erklärung gemäß ist die Beschreibung, welche Petrarka, sein Gefühl naiv und wahr aussprechend, vom Entstehn seiner eigenen Thränen macht:

I vo pensando: e nel pensar m'assale
Una pietà si forte di me stesso,
Che mi conduce spesso,
Ad alto lagrimar, ch' i non soleva.*

Auch bestätigt sich das Gesagte dadurch, daß Kinder, die einen Schmerz erlitten, meistens erst dann weinen, wann man sie beklagt, also nicht über den Schmerz, sondern über die Vorstellung desselben. – Wann wir nicht durch eigene, sondern durch fremde Leiden zum Weinen bewegt werden; so geschieht dies dadurch, daß wir uns in der Phantasie lebhaft an die Stelle des Leidenden versetzen, oder auch in seinem Schicksal das Loos der ganzen Menschheit und folglich vor Allem unser eigenes erblicken, und also durch einen weiten Umweg immer doch wie-

* Indem ich gedankenvoll wandele, befällt mich ein so starkes Mitleid mit mir selber, daß ich oft laut weinen muß; was ich doch sonst nicht pflegte. [*Il Canzoniere*, Canzone 21.]

der über uns selbst weinen, Mitleid mit uns selbst empfinden. Dies scheint auch ein Hauptgrund des durchgängigen, also natürlichen Weinens bei Todesfällen zu seyn. Es ist nicht sein Verlust, den der Trauernde beweint: solcher egoistischer Thränen würde er sich schämen; statt daß er bisweilen sich schämt, nicht zu weinen. Zunächst beweint er freilich das Loos des Gestorbenen: jedoch weint er auch, wann diesem, nach langen, schweren und unheilbaren Leiden, der Tod eine wünschenswerthe Erlösung war. Hauptsächlich also ergreift ihn Mitleid über das Loos der gesammten Menschheit, welche der Endlichkeit anheimgefallen ist, der zufolge jedes so strebsame, oft so thatenreiche Leben verlöschen und zu nichts werden muß: in diesem Loose der Menschheit aber erblickt er vor Allem sein eigenes, und zwar um so mehr, je näher ihm der Verstorbene stand, daher am meisten, wenn es sein Vater war. Wenn auch diesem durch Alter und Krankheit das Leben eine Quaal und durch seine Hülflosigkeit dem Sohn eine schwere Bürde war; so weint er doch heftig über den Tod des Vaters: aus dem angegebenen Grunde*.

§ 68.

Nach dieser Abschweifung über die Identität der reinen Liebe mit dem Mitleid, welches letzteren Zurückwendung auf das eigene Individuum das Phänomen des Weinens zum Symptom hat, nehme ich den Faden unserer Auslegung der ethischen Bedeutung des Handelns wieder auf, um nunmehr zu zeigen, wie aus der selben Quelle, aus welcher alle Güte, Liebe, Tugend und Edelmuth entspringt, zuletzt auch dasjenige hervorgeht, was ich die Verneinung des Willens zum Leben nenne.

Wie wir früher Haß und Bosheit bedingt sahen durch den Egoismus und diesen beruhen auf dem Befangenseyn der Erkenntniß im *principio individuationis*; so fanden wir als den Ursprung und das Wesen der Gerechtigkeit, sodann, wann es weiter geht, der Liebe und des Edelmuths, bis zu den höchsten Graden, die Durchschauung jenes *principii individuationis*,

* Hiezu Kap. 47 des zweiten Bandes. Es ist wohl kaum nöthig zu erinnern, daß die ganze §§ 61–67 im Umriß aufgestellte Ethik ihre ausführlichere und vollendetere Darstellung erhalten hat in meiner Preisschrift über die Grundlage der Moral.

welche allein, indem sie den Unterschied zwischen dem eigenen und den fremden Individuen aufhebt, die vollkommene Güte der Gesinnung, bis zur uneigennützigsten Liebe und zur großmüthigsten Selbstaufopferung für Andere, möglich macht und erklärt.

Ist nun aber dieses Durchschauen des *principii individuationis,* diese unmittelbare Erkenntniß der Identität des Willens in allen seinen Erscheinungen, in hohem Grade der Deutlichkeit vorhanden; so wird sie sofort einen noch weiter gehenden Einfluß auf den Willen zeigen. Wenn nämlich vor den Augen eines Menschen jener Schleier der Maja, das *principium individuationis,* so sehr gelüftet ist, daß derselbe nicht mehr den egoistischen Unterschied zwischen seiner Person und der fremden macht, sondern an den Leiden der andern Individuen so viel Antheil nimmt, wie an seinen eigenen, und dadurch nicht nur im höchsten Grade hülfreich ist, sondern sogar bereit, sein eigenes Individuum zu opfern, sobald mehrere fremde dadurch zu retten sind; dann folgt von selbst, daß ein solcher Mensch, der in allen Wesen sich, sein innerstes und wahres Selbst erkennt, auch die endlosen Leiden alles Lebenden als die seinen betrachten und so den Schmerz der ganzen Welt sich zueignen muß. Ihm ist kein Leiden mehr fremd. Alle Quaalen Anderer, die er sieht und so selten zu lindern vermag, alle Quaalen, von denen er mittelbar Kunde hat, ja die er nur als möglich erkennt, wirken auf seinen Geist, wie seine eigenen. Es ist nicht mehr das wechselnde Wohl und Wehe seiner Person, was er im Auge hat, wie dies bei dem noch im Egoismus befangenen Menschen der Fall ist; sondern, da er das *principium individuationis* durchschaut, liegt ihm alles gleich nahe. Er erkennt das Ganze, faßt das Wesen desselben auf, und findet es in einem steten Vergehn, nichtigem Streben, innerm Widerstreit und beständigem Leiden begriffen, sieht, wohin er auch blickt, die leidende Menschheit und die leidende Thierheit, und eine hinschwindende Welt. Dieses Alles aber liegt ihm jetzt so nahe, wie dem Egoisten nur seine eigene Person. Wie sollte er nun, bei solcher Erkenntniß der Welt, eben dieses Leben durch stete Willensakte bejahen und eben dadurch sich ihm immer fester verknüpfen, es immer fester an sich drücken? Wenn also Der, welcher noch im *principio individuationis,* im Egoismus, befangen ist, nur einzelne Dinge und ihr Verhältniß zu seiner Person erkennt, und jene dann zu immer erneuerten Motiv e n seines Wollens werden; so wird hingegen jene beschriebene Erkenntniß des Ganzen, des Wesens der Dinge an sich, zum Q u i e t i v alles und jedes Wollens. Der Wille wendet sich nunmehr vom Leben ab: ihm schaudert jetzt vor dessen Genüssen, in denen er die Bejahung desselben erkennt. Der Mensch gelangt zum Zustande der freiwilligen Entsagung, der Resignation, der wahren Gelassenheit und gänzlichen Willenslosigkeit. – Wenn uns Andern, welche noch der Schleier der Maja umfängt, auch zu Zeiten, im schwer empfundenen eigenen Leiden, oder im lebhaft erkannten fremden, die Erkenntniß der Nichtigkeit und Bitterkeit des Lebens nahe tritt, und wir durch völlige und auf immer entschiedene Entsagung den Begierden ihren Stachel abbrechen, allem Leiden den Zugang verschließen, uns reinigen und heiligen möchten; so umstrickt uns doch bald wieder die Täuschung der Erscheinung, und ihre Motive setzen den Willen aufs Neue in Bewegung: wir können uns nicht losreißen. Die Lockungen der Hoffnung, die Schmeichelei der Gegenwart, die Süße der Genüsse, das Wohlseyn, welches unserer Person mitten im Jammer einer leidenden Welt, unter der Herrschaft des Zufalls und des Irrthums, zu Theil wird, zieht uns zu ihr zurück und befestigt aufs Neue die Banden. Darum sagt Jesus: »Es ist leichter, daß ein Ankertau durch ein Nadelöhr gehe, denn daß ein Reicher ins Reich Gottes komme« [Matth. 19, 24].

Vergleichen wir das Leben einer Kreisbahn aus glühenden Kohlen, mit einigen kühlen Stellen, welche Bahn wir unablässig zu durchlaufen hätten; so tröstet den im Wahn Befangenen die kühle Stelle, auf der er jetzt eben steht, oder die er nahe vor sich sieht, und er fährt fort die Bahn zu durchlaufen. Jener aber, der, das *principium individuationis* durchschauend, das Wesen der Dinge an sich und dadurch das Ganze erkennt, ist solchen Trostes nicht mehr empfänglich: er sieht sich an allen Stellen zugleich, und tritt heraus. – Sein Wille wendet sich, bejaht nicht mehr sein eigenes, sich in der Erscheinung spiegelndes Wesen, sondern verneint es. Das Phänomen, wodurch dieses sich kund giebt, ist der Uebergang von der Tugend zur A s k e s i s. Nämlich es genügt ihm nicht mehr, Andere sich selbst gleich zu lieben und für sie soviel zu thun, wie für sich; sondern es entsteht in ihm ein Abscheu vor dem Wesen, dessen Ausdruck seine eigene Erscheinung ist, dem Willen zum Leben, dem Kern und Wesen jener als jammervoll erkannten Welt. Er verleugnet daher eben dieses in ihm erscheinende und schon durch seinen Leib ausgedrückte Wesen, und sein Thun straft jetzt seine Erscheinung Lügen, tritt in offenen Widerspruch mit derselben. Wesentlich nichts Anderes, als Erscheinung des Willens, hört er auf, irgend etwas zu wollen, hütet sich seinen Willen an irgend etwas zu hängen, sucht die größte Gleichgültigkeit gegen alle Dinge in sich zu befestigen. – Sein Leib, gesund und stark, spricht durch Genitalien den Geschlechtstrieb aus; aber er verneint den Willen und straft den Leib Lügen: er will keine Geschlechtsbefriedigung, unter keiner Bedingung. Freiwillige, vollkommene Keuschheit ist der erste Schritt in der Askese oder der Verneinung des Willens zum Leben. Sie verneint dadurch die über das individuelle Leben hinausgehende Bejahung des Willens und giebt damit die Anzeige, daß mit dem Leben dieses Leibes auch der Wille, dessen Erscheinung er ist, sich aufhebt. Die Natur, immer wahr und naiv, sagt aus, daß, wenn diese Maxime allgemein würde, das Menschengeschlecht ausstürbe: und nach Dem, was im zweiten Buch über den Zusammenhang aller Willenserscheinungen gesagt ist, glaube ich annehmen zu können, daß mit der höchsten Willenserscheinung auch der schwächere Wiederschein derselben, die Thierheit, wegfallen würde; wie mit dem vollen Lichte auch die Halbschatten verschwinden. Mit gänzlicher Aufhebung der Erkenntniß schwände dann auch von selbst die übrige Welt in Nichts; da ohne Subjekt kein Objekt. Ich möchte sogar hierauf eine Stelle im Veda beziehn, wo es heißt: »Wie in dieser Welt hungerige Kinder sich um ihre Mutter drängen, so harren alle Wesen des heiligen Opfers.« *(Asiatic researches*, Bd. 8. Colebrooke, *On the Vedas*, der Auszug aus Sama-Veda: steht auch in Colebrooke's *Miscellaneous essays,* Bd. 1, S. 88.) Opfer bedeutet Resignation überhaupt, und die übrige Natur hat ihre Erlösung vom Menschen zu erwarten, welcher Priester und Opfer zugleich ist. Ja, es verdient als höchst merkwürdig angeführt zu werden, daß dieser Gedanke auch von dem bewunderungswürdigen und unabsehbar tiefen Angelus Silesius ausgedrückt worden ist, in dem Verslein, überschrieben »Der Mensch bringt Alles zu Gott«; es lautet:

»Mensch! Alles liebet dich; um dich ist sehr Gedrange:
Es läuft dir Alles zu, daß es zu Gott gelange.«
[*Der Cherubinische Wandersmann, I,* 275.]

Aber ein noch größerer Mystiker, Meister Eckhard, dessen wundervolle Schriften uns durch die Ausgabe von Franz Pfeiffer jetzt endlich (1857) zugänglich geworden sind, sagt daselbst, S. 459, ganz im hier erörterten Sinne: »Ich bewähre dies mit Christo, da er sagt: wenn ich erhöhet werde von der Erde, alle Dinge will ich nach mir ziehn (Joh. 12, 32). So soll der gute Mensch alle Dinge hinauftragen zu Gott, in ihren ersten Ursprung. Dies bewähren uns die Meister, daß alle Kreaturen sind gemacht um des Menschen Willen. Dies prüfet an allen Kreaturen, daß eine Kreatur die andere nützet: das Rind das Gras, der Fisch das Wasser, der Vogel die Luft, das Thier den Wald. So kommen alle Kreaturen dem guten Menschen zu Nutz: eine Kreatur in der andern trägt ein guter Mensch zu Gott.« Er will sagen: dafür, daß der Mensch, in und mit sich selbst, auch die Thiere erlöst, benutzt er sie in diesem Leben. – Sogar scheint mir die schwierige Bibelstelle Röm. 8, 21–24 in diesem Sinne auszulegen zu seyn.

Auch im Buddhaismus fehlt es nicht an Ausdrücken der Sache: z. B. als Buddha, noch als Bodhisatwa [künftiger Buddha], sein Pferd zum letzten Male, nämlich zur Flucht aus der väterlichen Residenz in die Wüste, satteln läßt, spricht er zu demselben den Vers: »Schon lange Zeit bist du im Leben und im Tode da; jetzt aber sollst du aufhören zu tragen und zu schleppen. Nur dies Mal noch, o Kantakana, trage mich von hinnen, und wann ich werde das Gesetz erlangt haben (Buddha geworden seyn), werde ich deiner nicht vergessen.« *(Foe Koue Ki, trad. p. Abel Rémusat*, S. 233.*)*

Die Askesis zeigt sich sodann ferner in freiwilliger und absichtlicher Armuth, die nicht nur *per accidens* entsteht, indem das Eigenthum weggegeben wird, um fremde Leiden zu mildern, sondern hier schon Zweck an sich ist, dienen soll als stete Mortifikation [Abtötung] des Willens, damit nicht die Befriedigung der Wünsche, die Süße des Lebens, den Willen wieder aufrege, gegen welchen die Selbsterkenntniß Abscheu gefaßt hat. Der zu diesem Punkt Gelangte spürt als belebter Leib, als konkrete Willenserscheinung, noch immer die Anlage zum Wollen jeder Art: aber er unterdrückt sie absichtlich, indem er sich zwingt, nichts zu thun von allem was er wohl möchte, hingegen alles zu thun was er nicht möchte, selbst wenn es keinen weitern Zweck hat, als eben den, zur Mortifikation des Willens zu dienen. Da er den in seiner Person erscheinenden Willen selbst verneint, wird er nicht widerstreben, wann ein Anderer das Selbe thut, d. h. ihm Unrecht zufügt: darum ist ihm jedes von außen, durch Zufall oder fremde Bosheit, auf ihn kommende Leid willkommen, jeder Schaden, jede Schmach, jede Beleidigung: er empfängt sie freudig, als die Gelegenheit sich selber die Gewißheit zu geben, daß er den Willen nicht mehr bejaht, sondern freudig die Partei jedes Feindes der Willenserscheinung, die seine eigene Person ist, ergreift. Er erträgt daher solche Schmach und Leiden mit unerschöpflicher Geduld und Sanftmuth, vergilt alles Böse, ohne Ostentation [Augenfälligkeit], mit Gutem, und läßt das Feuer des Zornes so wenig, als das der Begierde je in sich wieder erwachen. – Wie den Willen selbst, so mortificirt er die Sichtbarkeit, die Objektität desselben, den Leib: er nährt ihn kärglich, damit sein üppiges Blühen und Gedeihen nicht auch den Willen, dessen bloßer Ausdruck und Spiegel er ist, neu belebe und stärker anrege. So greift er zum Fasten, ja er greift zur Kasteiung und Selbstpeinigung, um durch stetes Entbehren und Leiden den Willen mehr und mehr zu brechen und zu tödten, den er als die Quelle des eigenen und der Welt leidenden Daseyns erkennt und verabscheut. – Kommt endlich der Tod, der diese Erscheinung jenes Willens auflöst, dessen Wesen hier, durch freie Verneinung seiner selbst, schon längst, bis auf den schwachen Rest, der als Belebung dieses Leibes erschien, abgestorben war; so ist er, als ersehnte Erlösung, hoch willkommen und wird freudig empfangen. Mit ihm endigt hier nicht, wie bei Andern, bloß die Erscheinung; sondern das Wesen selbst ist aufgehoben, welches hier nur noch in der Erscheinung und durch sie ein schwaches Daseyn hatte*; welches letzte mürbe Band nun auch zerreißt. Für Den, welcher so endet, hat zugleich die Welt geendigt.

Und was ich hier mit schwacher Zunge und nur in allgemeinen Ausdrücken geschildert habe, ist nicht etwan ein selbsterfundenes philosophisches Mährchen und nur von heute: nein, es war das beneidenswerthe Leben gar vieler Heiligen und schöner See-

---

* Dieser Gedanke ist durch ein schönes Gleichniß ausgedrückt, in der uralten philosophischen Sanskritschrift »*Sankhya Karika*«: »Dennoch bleibt die Seele eine Weile mit dem Leibe bekleidet; wie die Töpferscheibe, nachdem das Gefäß vollendet ist, noch zu wirbeln fortfährt, in Folge des früher erhaltenen Stoßes. Erst wann die erleuchtete Seele sich vom Leibe trennt und für sie die Natur aufhört, tritt ihre gänzliche Erlösung ein.« Colebrooke, »*On the philosophy of the Hindus: Miscellaneous essays*«, Bd. 1, S. 259. Desgleichen in der »*Sankhya Carica by Horace Wilson*«, § 67, S. 184.

len unter den Christen, und noch mehr unter den Hindus und Buddhaisten, auch unter andern Glaubensgenossen. So sehr verschiedene Dogmen auch ihrer Vernunft eingeprägt waren, sprach dennoch sich die innere, unmittelbare, intuitive Erkenntniß, von welcher allein alle Tugend und Heiligkeit ausgehn kann, auf die gleiche und nämliche Weise durch den Lebenswandel aus. Denn auch hier zeigt sich der in unserer ganzen Betrachtung so wichtige und überall durchgreifende, bisher zu wenig beachtete, große Unterschied zwischen der intuitiven und der abstrakten Erkenntniß. Zwischen beiden ist eine weite Kluft, über welche, in Hinsicht auf die Erkenntniß des Wesens der Welt, allein die Philosophie führt. Intuitiv nämlich, oder *in concreto*, ist sich eigentlich jeder Mensch aller philosophischen Wahrheiten bewußt: sie aber in sein abstraktes Wissen, in die Reflexion zu bringen, ist das Geschäft des Philosophen, der weiter nichts soll, noch kann.

Vielleicht ist also hier zum ersten Male, abstrakt und rein von allem Mythischen, das innere Wesen der Heiligkeit, Selbstverleugnung, Ertödtung des Eigenwillens, Askesis, ausgesprochen als Verneinung des Willens zum Leben, eintretend, nachdem ihm die vollendete Erkenntniß seines eigenen Wesens zum Quietiv alles Wollens geworden. Hingegen unmittelbar erkannt und durch die That ausgesprochen haben es alle jene Heiligen und Asketen, die, bei gleicher innerer Erkenntniß, eine sehr verschiedene Sprache führten, gemäß den Dogmen, die sie ein Mal in ihre Vernunft aufgenommen hatten und welchen zufolge ein Indischer Heiliger, ein Christlicher, ein Lamaischer, von seinem eigenen Thun, jeder sehr verschiedene Rechenschaft geben muß, was aber für die Sache ganz gleichgültig ist. Ein Heiliger kann voll des absurdesten Aberglaubens seyn, oder er kann umgekehrt ein Philosoph seyn: Beides gilt gleich. Sein Thun allein beurkundet ihn als Heiligen: denn es geht, in moralischer Hinsicht, nicht aus der abstrakten, sondern aus der intuitiv aufgefaßten, unmittelbaren Erkenntniß der Welt und ihres Wesens hervor, und wird von ihm nur zur Befriedigung seiner Vernunft durch irgend ein Dogma ausgelegt. Es ist daher so wenig nöthig, daß der Heilige ein Philosoph, als daß der Philosoph ein Heiliger sei: so wie es nicht nöthig ist, daß ein vollkommen schöner Mensch ein großer Bildhauer, oder daß ein großer Bildhauer auch selbst ein schöner Mensch sei. Ueberhaupt ist es eine seltsame Anforderung an einen Moralisten, daß er keine andere Tugend empfehlen soll, als die er selbst besitzt. Das ganze Wesen der Welt abstrakt, allgemein und deutlich in Begriffen zu wiederholen, und es so als reflektirtes Abbild in bleibenden und stets bereit liegenden Begriffen der Vernunft niederzulegen: dieses und nichts anderes ist Philosophie. Ich erinnere an die im ersten Buche [S. 124] angeführte Stelle des Bako von Verulam.

Aber eben auch nur abstrakt und allgemein und daher kalt ist meine obige Schilderung der Verneinung des Willens zum Leben, oder des Wandels einer schönen Seele, eines resignirten, freiwillig büßenden Heiligen. Wie die Erkenntniß, aus welcher die Verneinung des Willens hervorgeht, eine intuitive ist und keine abstrakte; so findet sie ihren vollkommenen Ausdruck auch nicht in abstrakten Begriffen, sondern allein in der That und dem Wandel. Daher um völliger zu verstehn, was wir philosophisch als Verneinung des Willens zum Leben ausdrücken, hat man die Beispiele aus der Erfahrung und Wirklichkeit kennen zu lernen. Freilich wird man sie nicht in der täglichen Erfahrung antreffen: *nam omnia praeclara tam difficilia quam rara sunt* [denn alles Vortreffliche ist ebenso schwierig wie selten], sagt Spinoza vortrefflich [*Ethica*, v, prop. 42 schol.]. Man wird sich also, wenn nicht durch ein besonders günstiges Schicksal zum Augenzeugen gemacht, mit den Lebensbeschreibungen solcher Menschen begnügen müssen. Die Indische Litteratur ist, wie wir schon aus dem Wenigen, was wir bis jetzt durch Uebersetzungen kennen, sehn, sehr reich an Schilderungen des Lebens der Heiligen, der Büßenden, Samanäer [heiligmäßig lebenden Buddhisten], Saniassis [Wald-Einsiedler] u. s. w. genannt. Selbst die bekannte, wiewohl keineswegs in jeder Hinsicht lobenswerthe *»Mythologie des Indous par Mad. de Polier«* enthält viele vortreffliche Beispiele dieser Art. (Besonders im 13. Kapitel des zweiten Bandes.) Auch unter den Christen fehlt es nicht an Beispielen zu der bezweckten Erläuterung. Man lese die meistens schlecht geschriebenen Biographien derjenigen Personen, welche bald heilige Seelen, bald Pietisten, Quietisten, fromme Schwärmer u. s. w. genannt sind. Sammlungen solcher Biographien sind zu verschiedenen Zeiten gemacht, wie Tersteegen's »Leben heiliger Seelen«, Reiz's »Geschichten der Wiedergeborenen«, in unsern Tagen eine Sammlung von Kanne, die unter vielem Schlechten doch auch manches Gute enthält, wohin ich besonders das »Leben der Beata Sturmin« zähle. Ganz eigentlich gehört hieher das Leben des heiligen Franciscus von Assisi, dieser wahren Personifikation der Askese, und Vorbildes aller Bettelmönche. Sein Leben, von seinem jüngern Zeitgenossen, dem auch als Scholastiker berühmten heiligen Bonaventura beschrieben, ist neuerlich wieder aufgelegt worden: *»Vita S. Francisci a S. Bonaventura concinnata«* (Soest 1847), nachdem kurz vorher eine sorgfältige, ausführliche und alle Quellen benutzende Biographie desselben in Frankreich erschienen war: *»Histoire de S. François d'Assise, par Chavin de Mallan«* (1845). – Als Orientalische Parallele zu diesen Klosterschriften haben wir das höchst lesenswerthe Buch von Spence Hardy: *»Eastern monachism, an account of the order of mendicants founded by Gotama Budha«* (1850). Es zeigt uns die selbe Sache in einem andern Gewande. Auch sieht man, wie gleichgültig es ihr ist, ob sie von einer theistischen, oder einer atheistischen Religion ausgeht. – Vorzüglich aber kann ich, als ein specielles, höchst ausführliches Beispiel und eine faktische Erläuterung der von mir aufgestellten Begriffe, die Autobiographie der Frau von Guion empfehlen, welche schöne und große Seele, deren Andenken mich stets mit Ehrfurcht erfüllt, kennen zu lernen und dem Vortrefflichen ihrer Gesinnung, mit Nachsicht gegen den Aberglauben ihrer Vernunft, Gerechtigkeit widerfahren zu lassen, jedem Menschen besserer Art eben so erfreulich seyn muß, als jenes Buch bei den Gemeindenkenden, d. h. der Mehrzahl, stets in schlechtem Kredit stehn wird, weil durchaus und überall Jeder nur Das schätzen kann, was ihm einigermaaßen analog ist und wozu er wenigstens eine schwache Anlage hat. Dies gilt wie vom Intellektuellen, so auch vom Ethischen. Gewissermaaßen könnte man als ein hiehergehöriges Beispiel sogar die bekannte französische Biographie Spinoza's betrachten, wenn man nämlich als Schlüssel zu derselben jenen herrlichen Eingang zu seiner ungenügenden Abhandlung *»De emendatione intellectus«* gebraucht, welche Stelle ich zugleich als das wirksamste mir bekannt gewordene Besänftigungsmittel des Sturms der Leidenschaften anempfehlen kann. Endlich hat selbst der große Goethe, so sehr er Grieche ist, es nicht seiner unwürdig gehalten, uns diese schönste Seite der Menschheit im verdeutlichenden Spiegel der Dichtkunst zu zeigen, indem er uns in den »Bekenntnissen einer schönen Seele« das Leben der Fräulein

Klettenberg idealisirt darstellte und später, in seiner eigenen Biographie, auch historische Nachricht davon gab; wie er uns denn auch das Leben des heiligen Philippo Neri sogar zwei Mal erzählt hat. – Die Weltgeschichte wird zwar immer und muß von den Menschen schweigen, deren Wandel die beste und allein ausreichende Erläuterung dieses wichtigen Punktes unserer Betrachtung ist. Denn der Stoff der Weltgeschichte ist ein ganz anderer, ja entgegengesetzter, nämlich nicht das Verneinen und Aufgeben des Willens zum Leben, sondern eben sein Bejahen und Erscheinen in unzähligen Individuen, in welchem seine Entzweiung mit sich selbst, auf dem höchsten Gipfel seiner Objektivation, mit vollendeter Deutlichkeit hervortritt, und nun uns bald die Ueberlegenheit des Einzelnen durch seine Klugheit, bald die Gewalt der Menge durch ihre Masse, bald die Macht des sich zum Schicksal personificirenden Zufalls, immer die Vergeblichkeit und Nichtigkeit des ganzen Strebens vor Augen bringt. Uns aber, die wir hier nicht den Faden der Erscheinungen in der Zeit verfolgen, sondern als Philosophen die ethische Bedeutung der Handlungen zu erforschen suchen und diese hier zum alleinigen Maaßstabe für das uns Bedeutsame und Wichtige nehmen, wird doch wohl keine Scheu vor der stets bleibenden Stimmenmehrheit der Gemeinheit und Plattheit abhalten, zu bekennen, daß die größte, wichtigste und bedeutsamste Erscheinung, welche die Welt aufzeigen kann, nicht der Welteroberer ist, sondern der Weltüberwinder, also in der That nichts Anderes, als der stille und unbemerkte Lebenswandel eines solchen Menschen, dem diejenige Erkenntniß aufgegangen ist, in Folge welcher er jenen Alles erfüllenden und in Allem treibenden und strebenden Willen zum Leben aufgiebt und verneint, dessen Freiheit erst hier, in ihm allein, hervortritt, wodurch nunmehr sein Thun das gerade Gegentheil des gewöhnlichen wird. Für den Philosophen sind also in dieser Hinsicht jene Lebensbeschreibungen heiliger, sich selbst verleugnender Menschen, so schlecht sie auch meistens geschrieben, ja mit Aberglauben und Unsinn vermischt vorgetragen sind, doch, durch die Bedeutsamkeit des Stoffes, ungleich belehrender und wichtiger, als selbst Plutarchos und Livius.

Zur nähern und vollständigen Kenntniß Dessen, was wir, in der Abstraktion und Allgemeinheit unserer Darstellungsweise als Verneinung des Willens zum Leben ausdrücken, wird ferner sehr viel beitragen die Betrachtung der in diesem Sinn und von

Menschen, die dieses Geistes voll waren, gegebenen ethischen Vorschriften, und diese werden zugleich zeigen, wie alt unsere Ansicht ist, so neu auch der rein philosophische Ausdruck derselben seyn mag. Das uns zunächst Liegende ist das Christenthum, dessen Ethik ganz in dem angegebenen Geiste ist und nicht nur zu den höchsten Graden der Menschenliebe, sondern auch zur Entsagung führt; welche letztere Seite zwar schon in den Schriften der Apostel als Keim sehr deutlich vorhanden ist, jedoch erst später sich völlig entwickelt und *explicite* [ausdrücklich] ausgesprochen wird. Wir finden von den Aposteln vorgeschrieben: Liebe zum Nächsten, der Selbstliebe gleichwiegend, Wohlthätigkeit, Vergeltung des Hasses mit Liebe und Wohlthun, Geduld, Sanftmuth, Ertragung aller möglichen Beleidigungen ohne Widerstand, Enthaltsamkeit in der Nahrung zur Unterdrückung der Lust, Widerstand dem Geschlechtstriebe, wenn man es vermag, gänzlich. Wir sehn hier schon die ersten Stufen der Askesis, oder eigentlichen Verneinung des Willens, welcher letztere Ausdruck eben Das besagt, was in den Evangelien das Verleugnen seiner selbst und Aufsichnehmen des Kreuzes genannt wird. (Math. 16, 24. 25; Mark. 8, 34. 35; Luk. 9, 23. 24; 14, 26. 27. 33.) Diese Richtung entwickelte sich bald mehr und mehr und gab den Büßenden, den Anachoreten [Einsiedlern] und dem Mönchthum den Ursprung, welcher an sich rein und heilig war, aber eben darum dem größten Theil der Menschen ganz unangemessen, daher das sich daraus Entwickelnde nur Heuchelei und Abscheulichkeit seyn konnte: denn *abusus optimi pessimus* [der Mißbrauch des Besten ist der schlimmste Mißbrauch: sprichwörtlich]. Bei weiter gebildetem Christenthum sehn wir nun jenen asketischen Keim sich zur vollen Blüthe entfalten, in den Schriften der Christlichen Heiligen und Mystiker. Diese predigen neben der reinsten Liebe auch völlige Resignation, freiwillige gänzliche Armuth, wahre Gelassenheit, vollkommene Gleichgültigkeit gegen alle weltliche Dinge, Absterben dem eigenen Willen und Wiedergeburt in Gott, gänzliches Vergessen der eigenen Person und Versenken in die Anschauung Gottes. Eine vollständige Darstellung davon findet man in des Fénélon *»Explication des maximes des Saints sur la vie intérieure«*. Aber wohl nirgends ist der Geist des Christenthums in dieser seiner Entwickelung so vollkommen und kräftig ausgesprochen, wie in den Schriften der Deutschen Mystiker, also des

Meister Eckhard und in dem mit Recht berühmten Buche »Die deutsche Theologie«, von welchem Luther, in der dazu geschriebenen Vorrede, sagt, daß er aus keinem Buche, die Bibel und den Augustin ausgenommen, mehr gelernt, was Gott, Christus und der Mensch sei, als eben aus diesem, – dessen ächten und unverfälschten Text wir jedoch erst im Jahre 1851 in der Stuttgarter Ausgabe von Pfeiffer erhalten haben. Die darin gegebenen Vorschriften und Lehren sind die vollständigste, aus tief innerster Ueberzeugung entsprungene Auseinandersetzung Dessen, was ich als die Verneinung des Willens zum Leben dargestellt habe. Dort also hat man es näher kennen zu lernen, ehe man mit jüdisch-protestantischer Zuversicht darüber abspricht. In dem selben vortrefflichen Geiste geschrieben, obwohl jenem Werke nicht ganz gleich zu schätzen, ist Taulers »Nachfolgung des armen Leben Christi«, nebst dessen *»Medulla animae«*. Meines Erachtens verhalten die Lehren dieser ächten Christlichen Mystiker sich zu denen des Neuen Testaments, wie zum Wein der Weingeist. Oder: was im Neuen Testament uns wie durch Schleier und Nebel sichtbar wird, tritt in den Werken der Mystiker ohne Hülle, in voller Klarheit und Deutlichkeit uns entgegen. Endlich auch könnte man das Neue Testament als die erste, die Mystiker als die zweite Weihe betrachten – δμικρα και μεγαλα μυστηρια [kleine und große Mysterien; von den Athenern im März bzw. Oktober gefeiert].

Nun aber noch weiter entfaltet, vielseitiger ausgesprochen und lebhafter dargestellt, als in der Christlichen Kirche und occidentalischen Welt geschehn konnte, finden wir Dasjenige, was wir Verneinung des Willens zum Leben genannt haben, in den uralten Werken der Sanskritsprache. Daß jene wichtige ethische Ansicht des Lebens hier eine noch weitergehende Entwickelung und entschiedenern Ausdruck erlangen konnte, ist vielleicht hauptsächlich Dem zuzuschreiben, daß sie hier nicht von einem ihr ganz fremden Element beschränkt wurde, wie im Christenthum die Jüdische Glaubenslehre ist, zu welcher der erhabene Urheber jenes sich nothwendig, theils bewußt und theils vielleicht selbst unbewußt, bequemen und ihr anfügen mußte, und wodurch das Christenthum aus zwei sehr heterogenen Bestandtheilen zusammengesetzt ist, von denen ich den rein ethischen vorzugsweise, ja ausschließlich den Christlichen nennen und ihn von dem vorgefundenen Jüdischen Dogmatismus unterscheiden möchte. Wenn, wie schon öfter und besonders in jetziger Zeit befürchtet worden ist, jene vortreffliche und heilbringende Religion ein Mal gänzlich in Verfall gerathen könnte; so würde ich den Grund desselben allein darin suchen, daß sie nicht aus einem einfachen, sondern aus zwei ursprünglich heterogenen und nur mittelst des Weltlaufs zur Verbindung gekommenen Elementen besteht, durch deren aus ihrer ungleichen Verwandtschaft und Reaktion zum herangerückten Zeitgeist, entspringende Zersetzung, in solchem Fall die Auflösung hätte erfolgen müssen, nach welcher selbst jedoch der rein ethische Theil noch immer unversehrt bleiben müßte, weil er unzerstörbar ist. – In der Ethik der Hindus nun, wie wir sie schon jetzt, so unvollkommen unsere Kenntniß ihrer Litteratur auch noch ist, auf das mannigfaltigste und kräftigste ausgesprochen finden in den Veden, Puranas, Dichterwerken, Mythen, Legenden ihrer Heiligen, Denksprüchen und Lebensregeln*, sehn wir vorgeschrieben: Liebe des Nächsten mit völliger Verleugnung aller Selbstliebe; die Liebe überhaupt nicht auf das Menschengeschlecht beschränkt, sondern alles Lebende umfassend; Wohlthätigkeit bis zum Weggeben des täglich sauer Erworbenen; gränzenlose Geduld gegen alle Beleidiger; Vergeltung alles Bösen, so arg es auch seyn mag, mit Gutem und Liebe; freiwillige und freudige Erduldung jeder Schmach; Enthaltung aller thierischen Nahrung; völlige Keuschheit und Entsagung aller Wollust für Den, welcher eigentliche Heiligkeit anstrebt; Wegwerfung alles Eigenthums, Verlassung jedes Wohnorts, aller Angehörigen, tiefe gänzliche Einsamkeit, zugebracht in stillschweigender Betrachtung, mit freiwilliger Buße und schrecklicher, langsamer Selbstpeinigung, zur gänzlichen Mortifikation des Willens, welche zuletzt bis zum freiwilligen Tode geht durch Hunger, auch durch Entgegengehn den Krokodilen, durch Herabstürzen vom geheiligten Felsengipfel im

* Man sehe z. B. »*Oupnek'hat, studio Anquetil du Perron*«, Bd. 2, Nr. 138, 144, 145, 146. – »*Mythologie des Indous par Mad. de Polier*«, Bd. 2, Kap. 13, 14, 15, 16, 17. – »Asiatisches Magazin«, von Klaproth, im ersten Bande: »Ueber die Fo-Religion«; eben daselbst »Bhaguat-Geeta« oder »Gespräche zwischen Kreeshna und Arjoon«; im zweiten Bande: »Moha-Mudgava«. – Dann »*Institutes of Hindu-Law, or the ordinances of Menu, from the Sanskrit by Wm. Jones*«, deutsch von Hüttner (1797); besonders das sechste und zwölfte Kapitel. – Endlich viele Stellen in den »*Asiatic researches*«. (In den letzten vierzig Jahren ist die Indische Litteratur in Europa so angewachsen, daß wenn ich jetzt diese Anmerkung der ersten Ausgabe vervollständigen wollte, sie ein Paar Seiten füllen würde.)

Himalaja, durch lebendig Begrabenwerden, auch durch Hinwerfung unter die Räder des unter Gesang, Jubel und Tanz der Bajaderen die Götterbilder umherfahrenden ungeheuren Wagens. Und diesen Vorschriften, deren Ursprung über vier Jahrtausende weit hinausreicht, wird auch noch jetzt, so entartet in vielen Stücken jenes Volk ist, noch immer nachgelebt, von Einzelnen selbst bis zu den äußersten Extremen*. Was sich so lange, unter einem so viele Millionen umfassenden Volke in Ausübung erhalten hat, während es die schwersten Opfer auflegt, kann nicht willkürlich ersonnene Grille seyn, sondern muß im Wesen der Menschheit seinen Grund haben. Aber hiezu kommt, daß man sich nicht genugsam verwundern kann über die Einhelligkeit, welche man findet, wenn man das Leben eines Christlichen Büßenden oder Heiligen und das eines Indischen liest. Bei so grundverschiedenen Dogmen, Sitten und Umgebungen ist das Streben und das innere Leben Beider ganz das selbe. So auch in den Vorschriften für Beide: so z. B. redet Tauler von der gänzlichen Armuth, welche man suchen soll und welche darin besteht, daß man sich alles Dessen völlig begiebt und entäußert, daraus man irgend einen Trost oder weltliches Genügen schöpfen könnte: offenbar, weil dieses Alles dem Willen immer neue Nahrung giebt, auf dessen gänzliches Absterben es abgesehn ist: und als Indisches Gegenstück sehn wir, in den Vorschriften des Fo [Buddha], dem Saniassi, der ohne Wohnung und ganz ohne Eigenthum seyn soll, noch zuletzt anbefohlen, daß er auch nicht öfter sich unter den selben Baum lege, damit er auch nicht zu diesem Baum irgend eine Vorliebe oder Neigung fasse. Die Christlichen Mystiker und die Lehrer der Vedanta-Philosophie treffen auch darin zusammen, daß sie für Den, der zur Vollkommenheit gelangt ist, alle äußern Werke und Religionsübungen überflüssig erachten. – So viele Uebereinstimmung, bei so verschiedenen Zeiten und Völkern, ist ein faktischer Beweis, daß hier nicht, wie optimistische Plattheit es gern behauptet, eine Verschrobenheit und Verrücktheit der Gesinnung, sondern eine wesentliche und nur durch ihre Trefflichkeit sich selten hervorthuende Seite der menschlichen Natur sich ausspricht.

---

* Bei der Procession von Jaggernaut im Juni 1840 warfen sich elf Hindu unter den Wagen und kamen augenblicklich um. (Brief eines Ostindischen Gutsbesitzers, in den »*Times*« vom 30. December 1840.)

Ich habe nunmehr die Quellen angegeben, aus welchen man unmittelbar und aus dem Leben geschöpft die Phänomene kennen lernen kann, in welchen die Verneinung des Willens zum Leben sich darstellt. Gewissermaaßen ist dies der wichtigste Punkt unserer ganzen Betrachtung: dennoch habe ich ihn nur ganz im Allgemeinen dargelegt; da es besser ist, auf Diejenigen zu verweisen, welche aus unmittelbarer Erfahrung reden, als durch schwächere Wiederholung des von ihnen Gesagten dieses Buch ohne Noth noch mehr anschwellen zu lassen.

Nur noch Weniges will ich, zur allgemeinen Bezeichnung ihres Zustandes, hinzufügen. Wie wir oben den Bösen, durch die Heftigkeit seines Wollens, beständige, verzehrende, innere Quaal leiden und den grimmigen Durst des Eigenwillens zuletzt, wenn alle Objekte des Wollens erschöpft sind, am Anblick fremder Pein kühlen sahen; so ist dagegen Der, in welchem die Verneinung des Willens zum Leben aufgegangen ist, so arm, freudelos und voll Entbehrungen sein Zustand, von außen gesehn, auch ist, voll innerer Freudigkeit und wahrer Himmelsruhe. Es ist nicht der unruhige Lebensdrang, die jubelnde Freude, welche heftiges Leiden zur vorhergegangenen, oder nachfolgenden Bedingung hat, wie sie den Wandel des lebenslustigen Menschen ausmachen; sondern es ist ein unerschütterlicher Friede, eine tiefe Ruhe und innige Heiterkeit, ein Zustand, zu dem wir, wenn er uns vor die Augen oder die Einbildungskraft gebracht wird, nicht ohne die größte Sehnsucht blicken können, indem wir ihn sogleich als das allein Rechte, alles Andere unendlich überwiegende anerkennen, zu welchem unser besserer Geist uns das große *sapere aude* [Wage es, Einsicht zu haben] zuruft. Wir fühlen dann wohl, daß jede der Welt abgewonnene Erfüllung unserer Wünsche doch nur dem Almosen gleicht, welches den Bettler heute am Leben erhält, damit er morgen wieder hungere; die Resignation dagegen dem ererbten Landgut: es entnimmt den Besitzer aller Sorgen auf immer.

Es ist uns aus dem dritten Buche erinnerlich, daß die ästhetische Freude am Schönen, einem großen Theile nach, darin besteht, daß wir, in den Zustand der reinen Kontemplation tretend, für den Augenblick allem Wollen, d. h. allen Wünschen und Sorgen, enthoben, gleichsam uns selbst los werden, nicht mehr das zum Behuf seines beständigen Wollens erkennende Individuum, das Korrelat des einzelnen Dinges, dem die

Objekte zu Motiven werden, sondern das willensreine, ewige Subjekt des Erkennens, das Korrelat der Idee sind: und wir wissen, daß diese Augenblicke, wo wir, vom grimmen Willensdrange erlöst, gleichsam aus dem schweren Erdenäther auftauchen, die säligsten sind, welche wir kennen. Hieraus können wir abnehmen, wie sälig das Leben eines Menschen seyn muß, dessen Wille nicht auf Augenblicke, wie beim Genuß des Schönen, sondern auf immer beschwichtigt ist, ja gänzlich erloschen, bis auf jenen letzten glimmenden Funken, der den Leib erhält und mit diesem erlöschen wird. Ein solcher Mensch, der, nach vielen bitteren Kämpfen gegen seine eigene Natur, endlich ganz überwunden hat, ist nur noch als rein erkennendes Wesen, als ungetrübter Spiegel der Welt übrig. Ihn kann nichts mehr ängstigen, nichts mehr bewegen: denn alle die tausend Fäden des Wollens, welche uns an die Welt gebunden halten, und als Begierde, Furcht, Neid, Zorn, uns hin- und herreißen, unter beständigem Schmerz, hat er abgeschnitten. Er blickt nun ruhig und lächelnd zurück auf die Gaukelbilder dieser Welt, die einst auch sein Gemüth zu bewegen und zu peinigen vermochten, die aber jetzt so gleichgültig vor ihm stehn, wie die Schachfiguren nach geendigtem Spiel, oder wie am Morgen die abgeworfenen Maskenkleider, deren Gestalten uns in der Faschingsnacht neckten und beunruhigten. Das Leben und seine Gestalten schweben nur noch vor ihm, wie eine flüchtige Erscheinung, wie dem Halberwachten ein leichter Morgentraum, durch den schon die Wirklichkeit durchschimmert und der nicht mehr täuschen kann: und eben auch wie dieser verschwinden sie zuletzt, ohne gewaltsamen Uebergang. Aus diesen Betrachtungen können wir verstehn lernen, in welchem Sinne die G u i o n , gegen das Ende ihrer Lebensbeschreibung, sich oft so äußert: »Mir ist Alles gleichgültig: ich k a n n Nichts mehr wollen: ich weiß oft nicht, ob ich da bin oder nicht.« – Auch sei es mir vergönnt, um auszudrücken, wie nach dem Absterben des Willens, der Tod des Leibes (der ja nur die Erscheinung des Willens ist, mit dessen Aufhebung er daher alle Bedeutung verliert) nun nichts Bitteres mehr haben kann, sondern sehr willkommen ist, – die eigenen Worte jener heiligen Büßerin herzusetzen, obwohl sie nicht zierlich gewendet sind: *»Midi de la gloire; jour où il n'y a plus de nuit; vie qui ne craint plus la mort, dans la mort même: parceque la mort a vaincu la mort, et que celui qui a souffert la première mort, ne* *goutera plus la seconde mort.«* [Mittagshöhe der Seligkeit; Tag, dem keine Nacht mehr folgt; Leben, das noch im Tode selbst den Tod nicht mehr fürchtet: weil der Tod den Tod überwunden hat, weil der, der den ersten Tod erlitten hat, den zweiten Tod nicht mehr empfinden wird.] *(Vie de Mad. de Guion,* Bd. 2, S. 13.*)*

Indessen dürfen wir doch nicht meinen, daß, nachdem durch die zum Quietiv gewordene Erkenntniß, die Verneinung des Willens zum Leben ein Mal eingetreten ist, sie nun nicht mehr wanke, und man auf ihr rasten könne, wie auf einem erworbenen Eigenthum. Vielmehr muß sie durch steten Kampf immer aufs Neue errungen werden. Denn da der Leib der Wille selbst ist, nur in der Form der Objektität, oder als Erscheinung in der Welt als Vorstellung; so ist, so lange der Leib lebt, auch noch der ganze Wille zum Leben seiner Möglichkeit nach da, und strebt stets in die Wirklichkeit zu treten und von Neuem mit seiner ganzen Gluth zu entbrennen. Daher finden wir im Leben heiliger Menschen jene geschilderte Ruhe und Säligkeit nur als die Blüthe, welche hervorgeht aus der steten Ueberwindung des Willens, und sehn, als den Boden, welchem sie entsprießt, den beständigen Kampf mit dem Willen zum Leben: denn dauernde Ruhe kann auf Erden Keiner haben. Wir sehn daher die Geschichten des innern Lebens der Heiligen voll von Seelenkämpfen, Anfechtungen und Verlassenheit von der Gnade, d. h. von derjenigen Erkenntnißweise, welche, alle Motive unwirksam machend, als allgemeines Quietiv alles Wollens beschwichtigt, den tiefsten Frieden giebt und das Thor der Freiheit öffnet. Daher auch sehn wir Diejenigen, welche ein Mal zur Verneinung des Willens gelangt sind, sich mit aller Anstrengung auf diesem Wege erhalten, durch sich abgezwungene Entsagungen jeder Art, durch eine büßende, harte Lebensweise und das Aufsuchen des ihnen Unangenehmen: Alles, um den stets wieder aufstrebenden Willen zu dämpfen. Daher endlich, weil sie den Werth der Erlösung schon kennen, ihre ängstliche Sorgsamkeit für die Erhaltung des errungenen Heils, ihre Gewissensskrupel bei jedem unschuldigen Genuß, oder bei jeder kleinen Regung ihrer Eitelkeit, welche auch hier am letzten stirbt, sie, von allen Neigungen des Menschen die unzerstörbarste, thätigste und thörichteste. – Unter dem schon öfter von mir gebrauchten Ausdruck Askesis verstehe ich, im engern Sinne, diese vorsätzliche Brechung des Willens, durch Versagung des Angenehmen und Aufsuchen des Unangenehmen, die selbstgewählte büßende Lebensart und Selbstkasteiung, zur anhaltenden Mortifikation des Willens.

Wenn wir nun diese von den schon zur Verneinung des Willens Gelangten ausüben sehn, um sich dabei zu erhalten; so ist auch das Leiden überhaupt, wie es vom Schicksal verhängt wird, ein zweiter Weg (δευτερος πλους †) um zu jener Verneinung zu gelangen: ja, wir können annehmen, daß die Meisten nur auf diesem dahin kommen, und daß es das selbst empfundene, nicht das bloß erkannte Leiden ist, was am häufigsten die völlige Resignation herbeiführt, oft erst bei der Nähe des Todes. Denn nur bei Wenigen reicht die bloße Erkenntniß hin, welche, das *principium individuationis* durchschauend, erstlich die vollkommenste Güte der Gesinnung und allgemeine Menschenliebe hervorbringt, und endlich alle Leiden der Welt sie als ihre eigenen erkennen läßt, um die Verneinung des Willens herbeizuführen. Selbst bei Dem, welcher sich diesem Punkte nähert, ist fast immer der erträgliche Zustand der eigenen Person, die Schmeichelei des Augenblicks, die Lockung der Hoffnung und die sich immer wieder anbietende Befriedigung des Willens, d. i. der Lust, ein stetes Hinderniß der Verneinung des Willens und eine stete Verführung zu erneuerter Bejahung desselben: darum hat man in dieser Hinsicht alle jene Lockungen als Teufel personificirt. Meistens muß daher, durch das größte eigene Leiden, der Wille gebrochen seyn, ehe dessen Selbstverneinung eintritt. Dann sehn wir den Menschen, nachdem er durch alle Stufen der wachsenden Bedrängniß, unter dem heftigsten Widerstreben, zum Rande der Verzweiflung gebracht ist, plötzlich in sich gehn, sich und die Welt erkennen, sein ganzes Wesen ändern, sich über sich selbst und alles Leiden erheben und, wie durch dasselbe gereinigt und geheiligt, in unanfechtbarer Ruhe, Säligkeit und Erhabenheit willig Allem entsagen, was er vorhin mit der größten Heftigkeit wollte, und den Tod freudig empfangen. Es ist der aus der läuternden Flamme des Leidens plötzlich hervortretende Silberblick der Verneinung des Willens zum Leben, d. h. der Erlösung. Selbst Die, welche sehr böse waren, sehn wir bisweilen

† Ueber δευτερος πλους *Stobaeus Floril. Vol. 2, p. 374* [ed. Gaisford, cap. 59, nr. 9 = p. 376].

durch die tiefsten Schmerzen bis zu diesem Grade geläutert: sie sind Andere geworden und völlig umgewandelt. Die früheren Missethaten ängstigen daher auch ihr Gewissen jetzt nicht mehr; doch büßen sie solche gern mit dem Tode, und sehn willig die Erscheinung jenes Willens enden, der ihnen jetzt fremd und zum Abscheu ist. Von dieser durch großes Unglück und die Verzweiflung an aller Rettung herbeigeführten Verneinung des Willens hat uns eine deutliche und anschauliche Darstellung, wie mir sonst keine in der Poesie bekannt ist, der große Goethe, in seinem unsterblichen Meisterwerke, dem »Faust«, gegeben, an der Leidensgeschichte des Gretchens. Diese ist ein vollkommenes Musterbild des zweiten Weges, der zur Verneinung des Willens führt, nicht, wie der erste, durch die bloße Erkenntniß des Leidens einer ganzen Welt, das man sich freiwillig aneignet; sondern durch den selbstempfundenen, eigenen, überschwänglichen Schmerz. Zwar führen sehr viele Trauerspiele ihren gewaltig wollenden Helden zuletzt auf diesen Punkt der gänzlichen Resignation, wo dann gewöhnlich der Wille zum Leben und seine Erscheinung zugleich endigen: aber keine mir bekannte Darstellung bringt das Wesentliche jener Umwandlung so deutlich und rein von allem Nebenwerk vor die Augen, wie die erwähnte im »Faust«.

Im wirklichen Leben sehn wir jene Unglücklichen, welche das größte Maaß des Leidens zu leeren haben, da sie, nachdem ihnen alle Hoffnung gänzlich genommen ist, bei voller Geisteskraft, einem schmählichen, gewaltsamen, oft quaalvollen Tode auf dem Schafott entgegen gehn, sehr häufig auf solche Weise umgewandelt. Wir dürfen zwar nicht annehmen, daß zwischen ihrem Charakter und dem der meisten Menschen ein so großer Unterschied sei, wie ihr Schicksal angiebt, sondern haben letzteres größtentheils den Umständen zuzuschreiben: sie sind jedoch schuldig und in beträchtlichem Grade böse. Nun sehn wir aber Viele von ihnen, nachdem völlige Hoffnungslosigkeit eingetreten ist, auf die angegebene Weise umgewandelt. Sie zeigen jetzt wirkliche Güte und Reinheit der Gesinnung, wahren Abscheu gegen das Begehn jeder im Mindesten bösen oder lieblosen That: sie vergeben ihren Feinden, und wären es solche, durch die sie unschuldig litten, nicht bloß mit Worten und etwan aus heuchelnder Furcht vor den Richtern der Unterwelt; sondern in der That und mit innigem Ernst, und wollen durchaus keine Rache.

Ja, ihr Leiden und Sterben wird ihnen zuletzt lieb; denn die Verneinung des Willens zum Leben ist eingetreten: sie weisen oft die dargebotene Rettung von sich, sterben gern, ruhig, sälig. Ihnen hat sich, im Uebermaaß des Schmerzes, das letzte Geheimniß des Lebens offenbart, daß nämlich das Uebel und das Böse, das Leiden und der Haß, der Gequälte und der Quäler, so verschieden sie auch der dem Satz vom Grunde folgenden Erkenntniß sich zeigen, an sich Eines sind, Erscheinung jenes einen Willens zum Leben, welcher seinen Widerstreit mit sich selbst mittelst des *principii individuationis* objektivirt: sie haben beide Seiten, das Böse und das Uebel, in vollem Maaße kennen gelernt, und indem sie zuletzt die Identität beider einsehn, weisen sie jetzt beide zugleich von sich, verneinen den Willen zum Leben. In welchen Mythen und Dogmen sie ihrer Vernunft von dieser intuitiven und unmittelbaren Erkenntniß und von ihrer Umwandlung Rechenschaft ablegen, ist, wie gesagt, ganz gleichgültig.

Zeuge einer Sinnesänderung dieser Art ist, ohne Zweifel, Matthias Claudius gewesen, als er den merkwürdigen Aufsatz schrieb, welcher im »Wandsbecker Boten« (Th. 1, S. 115) unter der Aufschrift »Bekehrungsgeschichte des ***« steht und folgenden Schluß hat: »Die Denkart des Menschen kann von einem Punkt der Peripherie zu dem entgegengesetzten übergehn, und wieder zurück zu dem vorigen Punkt, wenn die Umstände ihm den Bogen dahin vorzeichnen. Und diese Veränderungen sind nicht eben etwas Großes und Interessantes beim Menschen. Aber jene merkwürdige, katholische [umfassende], transscendentale Veränderung, wo der ganze Cirkel unwiederbringlich zerrissen wird und alle Gesetze der Psychologie eitel und leer werden, wo der Rock von Fellen ausgezogen, wenigstens umgewandt wird und es dem Menschen wie Schuppen von den Augen fällt, ist so etwas, daß ein Jeder, der sich des Odems in seiner Nase einigermaaßen bewußt ist, Vater und Mutter verläßt, wenn er darüber etwas Sicheres hören und erfahren kann.«

Nähe des Todes und Hoffnungslosigkeit ist übrigens zu einer solchen Läuterung durch Leiden nicht durchaus nothwendig. Auch ohne sie kann, durch großes Unglück und Schmerz, die Erkenntniß des Widerspruchs des Willens zum Leben mit sich selbst sich gewaltsam aufdringen und die Nichtigkeit alles Strebens eingesehn werden. Daher sah man oft Menschen, die ein sehr bewegtes Leben im Drange der Leidenschaften geführt, Könige, Helden, Glücksritter, plötzlich sich ändern, zur Resignation und Buße greifen, Einsiedler und Mönche werden. Hieher gehören alle ächten Bekehrungsgeschichten, z. B. auch die des Raimund Lullius, welcher, von einer Schönen, um die er lange gebuhlt hatte, endlich auf ihr Zimmer beschieden, der Erfüllung aller seiner Wünsche entgegensah, als sie, ihren Brustlatz öffnend, ihm ihren vom Krebs auf das Entsetzlichste zerfressenen Busen zeigte. Von diesem Augenblick an, als hätte er in die Hölle gesehn, bekehrte er sich, verließ den Hof des Königs von Majorka und gieng in die Wüste, Buße zu thun*. Dieser Bekehrungsgeschichte sehr ähnlich ist die des Abbé Rancé, welche ich im 48. Kapitel des zweiten Bandes in der Kürze erzählt habe. Wenn wir betrachten, wie in Beiden der Uebergang von der Lust zu den Gräueln des Lebens der Anlaß war; so giebt uns Dies eine Erläuterung zu der auffallenden Thatsache, daß die lebenslustigste, heiterste, sinnlichste und leichtsinnigste Nation in Europa, also die französische, es ist, unter welcher der bei Weitem strengste aller Mönchsorden, also der Trappistische, entstanden ist, nach seinem Verfall wieder hergestellt wurde, durch Rancé, und, trotz Revolutionen, Kirchenveränderungen und eingerissenem Unglauben, sich bis auf den heutigen Tag, in seiner Reinheit und furchtbaren Strenge erhält.

Eine Erkenntniß der oben erwähnten Art, von der Beschaffenheit dieses Daseyns, kann jedoch auch wieder mit ihrem Anlaß zugleich sich entfernen, und der Wille zum Leben, und mit ihm der vorige Charakter, wieder eintreten. So sehn wir den leidenschaftlichen Benvenuto Cellini, ein Mal im Gefängniß und ein anderes Mal bei einer schweren Krankheit, auf solche Weise umgewandelt werden, aber nach verschwundenem Leiden wieder in den alten Zustand zurückfallen. Ueberhaupt geht aus dem Leiden die Verneinung des Willens keineswegs mit der Nothwendigkeit der Wirkung aus der Ursache hervor, sondern der Wille bleibt frei. Denn hier ist ja eben der einzige Punkt, wo seine Freiheit unmittelbar in die Erscheinung eintritt: daher das so stark ausgedrückte Erstaunen des Asmus über die »transscendentale Veränderung«. Bei jedem Leiden läßt

---

* *Bruckeri hist. philos., tomi IV pars I, p. 10.*

sich ein ihm an Heftigkeit überlegener und dadurch unbezwungener Wille denken. Daher erzählt Plato im »Phädon« von Solchen, die bis zum Augenblick ihrer Hinrichtung schmausen, trinken, Aphrodisia genießen, bis in den Tod das Leben bejahend [116 E]. Shakespeare bringt uns im Kardinal Beaufort* das fürchterliche Ende eines Ruchlosen vor die Augen, der verzweiflungsvoll stirbt, indem kein Leiden noch Tod den bis zur äußersten Bosheit heftigen Willen brechen kann.

Je heftiger der Wille, desto greller die Erscheinung seines Widerstreits: desto größer also das Leiden. Eine Welt, welche die Erscheinung eines ungleich heftigern Willens zum Leben wäre, als die gegenwärtige, würde um soviel größere Leiden aufweisen: sie wäre also eine Hölle.

Weil alles Leiden, indem es eine Mortifikation und Aufforderung zur Resignation ist, der Möglichkeit nach, eine heiligende Kraft hat; so ist hieraus zu erklären, daß großes Unglück, tiefe Schmerzen schon an sich eine gewisse Ehrfurcht einflößen. Ganz ehrwürdig wird uns aber der Leidende erst dann, wann er, den Lauf seines Lebens als eine Kette von Leiden überblickend, oder einen großen und unheilbaren Schmerz betrauernd, doch nicht eigentlich auf die Verkettung von Umständen hinsieht, die gerade sein Leben in Trauer stürzten, und nicht bei jenem einzelnen großen Unglück, das ihn traf, stehn bleibt: – denn bis dahin folgt seine Erkenntniß noch dem Satz vom Grunde und klebt an der einzelnen Erscheinung; er will auch noch immer das Leben, nur nicht unter den ihm gewordenen Bedingungen; – sondern er steht erst dann wirklich ehrwürdig da, wann sein Blick sich vom Einzelnen zum Allgemeinen erhoben hat, wann er sein eigenes Leiden nur als Beispiel des Ganzen betrachtet und ihm, indem er in ethischer Hinsicht genial wird, ein Fall für tausende gilt, daher dann das Ganze des Lebens, als wesentliches Leiden aufgefaßt, ihn zur Resignation bringt. Dieserwegen ist es ehrwürdig, wenn in Goethes »Torquato Tasso« die Prinzessin sich darüber ausläßt, wie ihr eigenes Leben und das der Ihrigen immer traurig und freudenlos gewesen ist, und sie dabei ganz ins Allgemeine blickt.

Einen sehr edlen Charakter denken wir uns immer mit einem gewissen Anstrich stiller Trauer, die nichts weniger ist, als

---

* *Henry VI, part 2, Act 3, Sc. 3.*

beständige Verdrießlichkeit über die täglichen Widerwärtigkeiten (eine solche wäre ein unedler Zug und ließe böse Gesinnung fürchten); sondern ein aus der Erkenntniß hervorgegangenes Bewußtseyn der Nichtigkeit aller Güter und des Leidens alles Lebens, nicht des eigenen allein. Doch kann solche Erkenntniß durch selbsterfahrenes Leiden zuerst erweckt seyn, besonders durch ein einziges großes; wie den Petrarka ein einziger unerfüllbarer Wunsch zu jener resignirten Trauer über das ganze Leben gebracht hat, die uns aus seinen Werken so rührend anspricht: denn die Daphne, welche er verfolgte, mußte seinen Händen entschwinden, um statt ihrer ihm den unsterblichen Lorbeer zurückzulassen. Wenn durch eine solche große und unwiderrufliche Versagung vom Schicksal der Wille in gewissem Grade gebrochen ist; so wird im Uebrigen fast nichts mehr gewollt, und der Charakter zeigt sich sanft, traurig, edel, resignirt. Wann endlich der Gram keinen bestimmten Gegenstand mehr hat, sondern über das Ganze des Lebens sich verbreitet; dann ist er gewissermaaßen ein In-sich-gehn, ein Zurückziehn, ein allmäliges Verschwinden des Willens, dessen Sichtbarkeit, den Leib, er sogar leise, aber im Innersten untergräbt, wobei der Mensch eine gewisse Ablösung seiner Banden spürt, ein sanftes Vorgefühl des sich als Auflösung des Leibes und des Willens zugleich ankündigenden Todes; daher diesen Gram eine heimliche Freude begleitet, welche es, wie ich glaube, ist, die das melancholischeste aller Völker *the joy of grief* [die Freude am Gram] genannt hat. Doch liegt eben auch hier die Klippe der Empfindsamkeit, sowohl im Leben selbst, als in dessen Darstellung im Dichten: wenn nämlich immer getrauert und immer geklagt wird, ohne daß man sich zur Resignation erhebt und ermannt; so hat man Erde und Himmel zugleich verloren und wässerichte Sentimentalität übrig behalten. Nur indem das Leiden die Form bloßer reiner Erkenntniß annimmt und sodann diese als Quietiv des Willens wahre Resignation herbeiführt, ist es der Weg zur Erlösung und dadurch ehrwürdig. In dieser Hinsicht aber fühlen wir beim Anblick jedes sehr Unglücklichen eine gewisse Achtung, die der, welche Tugend und Edelmuth uns abnöthigen, verwandt ist, und zugleich erscheint dabei unser eigener glücklicher Zustand wie ein Vorwurf. Wir können nicht umhin, jenes Leiden, sowohl das selbstgefühlte wie das fremde, als eine wenigstens mögliche Annäherung zur

Tugend und Heiligkeit, hingegen Genüsse und weltliche Befriedigungen als die Entfernung davon anzusehn. Dies geht so weit, daß jeder Mensch, der ein großes körperliches Leiden, oder ein schweres geistiges trägt, ja sogar jeder, der nur eine die größte Anstrengung erfordernde körperliche Arbeit im Schweiß seines Angesichts und mit sichtbarer Erschöpfung verrichtet, dies alles aber mit Geduld und ohne Murren, daß, sage ich, jeder solcher Mensch, wenn wir ihn mit inniger Aufmerksamkeit betrachten, uns gleichsam vorkommt wie ein Kranker, der eine schmerzhafte Kur anwendet, den durch sie verursachten Schmerz aber willig und sogar mit Befriedigung erträgt, indem er weiß, daß je mehr er leidet, desto mehr auch der Krankheitsstoff zerstört wird und daher der gegenwärtige Schmerz das Maaß seiner Heilung ist.

Allem Bisherigen zufolge geht die Verneinung des Willens zum Leben, welche Dasjenige ist, was man gänzliche Resignation oder Heiligkeit nennt, immer aus dem Quietiv des Willens hervor, welches die Erkenntniß seines innern Widerstreits und seiner wesentlichen Nichtigkeit ist, die sich im Leiden alles Lebenden aussprechen. Der Unterschied, den wir als zwei Wege dargestellt haben, ist, ob das bloß und rein erkannte Leiden, durch freie Aneignung desselben, mittelst Durchschauung des *principii individuationis*, oder ob das unmittelbar selbst empfundene Leiden jene Erkenntniß hervorruft. Wahres Heil, Erlösung vom Leben und Leiden, ist ohne gänzliche Verneinung des Willens nicht zu denken. Bis dahin ist Jeder nichts Anderes, als dieser Wille selbst, dessen Erscheinung eine hinschwindende Existenz, ein immer nichtiges, stets vereiteltes Streben und die dargestellte Welt voll Leiden ist, welcher Alle unwiderruflich auf gleiche Weise angehören. Denn wir fanden oben, daß dem Willen zum Leben das Leben stets gewiß ist und seine einzige wirkliche Form die Gegenwart, der Jene, wie auch Geburt und Tod in der Erscheinung walten, nimmer entrinnen. Der Indische Mythos drückt dies dadurch aus, daß er sagt: »Sie werden wiedergeboren«. Der große ethische Unterschied der Charaktere hat die Bedeutung, daß der Böse unendlich weit davon entfernt ist, zu der Erkenntniß zu gelangen, aus welcher die Verneinung des Willens hervorgeht, und daher allen Quaalen, welche im Leben als möglich erscheinen, der Wahrheit nach, wirklich preisgegeben ist; indem auch der etwan gegenwärtige, glückliche Zustand seiner Person nur eine durch das *principium* *individuationis* vermittelte Erscheinung und Blendwerk der Maja, der glückliche Traum des Bettlers, ist. Die Leiden, welche er in der Heftigkeit und im Grimm seines Willensdranges über Andere verhängt, sind das Maaß der Leiden, deren eigene Erfahrung seinen Willen nicht brechen und zur endlichen Verneinung führen kann. Alle wahre und reine Liebe hingegen, ja selbst alle freie Gerechtigkeit, geht schon aus der Durchschauung des *principii individuationis* hervor, welche, wenn sie in voller Klarheit eintritt, die gänzliche Heiligung und Erlösung herbeiführt, deren Phänomen der oben geschilderte Zustand der Resignation, der diese begleitende unerschütterliche Friede und die höchste Freudigkeit im Tode ist*.

§ 69.

Von der nunmehr, in den Gränzen unserer Betrachtungsweise, hinlänglich dargestellten Verneinung des Willens zum Leben, welche der einzige in der Erscheinung hervortretende Akt seiner Freiheit und daher, wie Asmus es nennt, die transscendentale Veränderung ist, unterscheidet nichts sich mehr, als die willkürliche Aufhebung seiner einzelnen Erscheinung, der Selbstmord. Weit entfernt Verneinung des Willens zu seyn, ist dieser ein Phänomen starker Bejahung des Willens. Denn die Verneinung hat ihr Wesen nicht darin, daß man die Leiden, sondern daß man die Genüsse des Lebens verabscheut. Der Selbstmörder will das Leben und ist bloß mit den Bedingungen unzufrieden, unter denen es ihm geworden. Daher giebt er keineswegs den Willen zum Leben auf, sondern bloß das Leben, indem er die einzelne Erscheinung zerstört. Er will das Leben, will des Leibes unbehindertes Daseyn und Bejahung; aber die Verflechtung der Umstände läßt diese nicht zu, und ihm entsteht großes Leiden. Der Wille zum Leben selbst findet sich in dieser einzelnen Erscheinung so sehr gehemmt, daß er sein Streben nicht entfalten kann. Daher entscheidet er sich gemäß seinem Wesen an sich, welches außerhalb der Gestaltungen des Satzes vom Grunde liegt, und dem daher jede einzelne Erscheinung gleichgültig ist;

* Hiezu Kap. 48 des zweiten Bandes.

indem es selbst unberührt bleibt von allem Entstehn und Vergehn und das Innere des Lebens aller Dinge ist. Denn jene nämliche feste, innere Gewißheit, welche macht, daß wir Alle ohne beständige Todesschauer leben, die Gewißheit nämlich, daß dem Willen seine Erscheinung nie fehlen kann, unterstützt auch beim Selbstmorde die That. Der Wille zum Leben also erscheint eben so wohl in diesem Selbsttödten (Schiwa), als im Wohlbehagen der Selbsterhaltung (Wischnu) und in der Wollust der Zeugung (Brahma). Dies ist die innere Bedeutung der Einheit des Trimurtis, welche jeder Mensch ganz ist, obwohl sie in der Zeit bald das eine, bald das andere der drei Häupter hervorhebt. – Wie das einzelne Ding zur Idee, so verhält sich der Selbstmord zur Verneinung des Willens: der Selbstmörder verneint bloß das Individuum, nicht die Species. Wir fanden schon oben, daß, weil dem Willen zum Leben das Leben immer gewiß und diesem das Leiden wesentlich ist, der Selbstmord, die willkürliche Zerstörung einer einzelnen Erscheinung, bei der das Ding an sich ungestört stehn bleibt, wie der Regenbogen feststeht, so schnell auch die Tropfen, welche auf Augenblicke seine Träger sind, wechseln, eine ganz vergebliche und thörichte Handlung sei. Aber sie ist auch überdies das Meisterstück der Maja, als der schreiendeste Ausdruck des Widerspruchs des Willens zum Leben mit sich selbst. Wie wir diesen Widerspruch schon bei den niedrigsten Erscheinungen des Willens erkannten, im beständigen Kampf aller Aeußerungen von Naturkräften und aller organischen Individuen um die Materie und die Zeit und den Raum, und wie wir jenen Widerstreit, auf den steigenden Stufen der Objektivation des Willens, immer mehr, mit furchtbarer Deutlichkeit, hervortreten sahen; so erreicht er endlich, auf der höchsten Stufe, welche die Idee des Menschen ist, diesen Grad, wo nicht bloß die, die selbe Idee darstellenden Individuen sich unter einander vertilgen, sondern sogar das selbe Individuum sich selbst den Krieg ankündigt, und die Heftigkeit, mit welcher es das Leben will und gegen die Hemmung desselben, das Leiden, andringt, es dahin bringt, sich selbst zu zerstören, so daß der individuelle Wille den Leib, welcher nur seine eigene Sichtbarwerdung ist, durch einen Willensakt aufhebt, eher als daß das Leiden den Willen breche. Eben weil der Selbstmörder nicht aufhören kann zu wollen, hört er auf zu leben, und der Wille bejaht sich hier eben durch die Aufhebung seiner

Erscheinung, weil er sich anders nicht mehr bejahen kann. Weil aber eben das Leiden, dem er sich so entzieht, es war, welches als Mortifikation des Willens ihn zur Verneinung seiner selbst und zur Erlösung hätte führen können; so gleicht in dieser Hinsicht der Selbstmörder einem Kranken, der eine schmerzhafte Operation, die ihn von Grund aus heilen könnte, nachdem sie angefangen, nicht vollenden läßt, sondern lieber die Krankheit behält. Das Leiden naht sich und eröffnet als solches die Möglichkeit zur Verneinung des Willens; aber er weist es von sich, indem er die Erscheinung des Willens, den Leib zerstört, damit der Wille ungebrochen bleibe. – Dies ist der Grund, warum beinahe alle Ethiken, sowohl philosophische, als religiöse, den Selbstmord verdammen; obgleich sie selbst hiezu keine andere, als seltsame sophistische Gründe angeben können. Sollte aber je ein Mensch aus rein moralischem Antriebe sich vom Selbstmord zurückgehalten haben, so war der innerste Sinn dieser Selbstüberwindung (in was für Begriffe ihn seine Vernunft auch kleidete) dieser: »Ich will mich dem Leiden nicht entziehn, damit es den Willen zum Leben, dessen Erscheinung so jammervoll ist, aufzuheben beitragen könne, indem es die mir schon jetzt aufgehende Erkenntniß vom eigentlichen Wesen der Welt dahin verstärke, daß sie zum endlichen Quietiv meines Willens werde und mich auf immer erlöse.«

Bekanntlich kommen von Zeit zu Zeit immer wieder Fälle vor, wo der Selbstmord sich auf die Kinder erstreckt: der Vater tödtet die Kinder, die er sehr liebt, und dann sich selbst. Bedenken wir, daß Gewissen, Religion und alle überkommenen Begriffe ihn im Morde das schwerste Verbrechen erkennen lassen, er aber dennoch dieses in der Stunde seines eigenen Todes begeht, und zwar ohne irgend ein egoistisches Motiv dabei haben zu können; so läßt sich die That nur daraus erklären, daß hier der Wille des Individuums sich unmittelbar wiedererkennt in den Kindern, jedoch befangen in dem Wahn, der die Erscheinung für das Wesen an sich hält, und dabei tief ergriffen von der Erkenntniß des Jammers alles Lebens, jetzt vermeint, mit der Erscheinung das Wesen selbst aufzuheben, und daher sich und die Kinder, in denen er unmittelbar sich selbst wieder leben sieht, aus dem Daseyn und seinem Jammer erretten will. – Ein diesem ganz analoger Irrweg wäre es, wenn man wähnte, das Selbe, was freiwillige Keuschheit leistet, erreichen zu können durch Vereitelung der Zwecke der Natur bei der Befruchtung, oder gar indem man, in Betracht der unausbleiblichen Leiden des Lebens, den Tod des Neugeborenen beförderte, statt vielmehr Alles zu thun, um Jedem, welches sich ins Leben drängt, das Leben zu sichern. Denn wenn Wille zum Leben daist, so kann ihn, als das allein Metaphysische oder das Ding an sich, keine Gewalt brechen, sondern sie kann bloß seine Erscheinung an diesem Ort zu dieser Zeit zerstören. Er selbst kann durch nichts aufgehoben werden, als durch Erkenntniß. Daher ist der einzige Weg des Heils dieser, daß der Wille ungehindert erscheine, um in dieser Erscheinung sein eigenes Wesen erkennen zu können. Nur in Folge dieser Erkenntniß kann der Wille sich selbst aufheben und damit auch das Leiden, welches von seiner Erscheinung unzertrennlich ist, endigen: nicht aber ist dies durch physische Gewalt, wie Zerstörung des Keims, oder Tödtung des Neugeborenen, oder Selbstmord möglich. Die Natur führt eben den Willen zum Lichte, weil er nur am Lichte seine Erlösung finden kann. Daher sind die Zwecke der Natur auf alle Weise zu befördern, sobald der Wille zum Leben, der ihr inneres Wesen ist, sich entschieden hat. –

Vom gewöhnlichen Selbstmorde gänzlich verschieden scheint eine besondere Art desselben zu seyn, welche jedoch vielleicht noch nicht genugsam konstatirt ist. Es ist der aus dem höchsten Grade der Askese freiwillig gewählte Hungertod, dessen Erscheinung jedoch immer von vieler religiöser Schwärmerei und sogar Superstition begleitet gewesen und dadurch undeutlich gemacht ist. Es scheint jedoch, daß die gänzliche Verneinung des Willens den Grad erreichen könne, wo selbst der zur Erhaltung der Vegetation des Leibes, durch Aufnahme von Nahrung, nöthige Wille wegfällt. Weit entfernt, daß diese Art des Selbstmordes aus dem Willen zum Leben entstände, hört ein solcher völlig resignierter Asket bloß darum auf zu leben, weil er ganz und gar aufgehört hat zu wollen. Eine andere Todesart als die durch Hunger ist hiebei nicht wohl denkbar (es wäre denn, daß sie aus einer besonderen Superstition hervorgienge); weil die Absicht, die Quaal zu verkürzen, wirklich schon ein Grad der Bejahung des Willens wäre. Die Dogmen, welche die Vernunft eines solchen Büßenden erfüllen, spiegeln ihm dabei den Wahn vor, es habe ein Wesen höherer Art ihm das Fasten, zu dem der innere Hang ihn treibt, anbefohlen. Aeltere Beispiele hievon kann man finden in der »Breslauer Sammlung von Natur- und Medicin-Geschichten«, September 1719, S. 363 fg.; in Bayle's *»Nouvelles de la république des lettres«*, Februar 1685, S. 189 fg.; in Zimmermann, »Ueber die Einsamkeit«, Bd. 1, S. 182; in der *»Histoire de l'académie des sciences«* von 1764 einen Bericht von Houttuyn; derselbe ist wiederholt in der »Sammlung für praktische Aerzte«, Bd. 1, S. 69. Spätere Berichte findet man in Hufeland's »Journal für praktische Heilkunde«, Bd. 10, S. 181, und Bd 48, S. 95; auch in Nasse's »Zeitschrift für psychische Aerzte«, 1819, Heft 3, S. 460; im *»Edinburgh medical and surgical Journal«*, 1809, Bd. 5, S. 319. Im Jahre 1833 berichteten alle Zeitungen, daß der Englische Historiker *Dr.* Lingard, im Januar, zu Dover, den freiwilligen Hungertod gestorben sei; nach späteren Nachrichten ist er es nicht selbst, sondern ein Anverwandter gewesen. Jedoch werden in diesen Nachrichten meistentheils die Individuen als wahnsinnig dargestellt, und es läßt sich nicht mehr ausmitteln, inwiefern dieses der Fall gewesen seyn mag. Aber eine neuere Nachricht dieser Art will ich hiehersetzen, wenn es auch nur wäre zur sicherern Aufbewahrung eines der seltenen Beispiele des berührten auffallenden und außerordentlichen Phänomens der menschlichen Natur, welches wenigstens dem Anschein nach dahin gehört, wohin ich es ziehn möchte, und außerdem [sonst] schwerlich zu erklären seyn würde. Die besagte neuere Nachricht steht im »Nürnberger Korrespondenten«, vom 29. Juli 1813, mit folgenden Worten:

»Von Bern meldet man, daß bei Thurnen, in einem dichten Walde, ein Hüttchen aufgefunden wurde und darin ein schon seit ungefähr einem Monat in Verwesung liegender männlicher Leichnam, in Kleidern, welche wenig Aufschluß über den Stand ihres Besitzers geben konnten. Zwei sehr feine Hemden lagen dabei. Das wichtigste Stück war eine Bibel, mit eingehefteten weißen Blättern, die zum Theil vom Verstorbenen beschrieben waren. Er meldet darin den Tag seiner Abreise von Hause (die Heimath aber wird nicht genannt), dann sagt er: Er sei vom Geiste Gottes in eine Wüste getrieben worden, zu beten und zu fasten. Er habe auf seiner Herreise schon sieben Tage gefastet: dann habe er wieder gegessen. Hierauf habe er bei seiner Ansiedelung schon wieder zu fasten angefangen, und zwar so viele Tage. Nun wird jeder Tag mit einem Strich bezeichnet, und es finden sich deren fünf, nach deren Verlauf der Pilger vermuthlich gestorben ist. Noch fand sich ein Brief an einen Pfarrer über eine Predigt, welche der Verstorbene von demselben gehört hatte; allein auch da fehlte die Adresse.« – Zwischen diesem aus dem Extrem der Askese und dem gewöhnlichen aus Verzweiflung entspringenden freiwilligen Tode mag es mancherlei Zwischenstufen und Mischungen geben, welches zwar schwer zu erklären ist; aber das menschliche Gemüth hat Tiefen, Dunkelheiten und Verwickelungen, welche aufzuhellen und zu entfalten, von der äußersten Schwierigkeit ist.

§ 70.

Man könnte vielleicht unsere ganze nunmehr beendigte Darstellung Dessen, was ich die Verneinung des Willens nenne, für unvereinbar halten mit der frühern Auseinandersetzung der Nothwendigkeit, welche der Motivation eben so sehr, als jeder andern Gestaltung des Satzes vom Grunde zukommt, und derzufolge die Motive, wie alle Ursachen, nur Gelegenheitsursachen sind, an denen hier der Charakter sein Wesen entfaltet und es mit der Nothwendigkeit eines Naturgesetzes offenbart, weshalb wir dort die Freiheit als *liberum arbitrium indifferentiae* [freie, unbeeinflußte Willensentscheidung] schlechthin leugneten. Weit entfernt jedoch dieses hier aufzuheben, erinnere ich daran. In Wahrheit kommt die eigentliche Freiheit, d. h. Unabhängigkeit vom Satze des Grundes, nur dem Willen als Ding an sich zu, nicht seiner Erscheinung, deren wesentliche Form überall der Satz vom Grunde, das Element der Nothwendigkeit, ist. Allein der einzige Fall, wo jene Freiheit auch unmittelbar in der Erscheinung sichtbar werden kann, ist der, wo sie Dem, was erscheint, ein Ende macht, und weil dabei dennoch die bloße Erscheinung, sofern sie in der Kette der Ursachen ein Glied ist, der belebte Leib, in der Zeit, welche nur Erscheinungen enthält, fortdauert, so steht der Wille, der sich durch diese Erscheinung manifestirt, alsdann mit ihr im Widerspruch, indem er verneint was sie ausspricht. In solchem Fall sind z. B. die Genitalien, als Sichtbarkeit des Geschlechtstriebes, da und gesund; es wird aber dennoch, auch im Innersten, keine Geschlechtsbefriedigung gewollt: und der ganze Leib ist nur sichtbarer Ausdruck des Willens zum Leben, und dennoch wirken die diesem Willen entsprechenden Motive nicht mehr: ja, die Auflösung des Leibes, das Ende des Individuums und dadurch die größte Hemmung des natürlichen Willens, ist vollkommen und erwünscht. Von diesem realen Widerspruch nun, der aus dem unmittelbaren Eingreifen der keine Nothwendigkeit kennenden Freiheit des Willens an sich in die Nothwendigkeit seiner Erscheinung hervorgeht, ist der Widerspruch zwischen unsern Behauptungen von der Nothwendigkeit der Bestimmung des Willens durch die Motive, nach Maaßgabe des Charakters, einerseits, und von der Möglichkeit der gänzlichen Aufhebung des Willens, wodurch die Motive machtlos werden, andererseits, nur die Wiederholung in der Reflexion der Philosophie. Der Schlüssel zur Vereinigung dieser Widersprüche liegt aber darin, daß der Zustand, in welchem der Charakter der Macht der Motive entzogen ist, nicht unmittelbar vom Willen ausgeht, sondern von einer veränderten Erkenntnißweise. So lange nämlich die Erkenntniß keine andere, als die im *principio individuationis* befangene, dem Satz vom Grunde schlechthin nachgehende ist, ist auch die Gewalt der Motive unwiderstehlich: wann aber das *principium individuationis* durchschaut, die Ideen, ja das Wesen der Dinge an sich, als der selbe Wille in Allem, unmittelbar erkannt wird, und aus dieser Erkenntniß ein allgemeines Quietiv des Wollens hervorgeht; dann werden die einzelnen Motive unwirksam, weil die ihnen entsprechende Erkenntnißweise, durch eine ganz andere verdunkelt, zurückgetreten ist. Daher kann der Charakter sich zwar nimmermehr theilweise ändern, sondern muß, mit der Konsequenz eines Naturgesetzes, im Einzelnen den Willen ausführen, dessen Erscheinung er im Ganzen ist: aber eben dieses Ganze, der Charakter selbst, kann völlig aufgehoben werden, durch die oben angegebene Veränderung der Erkenntniß. Diese seine Aufhebung ist es, welche Asmus [= Matthias Claudius], wie oben angeführt, als die »katholische, transscendentale Veränderung« bezeichnet und anstaunt: eben sie ist auch Dasjenige, was in der Christlichen Kirche, sehr treffend, die Wiedergeburt, und die Erkenntniß, aus der sie hervorgeht, Das, was die Gnadenwirkung genannt wurde. – Eben daher, daß nicht von einer Aenderung, sondern von einer gänzlichen Aufhebung des Charakters die Rede ist, kommt es, daß, so verschieden, vor jener Aufhebung, die Charaktere, welche sie getroffen, auch waren, sie dennoch nach derselben eine große Gleichheit in der

Handlungsweise zeigen, obwohl noch jeder, nach seinen Begriffen und Dogmen, sehr verschieden redet.

In diesem Sinn ist also das alte, stets bestrittene und stets behauptete Philosophem von der Freiheit des Willens nicht grundlos, und auch das Dogma der Kirche von der Gnadenwirkung und Wiedergeburt nicht ohne Sinn und Bedeutung. Aber wir sehn unerwartet jetzt Beide in Eins zusammenfallen, und können nunmehr auch verstehn, in welchem Sinn der vortreffliche Malebranche sagen konnte: *»La liberté est un mystère«* [Die Freiheit ist ein Mysterium], und Recht hatte. Denn eben Das, was die Christlichen Mystiker die Gnadenwirkung und Wiedergeburt nennen, ist uns die einzige unmittelbare Aeußerung der Freiheit des Willens. Sie tritt erst ein, wann der Wille, zur Erkenntniß seines Wesens an sich gelangt, aus dieser ein Quietiv erhält und eben dadurch der Wirkung der Motive entzogen wird, welche im Gebiet einer andern Erkenntnißweise liegt, deren Objekte nur Erscheinungen sind. – Die Möglichkeit der also sich äußernden Freiheit ist der größte Vorzug des Menschen, der dem Thiere ewig abgeht, weil die Besonnenheit der Vernunft, welche, unabhängig vom Eindruck der Gegenwart, das Ganze des Lebens übersehn läßt, Bedingung derselben ist. Das Thier ist ohne alle Möglichkeit der Freiheit, wie es sogar ohne Möglichkeit einer eigentlichen, also besonnenen Wahlentscheidung, nach vorhergegangenem vollkommenem Konflikt der Motive, die hiezu abstrakte Vorstellungen seyn müßten, ist. Mit eben der Nothwendigkeit daher, mit welcher der Stein zur Erde fällt, schlägt der hungerige Wolf seine Zähne in das Fleisch des Wildes, ohne Möglichkeit der Erkenntniß, daß er der Zerfleischte sowohl als der Zerfleischende ist. Nothwendigkeit ist das Reich der Natur; Freiheit ist das Reich der Gnade.

Weil nun, wie wir gesehn haben, jene Selbstaufhebung des Willens von der Erkenntniß ausgeht, alle Erkenntniß und Einsicht aber als solche von der Willkür unabhängig ist; so ist auch jene Verneinung des Wollens, jener Eintritt in die Freiheit, nicht durch Vorsatz zu erzwingen, sondern geht aus dem innersten Verhältniß des Erkennens zum Wollen im Menschen hervor, kommt daher plötzlich und wie von außen angeflogen. Daher eben nannte die Kirche sie Gnadenwirkung: wie sie aber diese noch abhängen läßt von der Aufnahme der Gnade, so ist auch die Wirkung des Quietivs doch zuletzt ein Freiheitsakt des Willens. Und weil in Folge solcher Gnadenwirkung das ganze Wesen des Menschen von Grund aus geändert und umgekehrt wird, so daß er nichts mehr will von Allem, was er bisher so heftig wollte, also wirklich gleichsam ein neuer Mensch an die Stelle des alten tritt, nannte sie diese Folge der Gnadenwirkung die Wiedergeburt. Denn was sie den natürlichen Menschen nennt, dem sie alle Fähigkeit zum Guten abspricht, das ist eben der Wille zum Leben, welcher verneint werden muß, wenn Erlösung aus einem Daseyn, wie das unserige ist, erlangt werden soll. Hinter unserm Daseyn nämlich steckt etwas Anderes, welches uns erst dadurch zugänglich wird, daß wir die Welt abschütteln.

Nicht, dem Satz vom Grunde gemäß, die Individuen, sondern die Idee des Menschen in ihrer Einheit betrachtend, symbolisirt die Christliche Glaubenslehre die Natur, die Bejahung des Willens zum Leben, im Adam, dessen auf uns vererbte Sünde, d. h. unsere Einheit mit ihm in der Idee, welche in der Zeit durch das Band der Zeugung sich darstellt, uns Alle des Leidens und des ewigen Todes theilhaft macht: dagegen symbolisirt sie die Gnade, die Verneinung des Willens, die Erlösung, im menschgewordenen Gotte, der, als frei von aller Sündhaftigkeit, d. h. von allem Lebenswillen, auch nicht, wie wir, aus der entschiedensten Bejahung des Willens hervorgegangen seyn kann, noch wie wir einen Leib haben kann, der durch und durch nur konkreter Wille, Erscheinung des Willens, ist; sondern von der reinen Jungfrau geboren, auch nur einen Scheinleib hat. Dieses letztere nämlich nach den Doketen, d. i. einigen hierin sehr konsequenten Kirchenvätern. Besonders lehrte es Appelles, gegen welchen und seine Nachfolger sich Tertullian erhob. Aber auch selbst Augustinus kommentirt die Stelle, Röm. 8, 3: *»Deus filium suum misit in similitudinem carnis peccati«* [Gott sandte seinen Sohn in der Gestalt des sündigen Fleisches], also: *Non enim caro peccati erat, quae non de carnali delectatione nata erat: sed tamen inerat ei similitudo carnis peccati, quia mortalis caro erat«* [Denn es war nicht das sündige Fleisch, da es nicht aus Fleischeslust geboren ward: aber doch hing ihm die Gestalt des sündigen Fleisches an, weil es sterbliches Fleisch war] *(Liber 83, quaestion. qu. 66)*. Derselbe lehrt in seinem Werke, genannt *opus imperfectum* [das unvollendete Werk], I, 47, daß die Erbsünde Sünde und Strafe zugleich sei. Sie sei schon in den neugeborenen Kindern befindlich, zeige sich aber erst, wenn sie herangewachsen. Dennoch sei der Ursprung dieser Sünde von dem Willen des Sündigenden herzuleiten. Dieser Sündigende sei Adam gewesen; aber in ihm hätten wir alle existirt: Adam ward unglücklich, und in ihm seien wir alle unglücklich geworden. – Wirklich ist die Lehre von der Erbsünde (Bejahung des Willens) und von der Erlösung (Verneinung des Willens) die große Wahrheit, welche den Kern des Christenthums ausmacht; während das Uebrige meistens nur Einkleidung und Hülle, oder Beiwerk ist. Demnach soll man Jesum Christum stets im Allgemeinen auffassen, als das Symbol, oder die Personifikation, der Verneinung des Willens zum Leben; nicht aber individuell, sei es nach seiner mythischen Geschichte in den Evangelien, oder nach der ihr zum Grunde liegenden, muthmaaßlichen, wahren. Denn weder das Eine, noch das Andere wird leicht ganz befriedigen. Es ist bloß das Vehikel jener erstern Auffassung, für das Volk, als welches stets etwas Faktisches verlangt. – Daß in neuerer Zeit das Christenthum seine wahre Bedeutung vergessen hat und in platten Optimismus ausgeartet ist, geht uns hier nicht an.

Es ist ferner eine ursprüngliche und evangelische Lehre des Christenthums, welche Augustinus, mit Zustimmung der Häupter der Kirche, gegen die Plattheiten der Pelagianer vertheidigte, und welche von Irrthümern zu reinigen und wieder hervorzuheben Luther zum Hauptziel seines Strebens machte, wie er dies in seinem Buche »*De servo arbitrio*« ausdrücklich erklärt, – die Lehre nämlich, daß der Wille nicht frei ist, sondern dem Hange zum Bösen ursprünglich unterthan; daher seine Werke stets sündlich und mangelhaft sind und nie der Gerechtigkeit genug thun können; daß also endlich keineswegs diese Werke, sondern der Glaube allein sälig macht; dieser Glaube selbst aber nicht aus Vorsatz und freiem Willen entsteht, sondern durch Gnadenwirkung, ohne unser Zuthun, wie von außen auf uns kommt. – Nicht nur die vorhin erwähnten, sondern auch dieses letztere ächt evangelische Dogma gehört zu denen, welche heut zu Tage eine rohe und platte Ansicht als absurd verwirft, oder verdeckt, indem sie, trotz Augustin und Luther, dem Pelagianischen Hausmannsverstande, welches eben der heutige Rationalismus ist, zugethan, gerade diese tiefsinnigen, dem Christenthum im engsten Sinn eigenthümlichen und wesentlichen Dogmen antiquirt, hingegen das aus dem Judenthum stammende und beibehaltene, nur auf dem historischen Wege dem Christenthum verbundene* Dogma allein festhält und zur Hauptsache macht. – Wir aber erkennen in der oben erwähnten Lehre die mit dem Resultat unserer Betrachtungen völlig übereinstimmende Wahrheit. Wir sehn nämlich, daß die ächte Tugend und Heiligkeit der Gesinnung ihren ersten Ursprung nicht in der überlegten Willkür (den Werken), sondern in der Erkenntniß (dem Glauben) hat: gerade wie wir es auch aus unserm Hauptgedanken entwickelten. Wären es die Werke, welche aus Motiven und überlegtem Vorsatz entspringen, die zur Säligkeit führten; so wäre die Tugend immer nur ein kluger, methodischer, weitsehender Egoismus; man mag es drehen wie

* Wie sehr dieses der Fall sei, ist daraus ersichtlich, daß alle die in der von Augustin konsequent systematisirten Christlichen Dogmatik enthaltenen Widersprüche und Unbegreiflichkeiten, welche gerade zur entgegengesetzten Pelagianischen Plattheit geführt haben, verschwinden, sobald man vom Jüdischen Grunddogma abstrahirt und erkennt, daß der Mensch nicht das Werk eines andern, sondern seines eigenen Willens sei. Dann ist sogleich Alles klar und richtig: dann bedarf es keiner Freiheit im *Operari* [Handeln]: denn sie liegt im *Esse* [Sein], und eben da liegt auch die Sünde, als Erbsünde: die Gnadenwirkung aber ist unsere eigene. – Bei der heutigen, rationalistischen Ansicht hingegen erscheinen viele Lehren der im Neuen Testament begründeten Augustinischen Dogmatik durchaus unhaltbar, ja, empörend, z. B. die Prädestination. Danach verwirft man dann das eigentlich Christliche, und kommt zum rohen Judenthum zurück. Allein der Rechnungsfehler, oder das Urgebrechen der Christlichen Dogmatik, liegt, wo man es nie sucht, nämlich gerade in Dem, was man als ausgemacht und gewiß aller Prüfung entzieht. Dies weggenommen, ist die ganze Dogmatik rationell: denn jenes Dogma verdirbt, wie alle andern Wissenschaften, so auch die Theologie. Studirt man nämlich die Augustinische Theologie in den Büchern *»De civitate Dei«* (zumal im 14. Buch), so erfährt man etwas Analoges, wie wenn man einen Körper, dessen Schwerpunkt außer ihm fällt, zum Stehn bringen will: wie man ihn auch drehn und stellen mag, er überstürzt sich immer wieder. So nämlich fällt auch hier, trotz allen Bemühungen und Sophismen des Augustinus, die Schuld der Welt und ihre Quaal stets auf den Gott zurück, der Alles und in Allem Alles gemacht und dazu noch gewußt hat, wie die Sachen gehn würden. Daß Augustinus selbst der Schwierigkeit inne und darüber sehr stutzig geworden ist, habe ich schon nachgewiesen in meiner Preisschrift über die Freiheit des Willens (Kap. 4, S. 66–68 der ersten [und zweiten] Auflage [Bd. VI uns. Ausg., S. 105–107]. – Imgleichen ist der Widerspruch zwischen der Güte Gottes und dem Elend der Welt, wie auch zwischen der Freiheit des Willens und dem Vorherwissen Gottes, das unerschöpfliche Thema einer beinahe hundertjährigen Kontroverse zwischen den Cartesianern, Malebranche, Leibnitz, Bayle, Klarke, Arnauld u. A. m., wobei das einzige den Streitern feststehende Dogma das Daseyn Gottes, nebst Eigenschaften, ist, und sie alle unaufhörlich sich im Kreise herumdrehn, indem sie versuchen, jene Dinge in Einklang zu bringen, d. h. ein Rechnungsexempel zu lösen, welches nimmermehr aufgeht, sondern dessen Rest bald hier, bald dort wieder hervorkommt, nachdem er anderswo verdeckt worden. Daß aber in der Grundvoraussetzung die Quelle der Verlegenheit zu suchen sei, gerade Dies fällt Keinem ein; obwohl es sich handgreiflich aufdrängt. Bloß Bayle läßt merken, daß er es merkt.

man will. – Der Glaube aber, welchem die Christliche Kirche die Säligkeit verspricht, ist dieser: daß, wie wir durch den Sündenfall des ersten Menschen der Sünde Alle theilhaft und dem Tode und Verderben anheimgefallen sind, wir auch Alle nur durch die Gnade und Uebernahme unserer ungeheuern Schuld, durch den göttlichen Mittler, erlöst werden, und zwar dieses ganz ohne unser (der Person) Verdienst; da Das, was aus dem absichtlichen (durch Motive bestimmten) Thun der Person hervorgehn kann, die Werke, uns nimmermehr rechtfertigen kann, durchaus und seiner Natur nach nicht, eben weil es absichtliches, durch Motive herbeigeführtes Thun, *opus operatum* [verrichtetes Werk], ist. In diesem Glauben liegt also zuvörderst, daß unser Zustand ein ursprünglich und wesentlich heilloser ist, der Erlösung aus welchem wir bedürfen; sodann daß wir selbst wesentlich dem Bösen angehören und ihm so fest verbunden sind, daß unsere Werke nach dem Gesetze und der Vorschrift, d. h. nach Motiven, gar nie der Gerechtigkeit genug thun, noch uns erlösen können; sondern die Erlösung nur durch Glauben, d. i. durch eine veränderte Erkenntnißweise, gewonnen wird, und dieser Glaube selbst nur durch die Gnade, also wie von außen, kommen kann: dies heißt, daß das Heil ein unserer Person ganz fremdes ist, und deutet auf eine zum Heil nothwendige Verneinung und Aufgebung eben dieser Person. Die Werke, die Befolgung des Gesetzes als solchen, können nie rechtfertigen, weil sie immer ein Handeln auf Motive sind. Luther verlangt (im Buche *»De libertate Christiana«* [Von der Freiheit eines Christenmenschen]), daß, nachdem der Glaube eingetreten, die guten Werke ganz von selbst aus ihm hervorgehn, als Symptome, als Früchte desselben; aber durchaus nicht als an sich Anspruch auf Verdienst, Rechtfertigung, oder Lohn machend, sondern ganz freiwillig und unentgeltlich geschehend. – So ließen auch wir aus der immer klarer werdenden Durchschauung des *principii individuationis* zuerst nur die freie Gerechtigkeit, dann die Liebe, bis zum völligen Aufheben des Egoismus, und zuletzt die Resignation, oder Verneinung des Willens, hervorgehn.

Ich habe diese Dogmen der Christlichen Glaubenslehre, welche an sich der Philosophie fremd sind, nur deshalb hier herbeigezogen, um zu zeigen, daß die aus unserer ganzen Betrachtung hervorgehende und mit allen Theilen derselben genau übereinstimmende und zusammenhängende Ethik, wenn sie auch dem Ausdruck nach neu und unerhört wäre, dem Wesen nach es keineswegs ist, sondern völlig übereinstimmt mit den ganz eigentlich Christlichen Dogmen, und sogar in diesen selbst, dem Wesentlichen nach, enthalten und vorhanden war; wie sie denn auch eben so genau übereinstimmt mit den wieder in ganz andern Formen vorgetragenen Lehren und ethischen Vorschriften der heiligen Bücher Indiens. Zugleich diente die Erinnerung an die Dogmen der Christlichen Kirche zur Erklärung und Erläuterung des scheinbaren Widerspruchs zwischen der Nothwendigkeit aller Aeußerungen des Charakters bei vorgehaltenen Motiven (Reich der Natur) einerseits, und der Freiheit des Willens an sich, sich selbst zu verneinen und den Charakter, mit aller auf ihn gegründeten Nothwendigkeit der Motive aufzuheben (Reich der Gnade) andererseits.

§ 71.

Indem ich hier die Grundzüge der Ethik und mit ihnen die ganze Entwickelung jenes einen Gedankens, dessen Mittheilung mein Zweck war, beendige, will ich einen Vorwurf, der diesen letzten Theil der Darstellung trifft, keineswegs verhehlen, sondern vielmehr zeigen, daß er im Wesen der Sache liegt und ihm abzuhelfen schlechthin unmöglich ist. Es ist dieser, daß nachdem unsere Betrachtung zuletzt dahin gelangt ist, daß wir in der vollkommenen Heiligkeit das Verneinen und Aufgeben alles Wollens und eben dadurch die Erlösung von einer Welt, deren ganzes Daseyn sich uns als Leiden darstellte, vor Augen haben, uns nun eben dieses als ein Uebergang in das leere Nichts erscheint.

Hierüber muß ich zuvörderst bemerken, daß der Begriff des Nichts wesentlich relativ ist und immer sich nur auf ein bestimmtes Etwas bezieht, welches er negirt. Man hat (namentlich Kant) diese Eigenschaft nur dem *nihil privativum* [relativen Nichts], welches das im Gegensatz eines + mit — Bezeichnete ist, zugeschrieben, welches –, bei umgekehrtem Gesichtspunkte zu + werden könnte, und hat im Gegensatz dieses *nihil privativum* das *nihil negativum* [absolutes Nichts] aufgestellt, welches in jeder Beziehung Nichts wäre, wozu man als Beispiel den logischen, sich selbst aufhebenden Widerspruch gebraucht. Näher betrachtet aber ist kein absolutes Nichts, kein ganz eigentliches *nihil negativum,* auch nur denkbar; sondern jedes dieser Art ist, von einem höhern Standpunkt aus betrachtet, oder einem weitern Begriff subsumirt, immer wieder nur ein *nihil privativum.* Jedes Nichts ist ein solches nur im Verhältniß zu etwas Anderm gedacht, und setzt dieses Verhältniß, also auch jenes Andere, voraus. Selbst ein logischer Widerspruch ist nur ein relatives Nichts. Er ist kein Gedanke der Vernunft; aber er ist darum kein absolutes Nichts. Denn er ist eine Wortzusammensetzung, er ist ein Beispiel des Nichtdenkbaren, dessen man in der Logik nothwendig bedarf, um die Gesetze des Denkens nachzuweisen: daher, wenn man, zu diesem Zweck, auf ein solches Beispiel ausgeht, man den Unsinn, als das Positive, welches man eben sucht, festhalten, den Sinn, als das Negative, überspringen wird. So wird also jedes *nihil negativum,* oder absolute Nichts, wenn einem höhern Begriff untergeordnet, als ein bloßes *nihil privativum,* oder relatives Nichts, erscheinen, welches auch immer mit Dem, was es negirt, die Zeichen vertauschen kann, so daß dann jenes als Negation, es selbst aber als Position gedacht würde. Hiemit stimmt auch das Resultat der schwierigen dialektischen Untersuchung über das Nichts, welche Plato im »Sophisten« (S. 277–287, *Bip.*) anstellt, überein: Την του ἑτερου φυσιν αποδειξαντες ουσαν τε, και κατακεκερματισμενην επι παντα τα οντα προς αλληλα, το προς το ον ἑκαστου μοριον αυτης αντιτιθεμενον, ετολμησαμεν ειπειν, ὡς αυτο τουτο εστιν οντως το μη ον. *(Cum enim ostenderemus, alterius ipsius naturam esse, perque omnia entia divisam atque dispersam invicem; tunc partem ejus oppositam ei, quod cujusque ens est, esse ipsum revera non ens asseruimus.)* [Indem wir bewiesen, daß die Natur des Andersseins bestehe und sich erstrecke über alles Seiende in seinem Verhältnis gegeneinander, und indem wir jedes einzelne Teilchen dieser Natur dem Seienden entgegensetzten, wagten wir zu behaupten, daß eben dieses in Wahrheit das Nichtseiende ist. *Sophista,* 258 D.]

Das allgemein als positiv Angenommene, welches wir das Seiende nennen und dessen Negation der Begriff Nichts in seiner allgemeinsten Bedeutung ausspricht, ist eben die Welt der Vorstellung, welche ich als die Objektität des Willens, als seinen Spiegel, nachgewiesen habe. Dieser Wille und diese Welt sind eben auch wir selbst, und zu ihr gehört die Vorstellung überhaupt, als ihre eine Seite: die Form dieser Vorstellung ist Raum und Zeit, daher Alles für diesen Standpunkt Seiende irgendwo und irgendwann seyn muß. Zur Vorstellung gehört sodann auch der Begriff, das Material der Philosophie, endlich das Wort, das Zeichen des Begriffs. Verneinung, Aufhebung, Wendung des Willens ist auch Aufhebung und Verschwinden der Welt, seines Spiegels. Erblicken wir ihn in diesem Spiegel nicht mehr, so fragen wir vergeblich, wohin er sich gewendet, und klagen dann, da er kein Wo und Wann mehr hat, er sei ins Nichts verloren gegangen.

Ein umgekehrter Standpunkt, wenn er für uns möglich wäre, würde die Zeichen vertauschen lassen, und das für uns Seiende als das Nichts und jenes Nichts als das Seiende zeigen. So lange wir aber der Wille zum Leben selbst sind, kann jenes Letztere von uns nur negativ erkannt und bezeichnet werden, weil der alte Satz des Empedokles, daß Gleiches nur von Gleichem erkannt wird, gerade hier uns alle Erkenntniß benimmt, so wie umgekehrt eben auf ihm die Möglichkeit aller unserer wirklichen Erkenntniß, d. h. die Welt als Vorstellung, oder die Objektität des Willens, zuletzt beruht. Denn die Welt ist die Selbsterkenntniß des Willens.

Würde dennoch schlechterdings darauf bestanden, von Dem, was die Philosophie nur negativ, als Verneinung des Willens, ausdrücken kann, irgendwie eine positive Erkenntniß zu erlangen; so bliebe uns nichts übrig, als auf den Zustand zu verweisen, den alle Die, welche zur vollkommenen Verneinung des Willens gelangt sind, erfahren haben, und den man mit den Namen Ekstase, Entrückung, Erleuchtung, Vereinigung mit Gott u. s. w. bezeichnet hat; welcher Zustand aber nicht eigentlich Erkenntniß zu nennen ist, weil er nicht mehr die Form von Subjekt und Objekt hat, und auch übrigens nur der eigenen, nicht weiter mittheilbaren Erfahrung zugänglich ist.

Wir aber, die wir ganz und gar auf dem Standpunkt der Philosophie stehn bleiben, müssen uns hier mit der negativen Erkenntniß begnügen, zufrieden den letzten Gränzstein der positiven erreicht zu haben. Haben wir also das Wesen an sich der Welt als Wille, und in allen ihren Erscheinungen nur seine Objektität erkannt, und diese verfolgt vom erkenntnißlosen Drange dunkler Naturkräfte bis zum bewußtvollsten Handeln des Menschen; so weichen wir keineswegs der Konsequenz aus, daß mit der freien Verneinung, dem Aufgeben des Willens, nun auch alle jene Erscheinungen aufgehoben sind, jenes beständige Drängen und Treiben ohne Ziel und ohne Rast, auf allen Stufen der Objektität, in welchem und durch welches die Welt besteht, aufgehoben die Mannigfaltigkeit stufenweise folgender Formen, aufgehoben mit dem Willen seine ganze Erscheinung, endlich auch die allgemeinen Formen dieser, Zeit und Raum, und auch die letzte Grundform derselben, Subjekt und Objekt. Kein Wille: keine Vorstellung, keine Welt.

Vor uns bleibt allerdings nur das Nichts. Aber Das, was sich gegen dieses Zerfließen ins Nichts sträubt, unsere Natur, ist ja eben nur der Wille zum Leben, der wir selbst sind, wie er unsere Welt ist. Daß wir so sehr das Nichts verabscheuen, ist nichts weiter, als ein anderer Ausdruck davon, daß wir so sehr das Leben wollen, und nichts sind, als dieser Wille, und nichts kennen, als eben ihn. – Wenden wir aber den Blick von unserer eigenen Dürftigkeit und Befangenheit auf Diejenigen, welche die Welt überwanden, in denen der Wille, zur vollen Selbsterkenntniß gelangt, sich in Allem wiederfand und dann sich selbst frei verneinte, und welche dann nur noch seine letzte Spur, mit dem Leibe, den sie belebt, verschwinden zu sehn abwarten; so zeigt sich uns, statt des rastlosen Dranges und Treibens, statt des steten Ueberganges von Wunsch zu Furcht und von Freude zu Leid, statt der nie befriedigten und nie ersterbenden Hoffnung, daraus der Lebenstraum des wollenden Menschen besteht, jener Friede, der höher ist als alle Vernunft, jene gänzliche Meeresstille des Gemüths, jene tiefe Ruhe, unerschütterliche Zuversicht und Heiterkeit, deren bloßer Abglanz im Antlitz, wie ihn Raphael und Correggio dargestellt haben, ein ganzes und sicheres Evangelium ist: nur die Erkenntniß ist geblieben, der Wille ist verschwunden. Wir aber blicken dann mit tiefer und schmerzlicher Sehnsucht auf diesen Zustand, neben welchem das Jammervolle und Heillose unsers eigenen, durch den Kontrast, in vollem Lichte erscheint. Dennoch ist diese Betrachtung die einzige, welche uns dauernd trösten kann, wann wir einerseits unheilbares Leiden und endlosen Jammer als der Erscheinung des Willens, der Welt, wesentlich erkannt haben, und andererseits, bei aufgehobenem Willen, die Welt zerfließen sehn und nur das leere Nichts vor uns behalten. Also auf diese Weise, durch

Betrachtung des Lebens und Wandels der Heiligen, welchen in der eigenen Erfahrung zu begegnen freilich selten vergönnt ist, aber welche ihre aufgezeichnete Geschichte und, mit dem Stämpel innerer Wahrheit verbürgt, die Kunst uns vor die Augen bringt, haben wir den finstern Eindruck jenes Nichts, das als das letzte Ziel hinter aller Tugend und Heiligkeit schwebt, und das wir, wie die Kinder das Finstere, fürchten, zu verscheuchen; statt selbst es zu umgehn, wie die Inder, durch Mythen und bedeutungsleere Worte, wie Resorbtion in das B r a h m , oder N i r w a n a der Buddhaisten. Wir bekennen es vielmehr frei: was nach gänzlicher Aufhebung des Willens übrig bleibt, ist für alle Die, welche noch des Willens voll sind, allerdings Nichts. Aber auch umgekehrt ist Denen, in welchen der Wille sich gewendet und verneint hat, diese unsere so sehr reale Welt mit allen ihren Sonnen und Milchstraßen – Nichts.†

† Dieses ist eben auch das Pradschna-Paramita der Buddhaisten, das »Jenseit aller Erkenntniß«, d. h. der Punkt, wo Subjekt und Objekt nicht mehr sind. (Siehe J. J. Schmidt, »Ueber das Mahajana und Pradschna-Paramita«.)

Anhang.

Kritik der Kantischen Philosophie.

C'est le privilège du vrai génie, et surtout du génie qui ouvre une carrière, de faire impunément de grandes fautes. [Es ist das Vorrecht des echten Genies, insbesondere des Genies, das einen neuen Weg erschließt, ungestraft große Fehler zu machen.]

Voltaire [Siècle de Louis XIV, ch. 32].

Es ist viel leichter in dem Werke eines großen Geistes die Fehler und Irrthümer nachzuweisen, als von dem Werthe desselben eine deutliche und vollständige Entwickelung zu geben. Denn die Fehler sind ein Einzelnes und Endliches, das sich daher vollkommen überblicken läßt. Hingegen ist eben das der Stämpel, welchen der Genius seinen Werken aufdrückt, daß dieser ihre Trefflichkeit unergründlich und unerschöpflich ist: daher sie auch die nicht alternden Lehrmeister vieler Jahrhunderte nach einander werden. Das vollendete Meisterstück eines wahrhaft großen Geistes wird allemal von tiefer und durchgreifender Wirkung auf das gesammte Menschengeschlecht seyn, so sehr, daß nicht zu berechnen ist, zu wie fernen Jahrhunderten und Ländern sein erhellender Einfluß reichen kann. Es wird dieses allemal: weil, so gebildet und reich auch immer die Zeit wäre, in welcher es selbst entstanden, doch immer der Genius, gleich einem Palmbaum, sich über den Boden erhebt, auf welchem er wurzelt.

Aber eine tiefeingreifende und weitverbreitete Wirkung dieser Art kann nicht plötzlich eintreten, wegen des weiten Abstandes zwischen dem Genius und der gewöhnlichen Menschheit. Die Erkenntniß, welche jener Eine in einem Menschenalter unmittelbar aus dem Leben und der Welt schöpfte, gewann und Andern gewonnen und bereitet darlegte, kann dennoch nicht sofort das Eigenthum der Menschheit werden; weil diese nicht ein Mal so viel Kraft zum Empfangen hat, wie jener zum Geben. Sondern, selbst nach überstandenem Kampf mit unwürdigen Gegnern, die den Unsterblichen schon bei der Geburt das Leben streitig machen und das Heil der Menschheit im Keime ersticken möchten (der Schlange an der Wiege des Herkules zu vergleichen), muß jene Erkenntniß sodann erst die Umwege unzähliger falscher Auslegungen und schiefer Anwendungen durchwandern, muß die Versuche der Vereinigung mit alten Irrthümern überstehn und so im Kampfe leben, bis ein neues, unbefangenes Geschlecht ihr entgegenwächst, welches allmälig, aus tausend abgeleiteten Kanälen, den Inhalt jener Quelle, schon in der Jugend, theilweise empfängt, nach und nach assimilirt und so der Wohlthat theilhaft wird, welche, von jenem großen Geiste aus, der Menschheit zufließen sollte. So langsam geht die Erziehung des Menschengeschlechts, des schwachen und zugleich widerspänstigen Zöglings des Genius. – So wird auch von Kants Lehre allererst durch die Zeit die ganze Kraft und Wichtigkeit offenbar werden, wann einst der Zeitgeist selbst, durch den Einfluß jener Lehre nach und nach umgestaltet, im Wichtigsten und Innersten verändert, von der Gewalt jenes Riesengeistes lebendiges Zeugniß ablegen wird. Ich hier will aber keineswegs, ihm vermessen vorgreifend, die undankbare Rolle des Kalchas und der Kassandra übernehmen. Nur sei es mir, in Folge des Gesagten, vergönnt, Kants Werke als noch sehr neu zu betrachten, während heut zu Tage Viele sie als schon veraltet ansehn, ja, als abgethan bei Seite gelegt, oder, wie sie sich ausdrücken, hinter sich haben, und Andere, dadurch dreist gemacht, sie gar ignoriren und, mit eiserner Stirn, unter den Voraussetzungen des alten realistischen Dogmatismus und seiner Scholastik, von Gott und der Seele weiterphilosophiren; – welches ist, wie wenn man in der neuern Chemie die Lehren der Alchemisten geltend machen wollte. – Uebrigens bedürfen Kants Werke nicht meiner schwachen Lobrede, sondern werden selbst ewig ihren Meister loben und, wenn vielleicht auch nicht in seinem Buchstaben, doch in seinem Geiste, stets auf Erden leben.

Freilich aber, wenn wir zurückblicken auf den nächsten Erfolg seiner Lehren, also auf die Versuche und Hergänge im Gebiete der Philosophie, während des seitdem verflossenen Zeitraums; so bestätigt sich uns ein sehr niederschlagender Ausspruch Goethes: »Wie das Wasser, das durch ein Schiff verdrängt wird, gleich hinter ihm wieder zusammenstürzt; so schließt sich auch der Irrthum, wenn vorzügliche Geister ihn bei Seite gedrängt und sich Platz gemacht haben, hinter ihnen sehr geschwind wieder naturgemäß zusammen.« (Dichtung und Wahrheit, Theil 3, S. 521.) Jedoch ist dieser Zeitraum nur eine Episode gewesen, die, den oben erwähnten Schicksalen jeder neuen und großen Erkenntniß beizuzählen, jetzt unverkennbar ihrem Ende nahe ist, indem die so anhaltend aufgetriebene Seifenblase doch endlich platzt. Man fängt allgemein an, inne zu werden, daß die wirkliche und ernstliche Philosophie noch da steht, wo Kant sie gelassen hat. Jedenfalls erkenne ich nicht an, daß zwischen ihm und mir irgend etwas in derselben geschehn sei; daher ich unmittelbar an ihn anknüpfe.

Was ich in diesem Anhange zu meinem Werke beabsichtige, ist eigentlich nur eine Rechtfertigung der von mir in demselben dargelegten Lehre, insofern sie in vielen Punkten mit der Kantischen Philosophie nicht übereinstimmt, ja ihr widerspricht. Eine Diskussion hierüber ist aber nothwendig, da offenbar meine Gedankenreihe, so verschieden ihr Inhalt auch von der Kantischen ist, doch durchaus unter dem Einfluß dieser steht, sie nothwendig voraussetzt, von ihr ausgeht, und ich bekenne, das Beste meiner eigenen Entwickelung, nächst dem Eindrucke der anschaulichen Welt, sowohl dem der Werke Kants, als dem der heiligen Schriften der Hindu und dem Plato zu verdanken. – Meine des ungeachtet vorhandenen Widersprüche gegen Kant aber rechtfertigen, kann ich durchaus nur dadurch, daß ich ihn in den selben Punkten des Irrthums zeihe und Fehler, die er begangen, aufdecke. Daher muß ich in diesem Anhange durchaus polemisch gegen Kant verfahren und zwar mit Ernst und mit aller Anstrengung: denn nur so kann es geschehn, daß der Irrthum, welcher Kants Lehre anklebt, sich abschleife, und die Wahrheit derselben desto heller scheine und sicherer bestehe. Man hat daher nicht zu erwarten, daß meine gewiß innig gefühlte Ehrerbietung gegen Kant sich auch auf seine Schwächen und Fehler erstrecke, und daß ich daher diese nicht anders, als mit der behutsamsten Schonung aufdecken sollte, wobei mein Vortrag durch die Umschweife schwach und matt werden müßte. Gegen einen Lebenden bedarf es solcher Schonung, weil die menschliche Schwäche auch die gerechteste Widerlegung eines Irrthums nur unter Besänftigungen und Schmeicheleien und selbst so schwer erträgt, und ein Lehrer der Jahrhunderte und Wohlthäter der Menschheit doch zum wenigsten verdient, daß man auch seine menschliche Schwäche schone, um ihm keinen Schmerz zu verursachen. Der Todte aber hat diese Schwäche abgeworfen: sein Verdienst steht fest: von jeder Ueberschätzung und Herabwürdigung wird die Zeit es mehr und mehr reinigen. Seine Fehler müssen davon gesondert, unschädlich gemacht und dann der Vergessenheit hingegeben werden. Daher habe ich bei der hier anzustimmenden Polemik gegen Kant ganz allein seine Fehler und Schwächen im Auge, stehe ihnen feindlich gegenüber und führe einen schonungslosen Vertilgungskrieg gegen sie, stets darauf bedacht, nicht sie schonend zu bedecken, sondern sie vielmehr in das hellste Licht zu stellen, um sie desto sicherer zu vernichten. Ich bin mir, aus den oben angeführten Gründen, hiebei weder einer Ungerechtigkeit, noch einer Undankbarkeit gegen Kant bewußt. Um indessen auch in den Augen Anderer jeden Schein von Malignität [Bösartigkeit] abzuwenden, will ich meine tiefgefühlte Ehrfurcht und Dankbarkeit gegen Kant zuvor noch dadurch an den Tag legen, daß ich sein Hauptverdienst, wie es in meinen Augen erscheint, kurz ausspreche, und zwar von so allgemeinen Gesichtspunkten aus, daß ich nicht genöthigt werde, die Punkte mitzuberühren, in welchen ich ihm nachher zu widersprechen habe.

Kants größtes Verdienst ist die Unterscheidung der Erscheinung vom Dinge an sich, – auf Grund der Nachweisung, daß zwischen den Dingen und uns immer noch der Intellekt steht, weshalb sie nicht nach dem, was sie an sich selbst seyn mögen, erkannt werden können. Auf diesen Weg geführt wurde er durch Locke (siehe Prolegomena zu jeder Metaphysik, § 13, Anm. 2). Dieser hatte nachgewiesen, daß die sekundären Eigenschaften der Dinge, wie Klang, Geruch, Farbe, Härte, Weiche, Glätte u. dgl., als auf die Affektionen der Sinne gegründet, dem objektiven Körper, dem Dinge an sich selbst, nicht angehörten, welchem er vielmehr nur die primären Eigenschaften, d. h. solche, welche bloß den Raum und die Undurchdringlichkeit voraussetzen, also Ausdehnung, Gestalt, Solidität, Zahl, Beweglichkeit, beilegte. Allein diese leicht zu findende Locke'sche Unterscheidung, welche sich auf der Oberfläche der Dinge hält, war gleichsam nur ein jugendliches Vorspiel des Kantischen. Diese nämlich, von einem ungleich höhern Standpunkt ausgehend, erklärt alles Das, was Locke als *qualitates primarias* [ursprüngliche Qualitäten], d. h. Eigenschaften des Dinges an sich selbst, gelten gelassen hatte, für ebenfalls nur der Erscheinung desselben in unserm Auffassungsvermögen angehörig, und zwar gerade deshalb, weil die Bedingungen desselben, Raum, Zeit und Kausalität, von uns *a priori* erkannt werden. Also hatte Locke vom Dinge an sich den Antheil, welchen die Sinnesorgane an der Erscheinung desselben haben, abgezogen; Kant aber zog nun noch den Antheil der Gehirnfunktionen (wiewohl nicht unter diesem Namen) ab; wodurch jetzt die Unterscheidung der Erscheinung vom Dinge an sich eine unendlich größere Bedeutung und einen sehr viel tiefern Sinn erhielt. Zu diesem Zwecke mußte er die große Sonderung unserer Erkenntniß *a priori* von der *a posteriori* vornehmen, welches vor ihm noch nie in gehöriger Strenge und Vollständigkeit, noch mit deutlichem Bewußtseyn geschehn war: demnach ward nun Dieses der Hauptstoff seiner tiefsinnigen Untersuchungen. – Hier nun wollen wir gleich bemerken, daß Kants Philosophie zu der seiner Vorgänger eine dreifache Beziehung hat: erstens, eine bestätigende und erweiternde zu der Locke's, wie wir soeben gesehn haben; zweitens, eine berichtigende und benutzende zu der Hume's, welche man am deutlichsten ausgesprochen findet in der Vorrede zu den »Prolegomena« (dieser schönsten und faßlichsten aller Kantischen Hauptschriften, welche viel zu wenig gelesen wird, da sie doch das Studium seiner Philosophie außerordentlich erleichtert); drittens, eine entschieden polemische und zerstörende zur Leibnitz-Wolfischen Philosophie. Alle drei Lehren soll man kennen, ehe man zum Studium der Kantischen Philosophie schreitet. – Ist nun, laut Obigem, die Unterscheidung der Erscheinung vom Dinge an sich, also die Lehre von der gänzlichen Diversität des Idealen und Realen, der Grundzug der Kantischen Philosophie; so giebt die bald nachher auftretende Behauptung der absoluten Identität dieser Beiden einen traurigen Beleg zu dem früher erwähnten Ausspruche Goethes; um so mehr, als sie sich auf nichts stützte, als auf die Windbeutelei intellektualer Anschauung, und demgemäß nur eine, unter dem Imponiren durch vornehme Miene, Bombast und Gallimathias maskirte Rückkehr zur Rohheit der gemeinen Ansicht war. Sie wurde der würdige Ausgangspunkt für den noch gröbern Unsinn des plumpen und geistlosen Hegel. – Wie nun also Kants, auf die oben dargelegte Weise gefaßte Sonderung der Erscheinung vom Dinge an sich in ihrer Begründung an Tiefsinn und Besonnenheit Alles, was je dagewesen, weit übertraf; so war sie auch in ihren Ergebnissen unendlich folgenreich. Denn ganz aus sich selbst, auf eine völlig neue Weise, von einer neuen Seite und auf einem neuen Wege gefunden stellte er hierin die selbe Wahrheit dar, die schon Plato unermüdlich wiederholt und in seiner Sprache meistens so ausdrückt: diese, den Sinnen erscheinende Welt habe kein wahres Seyn, sondern nur ein unaufhörliches Werden, sie sei, und sei auch nicht, und ihre Auffassung sei nicht sowohl eine Erkenntniß, als ein Wahn. Dies ist es auch, was er in der schon im dritten Buch gegenwärtiger Schrift erwähnten wichtigsten Stelle aller seiner Werke, dem Anfange des siebenten Buches der Republik mythisch ausspricht, indem er sagt, die Menschen, in einer finstern Höhle festgekettet, sähen weder das ächte ursprüngliche Licht, noch die wirklichen Dinge, sondern nur das dürftige Licht des Feuers in der Höhle und die Schatten wirklicher Dinge, die hinter ihrem Rücken an diesem Feuer vorüberziehn: sie meinten jedoch, die Schatten seien die Realität, und die Bestimmung der Succession dieser Schatten sei die wahre Weisheit. – Die selbe Wahrheit, wieder ganz anders dargestellt, ist auch eine Hauptlehre der Veden und Puranas, die Lehre von der Maja, worunter eben auch nichts Anderes verstanden wird, als was Kant die Erscheinung, im Gegensatze des Dinges an sich nennt: denn das Werk der Maja wird eben angegeben als diese sichtbare Welt, in der wir sind, ein hervorgerufener Zauber, ein bestandloser, an sich wesenloser Schein, der optischen Illusion und dem Traume zu vergleichen, ein Schleier, der das menschliche Bewußtseyn umfängt, ein Etwas, davon es gleich falsch und gleich wahr ist, zu sagen daß es sei, als daß es nicht sei. – Kant nun aber drückte nicht allein die selbe Lehre auf eine völlig neue und originelle Weise aus, sondern machte sie, mittelst der ruhigsten und nüchternsten Darstellung, zur erwiesenen und unstreitigen Wahrheit; während sowohl Plato, als die Inder, ihre Behauptungen bloß auf eine allgemeine Anschauung der Welt gegründet hatten, sie als unmittelbaren Ausspruch ihres Bewußtseyns vorbrachten, und sie mehr mythisch und poetisch, als philosophisch und deutlich darstellten. In dieser Hinsicht verhalten sie sich zu Kant, wie die Phythagoreer Hiketas, Philolaos und Aristarch, welche schon die Bewegung der Erde um die ruhende Sonne behaupteten, zum Kopernikus. Solche deutliche Erkenntniß und ruhige, besonnene Darstellung dieser traumartigen Beschaffenheit der ganzen Welt ist eigentlich die Basis der ganzen Kantischen Philosophie, ist ihre Seele und ihr allergrößtes

Verdienst. Er brachte dieselbe dadurch zu Stande, daß er die ganze Maschinerie unsers Erkenntnißvermögens, mittelst welcher die Phantasmagorie der objektiven Welt zu Stande kommt, auseinanderlegte und stückweise vorzeigte, mit bewunderungswerther Besonnenheit und Geschicklichkeit. Alle vorhergehende occidentalische Philosophie, gegen die Kantische als unsäglich plump erscheinend, hatte jene Wahrheit verkannt, und eben daher eigentlich immer wie im Traume geredet. Erst Kant weckte sie plötzlich aus diesem; daher auch nannten die letzten Schläfer (Mendelssohn) ihn den Alleszermalmer. Er zeigte, daß die Gesetze, welche im Daseyn, d. h. in der Erfahrung überhaupt, mit unverbrüchlicher Nothwendigkeit herrschen, nicht anzuwenden sind, um das Daseyn selbst abzuleiten und zu erklären, daß also die Gültigkeit derselben doch nur eine relative ist, d. h. erst anhebt, nachdem das Daseyn, die Erfahrungswelt überhaupt, schon gesetzt und vorhanden ist; daß folglich diese Gesetze nicht unser Leitfaden seyn können, wann wir an die Erklärung des Daseyns der Welt und unserer selbst gehn. Alle früheren occidentalischen Philosophen hatten gewähnt, diese Gesetze, nach welchen die Erscheinungen an einander geknüpft sind und welche alle, Zeit und Raum sowohl als Kausalität und Schlußfolge, ich unter den Ausdruck des Satzes vom Grunde zusammenfasse, wären absolute und durch gar nichts bedingte Gesetze, *aeternae veritates* [ewige Wahrheiten], die Welt selbst wäre nur in Folge und Gemäßheit derselben, und daher müsse nach ihrem Leitfaden das ganze Räthsel der Welt sich lösen lassen. Die zu diesem Behuf gemachten Annahmen, welche Kant unter dem Namen der Ideen der Vernunft kritisirt, dienten eigentlich nur, die bloße Erscheinung, das Werk der Maja, die Schattenwelt des Plato, zur einzigen und höchsten Realität zu erheben, sie an die Stelle des innersten und wahren Wesens der Dinge zu setzen, und die wirkliche Erkenntniß von diesem dadurch unmöglich zu machen: d. h., mit einem Wort, die Träumer noch fester einzuschläfern. Kant zeigte jene Gesetze, und folglich die Welt selbst, als durch die Erkenntnißweise des Subjekts bedingt; woraus folgte, daß, soweit man auch am Leitfaden jener weiter forschte und weiter schlösse, man in der Hauptsache, d. h. in der Erkenntniß des Wesens der Welt an sich und außer der Vorstellung, keinen Schritt vorwärts käme, sondern nur sich so bewegte, wie das Eichhörnchen im Rade.

Man kann daher auch sämmtliche Dogmatiker mit Leuten vergleichen, welche meinten, daß wenn sie nur recht lange geradeaus giengen, sie zu der Welt Ende gelangen würden; Kant aber hätte dann die Welt umsegelt und gezeigt, daß, weil sie rund ist, man durch horizontale Bewegung nicht hinauskann, daß es jedoch durch perpendikulare [lotrechte] vielleicht nicht unmöglich sei. Auch kann man sagen, Kants Lehre gebe die Einsicht, daß der Welt Ende und Anfang nicht außer, sondern in uns zu suchen sei.

Dies Alles nun aber beruht auf dem fundamentalen Unterschiede zwischen dogmatischer und kritischer, oder Transscendental-Philosophie. Wer sich diesen deutlich machen und an einem Beispiel vergegenwärtigen will, kann es in aller Kürze, wenn er, als Specimen der dogmatischen Philosophie, einen Aufsatz von Leibnitz durchliest, welcher den Titel *»De rerum originatione radicali«* führt und zum ersten Male gedruckt ist in der Ausgabe der philosophischen Werke Leibnitzens von Erdmann, Bd. 1, S. 147. Hier wird nun so recht in realistisch-dogmatischer Weise, unter Benutzung des ontologischen und des kosmologischen Beweises, der Ursprung und die vortreffliche Beschaffenheit der Welt *a priori* dargethan, auf Grund der *veritatum aeternarum.* – Nebenher wird auch ein Mal eingestanden, daß die Erfahrung das gerade Gegentheil der hier demonstrirten Vortrefflichkeit der Welt aufweise, darauf aber der Erfahrung bedeutet, sie verstehe nichts davon und solle das Maul halten, wenn Philosophie *a priori* geredet hat. – Als Widersacher dieser ganzen Methode nun ist mit Kant die kritische Philosophie aufgetreten, welche gerade die, allem solchem dogmatischen Bau zur Unterlage dienenden *veritates aeternas* zu ihrem Problem macht, dem Ursprunge derselben nachforscht und ihn sodann findet im menschlichen Kopf, woselbst nämlich sie aus den diesem eigenthümlich angehörenden Formen, welche er zum Behuf der Auffassung einer objektiven Welt in sich trägt, erwachsen. Hier also, im Gehirn, ist der Steinbruch, welcher das Material zu jenem stolzen dogmatischen Baue liefert. Dadurch nun aber, daß die kritische Philosophie, um zu diesem Resultate zu gelangen, über die *veritates aeternas,* auf welche aller bisheriger Dogmatismus sich gründete, hinausgehn [transszendieren] mußte, um diese selbst zum Gegenstande der Untersuchung zu machen, ist sie Transscendental-Philosophie geworden. Aus dieser ergiebt sich dann ferner, daß die objektive Welt, wie wir sie erkennen, nicht dem Wesen der Dinge an sich selbst angehört, sondern bloße Erscheinung desselben ist, bedingt durch eben jene Formen, die *a priori* im menschlichen Intellekt (d. h. Gehirn) liegen, daher sie auch nichts, als Erscheinungen enthalten kann.

Kant gelangte zwar nicht zu der Erkenntniß, daß die Erscheinung die Welt als Vorstellung und das Ding an sich der Wille sei. Aber er zeigte, daß die erscheinende Welt eben so sehr durch das Subjekt, wie durch das Objekt bedingt sei, und indem er die allgemeinsten Formen ihrer Erscheinung, d. i. der Vorstellung, isolirte, that er dar, daß man diese Formen nicht nur vom Objekt, sondern eben so wohl auch vom Subjekt ausgehend erkenne und ihrer ganzen Gesetzmäßigkeit nach übersehe, weil sie eigentlich zwischen Objekt und Subjekt die Beiden gemeinsame Gränze sind, und er schloß, daß man durch das Verfolgen dieser Gränze weder ins Innere des Objekts noch des Subjekts eindringe, folglich nie das Wesen der Welt, das Ding an sich erkenne.

Er leitete das Ding an sich nicht auf die rechte Art ab, wie ich bald zeigen werde, sondern mittelst einer Inkonsequenz, die er durch häufige und unwiderstehliche Angriffe auf diesen Haupttheil seiner Lehre büßen mußte. Er erkannte nicht direkt im Willen das Ding an sich; allein er that einen großen, bahnbrechenden Schritt zu dieser Erkenntniß, indem er die unleugbare moralische Bedeutung des menschlichen Handelns als ganz verschieden und nicht abhängig von den Gesetzen der Erscheinung, noch diesen gemäß je erklärbar, sondern als etwas, welches das Ding an sich unmittelbar berühre, darstellte: dieses ist der zweite Hauptgesichtspunkt für sein Verdienst.

Als den dritten können wir ansehn den völligen Umsturz der Scholastischen Philosophie, mit welchem Namen ich hier im Allgemeinen die ganze vom Kirchenvater Augustinus anfangende und dicht vor Kant schließende Periode bezeichnen möchte. Denn der Hauptcharakter der Scholastik ist doch wohl der von Tennemann sehr richtig angegebene, die Vormundschaft der herrschenden Landesreligion über die Philosophie, welcher eigentlich nichts übrig blieb, als die ihr von jener vorgeschriebenen Hauptdogmen zu beweisen und auszuschmücken: die eigentlichen Scholastiker, bis Suarez, gestehn dies unverhohlen: die folgenden Philosophen thun es mehr unbewußt, oder doch nicht eingeständlich. Man läßt die Scholastische Philosophie nur bis etwan hundert Jahre vor Cartesius gehn und dann mit diesem eine ganz neue Epoche des freien, von aller positiven Glaubenslehre unabhängigen Forschens anfangen; allein ein solches ist in der That dem Cartesius und seinen Nachfolgern* nicht beizulegen, sondern nur ein Schein davon und allenfalls ein Streben danach. Cartesius war ein höchst ausgezeichneter Geist, und hat, wenn man seine Zeit berücksichtigt, sehr viel geleistet. Setzt man aber diese Rücksicht bei Seite, und mißt ihn nach der ihm nachgerühmten Befreiung des Denkens von allen Fesseln und Anhebung einer neuen Periode des unbefangenen eigenen Forschens; so muß man finden, daß er mit seiner des rechten Ernstes noch entbehrenden und daher so schnell und so schlecht sich wieder gebenden Skepsis, zwar die Miene macht, als ob er alle Fesseln früh eingeimpfter, der Zeit und der Nation angehörender Meinungen, mit einem Male abwerfen wollte, es aber bloß zum Schein auf einen Augenblick thut, um sie sogleich wieder aufzu-

* Bruno und Spinoza sind hier ganz auszunehmen. Sie stehn jeder für sich und allein, und gehören weder ihrem Jahrhundert noch ihrem Welttheil an, welche dem einen mit dem Tode, dem andern mit Verfolgung und Schimpf lohnten. Ihr kümmerliches Daseyn und Sterben in diesem Occident gleicht dem einer tropischen Pflanze in Europa. Ihre wahre Geistesheimath waren die Ufer der heiligen Ganga [des Ganges]: dort hätten sie ein ruhiges und geehrtes Leben geführt, unter ähnlich Gesinnten. – Bruno drückt in folgenden Versen, mit denen er das Buch *della causa principio ed uno,* für welches ihm der Scheiterhaufen ward, eröffnet, deutlich und schön aus, wie einsam er sich in seinem Jahrhundert fühlte, und zeigt zugleich eine Ahndung seines Schicksals, welche ihn zaudern ließ seine Sache vorzutragen, bis jener in edlen Geistern so starke Trieb zur Mittheilung des für wahr Erkannten überwand:

Ad partum properare tuum, mens aegra, quid obstat;
Seclo haec indigno sint tribuenda licet?
Umbrarum fluctu terras mergente, cacumen
Adtolle in clarum, noster Olympe, Jovem.
[Was, mein krankes Gemüt, hält dich noch ab, zu gebären,
Bietest du auch dein Werk dieser unwürdigen Zeit?
Wenn auch über die Länder die Schatten wogen, erhebe
Deinen Gipfel, mein Berg, hoch in den Äther empor!
(Giordano Bruno, *Della causa, principio ed uno*, Eingang)]

Wer diese seine Hauptschrift, wie auch seine übrigen, früher so seltenen, jetzt durch eine Deutsche Ausgabe, Jedem zugänglichen Italiänischen Schriften liest, wird mit mir finden, daß unter allen Philosophen er allein dem Plato in etwas sich nähert, in Hinsicht auf die starke Beigabe poetischer Kraft und Richtung neben der philosophischen, und solche eben auch besonders dramatisch zeigt. Das zarte, geistige, denkende Wesen, als welches er uns aus dieser seiner Schrift entgegentritt, denke man sich unter den Händen roher, wüthender Pfaffen als seiner Richter und Henker, und danke der Zeit, die ein helleres und milderes Jahrhundert herbeiführte, so daß die Nachwelt, deren Fluch jene teuflischen Fanatiker treffen sollte, jetzt schon die Mitwelt ist.

nehmen und desto fester zu halten; und eben so alle seine Nachfolger bis auf Kant. Sehr anwendbar auf einen freien Selbstdenker dieses Schlages ist daher Goethes Vers:

»Er scheint mir, mit Verlaub von Ewr Gnaden,
Wie eine der langbeinigen Cikaden,
Die immer fliegt und fliegend springt –
Und gleich im Gras ihr altes Liedchen singt.« –
[*Faust I*, 287–290.]

Kant hatte Gründe, die Miene zu machen, als ob *er* es auch nur so meinte. Aber aus dem vorgeblichen Sprunge, der zugestanden war, weil man schon wußte, daß er ins Gras zurückführt, ward diesmal ein Flug, und jetzt haben, die unten stehn, nur das Nachsehn und können nicht mehr ihn wieder einfangen.

Kant also wagte es, aus seiner Lehre die Unbeweisbarkeit aller jener vorgeblich so oft bewiesenen Dogmen darzuthun. Die spekulative Theologie und die mit ihr zusammenhängende rationale Psychologie empfiengen von ihm den Todesstreich. Seitdem sind sie aus der Deutschen Philosophie verschwunden, und man darf sich nicht dadurch irre machen lassen, daß hie und da das Wort beibehalten wird, nachdem man die Sache aufgegeben, oder daß irgend ein armsäliger Philosophieprofessor die Furcht seines Herrn vor Augen hat und Wahrheit Wahrheit seyn läßt. Die Größe dieses Verdienstes Kants kann nur Der ermessen, welcher den nachtheiligen Einfluß jener Begriffe auf Naturwissenschaft, wie auf Philosophie, in allen, selbst den besten Schriftstellern des 17. und 18. Jahrhunderts beachtet hat. In den Deutschen naturwissenschaftlichen Schriften ist die seit Kant eingetretene Veränderung des Tones und des metaphysischen Hintergrundes auffallend: vor ihm stand es damit, wie noch jetzt in England. – Dieses Verdienst Kants hängt damit zusammen, daß das besinnungslose Nachgehn den Gesetzen der Erscheinung, das Erheben derselben zu ewigen Wahrheiten und dadurch der flüchtigen Erscheinung zum eigentlichen Wesen der Welt, kurz, der in seinem Wahn durch keine Besinnung gestörte *Realismus* in aller vorhergegangenen Philosophie der alten, der mittleren und der neueren Zeit durchaus herrschend gewesen war. *Berkeley*, der, wie vor ihm auch schon *Malebranche*, das Einseitige, ja Falsche desselben erkannt hatte, vermochte nicht ihn umzustoßen, weil sein Angriff sich auf e i n e n Punkt beschränkte. K a n t e n also war es vorbehalten, der idealistischen Grundansicht, welche im ganzen nicht islamisirten Asien, und zwar wesentlich, sogar die der Religion ist, in Europa wenigstens in der Philosophie zur Herrschaft zu verhelfen. Vor Kant also waren wir i n der Zeit; jetzt ist die Zeit in uns, u. s. f.

Auch die Ethik war von jener realistischen Philosophie nach den Gesetzen der Erscheinung, die sie für absolute, auch vom Dinge an sich geltende hielt, behandelt worden, und daher bald auf Glücksäligkeitslehre, bald auf den Willen des Weltschöpfers, zuletzt auf den Begriff der Vollkommenheit gegründet, welcher an und für sich ganz leer und inhaltslos ist, da er eine bloße Relation bezeichnet, die erst von den Dingen, auf welche sie angewandt wird, Bedeutung erhält, indem »vollkommen seyn« nichts weiter heißt als »irgend einem dabei vorausgesetzten und gegebenen Begriff entsprechen«, der also vorher aufgestellt seyn muß, und ohne welchen die Vollkommenheit eine unbenannte Zahl ist und folglich allein ausgesprochen gar nichts sagt. Will man nun aber etwan dabei den Begriff der »Menschheit« zur stillschweigenden Voraussetzung machen und demnach zum Moralprincip setzen [,] nach vollkommener Menschheit zu streben; so sagt man damit eben nur: »Die Menschen sollen seyn wie sie seyn sollen« – und ist so klug wie zuvor. »Vollkommen« nämlich ist beinahe nur das Synonym von »vollzählig«, indem es besagt, daß in einem gegebenen Fall, oder Individuo, alle die Prädikate, welche im Begriff seiner Gattung liegen, vertreten, also wirklich vorhanden sind. Daher ist der Begriff der »Vollkommenheit«, wenn schlechthin und *in abstracto* gebraucht, ein gedankenleeres Wort, und eben so das Gerede vom »allervollkommensten Wesen« u. dgl. m. Das Alles ist bloßer Wortkram. Nichtsdestoweniger war im vorigen Jahrhundert dieser Begriff von Vollkommenheit und Unvollkommenheit eine kurrente Münze geworden; ja, er war die Angel, um welche sich fast alles Moralisiren und selbst Theologisiren drehte. Jeder führte ihn im Munde, so daß zuletzt ein wahrer Unfug damit getrieben wurde. Selbst die besten Schriftsteller der Zeit, z. B. Lessingen, sehn wir auf das Beklagenswertheste in den Vollkommenheiten und Unvollkommenheiten verstrickt und sich damit herumschlagen. Dabei mußte doch jeder irgend denkende Kopf wenigstens dunkel fühlen, daß dieser Begriff ohne allen positiven Gehalt ist, indem er, wie ein algebraisches Zeichen, ein bloßes Verhältniß *in abstracto* andeutet. – Kant, wie schon gesagt, sonderte die unleugbare große ethische Bedeutsamkeit der Handlungen ganz ab von der Erscheinung und deren Gesetzen, und zeigte jene als unmittelbar das Ding an sich, das innerste Wesen der Welt betreffend, wogegen diese, d. h. Zeit und Raum, und Alles, was sie erfüllt und in ihnen nach dem Kausalgesetz sich ordnet, als bestand- und wesenloser Traum anzusehn sind.

Dieses Wenige und keineswegs den Gegenstand Erschöpfende mag hinreichen als Zeugniß meiner Anerkennung der großen Verdienste Kants, hier abgelegt zu meiner eigenen Befriedigung, und weil die Gerechtigkeit forderte jene Verdienste Jedem ins Gedächtniß zurückzurufen, der mir in der nachsichtslosen Aufdeckung seiner Fehler, zu welcher ich jetzt schreite, folgen will.

Daß Kants große Leistungen auch von großen Fehlern begleitet seyn mußten, läßt sich schon bloß historisch ermessen, daraus, daß, obwohl er die größte Revolution in der Philosophie bewirkte, und der Scholastik, die, im angegebenen weitern Sinn verstanden, vierzehn Jahrhunderte gedauert hatte, ein Ende machte, um nun wirklich eine ganz neue dritte Weltepoche der Philosophie zu beginnen; doch der unmittelbare Erfolg seines Auftretens fast nur negativ, nicht positiv war, indem, weil er nicht ein vollständiges neues System aufstellte, an welches seine Anhänger nur irgend einen Zeitraum hindurch sich hätten halten können, Alle zwar merkten, es sei etwas sehr Großes geschehn, aber doch keiner recht wußte was. Sie sahen wohl ein, daß die ganze bisherige Philosophie ein fruchtloses Träumen gewesen, aus dem jetzt die neue Zeit erwachte; aber woran sie sich nun halten sollten, wußten sie nicht. Eine große Leere, ein großes Bedürfniß war eingetreten: die allgemeine Aufmerksamkeit, selbst des größern Publikums, war erregt. Hiedurch veranlaßt, nicht aber vom innern Triebe und Gefühl der Kraft (die sich auch im ungünstigsten Zeitpunkt äußern, wie bei Spinoza) gedrungen, machten Männer ohne alle auszeichnende Talente mannigfaltige, schwache, ungereimte, ja mitunter tolle Versuche, denen das nun ein Mal aufgeregte Publikum doch seine Aufmerksamkeit schenkte und mit großer Geduld, wie sie nur in Deutschland zu finden, lange sein Ohr lieh.

Wie hier, muß es einst in der Natur hergegangen seyn, als eine große Revolution die ganze Oberfläche der Erde geändert, Meer und Land ihre Stellen gewechselt hatten und der Plan zu einer neuen Schöpfung geebnet war. Da währte es lange, ehe die Natur eine neue Reihe dauernder, jede mit sich und mit den übrigen harmonirender Formen herausbringen konnte: seltsame monströse Organisationen traten hervor, die mit sich selbst und unter einander disharmonirend, nicht lange bestehn konnten, aber deren noch jetzt vorhandene Reste es eben sind, die das Andenken jenes Schwankens und Versuchens der sich neu gestaltenden Natur auf uns gebracht haben. – Daß nun in der Philosophie eine jener ganz ähnliche Krisis und ein Zeitalter der ungeheuren Ausgeburten durch Kant herbeigeführt wurde, wie wir Alle wissen, läßt schon schließen, daß sein Verdienst nicht vollkommen, sondern mit großen Mängeln behaftet, negativ und einseitig gewesen seyn müsse. Diesen Mängeln wollen wir jetzt nachspüren.

Zuvörderst wollen wir den Grundgedanken, in welchem die Absicht der ganzen Kritik der reinen Vernunft liegt, uns deutlich machen und ihn prüfen. – Kant stellte sich auf den Standpunkt seiner Vorgänger, der dogmatischen Philosophen, und gieng demgemäß mit ihnen von folgenden Voraussetzungen aus. 1) Metaphysik ist Wissenschaft von Demjenigen, was jenseit der Möglichkeit aller Erfahrung liegt. – 2) Ein solches kann nimmermehr gefunden werden nach Grundsätzen, die selbst erst aus der Erfahrung geschöpft sind (Prolegomena, § 1); sondern nur Das, was wir v o r , also unabhängig v o n aller Erfahrung wissen, kann weiter reichen, als mögliche Erfahrung. – 3) In unserer Vernunft sind wirklich einige Grundsätze der Art anzutreffen: man begreift sie unter dem Namen Erkenntnisse aus reiner Vernunft. – Soweit geht Kant mit seinen Vorgängern zusammen; hier aber trennt er sich von ihnen. Sie sagen: »Diese Grundsätze, oder Erkenntnisse aus reiner Vernunft, sind Ausdrücke der absoluten Möglichkeit der Dinge, *aeternae veritates,* Quellen der Ontologie: sie stehn über der Weltordnung, wie das Fatum über den Göttern der Alten stand.« Kant sagt: es sind bloße Formen unsers Intellekts, Gesetze, nicht des Daseyns der Dinge, sondern unserer Vorstellungen von ihnen, gelten daher bloß für unsere Auffassung der Dinge, und können demnach nicht über die Möglichkeit der Erfahrung, worauf es, laut Art. 1, abgesehn war, hinausreichen. Denn gerade die Apriorität dieser Erkenntnißformen, da sie nur auf dem subjektiven Ursprung derselben beruhen kann, schneidet uns die Erkenntniß des Wesens an sich der Dinge auf immer ab und beschränkt uns auf eine Welt von bloßen Erscheinungen, so daß wir nicht ein Mal *a posteriori*, geschweige *a priori*, die Dinge erkennen können, wie sie an sich selbst seyn mögen. Demnach ist Metaphysik unmöglich, und an ihre Stelle tritt Kritik der reinen Vernunft. Dem alten Dogmatismus gegenüber ist hier Kant völlig siegreich; daher haben alle seitdem aufgetretenen dogmatischen Versuche ganz andere Wege einschlagen müssen, als die früheren: auf die Berechtigung des meinigen werde ich, der ausgesprochenen Absicht gegenwärtiger Kritik gemäß, jetzt hinleiten. Nämlich bei genauerer Prüfung obiger Argumentation wird man eingestehn müssen, daß die allererste Grundannahme derselben eine *petitio principii* [Erschleichung des Beweisgrundes] ist; sie liegt in dem (besonders Prolegomena, § 1, deutlich aufgestellten) Satz: »Die Quelle der Metaphysik darf durchaus nicht empirisch seyn, ihre Grundsätze und Grundbegriffe dürfen nie aus der Erfahrung, weder innerer noch äußerer, genommen seyn.« Zur Begründung dieser Kardinal-Behauptung wird jedoch gar nichts angeführt, als das etymologische Argument aus dem Worte Metaphysik. In Wahrheit aber verhält sich die Sache so: Die Welt und unser eigenes Daseyn stellt sich uns nothwendig als ein Räthsel dar. Nun wird ohne Weiteres angenommen, daß die Lösung dieses Räthsels nicht aus dem gründlichen Verständniß der Welt selbst hervorgehn könne, sondern gesucht werden müsse in etwas von der Welt gänzlich Verschiedenem (denn das heißt »über die Möglichkeit aller Erfahrung hinaus«); und daß von jener Lösung Alles ausgeschlossen werden müsse, wovon wir irgendwie unmittelbare Kenntniß (denn das heißt mögliche Erfahrung, sowohl innere, wie äußere) haben können; dieselbe vielmehr nur in Dem gesucht werden müsse, wozu wir bloß mittelbar, nämlich mittelst Schlüssen aus allgemeinen Sätzen *a priori*, gelangen können. Nachdem man auf diese Art die Hauptquelle aller Erkenntniß ausgeschlossen und den geraden Weg zur Wahrheit sich versperrt hatte, darf man sich nicht wundern, daß die dogmatischen Versuche mißglückten und Kant die Nothwendigkeit dieses Mißglückens darthun konnte: denn man hatte zum voraus Metaphysik und Erkenntniß *a priori* als identisch angenommen. Dazu hätte man aber vorher beweisen müssen, daß der Stoff zur Lösung des Räthsels der Welt schlechterdings nicht in ihr selbst enthalten seyn könne, sondern nur außerhalb der Welt zu suchen sei, in etwas, dahin man nur am Leitfaden jener uns *a priori* bewußten Formen gelangen könne. So lange aber Dies nicht bewiesen ist, haben wir keinen Grund, uns, bei der wichtigsten und schwierigsten aller Aufgaben, die inhaltsreichsten aller Erkenntnißquellen, innere und äußere Erfahrung, zu verstopfen, um allein mit inhaltsleeren Formen zu operiren. Ich sage daher, daß die Lösung des Räthsels der Welt aus dem Verständniß der Welt selbst hervorgehn muß; daß also die Aufgabe der Metaphysik nicht ist, die Erfahrung, in der die Welt dasteht, zu überfliegen, sondern sie von Grund aus zu verstehn, indem Erfahrung, äußere und innere, allerdings die Hauptquelle aller Erkenntniß ist; daß daher nur durch die gehörige und am rechten Punkt vollzogene Anknüpfung der äußern Erfahrung an die innere, und dadurch zu Stande gebrachte Verbindung dieser zwei so heterogenen Erkenntnißquellen, die Lösung des Räthsels der Welt möglich ist; wiewohl auch so nur innerhalb gewisser Schranken, die von unserer endlichen Natur unzertrennlich sind, mithin so, daß wir zum richtigen Verständniß der Welt selbst gelangen, ohne jedoch eine abgeschlossene und alle ferneren Probleme aufhebende Erklärung ihres Daseyns zu erreichen. Mithin *est quadam prodire tenus* [ist's recht, bis zur Grenze zu gehn: Horaz, *epist.*, I, I, 32], und mein Weg liegt in der Mitte zwischen der Allwissenheitslehre der frühern Dogmatik und der Verzweiflung der Kantischen Kritik. Die von Kant entdeckten, wichtigen Wahrheiten aber, durch welche die frühern metaphysischen Systeme umgestoßen wurden, haben dem meinigen Data und Material geliefert. Man vergleiche was ich Kap. 17 des zweiten Bandes über meine Methode gesagt habe. – Soviel über den Kantischen Grundgedanken: jetzt wollen wir die Ausführung und das Einzelne betrachten.

Kants Stil trägt durchweg das Gepräge eines überlegenen Geistes, ächter, fester Eigenthümlichkeit und ganz ungewöhnlicher Denkkraft; der Charakter desselben läßt sich vielleicht treffend bezeichnen als eine glänzende Trockenheit, vermöge welcher er die Begriffe mit großer Sicherheit fest zu fassen und herauszugreifen, dann sie mit größter Freiheit hin- und herzuwerfen vermag, zum Erstaunen des Lesers. Die selbe glänzende Trockenheit finde ich im Stil des Aristoteles wieder, obwohl dieser viel einfacher ist. – Dennoch ist Kants Vortrag oft undeutlich, unbestimmt, ungenügend und bisweilen dunkel. Allerdings ist dieses Letztere zum Theil durch die Schwierigkeit des Gegenstandes und die Tiefe der Gedanken zu entschuldigen; aber wer sich selber bis auf den Grund klar ist und ganz deutlich weiß, was er denkt und will, der wird nie undeutlich schreiben, wird nie schwankende, unbestimmte Begriffe aufstellen und zur Bezeichnung derselben aus fremden Sprachen höchst schwierige komplicirte Ausdrücke zusammensuchen, um solche nachher fortwährend zu gebrauchen, wie Kant aus der ältern, sogar scholastischen Philosophie Worte und Formeln nahm, die er zu seinen Zwecken mit einander verband, wie z. B. »transscendentale synthetische Einheit der Apperception«, und überhaupt »Einheit der Synthesis« allemal gesetzt, wo »Vereinigung« ganz allein ausreichte. Ein Solcher wird ferner nicht das schon ein Mal Erklärte immer wieder von Neuem erklären, wie Kant es z. B. macht mit dem Verstande, den Kategorien, der Erfahrung und andern Hauptbegriffen. Ein Solcher wird überhaupt nicht sich unablässig wiederholen und dabei doch, in jeder neuen Darstellung des hundert Mal dagewesenen Gedankens, ihm wieder gerade die selben dunklen Stellen lassen; sondern er wird ein Mal deutlich, gründlich, erschöpfend seine Meinung sagen, und dabei es bewenden lassen. *Quo enim melius rem aliquam concipimus, eo magis determinati sumus ad eam unico modo exprimendam* [Je besser wir nämlich eine Sache verstehen, desto mehr sind wir entschlossen, sie auf eine einzige Weise auszudrücken], sagt Cartesius [*Epistulae*, 1] in seinem fünften Briefe. Aber der größte Nachtheil, den Kants stellenweise dunkler Vortrag gehabt hat, ist, daß er als *exemplar vitiis imitabile* [Vorbild, das zur Nachahmung seiner Fehler verleitet: Horaz, *epist.*, 1, 19, 17] wirkte, ja, zu verderblicher Autorisation mißdeutet wurde. Das Publikum war genöthigt worden einzusehn, daß das Dunkle nicht immer sinnlos ist: sogleich flüchtete sich das Sinnlose hinter den dunkeln Vortrag. Fichte war der Erste, der dies neue Privilegium ergriff und stark benutzte; Schelling that es ihm darin wenigstens gleich, und ein Heer hungeriger Skribenten ohne Geist und ohne Redlichkeit überbot bald Beide. Jedoch die größte Frechheit im Auftischen baaren Unsinns, im Zusammenschmieren sinnleerer, rasender Wortgeflechte, wie man sie bis dahin nur in Tollhäusern vernommen hatte, trat endlich im Hegel auf und wurde das Werkzeug der plumpesten allgemeinen Mystifikation, die je gewesen, mit einem Erfolg, welcher der Nachwelt fabelhaft erscheinen und ein Denkmal Deutscher Niaiserie [Albernheit] bleiben wird. Vergeblich schrieb unterdessen Jean Paul seinen schönen Paragraphen »Höhere Würdigung des philosophischen Tollseyns auf dem Katheder und des dichterischen auf dem Theater« (ästhetische Nachschule); denn vergeblich hatte schon Goethe gesagt:

»So schwätzt und lehrt man ungestört,
Wer mag sich mit den Narr'n befassen?
Gewöhnlich glaubt der Mensch, wenn er nur Worte hört,
Es müsse sich dabei doch auch was denken lassen.«

[*Faust* I, 2563–66.]

Doch kehren wir zu Kant zurück. Man kann nicht umhin einzugestehn, daß ihm die antike, grandiose Einfalt, daß ihm Naivetät, *ingénuité* [Unbefangenheit], *candeur* [Treuherzigkeit], gänzlich abgeht. Seine Philosophie hat keine Analogie mit der Griechischen Baukunst, welche große, einfache, dem Blick sich auf ein Mal offenbarende Verhältnisse darbietet: vielmehr erinnert sie sehr stark an die Gothische Bauart. Denn eine ganz individuelle Eigenthümlichkeit des Geistes Kants ist ein sonderbares Wohlgefallen an der Symmetrie, welche die bunte Vielheit liebt, um sie zu ordnen und die Ordnung in Unterordnungen zu wiederholen, und so immerfort, gerade wie an den Gothischen Kirchen. Ja er treibt dies bisweilen bis zur Spielerei, wobei er, jener Neigung zu Liebe, so weit geht, der Wahrheit offenbare Gewalt anzuthun und mit ihr zu verfahren, wie mit der Natur die altfränkischen Gärtner, deren Werk symmetrische Alleen, Quadrate und Triangel, pyramidalische und kugelförmige Bäume und zu regelmäßigen Kurven gewundene Hecken sind. Ich will dies mit Thatsachen belegen.

Nachdem er Raum und Zeit isolirt abgehandelt, dann diese ganze, Raum und Zeit füllende Welt der Anschauung, in der wir leben und sind, abgefertigt hat mit den nichtssagenden Worten »der empirische Inhalt der Anschauung wird uns gegeben«, – gelangt er sofort, mit einem Sprunge, zur logischen Grundlage seiner ganzen Philosophie, zur Tafel der Urtheile. Aus dieser deducirt er ein richtiges Dutzend Kategorien, symmetrisch unter vier Titeln abgesteckt, welche späterhin das furchtbare Bett des Prokrustes werden, in welches er alle Dinge der Welt und Alles was im Menschen vorgeht gewaltsam hineinzwängt, keine Gewaltthätigkeit scheuend und kein Sophisma verschmähend, um nur die Symmetrie jener Tafel überall wiederholen zu können. Das Erste, was aus ihr symmetrisch abgeleitet wird, ist die reine physiologische Tafel allgemeiner Grundsätze der Naturwissenschaft: nämlich Axiome der Anschauung, Anticipationen der Wahrnehmung, Analogien der Erfahrung und Postulate des empirischen Denkens überhaupt. Von diesen Grundsätzen sind die beiden ersten einfach; die beiden letztern aber treiben symmetrisch jeder drei Sprößlinge. Die bloßen Kategorien waren was er Begriffe nennt; diese Grundsätze der Naturwissenschaft sind aber Urtheile. Zufolge seines obersten Leitfadens zu aller Weisheit, nämlich der Symmetrie, ist jetzt an den Schlüssen die Reihe sich fruchtbar zu erweisen, und zwar thun sie dies wieder symmetrisch und taktmäßig. Denn, wie durch Anwendung der Kategorien auf die Sinnlichkeit, für den Verstand die Erfahrung, sammt ihren Grundsätzen *a priori*, erwuchs; eben so entstehn durch Anwendung der Schlüsse auf die Kategorien, welches Geschäft die Vernunft, nach ihrem angeblichen Princip das Unbedingte zu suchen, verrichtet, die Ideen der Vernunft. Dieses geht nun so vor sich: die drei Kategorien der Relation geben drei allein mögliche Arten von Obersätzen zu Schlüssen, welche letztere demgemäß ebenfalls in drei Arten zerfallen, jede von welchen als ein Ei anzusehn ist, aus dem die Vernunft eine Idee brütet: nämlich aus der kategorischen Schlußart die Idee der Seele, aus der hypothetischen die Idee der Welt, und aus der disjunktiven die Idee von Gott. In der mittelsten, der Idee der Welt, wiederholt sich nun noch ein Mal die Symmetrie der Kategorientafel, indem ihre vier Titel vier Thesen hervorbringen, von denen jede ihre Antithese zum symmetrischen Pendant hat.

Wir zollen zwar der wirklich höchst scharfsinnigen Kombination, welche dies zierliche Gebäude hervorrief, unsere Bewunderung; werden aber weiterhin dasselbe in seinem Fundament und in seinen Theilen gründlich untersuchen. – Doch müssen folgende Betrachtungen vorangeschickt werden.

Es ist zum Erstaunen, wie Kant, ohne sich weiter zu besinnen, seinen Weg verfolgt, seiner Symmetrie nachgehend, nach ihr Alles ordnend, ohne jemals einen der so behandelten Gegenstände für sich in Betracht zu nehmen. Ich will mich näher erklären. Nachdem er die intuitive Erkenntniß bloß in der Mathematik in Betrachtung nimmt, vernachlässigt er die übrige anschauliche Erkenntniß, in der die Welt vor uns liegt, gänzlich, und hält sich allein an das abstrakte Denken, welches doch alle Bedeutung und Wert erst von der anschaulichen Welt empfängt, die unendlich bedeutsamer, allgemeiner, gehaltreicher ist, als der abstrakte Theil unserer Erkenntniß. Ja, er hat, und dies ist ein Hauptpunkt, nirgends die anschauliche und abstrakte Erkenntniß deutlich unterschieden, und eben dadurch, wie wir hernach sehn werden, sich in unauflösliche Widersprüche mit sich selbst verwickelt. – Nachdem er die ganze Sinnenwelt abgefertigt hat mit dem Nichtssagenden »sie ist gegeben«, macht er nun, wie gesagt, die logische Tafel der Urtheile zum Grundstein seines Gebäudes. Aber hier besinnt er sich auch nicht einen Augenblick über Das, was jetzt eigentlich vor ihm liegt. Diese Formen der Urtheile sind ja Worte und Wortverbindungen. Es sollte doch zuerst gefragt werden, was diese unmittelbar bezeichnen: es hätte sich gefunden, daß dies Begriffe sind. Die nächste Frage wäre dann gewesen nach dem Wesen der Begriffe. Aus ihrer Beantwortung hätte sich ergeben, welches Verhältniß diese zu den anschaulichen Vorstellungen, in denen die Welt dasteht, haben: da wäre Anschauung und Reflexion auseinandergetreten. Nicht bloß wie die reine und nur formale Anschauung *a priori*, sondern auch wie ihr Gehalt, die empirische Anschauung, ins Bewußtseyn kommt, hätte nun untersucht werden müssen. Dann aber hätte sich gezeigt, welchen Antheil hieran der Verstand hat, also auch überhaupt was der Verstand und was dagegen eigentlich die Vernunft sei, deren Kritik hier geschrieben wird. Es ist höchst auffallend, daß er dieses Letztere auch nicht ein einziges Mal ordentlich und genügend bestimmt; sondern er giebt nur gelegentlich und wie der jedesmalige Zusammenhang es fordert, unvollständige und unrichtige Erklärungen von ihr; ganz im Widerspruch mit der oben beigebrachten Regel des Cartesius*. Z. B. S. 11; V, 24, der »Kritik der reinen Vernunft« ist sie das Vermögen der Principien *a priori*; S. 299; V, 356, heißt es abermals, die Vernunft sei das Vermögen der Principien und sie wird dem Verstande entgegengesetzt, als welcher das Vermögen der Regeln sei! Nun sollte man denken, zwischen Principien und Regeln müsse ein himmelweiter Unterschied seyn, da er berechtigt, für jede derselben ein besonderes Erkenntnißvermögen anzunehmen. Allein dieser große Unterschied soll bloß darin liegen, daß was aus der reinen Anschauung, oder durch die Formen des Verstandes, *a priori* erkannt wird, eine Regel sei, und nur was aus bloßen Begriffen *a priori* hervorgeht, ein Princip. Auf diese willkürliche und unstatthafte Unterscheidung werden wir nachher bei der Dialektik zurückkommen. S. 330; V, 386, ist die Vernunft das Vermögen zu schließen: das bloße Urtheilen erklärt er öfter (S. 69; V, 94) für das Geschäft des Verstandes. Damit sagt er nun aber eigentlich: Urtheilen ist das Geschäft des Verstandes, so lange der Grund des Urtheils empirisch, transscendental, oder metalogisch ist (Abhandlung über den Satz vom Grund, § 31, 32, 33); ist er aber logisch, als worin der Schluß besteht, so agirt hier ein ganz besonderes, viel vorzüglicheres Erkenntnißvermögen, die Vernunft. Ja, was noch mehr ist, S. 303; V, 360, wird auseinandergesetzt, daß die unmittelbaren Folgerungen aus einem Satze noch Sache des Verstandes wären, und nur die, wo ein vermittelnder Begriff gebraucht wird, von der Vernunft verrichtet würden; und als Beispiel wird angeführt aus dem Satz: »Alle Menschen sind sterblich«, sei die Folgerung: »Einige Sterbliche sind Menschen« noch durch den bloßen Verstand gezogen; hingegen diese: »Alle Gelehrte sind sterblich«

* Hier sei bemerkt, daß ich die »Kritik der reinen Vernunft« überall nach der Seitenzahl der ersten Auflage citire, da in der Rosenkranzischen Ausgabe der gesammten Werke diese Seitenzahl durchgängig beigegeben ist: außerdem füge ich, mit vorgesetzter V, die Seitenzahl der fünften Auflage hinzu; dieser sind alle übrigen, von der zweiten an, gleichlautend, also auch wohl in der Seitenzahl.

erfordere ein ganz anderes und viel vorzüglicheres Vermögen, die Vernunft. Wie war es möglich, daß ein großer Denker so etwas vorbringen konnte! S. 553; V, 581, ist mit einem Male die Vernunft die beharrliche Bedingung aller willkürlichen Handlungen. S. 614; V, 642, besteht sie darin, daß wir von unsern Behauptungen Rechenschaft geben können: S. 643, 644; V, 671, 672, darin, daß sie die Begriffe des Verstandes zu Ideen vereinigt, wie der Verstand das Mannigfaltige der Objekte zu Begriffen. S. 646; V, 674, ist sie nichts Anderes, als das Vermögen das Besondere aus dem Allgemeinen abzuleiten.

Der Verstand wird ebenfalls immer wieder von Neuem erklärt: an sieben Stellen der »Kritik der reinen Vernunft«, S. 51; V, 75, ist er das Vermögen, Vorstellungen selbst hervorzubringen. S. 69; V, 94, das Vermögen zu urtheilen, d. h. zu denken, d. h. durch Begriffe zu erkennen. S. 137, fünfte Auflage, im Allgemeinen das Vermögen der Erkenntnisse. S. 132; V, 171, das Vermögen der Regeln. S. 158; V, 197, aber wird gesagt: »Er ist nicht nur das Vermögen der Regeln, sondern der Quell der Grundsätze, nach welchem alles unter Regeln steht«; und dennoch ward er oben der Vernunft entgegengesetzt, weil diese allein das Vermögen der Principien wäre. S. 160; V, 199, ist der Verstand das Vermögen der Begriffe: S. 302; V, 359, aber das Vermögen der Einheit der Erscheinungen vermittelst der Regeln.

Die von mir aufgestellten, festen, scharfen, bestimmten, einfachen und mit dem Sprachgebrauch aller Völker und Zeiten stets übereinkommenden Erklärungen jener zwei Erkenntnißvermögen werde ich nicht nöthig haben gegen solche (obwohl sie von Kant ausgehn) wahrhaft konfuse und grundlose Reden darüber zu vertheidigen. Ich habe diese nur angeführt als Belege meines Vorwurfs, daß Kant sein symmetrisches, logisches System verfolgt, ohne sich über den Gegenstand, den er so behandelt, genugsam zu besinnen.

Hätte nun Kant, wie ich oben sagte, ernstlich untersucht, inwiefern zwei solche verschiedene Erkenntnißvermögen, davon eines das Unterscheidende der Menschheit ist, sich zu erkennen geben, und was, gemäß dem Sprachgebrauch aller Völker und aller Philosophen, Vernunft und Verstand heiße; so hätte er auch nie, ohne weitere Auktorität, als den in ganz anderm Sinne gebrauchten *intellectus theoreticus* und *practicus* [theoretischen und praktischen Geist] der Scholastiker, die Vernunft in eine theoretische und praktische zerfällt, und letztere zur Quelle des tugendhaften Handelns gemacht. Eben so, bevor Kant Verstandesbegriffe (worunter er theils seine Kategorien, theils alle Gemeinbegriffe versteht) und Vernunftbegriffe (seine sogenannten Ideen) so sorgfältig sonderte und beide zum Material seiner Philosophie machte, die größtentheils nur von der Gültigkeit, Anwendung, Ursprung aller dieser Begriffe handelt; – zuvor, sage ich, hätte er doch wahrlich untersuchen sollen, was denn überhaupt ein Begriff sei. Allein auch diese so nothwendige Untersuchung ist leider ganz unterblieben; was viel beigetragen hat zu der heillosen Vermischung intuitiver und abstrakter Erkenntniß, die ich bald nachweisen werde. – Der selbe Mangel an hinlänglichem Besinnen, mit welchem er die Fragen übergieng: was ist Anschauung? was ist Reflexion? was Begriff? was Vernunft? was Verstand? – ließ ihn auch folgende eben so unumgänglich nöthige Untersuchungen übergehn: was nenne ich den Gegenstand, den ich von der Vorstellung unterscheide? was ist Daseyn? was Objekt? was Subjekt? was Wahrheit, Schein, Irrthum? – Aber er verfolgt, ohne sich zu besinnen oder umzusehn, sein logisches Schema und seine Symmetrie. Die Tafel der Urtheile soll und muß der Schlüssel zu aller Weisheit seyn.

Ich habe es oben als das Hauptverdienst Kants aufgestellt, daß er die Erscheinung vom Dinge an sich unterschied, diese ganze sichtbare Welt für Erscheinung erklärte und daher den Gesetzen derselben alle Gültigkeit über die Erscheinung hinaus absprach. Es ist allerdings auffallend, daß er jene bloß relative Existenz der Erscheinung nicht aus der einfachen, so nahe liegenden, unleugbaren Wahrheit »Kein Objekt ohne Subjekt« ableitete, um so, schon an der Wurzel, das Objekt, weil es durchaus immer nur in Beziehung auf ein Subjekt daist, als von diesem abhängig, durch dieses bedingt und daher als bloße Erscheinung, die nicht an sich, nicht unbedingt existirt, darzustellen. Jenen wichtigen Satz hatte bereits Berkeley, gegen dessen Verdienst Kant nicht gerecht ist, zum Grundstein seiner Philosophie gemacht und dadurch sich ein unsterbliches Andenken gestiftet, obwohl er selbst nicht die gehörigen Folgerungen aus jenem Satze zog und sodann theils nicht verstanden, theils nicht genugsam beachtet wurde. Ich hatte, in meiner ersten Auflage, Kants Umgehn dieses Berkeleyschen Satzes aus einer sichtbaren Scheu vor dem entschiedenen Idealismus erklärt; während ich diesen andererseits in vielen Stellen der »Kritik der reinen Vernunft« deutlich ausgesprochen fand; und hatte demnach Kanten des Widerspruchs mit sich selbst geziehn. Auch war dieser Vorwurf gegründet, sofern man, wie es damals mein Fall war, die »Kritik der reinen Vernunft« bloß in der zweiten, oder den nach ihr abgedruckten fünf folgenden Auflagen kennt. Als ich nun aber später Kants Hauptwerk in der bereits selten gewordenen ersten Auflage las, sah ich, zu meiner großen Freude, alle jene Widersprüche verschwinden, und fand, daß Kant, wenn er gleich nicht die Formel »kein Objekt ohne Subjekt« gebraucht, doch, mit eben der Entschiedenheit wie Berkeley und ich, die in Raum und Zeit vorliegende Außenwelt für bloße Vorstellung des sie erkennenden Subjekts erklärt; daher er z. B. S. 383 daselbst ohne Rückhalt sagt: »Wenn ich das denkende Subjekt wegnehme, muß die ganze Körperwelt wegfallen, als die nichts ist, als die Erscheinung in der Sinnlichkeit unsers Subjekts und eine Art Vorstellungen desselben.« Aber die ganze Stelle von S. 348–392, in welcher Kant seinen entschiedenen Idealismus überaus schön und deutlich darlegt, wurde von ihm in der zweiten Auflage supprimirt [unterdrückt] und dagegen eine Menge ihr widerstreitender Aeußerungen hineingebracht. Dadurch ist denn der Text der »Kritik der reinen Vernunft«, wie er vom Jahr 1787 an bis zum Jahr 1838 cirkulirt hat, ein verunstalteter und verdorbener geworden, und dieselbe ein sich selbst widersprechendes Buch geworden, dessen Sinn eben deshalb Niemanden ganz klar und verständlich seyn konnte. Das Nähere hierüber, wie auch meine Vermuthungen über die Gründe und Schwächen, welche Kanten zu einer solchen Verunstaltung seines unsterblichen Werkes haben bewegen können, habe ich dargelegt in einem Briefe an Herrn Professor Rosenkranz, dessen Hauptstelle derselbe in seine Vorrede zum zweiten Bande der von ihm besorgten Ausgabe der sämmtlichen Werke Kants aufgenommen hat, wohin ich also hier verweise. In Folge meiner Vorstellungen nämlich hat im Jahre 1838 Herr Professor Rosenkranz sich bewogen gefunden, die »Kritik der reinen Vernunft« in ihrer ursprünglichen Gestalt wieder herzustellen, indem er sie, in besagtem zweiten Bande, nach der ersten Auflage von 1781 abdrucken ließ, wodurch er sich um die Philosophie ein unschätzbares Verdienst erworben, ja das wichtigste Werk der Deutschen Litteratur vielleicht vom Untergange gerettet hat; und dies soll man ihm nie vergessen. Aber Keiner bilde sich ein, die »Kritik der reinen Vernunft« zu kennen und einen deutlichen Begriff von Kants Lehre zu haben, wenn er jene nur in der zweiten, oder einer der folgenden Auflagen gelesen hat; das ist schlechterdings unmöglich: denn er hat nur einen verstümmelten, verdorbenen, gewissermaaßen unächten Text gelesen. Es ist meine Pflicht, Dies hier entschieden und zu Jedermanns Warnung auszusprechen.

Mit der in der ersten Auflage der »Kritik der reinen Vernunft« so deutlich ausgesprochenen, entschieden idealistischen Grundansicht steht jedoch die Art, wie Kant das Ding an sich einführt, in unleugbarem Widerspruch, und ohne Zweifel ist dies der Hauptgrund, warum er in der zweiten Auflage die angegebene idealistische Hauptstelle supprimirte, und sich geradezu gegen den Berkeleyschen Idealismus erklärte, wodurch er jedoch nur Inkonsequenzen in sein Werk brachte, ohne dem Hauptgebrechen desselben abhelfen zu können. Dieses ist bekanntlich die Einführung des Dinges an sich, auf die von ihm gewählte Weise, deren Unstatthaftigkeit von G. E. Schulze im »Aenesidemus« weitläuftig dargethan und bald als der unhaltbare Punkt seines Systems anerkannt wurde. Die Sache läßt sich mit sehr Wenigem deutlich machen. Kant gründet die Voraussetzung des Dinges an sich, wiewohl unter mancherlei Wendungen verdeckt, auf einen Schluß nach dem Kausalitätsgesetz, daß nämlich die empirische Anschauung, richtiger die Empfindung in unsern Sinnesorganen, von der sie ausgeht, eine äußere Ursache haben müsse. Nun aber ist, nach seiner eigenen und richtigen Entdeckung, das Gesetz der Kausalität uns *a priori* bekannt, folglich eine Funktion unsers Intellekts, also subjektiven Ursprungs; ferner ist die Sinnesempfindung selbst, auf welche wir hier das Kausalitätsgesetz anwenden, unleugbar subjektiv, und endlich sogar der Raum, in welchen wir mittelst dieser Anwendung die Ursache der Empfindung als Objekt versetzen, ist eine *a priori* gegebene, folglich subjektive Form unsers Intellekts. Mithin bleibt die ganze empirische Anschauung durchweg auf subjektivem Grund und Boden, als ein bloßer Vorgang in uns, und nichts von ihr gänzlich Verschiedenes, von ihr Unabhängiges, läßt sich als ein Ding an sich hineinbringen, oder als nothwendige Voraussetzung darthun. Wirklich ist und bleibt die empirische Anschauung unsere bloße Vorstellung: es ist die Welt als Vorstellung. Zum Wesen an sich dieser können wir nur auf dem ganz anderartigen, von mir eingeschlagenen Wege, mittelst Hinzuziehung des Selbstbewußtseyns, welches den Willen als das Ansich unserer eigenen Erscheinung kund giebt, gelangen: dann aber wird das Ding an sich ein von der Vorstellung und ihren Elementen *toto genere* [durchaus] Verschiedenes; wie ich dies ausgeführt habe.

Das, wie gesagt, früh nachgewiesene, große Gebrechen des Kantischen Systems in diesem Punkt ist ein Beleg zu dem schönen Indischen Sprichwort: »Kein Lotus ohne Stengel.« Die fehlerhafte Ableitung des Dinges an sich ist hier der Stengel: jedoch auch nur die Art der Ableitung, nicht die Anerkennung eines Dinges an sich zur gegebenen Erscheinung. Auf diese letztere Weise aber mißverstand es Fichte; was er nur konnte, weil es ihm nicht um die Wahrheit zu thun war, sondern um Aufsehn, zur Beförderung seiner persönlichen Zwecke. Demnach war er dreist und gedankenlos genug, das Ding an sich ganz abzuleugnen und ein System aufzustellen, in welchem nicht, wie bei Kant, das bloß Formale der Vorstellung, sondern auch das Materiale, der gesammte Inhalt derselben, vorgeblich *a priori* aus dem Subjekt abgeleitet wurde. Er rechnete dabei ganz richtig auf die Urtheilslosigkeit und Niaiserie des Publikums, welches schlechte Sophismen, bloßen Hokuspokus und unsinniges Wischiwaschi für Beweise hinnahm; so daß es ihm glückte, die Aufmerksamkeit desselben von Kant auf sich zu lenken und der Deutschen Philosophie die Richtung zu geben, in welcher sie nachher von Schelling weiter geführt wurde und endlich in der unsinnigen Hegelschen Afterweisheit ihr Ziel erreichte.

Ich komme jetzt auf den schon oben berührten großen Fehler Kants zurück, daß er die anschauliche und die abstrakte Erkenntniß nicht gehörig gesondert hat, woraus eine heillose Konfusion entstanden ist, die wir jetzt näher zu betrachten haben. Hätte er die anschaulichen Vorstellungen von den bloß *in abstracto* gedachten Begriffen scharf getrennt, so würde er diese

Beiden auseinander gehalten und jedesmal gewußt haben, mit welchen von Beiden er es zu thun hätte. Dies ist nun leider nicht der Fall gewesen, obgleich der Vorwurf darüber noch nicht laut geworden, also vielleicht unerwartet ist. Sein »Objekt der Erfahrung«, davon er beständig redet, der eigentliche Gegenstand der Kategorien, ist nicht die anschauliche Vorstellung, ist aber auch nicht der abstrakte Begriff, sondern von Beiden verschieden, und doch Beides zugleich, und ein völliges Unding. Denn es hat ihm, so unglaublich dies scheint, an Besonnenheit, oder aber an gutem Willen gefehlt, um hierüber mit sich selbst ins Reine zu kommen und sich und Andern deutlich zu erklären, ob sein »Gegenstand der Erfahrung, d. h. der durch Anwendung der Kategorien zu Stande kommenden Erkenntniß«, die anschauliche Vorstellung in Raum und Zeit (meine erste Klasse der Vorstellungen) ist, oder bloß der abstrakte Begriff. Ihm schwebt, so seltsam es auch ist, beständig ein Mittelding von Beiden vor, und daher kommt die unsälige Verwirrung, die ich jetzt ans Licht ziehn muß: zu welchem Zweck ich die ganze Elementarlehre im Allgemeinen durchzugehn habe.

Die transscendentale Aesthetik ist ein so überaus verdienstvolles Werk, daß es allein hinreichen könnte, Kants Namen zu verewigen. Ihre Beweise haben so volle Ueberzeugungskraft, daß ich die Lehrsätze derselben den unumstößlichen Wahrheiten beizähle, wie sie ohne Zweifel auch zu den folgenreichsten gehören, mithin als das Seltenste auf der Welt, nämlich eine wirkliche, große Entdeckung in der Metaphysik, zu betrachten sind. Die von ihm streng bewiesene Thatsache, daß ein Theil unserer Erkenntnisse uns *a priori* bewußt ist, läßt gar keine andere Erklärung zu, als daß diese die Formen unsers Intellekts ausmachen: ja, dies ist weniger eine Erklärung, als eben nur der deutliche Ausdruck der Thatsache selbst. Denn *a priori* bedeutet nichts Anderes, als »nicht auf dem Wege der Erfahrung gewonnen, also nicht von außen in uns gekommen«. Was nun aber, ohne von außen gekommen zu seyn, im Intellekt vorhanden ist, ist eben das ihm selbst ursprünglich Angehörige, sein eigenes Wesen. Besteht nun dies so in ihm selbst Vorhandene in der allgemeinen Art und Weise, wie alle seine Gegenstände ihm sich darstellen müssen; nun, so ist damit gesagt, daß es die Formen seines Erkennens sind, d. h. die ein für alle Mal festgestellte Art und Weise, wie er diese seine Funktion vollzieht. Demnach sind »Erkenntnisse *a priori*« und »selbsteigene Formen des Intellekts« im Grunde nur zwei Ausdrücke für die selbe Sache, also gewissermaaßen Synonyma.

Von den Lehren der transscendentalen Aesthetik wüßte ich daher nichts hinwegzunehmen, nur Einiges hinzuzusetzen. Besonders nämlich ist Kant mit seinen Gedanken nicht zu Ende gekommen darin, daß er nicht die ganze Eukleidische Demonstrirmethode verwarf, nachdem er doch S. 87; V, 120, gesagt hatte, alle geometrische Erkenntniß habe aus der Anschauung unmittelbare Evidenz. Es ist höchst merkwürdig, daß sogar einer seiner Gegner, und zwar der scharfsinnigste derselben, G. E. Schulze (Kritik der theoretischen Philosophie, II, 241), den Schluß macht, daß aus Kants Lehre eine ganz andere Behandlung der Geometrie hervorgehn würde, als die wirklich übliche ist; wodurch er einen apagogischen [indirekten] Beweis gegen Kant zu führen vermeint, in der That aber gegen die Eukleidische Methode den Krieg anfängt, ohne es zu wissen. Ich berufe mich auf § 15 im ersten Buch gegenwärtiger Schrift.

Nach der in der transscendentalen Aesthetik gegebenen, ausführlichen Erörterung der allgemeinen Formen aller Anschauung muß man erwarten, doch einige Aufklärung zu erhalten über den Inhalt derselben, über die Art wie die empirische Anschauung in unser Bewußtseyn kommt, wie die Erkenntniß dieser ganzen, für uns so realen und so wichtigen Welt in uns entsteht. Allein darüber enthält die ganze Lehre Kants eigentlich nichts weiter, als den oft wiederholten, nichtssagenden Ausdruck: »Das Empirische der Anschauung wird von außen gegeben.« – Dieserhalb gelangt Kant denn auch hier von den reinen Formen der Anschauung, durch einen Sprung, zum Denken, zur transscendentalen Logik. Gleich am Eingange derselben (Kritik der reinen Vernunft, S. 50; V, 74), wo Kant den materialen Gehalt der empirischen Anschauung zu berühren nicht umhin kann, thut er den ersten falschen Schritt, begeht das πρωτον ψευδος [den Fehler in der Prämisse: Aristoteles, *Analytica posteriora*, cap. 18]. »Unsere Erkenntniß«, sagt er, »hat zwei Quellen, nämlich Receptivität der Eindrücke und Spontaneität der Begriffe: die erste ist die Fähigkeit Vorstellungen zu empfangen, die zweite die, einen Gegenstand durch diese Vorstellungen zu erkennen: durch die erste wird uns ein *Gegenstand* gegeben, durch die zweite wird er gedacht.« – Das ist falsch: denn danach wäre der *Eindruck*, für den allein wir bloße Receptivität haben, der also von außen kommt und allein eigentlich »*gegeben*« ist, schon eine *Vorstellung*, ja sogar schon ein *Gegenstand*. Er ist aber nichts weiter, als eine bloße *Empfindung* im Sinnesorgan, und erst durch Anwendung des *Verstandes* (d. i. des Gesetzes der Kausalität) und der Anschauungsformen des Raumes und der Zeit wandelt unser *Intellekt* diese bloße *Empfindung* in eine *Vorstellung* um, welche nunmehr als *Gegenstand* in Raum und Zeit dasteht und von letzterem (dem Gegenstand) nicht anders unterschieden werden kann, als sofern man nach dem Dinge an sich frägt, außerdem aber mit ihm identisch ist. Diesen Hergang habe ich ausführlich dargelegt in der Abhandlung über den Satz vom Grunde, § 21. Damit ist aber das Geschäft des Verstandes und der anschauenden Erkenntniß vollbracht, und es bedarf dazu keiner Begriffe und keines Denkens; daher diese Vorstellungen auch das Thier hat. Kommen Begriffe, kommt Denken hinzu, welchem allerdings Spontaneität beigelegt werden kann; so wird die *anschauende* Erkenntniß gänzlich verlassen, und eine völlig andere Klasse von Vorstellungen, nämlich nichtanschauliche, abstrakte Begriffe, tritt ins Bewußtseyn: dies ist die Thätigkeit der *Vernunft*, welche jedoch den ganzen Inhalt ihres Denkens allein aus der diesem vorhergegangenen Anschauung und Vergleichung desselben mit andern Anschauungen und Begriffen hat. So aber bringt Kant das Denken schon in die Anschauung und legt den Grund zu der heillosen Vermischung der intuitiven und abstrakten Erkenntniß, welche zu rügen ich hier beschäftigt bin. Er läßt die Anschauung, für sich genommen, verstandlos, rein sinnlich, also ganz passiv seyn, und erst durch das Denken (Verstandeskategorie) einen *Gegenstand* aufgefaßt werden: so bringt er *das Denken in die Anschauung*. Dann ist aber wiederum der Gegenstand des *Denkens* ein einzelnes, reales Objekt; wodurch das Denken seinen wesentlichen Charakter der Allgemeinheit und Abstraktion einbüßt und statt allgemeiner Begriffe einzelne Dinge zum Objekt erhält, wodurch er wieder *das Anschauen in* das Denken bringt. Daraus entspringt die besagte heillose Vermischung, und die Folgen dieses ersten falschen Schrittes erstrecken sich über seine ganze Theorie des Erkennens. Durch das Ganze derselben zieht sich die gänzliche Vermischung der anschaulichen Vorstellung mit der abstrakten zu einem Mittelding von beiden, welches er als den Gegenstand der Erkenntniß durch den Verstand und dessen Kategorien darstellt und diese Erkenntniß Erfahrung nennt. Es ist schwer zu glauben, daß Kant selbst sich etwas völlig Bestimmtes und eigentlich Deutliches bei diesem Gegenstand des Verstandes gedacht habe: dieses werde ich jetzt beweisen, durch den ungeheuern Widerspruch, der durch die ganze transscendentale Logik geht und die eigentliche Quelle der Dunkelheit ist, die sie umhüllt.

Nämlich in der »Kritik der reinen Vernunft«, S. 67–69; v, 92–94; S. 89, 90; v, 122, 123; ferner v, 135, 139, 153, wiederholt er und schärft ein: der Verstand sei kein Vermögen der Anschauung, seine Erkenntniß sei nicht intuitiv, sondern diskursiv; der Verstand sei das Vermögen zu urtheilen (S. 69; v, 94), und ein Urtheil sei mittelbare Erkenntniß, Vorstellung einer Vorstellung (S. 68; v, 93); der Verstand sei das Vermögen zu denken, und denken sei die Erkenntniß durch Begriffe (S. 69; v, 94); die Kategorien des Verstandes seien keineswegs die Bedingungen, unter denen Gegenstände in der Anschauung gegeben werden (S. 89; v, 122), und die Anschauung bedürfe der Funktionen des Denkens auf keine Weise (S. 91; v, 123); unser Verstand könne nur denken, nicht anschauen (v, S. 135, 139). Ferner in den Prolegomenen, § 20: Anschauung, Wahrnehmung, *perceptio*, gehöre bloß den Sinnen an; das Urtheilen komme allein dem Verstande zu; und § 22: die Sache der Sinne sei anzuschauen, die des Verstandes zu denken, d. i. zu urtheilen. – Endlich noch in der »Kritik der praktischen Vernunft«, vierte Auflage, S. 247: Rosenkranzische Ausgabe S. 281: der Verstand ist diskursiv, seine Vorstellungen sind Gedanken, nicht Anschauungen. – Alles dieses sind Kants eigene Worte.

Hieraus folgt, daß diese anschauliche Welt für uns dawäre, auch wenn wir gar keinen Verstand hätten, daß sie auf eine ganz unerklärliche Weise in unsern Kopf kommt, welches er eben durch seinen wunderlichen Ausdruck, die Anschauung wäre gegeben, häufig bezeichnet, ohne diesen unbestimmten und bildlichen Ausdruck je weiter zu erklären.

Aber nun widerspricht allem Angeführten auf das schreiendeste seine ganze übrige Lehre vom Verstande, von dessen Kategorien und von der Möglichkeit der Erfahrung, wie er solche in der transsccendentalen Logik vorträgt. Nämlich: »Kritik der reinen Vernunft«, S. 79; v, 105, bringt der Verstand durch seine Kategorien Einheit in das Mannigfaltige der Anschauung, und die reinen Verstandesbegriffe gehn *a priori* auf Gegenstände der Anschauung. S. 94; v, 126, sind »die Kategorien Bedingung der Erfahrung, es sei der Anschauung oder des Denkens, das in ihr angetroffen wird«. v, S. 127, ist der Verstand Urheber der Erfahrung. v, S. 128, bestimmen die Kategorien die Anschauung der Gegenstände, v, S. 130, ist Alles, was wir uns im Objekt (das doch wohl ein Anschauliches und kein Abstraktum ist) als verbunden vorstellen, erst durch eine Verstandeshandlung verbunden worden. v, S. 135, wird der Verstand von Neuem erklärt, als das Vermögen *a priori* zu verbinden und das Mannigfaltige gegebener Vorstellungen unter die Einheit der Apperception zu bringen: aber, nach allem Sprachgebrauch, ist die Apperception nicht das Denken eines Begriffs, sondern ist Anschauung. v, S. 136, finden wir gar einen obersten Grundsatz der Möglichkeit aller Anschauung in Beziehung auf den Verstand. v, S. 143, steht sogar als Ueberschrift, daß alle sinnliche Anschauung durch die Kategorien bedingt sei. Eben daselbst bringt die logische Funktion der Urtheile auch das Mannigfaltige gegebener Anschauungen unter eine Apperception überhaupt, und das Mannigfaltige einer gegebenen Anschauung steht notwendig unter den Kategorien. v, S. 144, kommt Einheit in die Anschauung, mittelst der Kategorien, durch den Verstand. v, S. 145, wird das Denken des Verstandes sehr seltsam dadurch erklärt, daß er das Mannigfaltige der Anschauung synthesirt, verbindet und ordnet. v, S. 161, ist Erfahrung nur durch die Kategorien möglich und besteht in der Verknüpfung der Wahrnehmungen, die denn doch wohl Anschauungen sind. v, S. 159, sind die Kategorien Erkenntnisse *a priori* von Gegenständen der Anschauung überhaupt. – Ferner wird hier und v, S. 163 und 165, eine Hauptlehre Kants vorgetragen, diese: daß der Verstand die Natur allererst möglich mache, indem er ihr Gesetze *a priori* vorschreibe und sie sich nach seiner Gesetzmäßigkeit richte u. s. w. Nun ist aber die Natur doch wohl ein Anschauliches und kein Abstraktum; der Verstand müßte demnach ein Vermögen der Anschauung seyn. v, S. 168, wird gesagt, die Verstandesbegriffe seien die Principien der Möglichkeit der Erfahrung, und diese sei die Bestimmung der Erscheinungen in Raum und Zeit überhaupt; welche Erscheinungen denn doch wohl in der Anschauung dasind. Endlich, S. 189–211; v, 232–256, steht der lange Beweis (dessen Unrichtigkeit in meiner Abhandlung über den Satz vom Grunde, § 23, ausführlich gezeigt ist), daß die objektive Succession und auch das Zugleichseyn der Gegenstände der Erfahrung nicht sinnlich wahrgenommen, sondern allein durch den Verstand in die Natur gebracht werde, welche selbst dadurch erst möglich wird. Gewiß ist aber doch die Natur, die Folge der Begebenheiten und das Zugleichseyn der Zustände lauter Anschauliches und kein bloß abstrakt Gedachtes.

Ich fordere Jeden, der mit mir die Verehrung gegen Kant theilt, auf, diese Widersprüche zu vereinigen, und zu zeigen, daß Kant bei seiner Lehre vom Objekt der Erfahrung und der Art, wie es durch die Thätigkeit des Verstandes und seiner zwölf Funktionen bestimmt wird, etwas ganz Deutliches und Bestimmtes gedacht habe. Ich bin überzeugt, daß der nachgewiesene Widerspruch, der sich durch die ganze transscendentale Logik zieht, der eigentliche Grund der großen Dunkelheit des Vortrags in derselben ist. Kant war sich nämlich des Widerspruchs dunkel bewußt, kämpfte innerlich damit, wollte oder konnte ihn dennoch nicht zum deutlichen Bewußtseyn bringen, verschleierte ihn daher für sich und für Andere, und umgieng ihn auf allerlei Schleichwegen. Davon ist es vielleicht auch abzuleiten, daß er aus dem Erkenntnißvermögen eine so seltsame, komplicirte Maschine machte, mit so vielen Rädern, als da sind die zwölf Kategorien, die transscendentale Synthesis der Einbildungskraft, des innern Sinnes, der transscendentalen Einheit der Apperception, ferner der Schematismus der reinen Verstandesbegriffe u. s. w. Und ungeachtet dieses großen Apparats wird zur Erklärung der Anschauung der Außenwelt, die denn doch wohl die Hauptsache in unserer Erkenntniß ist, auch nicht ein Mal ein Versuch gemacht; sondern diese sich aufdringende Anforderung wird recht ärmlich immer durch den nämlichen, nichtssagenden, bildlichen Ausdruck abgelehnt: »Die empirische Anschauung wird uns gegeben.« S. 145 der fünften Auflage erfahren wir noch, daß dieselbe durch das Objekt gegeben wird: mithin muß dieses etwas von der Anschauung Verschiedenes seyn.

Wenn wir nun Kants innerste, von ihm selbst nicht deutlich ausgesprochene Meinung zu erforschen uns bemühen; so finden wir, daß wirklich ein solches, von der Anschauung verschiedenes Objekt, das aber auch keineswegs ein Begriff ist, ihm der eigentliche Gegenstand für den Verstand ist, ja, daß die sonderbare Voraussetzung eines solchen unvorstellbaren Gegenstandes es eigentlich seyn soll, wodurch allererst die Anschauung zur Erfahrung wird. Ich glaube, daß ein altes, eingewurzeltes, aller Untersuchung abgestorbenes Vorurtheil in Kant der letzte Grund ist von der Annahme eines solchen absoluten Objekts, welches an sich, d. h. auch ohne Subjekt, Objekt ist. Es ist durchaus nicht das angeschaute Objekt, sondern es wird durch den Begriff zur Anschauung hinzugedacht, als etwas derselben Entsprechendes, und nunmehr ist die Anschauung Erfahrung und hat Werth und Wahrheit, die sie folglich erst durch die Beziehung auf einen Begriff erhält (im diametralen Gegensatz gegen unsere Darstellung, nach welcher der Begriff allein von der Anschauung Werth und Wahrheit erhält). Das Hinzudenken dieses direkt nicht vorstellbaren Objekts zur Anschauung ist dann die eigentliche Funktion der Kategorien. »Nur durch Anschauung wird der Gegenstand gegeben, der hernach der Kategorie gemäß gedacht wird.« (Kritik der reinen Vernunft, erste Auflage, S. 399). Besonders deutlich wird dies aus einer Stelle, S. 125 der fünften Auflage: »Nun frägt es sich, ob nicht auch Begriffe *a priori* vorausgehn, als Bedingungen, unter denen allein etwas, wenn gleich nicht angeschaut, dennoch als Gegenstand überhaupt gedacht wird«, welches er bejaht. Hier zeigt sich deutlich die Quelle des Irrthums und der ihn umhüllenden Konfusion. Denn der Gegenstand als solcher ist allemal nur für die Anschauung und in ihr da: sie mag nun durch die Sinne, oder, bei seiner Abwesenheit, durch die Einbildungskraft vollzogen werden. Was hingegen gedacht wird, ist allemal ein allgemeiner, nicht anschaulicher Begriff, der allenfalls der Begriff von einem Gegenstande überhaupt seyn kann: aber nur mittelbar, mittelst der Begriffe, bezieht sich das Denken auf Gegenstände, als welche selbst allezeit anschaulich sind und bleiben. Denn unser Denken dient nicht dazu, den

Anschauungen Realität zu verleihen: diese haben sie, soweit sie ihrer fähig sind (empirische Realität) durch sich selbst; sondern es dient, das Gemeinsame und die Resultate der Anschauungen zusammenzufassen, um sie aufbewahren und leichter handhaben zu können. Kant aber schreibt die Gegenstände selbst dem Denken zu, um dadurch die Erfahrung und die objektive Welt vom Verstande abhängig zu machen, ohne jedoch diesen ein Vermögen der Anschauung seyn zu lassen. In dieser Beziehung unterscheidet er allerdings das Anschauen vom Denken, macht aber die einzelnen Dinge zum Gegenstand theils der Anschauung, theils des Denkens. Wirklich aber sind sie nur Ersteres: unsere empirische Anschauung ist sofort objektiv; eben weil sie vom Kausalnexus ausgeht. Ihr Gegenstand sind unmittelbar die Dinge, nicht von diesen verschiedene Vorstellungen. Die einzelnen Dinge werden als solche angeschaut im Verstande und durch die Sinne: der einseitige Eindruck auf diese wird dabei sofort durch die Einbildungskraft ergänzt. Sobald wir hingegen zum Denken übergehn, verlassen wir die einzelnen Dinge und haben es mit allgemeinen Begriffen ohne Anschaulichkeit zu thun; wenn wir gleich die Resultate unsers Denkens nachher auf die einzelnen Dinge anwenden. Wenn wir Dieses festhalten, so erhellt die Unzulässigkeit der Annahme, daß die Anschauung der Dinge erst durch das die zwölf Kategorien anwendende Denken eben dieser Dinge Realität erhalte und zur Erfahrung werde. Vielmehr ist in der Anschauung selbst schon die empirische Realität, mithin die Erfahrung, gegeben: allein die Anschauung kann auch nur zu Stande kommen mittelst Anwendung der Erkenntniß vom Kausalnexus, welche die einzige Funktion des Verstandes ist, auf die Sinnesempfindung. Die Anschauung ist demnach wirklich intellektual, was gerade Kant leugnet.

Die hier kritisirte Annahme Kants findet man, außer der angeführten Stelle, auch noch vorzüglich deutlich ausgesprochen in der »Kritik der Urtheilskraft«, § 36, gleich Anfangs; desgleichen in den »Metaphysischen Anfangsgründen der Naturwissenschaft«, in der Anmerkung zur ersten Erklärung der »Phänomenologie«. Aber mit einer Naivetät, deren Kant bei diesem mißlichen Punkte sich am wenigsten getraute, findet man sie aufs Deutlichste dargelegt im Buche eines Kantianers, nämlich in Kiesewetters »Grundriß einer allgemeinen Logik«, dritte Auflage,

Th. I, S. 434 der Auseinandersetzung, und Th. II, § 52 und 53 der Auseinandersetzung; desgleichen in Tieftrunks »Denklehre in rein Deutschem Gewande« (1825). Da zeigt sich so recht, wie jedem Denker seine nicht selbstdenkenden Schüler zum Vergrößerungsspiegel seiner Fehler werden. Kant ist bei dieser Darstellung seiner ein Mal beschlossenen Kategorienlehre durchgängig leise aufgetreten, die Schüler hingegen ganz dreist, wodurch sie das Falsche der Sache bloßlegen.

Dem Gesagten zufolge ist bei Kant der Gegenstand der Kategorien zwar nicht das Ding an sich, aber doch dessen nächster Anverwandter: es ist das Objekt an sich, ist ein Objekt, das keines Subjekts bedarf, ist ein einzelnes Ding, und doch nicht in Zeit und Raum, weil nicht anschaulich, ist Gegenstand des Denkens, und doch nicht abstrakter Begriff. Demnach unterscheidet Kant eigentlich dreierlei: 1) die Vorstellung; 2) den Gegenstand der Vorstellung; 3) das Ding an sich. Erstere ist Sache der Sinnlichkeit, welche bei ihm, neben der Empfindung, auch die reinen Anschauungsformen Raum und Zeit begreift. Das Zweite ist Sache des Verstandes, der es durch seine zwölf Kategorien hinzu denkt. Das Dritte liegt jenseit aller Erkennbarkeit. (Als Beleg hiezu sehe man S. 108 und 109 der ersten Auflage der »Kritik der reinen Vernunft«.) Nun ist aber die Unterscheidung der Vorstellung und des Gegenstandes der Vorstellung ungegründet: dies hatte schon Berkeley bewiesen, und es geht hervor aus meiner ganzen Darstellung im ersten Buche, besonders Kapitel 1 der Ergänzungen, ja aus Kants eigener völlig idealistischer Grundansicht in der ersten Auflage. Wollte man aber nicht den Gegenstand der Vorstellung zur Vorstellung rechnen und mit ihr identificiren, so müßte man ihn zum Dinge an sich ziehn: dies hängt am Ende von dem Sinne ab, den man dem Worte Gegenstand beilegt. Immer aber steht Dies fest, daß, bei deutlicher Besinnung, nichts weiter zu finden ist, als Vorstellung und Ding an sich. Das unberechtigte Einschieben jenes Zwitters, Gegenstand der Vorstellung, ist die Quelle der Irrthümer Kants: mit dessen Wegnahme fällt aber auch die Lehre von den Kategorien als Begriffen *a priori* dahin; da sie zur Anschauung nichts beitragen und vom Dinge an sich nicht gelten sollen, sondern wir mittelst ihrer nur jene »Gegenstände der Vorstellungen« denken und dadurch die Vorstellung in Erfahrung umwandeln. Denn jede empirische Anschauung ist schon Erfahrung: empirisch aber ist jede Anschauung, welche von Sinnesempfindung ausgeht: diese Empfindung bezieht der Verstand, mittelst seiner alleinigen Funktion (Erkenntniß *a priori* des Kausalitätsgesetzes) auf ihre Ursache, welche eben dadurch in Raum und Zeit (Formen der reinen Anschauung) sich darstellt als Gegenstand der Erfahrung, materielles Objekt, im Raum durch alle Zeit beharrend, dennoch aber auch als solches immer noch Vorstellung bleibt, wie eben Raum und Zeit selbst. Wollen wir über diese Vorstellung hinaus, so stehn wir bei der Frage nach dem Ding an sich, welche zu beantworten das Thema meines ganzen Werkes, wie aller Metaphysik überhaupt ist. Mit dem hier dargelegten Irrthume Kants steht in Verbindung sein früher gerügter Fehler, daß er keine Theorie der Entstehung der empirischen Anschauung giebt, sondern diese ohne Weiteres gegeben seyn läßt, sie identificirend mit der bloßen Sinnesempfindung, der er nur noch die Anschauungsformen Raum und Zeit beigiebt, beide unter dem Namen Sinnlichkeit begreifend. Aber aus diesen Materialien entsteht noch keine objektive Vorstellung: vielmehr erfordert diese schlechterdings Beziehung der Empfindung auf ihre Ursache, also Anwendung des Kausalitätsgesetzes, also Verstand; da ohne Dieses die Empfindung immer noch subjektiv bleibt und kein Objekt in den Raum versetzt, auch wenn ihr dieser beigegeben ist. Aber bei Kant durfte der Verstand nicht zur Anschauung verwendet werden: er sollte bloß denken, um innerhalb der transscendentalen Logik zu bleiben. Hiemit hängt wieder ein anderer Fehler Kants zusammen: daß er für die richtig erkannte Apriorität des Kausalitätsgesetzes den allein gültigen Beweis, nämlich den aus der Möglichkeit der objektiven empirischen Anschauung selbst, zu führen mir überlassen hat, und statt dessen einen offenbar falschen giebt, wie ich dies schon in meiner Abhandlung über den Satz vom Grunde, § 23, dargethan habe. – Aus Obigem ist klar, daß Kants »Gegenstand der Vorstellung« (2) zusammengesetzt ist aus Dem, was er theils der Vorstellung (1), theils dem Ding an sich (3) geraubt hat. Wenn wirklich die Erfahrung nur dadurch zu Stande käme, daß unser Verstand zwölf verschiedene Funktionen anwendete, um durch eben so viele Begriffe *a priori* die Gegenstände, welche vorher bloß angeschaut wurden, zu denken; so müßte jedes wirkliche Ding als solches eine Menge Bestimmungen haben, welche als *a priori* gegeben, sich, eben wie Raum und Zeit, schlechterdings nicht wegdenken ließen, sondern ganz wesentlich zum Daseyn des Dinges gehörten, jedoch nicht abzuleiten wären aus den Eigenschaften des Raumes und der Zeit. Aber nur eine einzige dergleichen Bestimmung ist anzutreffen: die der Kausalität. Auf dieser beruht die Materialität, da das Wesen der Materie im Wirken besteht und sie durch und durch Kausalität ist (siehe Bd. II, Kap. 4). Materialität aber ist es allein, die das reale Ding vom Phantasiebilde, welches denn doch nur Vorstellung ist, unterscheidet. Denn die Materie, als beharrend, giebt dem Dinge die Beharrlichkeit durch alle Zeit, seiner Materie nach, während die Formen wechseln, in Gemäßheit der Kausalität. Alles Uebrige am Dinge sind entweder Bestimmungen des Raumes, oder der Zeit, oder seine empirischen Eigenschaften, die alle zurücklaufen auf seine Wirksamkeit, also nähere Bestimmungen der Kausalität sind. Die Kausalität aber geht schon als Bedingung in die empirische Anschauung ein, welche demnach Sache des Verstandes ist, der schon die Anschauung möglich macht, außer dem Kausalitätsgesetze aber zur Erfahrung und ihrer Möglichkeit nichts beiträgt. Was die alten Ontologien füllt, ist, außer dem hier Angegebenen, nichts weiter als Verhältnisse der Dinge zu einander, oder zu unserer Reflexion, und zusammengeraffte *farrago* [Gemengsel].

Ein Merkmal der Grundlosigkeit der Kategorienlehre giebt schon der Vortrag derselben. Welch ein Abstand, in dieser Hinsicht, zwischen der transscendentalen A e s t h e t i k und der transscendentalen A n a l y t i k! D o r t, welche Klarheit, Bestimmtheit, Sicherheit, feste Ueberzeugung, die sich unverhohlen ausspricht und unfehlbar mittheilt! Alles ist lichtvoll, keine finstern Schlupfwinkel sind gelassen: Kant weiß was er will, und weiß daß er Recht hat. H i e r hingegen ist Alles dunkel, verworren, unbestimmt, schwankend, unsicher, der Vorgang ängstlich, voll Entschuldigungen und Berufungen auf Kommendes, oder gar Zurückbehaltenes. Auch ist der ganze zweite und dritte Abschnitt der Deduktion der reinen Verstandesbegriffe in der zweiten Auflage völlig geändert, weil er Kanten selbst nicht genügte, und ist ein ganz anderer, als in der ersten, jedoch nicht klärer geworden. Man sieht wirklich Kanten im Kampfe mit der Wahrheit, um seine ein Mal beschlossene Lehrmeinung durchzusetzen. In der transscendentalen A e s t h e t i k sind alle seine Lehrsätze wirklich bewiesen, aus unleugbaren Thatsachen des

Bewußtseyns; in der transscendentalen Analytik hingegen finden wir, wenn wir es beim Lichte betrachten, bloße Behauptungen, daß es so sei und seyn müsse. Also hier, wie überall, trägt der Vortrag das Gepräge des Denkens, aus dem er hervorgegangen: denn der Stil ist die Physiognomie des Geistes. – Noch ist zu bemerken, daß Kant, so oft er, zur näheren Erörterung, ein Beispiel geben will, fast jedesmal die Kategorie der Kausalität dazu nimmt, wo das Gesagte dann richtig ausfällt, – weil eben das Kausalitätsgesetz die wirkliche, aber auch alleinige Form des Verstandes ist, und die übrigen elf Kategorien nur blinde Fenster sind. Die Deduktion der Kategorien ist in der ersten Auflage einfacher und unumwundener, als in der zweiten. Er bemüht sich darzulegen, wie nach der von der Sinnlichkeit gegebenen Anschauung, der Verstand, mittelst des Denkens der Kategorien, die Erfahrung zu Stande bringt. Dabei werden die Ausdrücke Rekognition, Reproduktion, Association, Apprehension, transscendentale Einheit der Apperception, bis zur Ermüdung wiederholt und doch keine Deutlichkeit erreicht. Höchst beachtenswerth ist es aber, daß er bei dieser Auseinandersetzung nicht ein einziges Mal berührt, was doch Jedem zuerst einfallen muß, das Beziehn der Sinnesempfindung auf ihre äußere Ursache. Wollte er dasselbe nicht gelten lassen, so mußte er es ausdrücklich leugnen; aber auch dies thut er nicht. Er schleicht also darum herum, und alle Kantianer sind ihm eben so nachgeschlichen. Das geheime Motiv hiezu ist, daß er den Kausalnexus unter dem Namen »Grund der Erscheinung« für seine falsche Ableitung des Dinges an sich aufspart; und nächstdem, daß durch die Beziehung auf die Ursache die Anschauung intellektual würde, was er nicht zugeben darf. Ueberdies scheint er gefürchtet zu haben, daß wenn man den Kausalnexus zwischen Sinnesempfindung und Objekt gelten läßt, letzteres sofort zum Ding an sich werden und den Locke'schen Empirismus einführen würde. Diese Schwierigkeit aber wird beseitigt durch die Besonnenheit, welche uns vorhält, daß das Kausalitätsgesetz subjektiven Ursprungs ist, so gut wie die Sinnesempfindung selbst, überdies auch der eigene Leib, sofern er im Raum erscheint, bereits zu den Vorstellungen gehört. Aber Dies einzugestehn verhinderte Kanten seine Furcht vor dem Berkeleyschen Idealismus.

Als die wesentliche Operation des Verstandes mittelst seiner zwölf Kategorien wird wiederholentlich angegeben »die Verbindung des Mannigfaltigen der Anschauung«: jedoch wird Dies nie gehörig erläutert, noch gezeigt, was denn dieses Mannigfaltige der Anschauung vor der Verbindung durch den Verstand sei. Nun aber sind die Zeit und der Raum, dieser in allen seinen drei Dimensionen, *Continua* [etwas ununterbrochen Fortlaufendes], d. h. alle ihre Theile sind ursprünglich nicht getrennt, sondern verbunden. Sie aber sind die durchgängigen Formen unserer Anschauung: also erscheint auch Alles, was in ihnen sich darstellt (gegeben wird), schon ursprünglich als *Continuum*, d. h. seine Theile treten schon als verbunden auf und bedürfen keiner hinzukommenden Verbindung des Mannigfaltigen. Wollte man aber jene Vereinigung des Mannigfaltigen der Anschauung etwan dahin auslegen, daß ich die verschiedenen Sinneseindrücke von einem Objekt doch nur auf dieses eine beziehe, also z. B. eine Glocke anschauend, erkenne, daß Das, was mein Auge als gelb, meine Hände als glatt und hart, mein Ohr als tönend afficirt, doch nur ein und der selbe Körper sei; so ist dies vielmehr eine Folge der Erkenntniß *a priori* vom Kausalnexus (dieser wirklichen und alleinigen Funktion des Verstandes), vermöge welcher alle jene verschiedenen Einwirkungen auf meine verschiedenen Sinnesorgane mich doch nur auf eine gemeinsame Ursache derselben, nämlich die Beschaffenheit des vor mir stehenden Körpers, hinleiten, so daß mein Verstand, ungeachtet der Verschiedenheit und Vielheit der Wirkungen, doch die Einheit der Ursache als ein einziges, sich eben dadurch anschaulich darstellendes Objekt apprehendirt [begreift]. – In der schönen Rekapitulation seiner Lehre, welche Kant in der »Kritik der reinen Vernunft«, S. 719–726, oder V, 747–754, giebt, erklärt er die Kategorien vielleicht deutlicher als irgendwo, nämlich als »die bloße Regel der Synthesis Desjenigen, was die Wahrnehmung *a posteriori* geben mag«. Ihm scheint dabei so etwas vorzuschweben, wie daß, bei der Konstruktion des Triangels, die Winkel die Regel der Zusammensetzung der Linien geben: wenigstens kann man an diesem Bilde sich was er von der Funktion der Kategorien sagt am besten erläutern. Die Vorrede zu den »Metaphysischen Anfangsgründen der Naturwissenschaft« enthält eine lange Anmerkung, welche ebenfalls eine Erklärung der Kategorien liefert und besagt, daß sie »von den formalen Verstandeshandlungen im Urtheilen in nichts unterschieden seien«, als darin, daß in letzteren Subjekt und Prädikat allenfalls ihre Stelle vertauschen können; sodann wird daselbst das Urtheil überhaupt definirt als »eine Handlung, durch die gegebene Vorstellungen zuerst Erkenntnisse eines Objekts werden«. Hienach müßten die Thiere, da sie nicht urtheilen, auch gar keine Objekte erkennen. Ueberhaupt giebt es, nach Kant, von den Objekten bloß Begriffe, keine Anschauungen. Ich hingegen sage: Objekte sind zunächst nur für die Anschauung da, und Begriffe sind allemal Abstraktionen aus dieser Anschauung. Daher muß das abstrakte Denken sich genau nach der in der Anschauung vorhandenen Welt richten, da bloß die Beziehung auf diese den Begriffen Inhalt giebt, und wir dürfen für die Begriffe keine andere *a priori* bestimmte Form annehmen, als die Fähigkeit zur Reflexion überhaupt, deren Wesen die Bildung der Begriffe, d. i. abstrakter, nichtanschaulicher Vorstellungen ist, welche die einzige Funktion der Vernunft ausmacht, wie ich im ersten Buch gezeigt habe. Ich verlange demnach, daß wir von den Kategorien elf zum Fenster hinauswerfen und allein die der Kausalität behalten, jedoch einsehn, daß ihre Thätigkeit schon die Bedingung der empirischen Anschauung ist, welche sonach nicht bloß sensual, sondern intellektual ist, und daß der so angeschaute Gegenstand, das Objekt der Erfahrung, Eins sei mit der Vorstellung, von welcher nur noch das Ding an sich zu unterscheiden ist.

Nach in verschiedenen Lebensaltern wiederholtem Studium der »Kritik der reinen Vernunft« hat sich mir über die Entstehung der transscendentalen Logik eine Ueberzeugung aufgedrängt, die ich, als zum Verständniß derselben sehr förderlich, hier mittheile. Auf objektive Auffassung und höchste menschliche Besonnenheit gegründete Entdeckung ist ganz allein das *Apperçu* [geistreicher Einfall], daß Zeit und Raum *a priori* von uns erkannt werden. Durch diesen glücklichen Fund erfreut, wollte Kant die Ader desselben noch weiter verfolgen, und seine Liebe zur architektonischen Symmetrie gab ihm den Leitfaden. Wie er nämlich der empirischen Anschauung eine reine Anschauung *a priori* als Bedingung untergelegt gefunden hatte; eben so, meinte er, würden auch wohl den empirisch erworbenen Begriffen gewisse reine Begriffe als Voraussetzung in unserm Erkenntnißvermögen zum Grunde liegen, und das empirische wirkliche Denken allererst durch ein reines Denken *a priori*, welches an sich aber gar keine Gegenstände hätte, sondern sie aus der Anschauung nehmen müßte, möglich seyn; so daß, wie die transsscendentale Aesthetik eine Grundlage *a priori* der Mathematik nachweist, es auch für die Logik eine solche geben müßte; wodurch alsdann jene erstere an einer transsscendentalen Logik symmetrisch einen *Pendant* erhielte. Von jetzt an war Kant nicht mehr unbefangen, nicht mehr im Zustande des reinen Forschens und Beobachtens des im Bewußtseyn Vorhandenen; sondern er war durch eine Voraussetzung geleitet, und verfolgte eine Absicht, nämlich die, zu finden was er voraussetzte, um auf die so glücklich entdeckte transsscendentale Aesthetik eine ihr analoge, also ihr symmetrisch entsprechende, transsscendentale Logik als zweites Stockwerk aufzusetzen. Hiezu nun verfiel er auf die Tafel der Urtheile, aus welcher er, so gut es gehn wollte, die Kategorientafel bildete, als die Lehre von zwölf reinen Begriffen *a priori*, welche die Bedingung unsers Denkens eben der Dinge seyn sollten, deren Anschauung durch die zwei Formen der Sinnlichkeit *a priori* bedingt ist: symmetrisch entsprach also jetzt der reinen Sinnlichkeit ein reiner Verstand. Danach nun gerieth er auf noch eine Betrachtung, die ihm ein Mittel darbot, die Plausibilität der Sache zu erhöhen, mittelst der Annahme des Schematismus der reinen Verstandesbegriffe, wodurch aber gerade der ihm selbst unbewußte Hergang seines Verfahrens sich am deutlichsten verräth. Indem er nämlich darauf ausgieng, für jede empirische Funktion des Erkenntnißvermögens eine analoge apriorische zu finden, bemerkte er, daß zwischen unserm empirischen Anschauen und unserm empirischen, in abstrakten nichtanschaulichen Begriffen vollzogenem Denken noch eine Vermittelung, wenn auch nicht immer, doch sehr häufig Statt findet, indem wir nämlich dann und wann vom abstrakten Denken auf das Anschauen zurückzugehn versuchen; aber bloß versuchen, eigentlich um uns zu überzeugen, daß unser abstraktes Denken sich von dem sichern Boden der Anschauung nicht weit entfernt habe, und etwan überfliegend, oder auch zu bloßem Wortkram geworden sei; ungefähr so, wie wir, im Finstern gehend, dann und wann nach der leitenden Wand greifen. Wir gehn alsdann, eben auch nur versuchsweise und momentan, auf das Anschauen zurück, indem wir eine dem uns gerade beschäftigenden Begriffe entsprechende Anschauung in der Phantasie hervorrufen, welche jedoch dem Begriffe nie ganz adäquat seyn kann, sondern ein bloßer einstweiliger Repräsentant desselben ist: über diesen habe ich das Nöthige schon in meiner Abhandlung »Ueber den Satz vom Grunde«, § 28, beigebracht. Kant benennt ein flüchtiges Phantasma dieser Art, im Gegensatz des vollendeten Bildes der Phantasie, ein Schema, sagt, es sei gleichsam ein Monogramm der Einbildungskraft, und behauptet nun, daß, so wie ein solches zwischen unserm abstrakten Denken empirisch erworbener Begriffe und unserer klaren, durch die Sinne geschehenden Anschauung in der Mitte steht, auch zwischen dem Anschauungsvermögen *a priori* der reinen Sinnlichkeit und dem Denkvermögen *a priori* des reinen Verstandes (also den Kategorien) dergleichen Schemata der reinen Verstandesbegriffe *a priori* vorhanden seien, welche Schemata er, als Monogramme [Grundrisse] der reinen Einbildungskraft *a priori,* stückweise beschreibt und jedes derselben der ihm entsprechenden Kategorie zutheilt, in dem wunderlichen »Hauptstück vom Schematismus der reinen Verstandesbegriffe«, welches als höchst dunkel berühmt ist, weil kein Mensch je hat daraus klug werden können; dessen Dunkelheit jedoch sich aufhellt, wenn man es von dem hier gegebenen Standpunkt aus betrachtet, wo denn aber auch mehr, als irgendwo, die Absichtlichkeit seines Verfahrens und der zum voraus gefaßte Entschluß, zu finden was der Analogie entspräche und der architektonischen Symmetrie dienen könnte, an den Tag tritt: ja, dies ist hier in einem Grade der Fall, der die Sache an das Komische heranführt. Denn indem er den empirischen Schematen (oder Repräsentanten unserer wirklichen Begriffe durch die Phantasie) analoge Schemata der reinen (inhaltslosen) Verstandesbegriffe *a priori* (Kategorien) annimmt, übersieht er, daß der Zweck solcher Schemata hier ganz wegfällt. Denn der Zweck der Schemata beim empirischen (wirklichen) Denken bezieht sich ganz allein auf den materiellen Inhalt solcher Begriffe: da nämlich diese aus der empirischen Anschauung abgezogen sind, helfen und orientiren wir uns dadurch, daß wir beim abstrakten Denken zwischendurch ein Mal auf die Anschauung, daraus die Begriffe entnommen sind, einen flüchtigen Rückblick werfen, uns zu versichern, daß unser Denken noch realen Gehalt habe. Dies setzt aber nothwendig voraus, daß die uns beschäftigenden Begriffe aus der Anschauung entsprungen seien, und ist ein bloßes Zurücksehn auf ihren materialen Inhalt, ja ein bloßes Hülfsmittel unserer Schwäche. Aber bei Begriffen *a priori*, als welche noch gar keinen Inhalt haben, fällt offenbar dergleichen nothwendig weg: denn diese sind nicht aus der Anschauung entsprungen, sondern kommen ihr von innen entgegen, um aus ihr einen Inhalt erst zu empfangen, haben also noch nichts, worauf sie zurücksehn könnten. Ich bin hiebei weitläuftig, weil gerade Dieses auf den geheimen Hergang des Kantischen Philosophirens Licht wirft, der demnach darin besteht, daß Kant, nach der glücklichen Entdeckung der beiden Anschauungsformen *a priori*, nunmehr, am Leitfaden der Analogie, für jede Bestimmung unserer empirischen Erkenntniß ein Analogon *a priori* darzuthun sich bestrebt, und Dies zuletzt, in den Schematen, sogar auf eine bloß psychologische Thatsache ausdehnt, wobei der anscheinende Tiefsinn und die Schwierigkeit der Darstellung gerade dienen, dem Leser zu verbergen, daß der Inhalt derselben eine ganz unerweisliche und bloß willkürliche Annahme bleibt: Der aber, welcher in den Sinn solcher Darstellung endlich eindringt, wird dann leicht verleitet, dies mühsam erlangte Verständniß für die Ueberzeugung von der Wahrheit der Sache zu halten. Hätte hingegen Kant, wie bei der Entdeckung der Anschauungen *a priori*, auch hier sich unbefangen und rein beobachtend verhalten; so müßte er gefunden haben, daß was zur reinen Anschauung des Raumes und der Zeit hinzukommt, wenn aus ihr eine empirische wird, einerseits die Empfindung und andererseits die Erkenntniß der Kausalität ist, welche die bloße Empfindung in objektive empirische Anschauung verwandelt, eben deshalb aber nicht erst aus dieser entlehnt und erlernt, sondern *a priori* vorhanden und eben die Form und Funktion des reinen Verstandes ist, aber auch seine einzige, jedoch eine so folgenreiche, daß alle unsere empirische Erkenntniß auf ihr beruht. – Wenn, wie oft gesagt worden, die Widerlegung eines Irrthums erst dadurch vollständig wird, daß man seine Entstehungsart psychologisch nachweist; so glaube ich Dieses im Obigen, in Hinsicht auf Kants Lehre von den Kategorien und ihren Schematen, geleistet zu haben.

Nachdem nun Kant in die ersten einfachen Grundzüge einer Theorie des Vorstellungsvermögens so große Fehler gebracht hatte, gerieth er auf vielfältige, sehr zusammengesetzte Annahmen. Dahin gehört zuvörderst die synthetische Einheit der Apperception: ein sehr wunderliches Ding, sehr wunderlich dargestellt. »Das Ich denke muß alle meine Vorstellungen begleiten können.« Muß – können: dies ist eine problematisch-apodiktische Enuntiation [Aussage]; zu Deutsch, ein Satz, der mit der einen Hand nimmt, was er mit der andern giebt. Und was ist der Sinn dieses so auf der Spitze balancirenden Satzes? – Daß alles Vorstellen ein Denken sei? – Das ist nicht: und es wäre heillos; es gäbe sodann nichts als abstrakte Begriffe, am wenigsten aber eine reine reflexions- und willensfreie Anschauung, dergleichen die des Schönen ist, die tiefste Erfassung des wahren Wesens der Dinge, d. h. ihrer Platonischen Ideen. Auch müßten dann wieder die Thiere entweder auch denken, oder nicht ein Mal vorstellen. – Oder soll etwan der Satz heißen: kein Objekt ohne Subjekt? Das wäre sehr schlecht dadurch ausgedrückt und käme zu spät. Wenn wir Kants Aeußerungen zusammenfassen, werden wir finden, daß was er unter der synthetischen Einheit der Apperception versteht, gleichsam das ausdehnungslose Centrum der Sphäre aller unserer Vorstellungen ist, deren Radien zu ihm konvergiren. Es ist was ich das Subjekt des Erkennens, das Korrelat aller Vorstellungen nenne, und ist zugleich Das, was ich, im Kapitel 22 des zweiten Bandes, als den Brennpunkt, in welchen die Strahlen der Gehirnthätigkeit konvergiren, ausführlich beschrieben und erörtert habe. Dahin also verweise ich hier, um mich nicht zu wiederholen.

Daß ich die ganze Lehre von den Kategorien verwerfe und sie den grundlosen Annahmen, mit denen Kant die Theorie des Erkennens belastete, beizähle, geht aus der oben gegebenen Kritik derselben hervor; imgleichen aus der Nachweisung der Widersprüche in der transscendentalen Logik, welche ihren Grund hatten in der Vermischung der anschaulichen und der abstrakten Erkenntniß; ferner auch aus der Nachweisung des Mangels an einem deutlichen und bestimmten Begriff vom Wesen des Verstandes und der Vernunft, statt dessen wir in

Kants Schriften nur unzusammenhängende, nicht übereinstimmende, dürftige und unrichtige Aussprüche über jene beiden Geistesvermögen fanden. Es geht endlich hervor aus den Erklärungen, die ich selbst, im ersten Buch und dessen Ergänzungen, noch ausführlicher in der Abhandlung »Ueber den Satz vom Grunde«, § 21, 26 und 34, von den selben Geistesvermögen gegeben habe, welche Erklärungen sehr bestimmt, deutlich, aus der Betrachtung des Wesens unserer Erkenntniß offenbar sich ergebend, und mit den im Sprachgebrauch und den Schriften aller Zeiten und Völker sich kundgebenden, nur nicht zur Deutlichkeit gebrachten Begriffen von jenen beiden Erkenntnißkräften völlig übereinstimmend sind. Ihre Vertheidigung gegen die davon sehr verschiedene Kantische Darstellung ist zum großen Theil schon mit der Aufdeckung der Fehler jener Darstellung gegeben. – Da nun aber doch die Tafel der Urtheile, welche Kant seiner Theorie des Denkens, ja seiner ganzen Philosophie zum Grunde legt, an sich, im Ganzen ihre Richtigkeit hat; so liegt mir noch ob, nachzuweisen, wie diese allgemeinen Formen aller Urtheile in unserm Erkenntnißvermögen entspringen, und sie mit meiner Darstellung desselben in Uebereinstimmung zu setzen. – Ich werde bei dieser Erörterung mit den Begriffen Verstand und Vernunft immer den Sinn verbinden, welchen ihnen meine Erklärung gegeben hat, die ich daher als dem Leser geläufig voraussetze.

Ein wesentlicher Unterschied zwischen Kants Methode und der, welche ich befolge, liegt darin, daß er von der mittelbaren, der reflektirten Erkenntniß ausgeht, ich dagegen von der unmittelbaren, der intuitiven. Er ist demjenigen zu vergleichen, der die Höhe des Thurmes aus dessen Schatten mißt, ich aber dem, welcher den Maaßstab unmittelbar anlegt. Daher ist ihm die Philosophie eine Wissenschaft a u s Begriffen, mir eine Wissenschaft i n Begriffen, aus der anschaulichen Erkenntniß, der alleinigen Quelle aller Evidenz, geschöpft und in allgemeine Begriffe gefaßt und fixirt. Diese ganze, uns umgebende, anschauliche, vielgestaltete, bedeutungsreiche Welt überspringt er und hält sich an die Formen des abstrakten Denkens; wobei, obschon von ihm nie ausgesprochen, die Voraussetzung zum Grunde liegt, daß die Reflexion der Ektypos [das Nachbild] aller Anschauung sei, daher alles Wesentliche der Anschauung in der Reflexion ausgedrückt seyn müsse, und zwar in sehr zusammengezogenen, daher leicht übersehbaren Formen und Grundzügen. Demnach gäbe das Wesentliche und Gesetzmäßige des abstrakten Erkennens alle Fäden an die Hand, welche das bunte Puppenspiel der anschaulichen Welt vor unsern Augen in Bewegung setzen. – Hätte nur Kant diesen obersten Grundsatz seiner Methode deutlich ausgesprochen, und ihn dann konsequent befolgt, wenigstens hätte er dann das Intuitive vom Abstrakten rein sondern müssen, und wir hätten nicht mit unauflöslichen Widersprüchen und Konfusionen zu kämpfen. Aus der Art aber, wie er seine Aufgabe gelöst, sieht man, daß ihm jener Grundsatz seiner Methode nur sehr undeutlich vorgeschwebt hat, daher man, nach einem gründlichen Studium seiner Philosophie, denselben doch noch erst zu errathen hat.

Was nun die angegebene Methode und Grundmaxime selbst betrifft, so hat sie viel für sich und ist ein glänzender Gedanke. Schon das Wesen aller Wissenschaft besteht darin, daß wir das endlos Mannigfaltige der anschaulichen Erscheinungen unter komparativ wenige abstrakte Begriffe zusammenfassen, aus denen wir ein System ordnen, von welchem aus wir alle jene Erscheinungen völlig in der Gewalt unserer Erkenntniß haben, das Geschehene erklären und das Künftige bestimmen können. Die Wissenschaften theilen aber unter sich das weitläuftige Gebiet der Erscheinungen, nach den besondern, mannigfaltigen Arten dieser letztern. Nun war es ein kühner und glücklicher Gedanke, das den Begriffen als solchen und abgesehn von ihrem Inhalt durchaus Wesentliche zu isoliren, um aus den so gefundenen Formen alles Denkens zu ersehn, was auch allem intuitiven Erkennen, folglich der Welt als Erscheinung überhaupt, wesentlich sei: und weil nun dieses *a priori*, wegen der Nothwendigkeit jener Formen des Denkens, gefunden wäre; so wäre es subjektiven Ursprungs, und führte eben zu Kants Zwecken. – Nun hätte aber hiebei, ehe man weiter gieng, untersucht werden müssen, welches das Verhältniß der Reflexion zur anschaulichen Erkenntniß sei (was freilich die von Kant vernachlässigte reine Sonderung Beider voraussetzt), auf welche Weise eigentlich jene diese wiedergebe und vertrete, ob ganz rein, oder schon durch Aufnahme in ihre (der Reflexion) eigene Formen umgeändert und zum Theil unkenntlich gemacht; ob die Form der abstrakten, reflektiven Erkenntniß mehr bestimmt werde durch die Form der anschaulichen, oder durch die ihr selbst, der reflektiven, unabänderlich anhängende Beschaffenheit, so daß auch Das, was in der intuitiven Erkenntniß sehr heterogen ist, sobald es in die reflektive eingegangen, nicht mehr zu unterscheiden ist, und umgekehrt manche Unterschiede, die wir in der reflektiven Erkenntnißart wahrnehmen, auch aus dieser selber entsprungen sind und keineswegs auf ihnen entsprechende Verschiedenheiten in der intuitiven Erkenntniß deuten. Als Resultat dieser Forschung hätte sich aber ergeben, daß die anschauliche Erkenntniß bei ihrer Aufnahme in die Reflexion beinahe so viel Veränderung erleidet, wie die Nahrungsmittel bei ihrer Aufnahme in den thierischen Organismus, dessen Formen und Mischungen durch ihn selbst bestimmt werden und aus deren Zusammensetzung gar nicht mehr die Beschaffenheit der Nahrungsmittel zu erkennen ist; – oder (weil dieses ein wenig zu viel gesagt ist) wenigstens hätte sich ergeben, daß die Reflexion sich zur anschaulichen Erkenntniß keineswegs verhält, wie der Spiegel im Wasser zu den abgespiegelten Gegenständen, sondern kaum nur noch so, wie der Schatten dieser Gegenstände zu ihnen selbst, welcher Schatten nur einige äußere Umrisse wiedergiebt, aber auch das Mannigfaltigste in die selbe Gestalt vereinigt und das Verschiedenste durch den nämlichen Umriß darstellt; so daß keineswegs von ihm ausgehend sich die Gestalten der Dinge vollständig und sicher konstruiren ließen.

Die ganze reflektive Erkenntniß, oder die Vernunft, hat nur eine Hauptform, und diese ist der abstrakte Begriff: sie ist der Vernunft selbst eigen und hat unmittelbar keinen nothwendigen Zusammenhang mit der anschaulichen Welt, welche daher auch ganz ohne jene für die Thiere dasteht, und auch eine ganz andere seyn könnte, dennoch aber jene Form der Reflexion eben so wohl zu ihr passen würde. Die Vereinigung der Begriffe zu Urtheilen hat aber gewisse bestimmte und gesetzliche Formen, welche, durch Induktion gefunden, die Tafel der Urtheile ausmachen. Diese Formen sind größtentheils abzuleiten aus der reflektiven Erkenntnißart selbst, also unmittelbar aus der Vernunft, namentlich sofern sie durch die vier Denkgesetze (von mir metalogische Wahrheiten genannt) und durch das *dictum de omni et nullo* [Satz von allem und keinem] entstehn. Andere von diesen Formen haben aber ihren Grund in der anschauenden Erkenntnißart, also im Verstande, geben aber deshalb keineswegs Anweisung auf eben so viele besondere Formen des Verstandes; sondern sind ganz und gar aus der einzigen Funktion, die der Verstand hat, nämlich der unmittelbaren Erkenntniß von Ursache und Wirkung, abzuleiten. Noch andere von jenen Formen endlich sind entstanden aus dem Zusammentreffen und der Verbindung der reflektiven und der intuitiven Erkenntnißart, oder eigentlich aus der Aufnahme dieser in jene. Ich werde nunmehr die Momente des Urtheils einzeln durchgehn und den Ursprung eines jeden aus den besagten Quellen nachweisen; woraus von selbst folgt, daß eine Deduktion von Kategorien aus ihnen wegfällt und die Annahme dieser eben so grundlos ist, als ihre Darstellung verworren und sich selbst widerstreitend befunden worden.

1) Die sogenannte Quantität der Urtheile entspringt aus dem Wesen der Begriffe als solcher, hat ihren Grund also lediglich in der Vernunft, und hat mit dem Verstande und der anschaulichen Erkenntniß gar keinen unmittelbaren Zusammenhang. – Es ist nämlich, wie im ersten Buche ausgeführt, den Begriffen als solchen wesentlich, daß sie einen Umfang, eine Sphäre haben, und der weitere, unbestimmtere den engern, bestimmteren einschließt, welcher letztere daher auch ausgeschieden werden kann; und zwar kann dieses entweder so geschehn, daß man ihn nur als unbestimmten Theil des weitern Begriffes überhaupt bezeichnet, oder auch so, daß man ihn bestimmt und völlig aussondert, mittelst Beilegung eines besondern Namens. Das Urtheil, welches die Vollziehung dieser Operation ist, heißt im ersten Fall ein besonderes, im zweiten ein allgemeines; z. B. ein und der selbe Theil der Sphäre des Begriffes Baum kann durch ein besonderes und durch ein allgemeines Urtheil isolirt werden, nämlich: »Einige Bäume tragen Galläpfel«; oder so: »Alle Eichen tragen Galläpfel«. – Man sieht, daß die Verschiedenheit beider Operationen sehr gering ist, ja, daß die Möglichkeit derselben vom Wortreichthum der Sprache abhängt. Desungeachtet hat Kant erklärt, diese Verschiedenheit entschleiere zwei grundverschiedene Handlungen, Funktionen, Kategorien des reinen Verstandes, der eben durch dieselben *a priori* die Erfahrung bestimme.

Man kann endlich auch einen Begriff gebrauchen, um mittelst desselben zu einer bestimmten, einzelnen, anschaulichen Vorstellung, aus welcher, und zugleich aus vielen andern, er selbst abgezogen ist, zu gelangen: welches durch das einzelne Urtheil geschieht. Ein solches Urtheil bezeichnet nur die Gränze der abstrakten Erkenntniß zur anschaulichen, zu welcher unmittelbar von ihm übergegangen wird: »Dieser Baum hier trägt Galläpfel.« – Kant hat denn auch daraus eine besondere Kategorie gemacht.

Nach allem Vorhergehenden bedarf es hier weiter keiner Polemik.

2) Auf gleiche Weise liegt die Qualität der Urtheile ganz innerhalb des Gebietes der Vernunft, und ist nicht eine Abschattung irgend eines Gesetzes des die Anschauung möglich machenden Verstandes, d. h. giebt nicht Anweisung darauf. Die Natur der abstrakten Begriffe, welche eben das objektiv aufgefaßte Wesen der Vernunft selbst ist, bringt, wie ebenfalls im ersten Buche ausgeführt, die Möglichkeit mit sich, ihre Sphären zu vereinigen und zu trennen, und auf dieser Möglichkeit, als ihrer Voraussetzung, beruhen die allgemeinen Denkgesetze der Identität und des Widerspruchs, welchen, weil sie rein aus der Vernunft entspringen und nicht ferner zu erklären sind, metalogische Wahrheit von mir beigelegt ist. Sie bestimmen, daß das Vereinigte vereinigt, das Getrennte getrennt bleiben muß, also das Gesetzte nicht zugleich wieder aufgehoben werden kann, setzen also die Möglichkeit des Verbindens und Trennens der Sphären, d. i. eben das Urtheilen, voraus. Dieses aber liegt, der Form nach, einzig und allein in der Vernunft, und diese Form ist nicht, so wie der Inhalt der Urtheile, aus der anschaulichen Erkenntniß des Verstandes mit hinübergenommen, in welcher daher auch kein Korrelat oder Analogon für sie zu suchen ist. Nachdem die Anschauung durch den Verstand und für den Verstand entstanden ist, steht sie vollendet da, keinem Zweifel noch Irrthum unterworfen, kennt demnach weder Bejahung noch Verneinung; denn sie spricht sich selbst aus, und hat nicht, wie die abstrakte Erkenntniß der Vernunft, ihren Werth und Gehalt in der bloßen Beziehung auf etwas außer ihr, nach dem Satz vom Grunde des Erkennens. Sie ist daher lauter Realität, alle Negation ist ihrem Wesen fremd: diese kann allein durch Reflexion hinzugedacht werden, bleibt aber eben deshalb immer auf dem Gebiet des abstrakten Denkens.

Zu den bejahenden und verneinenden Urtheilen fügt Kant, eine Grille der alten Scholastiker benutzend, noch die unendlichen, einen spitzfindig erdachten Lückenbüßer, was nicht ein Mal einer Auseinandersetzung bedarf, ein blindes Fenster, wie er zu

Gunsten seiner symmetrischen Architektonik deren viele angebracht hat.

3) Unter den sehr weiten Begriff der Relation hat Kant drei ganz verschiedene Beschaffenheiten der Urtheile zusammengebracht, die wir daher, um ihren Ursprung zu erkennen, einzeln beleuchten müssen.

a) Das hypothetische Urtheil überhaupt ist der abstrakte Ausdruck jener allgemeinsten Form aller unserer Erkenntnisse, des Satzes vom Grunde. Daß dieser vier ganz verschiedene Bedeutungen habe, und in jeder von diesen aus einer andern Erkenntnißkraft urständet [hervorgeht], wie auch eine andere Klasse von Vorstellungen betrifft, habe ich schon 1813 in meiner Abhandlung über denselben dargethan. Daraus ergiebt sich hinlänglich, daß der Ursprung des hypothetischen Urtheils überhaupt, dieser allgemeinen Denkform, nicht bloß, wie Kant will, der Verstand und dessen Kategorie der Kausalität seyn könne; sondern daß das Gesetz der Kausalität, welches, meiner Darstellung zufolge, die einzige Erkenntnißform des reinen Verstandes ist, nur eine der Gestaltungen des alle reine oder apriorische Erkenntniß umfassenden Satzes vom Grunde ist, welcher hingegen in jeder seiner Bedeutungen diese hypothetische Form des Urtheils zum Ausdruck hat. – Wir sehn hier nun aber recht deutlich, wie Erkenntnisse, die ihrem Ursprung und ihrer Bedeutung nach ganz verschieden sind, doch, wenn von der Vernunft *in abstracto* gedacht, in einer und der selben Form von Verbindung der Begriffe und Urtheile erscheinen und dann in dieser gar nicht mehr zu unterscheiden sind, sondern man, um sie zu unterscheiden, auf die anschauliche Erkenntniß zurückgehn muß, die abstrakte ganz verlassend. Daher war der von Kant eingeschlagene Weg, vom Standpunkt der abstrakten Erkenntniß aus, die Elemente und das innerste Getriebe auch der intuitiven Erkenntniß zu finden, durchaus verkehrt. Uebrigens ist gewissermaaßen meine ganze einleitende Abhandlung »Ueber den Satz vom Grunde« nur als eine gründliche Erörterung der Bedeutung der hypothetischen Urtheilsform anzusehn; daher ich hier nicht weiter verweile.

b) Die Form des kategorischen Urtheils ist nichts Anderes, als die Form des Urtheils überhaupt im eigentlichsten Sinn. Denn, streng genommen, heißt Urtheilen nur die Verbindung, oder die Unvereinbarkeit der Sphären der Begriffe denken: daher sind die hypothetische und die disjunktive Verbindung eigentlich keine besondere Formen des Urtheils: denn sie werden nur auf schon fertige Urtheile angewandt, in denen die Verbindung der Begriffe unverändert die kategorische bleibt; sie aber verknüpfen wieder diese Urtheile, indem die hypothetische Form deren Abhängigkeit von einander, die disjunktive deren Unvereinbarkeit ausdrückt. Bloße Begriffe aber haben nur e i n e Art von Verhältnissen zu einander, nämlich die, welche im kategorischen Urtheil ausgedrückt werden. Die nähere Bestimmung, oder die Unterarten dieses Verhältnisses sind das Ineinandergreifen und das völlige Getrenntseyn der Begriffssphären, d. i. also die Bejahung und Verneinung; woraus Kant besondere Kategorien, unter einem ganz andern Titel gemacht hat, dem der Q u a l i t ä t. Das Ineinandergreifen und Getrenntseyn hat wieder Unterarten, nämlich je nachdem die Sphären ganz, oder nur zum Theil ineinandergreifen, welche Bestimmung die Q u a n t i t ä t der Urtheile ausmacht; woraus Kant wieder einen ganz besondern Kategorientitel gemacht hat. So trennte er das ganz nahe Verwandte, ja Identische, die leicht übersehbaren Modifikationen der einzig möglichen Verhältnisse von bloßen Begriffen zu einander, und vereinigte dagegen das sehr Verschiedene unter diesem Titel der Relation.

Kategorische Urtheile haben zum metalogischen Princip die Denkgesetze der Identität und des Widerspruchs. Aber der G r u n d zur Verknüpfung von Begriffssphären, welcher dem Urtheil, das eben nur diese Verknüpfung ist, die W a h r h e i t verleiht, kann sehr verschiedener Art seyn, und dieser zufolge ist dann die Wahrheit des Urtheils entweder logisch, oder empirisch, oder transscendental, oder metalogisch, wie solches in der einleitenden Abhandlung, § 30–33, ausgeführt ist und hier nicht wiederholt zu werden braucht. Es ergiebt sich aber daraus, wie sehr verschieden die unmittelbaren Erkenntnisse seyn können, welche alle *in abstracto* sich durch die Verbindung der Sphären zweier Begriffe als Subjekt und Prädikat darstellen, und daß man keineswegs eine einzige Funktion des Verstandes, als ihr entsprechend und sie hervorbringend, aufstellen kann. Z. B. die Urtheile: »Das Wasser kocht; der Sinus mißt den Winkel; der Wille beschließt; Beschäftigung zerstreut; die Unterscheidung ist schwierig«; – drücken durch die selbe logische Form die verschiedenartigsten Verhältnisse aus: woraus wir abermals die Bestätigung erhalten, wie verkehrt das Beginnen sei, um die unmittelbare, intuitive Erkenntniß zu analysiren, sich auf den Standpunkt der abstrakten zu stellen. – Aus einer eigentlichen Verstandeserkenntniß, in meinem Sinn, entspringt übrigens das kategorische Urtheil nur da, wo eine Kausalität durch dasselbe ausgedrückt wird; dies ist aber der Fall auch bei allen Urtheilen, die eine physische Qualität bezeichnen. Denn, wenn ich sage: »Dieser Körper ist schwer, hart, flüssig, grün, sauer, alkalisch, organisch u. s. w.«; so bezeichnet dies immer sein Wirken, also eine Erkenntniß, die nur durch den reinen Verstand möglich ist. Nachdem nun diese, eben wie viele von ihr ganz verschiedene (z. B. die Unterordnung höchst abstrakter Begriffe), *in abstracto* durch Subjekt und Prädikat ausgedrückt worden, hat man die bloßen Begriffsverhältnisse wieder auf die anschauliche Erkenntniß zurück übertragen, und gemeint, das Subjekt und Prädikat des Urtheils müsse in der Anschauung ein eigenes, besonderes Korrelat haben, Substanz und Accidenz. Aber ich werde weiter unten deutlich machen, daß der Begriff Substanz keinen andern wahren Inhalt hat, als den des Begriffs Materie. Accidenzien aber sind ganz gleichbedeutend mit Wirkungsarten, so daß die vermeinte Erkenntniß von Substanz und Accidenz noch immer die des reinen Verstandes von Ursache und Wirkung ist. Wie aber eigentlich die Vorstellung der Materie entsteht, ist theils in unserm ersten Buch, § 4, und noch faßlicher in der Abhandlung »Ueber den Satz vom Grunde«, am Schluß des § 21, S. 77, erörtert; theils werden wir es noch näher sehn, bei der Untersuchung des Grundsatzes, daß die Substanz beharrt.

c) Die disjunktiven Urtheile entspringen aus dem Denkgesetz des ausgeschlossenen Dritten, welches eine metalogische Wahrheit ist: sie sind daher ganz das Eigenthum der reinen Vernunft, und haben nicht im Verstande ihren Ursprung. Die Ableitung der Kategorie der Gemeinschaft oder Wechselwirkung aus ihnen ist nun aber ein recht grelles Beispiel von den Gewaltthätigkeiten, welche sich Kant bisweilen gegen die Wahrheit erlaubt, bloß um seine Lust an architektonischer Symmetrie zu befriedigen. Das Unstatthafte jener Ableitung ist schon öfter mit Recht gerügt und aus mehreren Gründen dargethan worden, besonders von G. E. Schulze in seiner »Kritik der theoretischen Philosophie« und von Berg in seiner »Epikritik der Philosophie«. – Welche wirkliche Analogie ist wohl zwischen der offengelassenen Bestimmung eines Begriffs durch einander ausschließende Prädikate, und dem Gedanken der Wechselwirkung? Beide sind sich sogar ganz entgegengesetzt, da im disjunktiven Urtheil das wirkliche Setzen des einen der beiden Eintheilungsglieder zugleich ein nothwendiges Aufheben des andern ist; hingegen wenn man sich zwei Dinge im Verhältniß der Wechselwirkung denkt, das Setzen des einen eben ein nothwendiges Setzen auch des andern ist, und *vice versa.* Daher ist unstreitig das wirkliche logische Analogon der Wechselwirkung der *circulus vitiosus* [Zirkelschluß], als in welchem, eben wie angeblich bei der Wechselwirkung, das Begründete auch wieder der Grund ist, und umgekehrt. Und eben so wie die Logik den *circulus vitiosus* verwirft, ist auch aus der Metaphysik der Begriff der Wechselwirkung zu verbannen. Denn ich bin ganz ernstlich gesonnen jetzt darzuthun, daß es gar keine Wechselwirkung im eigentlichen Sinne giebt, und dieser Begriff, so höchst beliebt auch, eben wegen der Unbestimmtheit des Gedankens, sein Gebrauch ist, doch, näher betrachtet, sich als leer, falsch und nichtig zeigt. Zuvörderst besinne man sich, was überhaupt Kausalität sei, und sehe zur Beihülfe meine Darstellung davon in der einleitenden Abhandlung, § 20, wie auch in meiner Preisschrift über die Freiheit des Willens, Kap. 3, S. 27 fg. [Bd. VI uns. Ausg., S. 417 f.], endlich im vierten Kapitel unseres zweiten Bandes nach. Kausalität ist das Gesetz, nach welchem die eintretenden Zustände der Materie sich ihre Stellen in der Zeit bestimmen. Bloß von Zuständen, ja eigentlich bloß von Veränderungen ist bei der Kausalität die Rede, und weder von der Materie als solcher, noch vom Beharren ohne Veränderung. Die Materie als solche steht nicht unter dem Gesetz der Kausalität; da sie weder wird, noch vergeht: also auch nicht das ganze Ding, wie man gemeinhin spricht; sondern allein die Zustände der Materie. Ferner hat das Gesetz der Kausalität es nicht mit dem Beharren zu thun: denn wo sich nichts verändert, ist kein Wirken und keine Kausalität, sondern ein bleibender ruhender Zustand. Wird nun ein solcher verändert, so ist entweder der neu entstandene wieder beharrlich, oder er ist es nicht, sondern führt sogleich einen dritten Zustand herbei, und die Nothwendigkeit, mit der dies geschieht, ist eben das Gesetz der Kausalität, welches eine Gestaltung des Satzes vom Grunde ist und daher nicht weiter zu erklären; weil eben der Satz vom Grunde das Princip aller Erklärung und aller Nothwendigkeit ist. Hieraus ist klar, daß das Ursach- und Wirkungseyn in genauer Verbindung und nothwendiger Beziehung auf die Zeitfolge steht. Nur sofern der Zustand *A* in der Zeit dem Zustande *B* vorhergeht, ihre Succession aber eine nothwendige und keine zufällige, d. h. kein bloßes Folgen, sondern ein Erfolgen ist; – nur insofern ist der Zustand *A* Ursache und der Zustand *B* Wirkung. Der Begriff Wechselwirkung enthält aber Dies, daß beide Ursache und beide Wirkung von einander sind: dies heißt aber eben so viel, als daß jeder von beiden der frühere und aber auch der spätere ist: also ein Ungedanke. Denn daß beide Zustände zugleich seien, und zwar nothwendig zugleich, läßt sich nicht annehmen: weil sie als nothwendig zusammengehörend und zugleich seiend, nur einen Zustand ausmachen, zu dessen Beharren zwar die bleibende Anwesenheit aller seiner Bestimmungen erfordert wird, wo denn aber gar nicht mehr von Veränderung und Kausalität, sondern von Dauer und Ruhe die Rede ist und weiter nichts gesagt wird, als daß wenn eine Bestimmung des ganzen Zustandes geändert wird, der hiedurch entstandene neue Zustand nicht von Bestand seyn kann, sondern Ursache der Aenderung auch aller übrigen Bestimmungen des ersten Zustandes wird, wodurch eben wieder ein neuer, dritter Zustand eintritt; welches alles nur gemäß dem einfachen Gesetz der Kausalität geschieht und nicht ein neues, das der Wechselwirkung, begründet.

Auch behaupte ich schlechthin, daß der Begriff Wechselwirkung durch kein einziges Beispiel zu belegen ist. Alles was man dafür ausgeben möchte, ist entweder ein ruhender Zustand, auf den der Begriff der Kausalität, welcher nur bei Veränderungen Bedeutung hat, gar keine Anwendung findet, oder es ist eine abwechselnde Succession gleichnamiger, sich bedingender Zustände, zu deren Erklärung die einfache Kausalität vollkommen ausreicht. Ein Beispiel der erstern Art giebt die durch gleiche Gewichte in Ruhe gebrachte Waagschaale: hier ist gar kein Wirken, denn hier ist keine Veränderung: es ist ruhender Zustand: die Schwere strebt, gleichmäßig vertheilt, wie in jedem im Schwerpunkt unterstützten Körper, kann aber ihre Kraft durch keine Wirkung äußern. Daß die Wegnahme des einen Gewichtes einen zweiten Zustand giebt, der sogleich Ursache des dritten, des Sinkens der andern Schaale, wird, geschieht nach dem einfachen Gesetz der Ursache und Wirkung und bedarf keiner besondern Kategorie des Verstandes, auch nicht ein Mal einer besondern Benennung. Ein Beispiel der andern Art ist das Fortbrennen eines Feuers. Die Verbindung des Oxygens mit dem brennbaren Körper ist Ursache der Wärme, und diese ist wieder Ursache des erneuerten Eintritts jener chemischen Verbindung. Aber dieses ist nichts Anderes, als eine Kette von Ursachen und Wirkungen, deren Glieder jedoch abwechselnd gleichnamig sind: das Brennen *A* bewirkt freie Wärme *B*, diese ein neues Brennen *C* (d. h. eine neue Wirkung, die mit der Ursache *A* gleichnamig, nicht aber individuell die selbe ist), dies eine neue Wärme *D* (welche mit der Wirkung *B* nicht real identisch, sondern nur dem Begriffe nach die selbe, d. h. mit ihr gleichnamig ist) und so immer fort. Ein artiges Beispiel Dessen, was man im gemeinen Leben Wechselwirkung nennt, liefert eine von Humboldt (Ansichten der Natur, zweite Auflage, Bd. 2, S. 79) gegebene Theorie der Wüsten. Nämlich in Sandwüsten regnet es nicht, wohl aber auf den sie begrenzenden waldigen Bergen. Nicht die Anziehung der Berge auf die Wolken ist die Ursache; sondern die von der Sandebene aufsteigende Säule erhitzter Luft hindert die Dunstbläschen sich zu zersetzen und treibt die Wolken in die Höhe. Auf dem Gebirge ist der senkrecht steigende Luftstrohm schwächer, die Wolken senken sich und der Niederschlag erfolgt in der kühlern Luft. So stehn Mangel an Regen und Pflanzenlosigkeit der Wüste in Wechselwirkung: es regnet nicht, weil die erhitzte Sandfläche mehr Wärme ausstrahlt; die Wüste wird nicht zur Steppe oder Grasflur, weil es nicht regnet. Aber offenbar haben wir hier wieder nur, wie im obigen Beispiel, eine Succession gleichnamiger Ursachen und Wirkungen, und durchaus nichts von der einfachen Kausalität wesentlich Verschiedenes. Eben so verhält es sich mit dem Schwingen des Pendels, ja, auch mit der Selbsterhaltung des organischen Körpers, bei welcher ebenfalls jeder Zustand einen neuen herbeiführt, der mit dem, von welchem er selbst bewirkt wurde, der Art nach der selbe, individuell aber ein neuer ist: nur ist hier die Sache komplicirter, indem die Kette nicht mehr aus Gliedern von zwei, sondern aus Gliedern von vielen Arten besteht, so daß ein gleichnamiges Glied, erst nachdem mehrere andere dazwischengetreten, wiederkehrt. Aber immer sehn wir nur eine Anwendung des einzigen und einfachen

Gesetzes der Kausalität vor uns, welches der Folge der Zustände die Regel giebt, nicht aber irgend etwas, das durch eine neue und besondere Funktion des Verstandes gefaßt werden müßte.

Oder wollte man etwan gar als Beleg des Begriffs der Wechselwirkung anführen, daß Wirkung und Gegenwirkung sich gleich sind? Dies liegt aber eben in Dem, was ich so sehr urgire und in der Abhandlung über den Satz vom Grunde ausführlich dargethan habe, daß die Ursache und die Wirkung nicht zwei Körper, sondern zwei sich succedirende Zustände von Körpern sind, folglich jeder der beiden Zustände auch alle betheiligten Körper implicirt, die Wirkung also, d. i. der neu eintretende Zustand, z. B. beim Stoß, sich auf beide Körper in gleichem Verhältniß erstreckt: so sehr daher der gestoßene Körper verändert wird, eben so sehr wird es der stoßende (jeder im Verhältniß seiner Masse und Geschwindigkeit). Beliebt es, dieses Wechselwirkung zu nennen; so ist eben durchaus jede Wirkung Wechselwirkung, und es tritt deswegen kein neuer Begriff und noch weniger eine neue Funktion des Verstandes dafür ein, sondern wir haben nur ein überflüssiges Synonym der Kausalität. Diese Ansicht aber spricht Kant unbedachtsamerweise geradezu aus, in den »Metaphysischen Anfangsgründen der Naturwissenschaft«, wo der Beweis des vierten Lehrsatzes der Mechanik anhebt: »Alle äußere Wirkung in der Welt ist Wechselwirkung«. Wie sollen dann für einfache Kausalität und für Wechselwirkung verschiedene Funktionen *a priori* im Verstande liegen, ja, sogar die reale Succession der Dinge nur mittelst der erstern, und das Zugleichseyn derselben nur mittelst der letzteren möglich und erkennbar seyn? Danach wäre, wenn alle Wirkung Wechselwirkung ist, auch Succession und Simultaneität das Selbe, mithin Alles in der Welt zugleich. – Gäbe es wahre Wechselwirkung, dann wäre auch das *perpetuum mobile* möglich und sogar *a priori* gewiß: vielmehr aber liegt der Behauptung, daß es unmöglich sei, die Ueberzeugung *a priori* zum Grunde, daß es keine wahre Wechselwirkung und keine Verstandesform für eine solche giebt.

Auch Aristoteles leugnet die Wechselwirkung im eigentlichen Sinn: denn er bemerkt, daß zwar zwei Dinge wechselseitig Ursache von einander seyn können, aber nur so, daß man es von jedem in einem andern Sinne versteht, z. B. das eine auf das andere als Motiv, dieses auf jenes aber als Ursache seiner Bewegung wirkt. Nämlich wir finden an zwei Stellen die selben Worte: *Physic., Lib. II, c. 3,* und *Metaph., Lib. V, c. 2.* Εστι δε τινα και αλληλων αιτια· οἷον το πονειν αιτιον της ευεξιας, και αὕτη του πονειν· αλλ᾽ ου τον αυτον τροπον, αλλα το μεν ὡς τελος, το δε ὡς αρχη κινησεως. *(Sunt praeterea quae sibi sunt mutuo causae, ut exercitium bonae habitudinis, et haec exercitii: at non eodem modo, sed haec ut finis, illud ut principium motus.)* [Es gibt auch manche Dinge, welche Ursache voneinander sind; so ist z. B. die Gymnastik Ursache der Körperkraft, und diese der Gymnastik; jedoch nicht auf gleiche Weise, sondern das eine als Ende und das andere als Anfang des Geschehens.] Nähme er noch außerdem eine eigentliche Wechselwirkung an, so würde er sie hier aufführen, da er an beiden Stellen beschäftigt ist, sämmtliche mögliche Arten von Ursachen aufzuzählen. In den *Analyt. post., Lib. II, c. 11,* spricht er von einem Kreislauf der Ursachen und Wirkungen, aber nicht von einer Wechselwirkung.

4) Die Kategorien der Modalität haben vor allen übrigen den Vorzug, daß Das, was durch jede derselben ausgedrückt wird, der Urtheilsform, von der es abgeleitet ist, doch wirklich entspricht; was bei den andern Kategorien fast gar nicht der Fall ist, indem sie meistens mit dem willkürlichsten Zwange aus den Urtheilsformen herausdeducirt sind.

Daß also die Begriffe des Möglichen, Wirklichen und Nothwendigen es sind, welche die problematische, assertorische und apodiktische Form des Urtheils veranlassen, ist vollkommen wahr. Daß aber jene Begriffe besondere, ursprüngliche und nicht weiter abzuleitende Erkenntnißformen des Verstandes wären, ist nicht wahr. Vielmehr stammen sie aus der einzigen ursprünglichen und daher *a priori* uns bewußten Form alles Erkennens her, aus dem Satze vom Grunde, und zwar unmittelbar aus diesem die Erkenntniß der Nothwendigkeit; hingegen erst indem auf diese die Reflexion angewandt wird, entstehn die Begriffe von Zufälligkeit, Möglichkeit, Unmöglichkeit, Wirklichkeit. Alle diese urständen [erstehen] daher keineswegs aus einer Geisteskraft, dem Verstande, sondern entstehn durch den Konflikt des abstrakten Erkennens mit dem intuitiven, wie man sogleich sehn wird.

Ich behaupte, daß Nothwendigseyn und Folge aus einem gegebenen Grunde seyn, durchaus Wechselbegriffe und völlig identisch sind. Als nothwendig können wir nimmermehr etwas erkennen, ja nur denken, als sofern wir es als Folge eines gegebenen Grundes ansehn: und weiter als diese Abhängigkeit, dieses Gesetztseyn durch ein Anderes und dieses unausbleibliche Folgen aus ihm, enthält der Begriff der Nothwendigkeit schlechthin nichts. Er entsteht und besteht also einzig und allein durch Anwendung des Satzes vom Grunde. Daher giebt es, gemäß den verschiedenen Gestaltungen dieses Satzes, ein physisch Nothwendiges (der Wirkung aus der Ursache), ein logisch (durch den Erkenntnißgrund, in analytischen Urtheilen, Schlüssen u. s. w.), ein mathematisch (nach dem Seynsgrunde in Raum und Zeit), und endlich ein praktisch Nothwendiges, womit wir nicht etwan das Bestimmtseyn durch einen angeblichen kategorischen Imperativ, sondern die, bei gegebenem empirischen Charakter, nach vorliegenden Motiven nothwendig eintretende Handlung bezeichnen wollen. – Alles Nothwendige ist es aber nur relativ, nämlich unter der Voraussetzung des Grundes, aus dem es folgt: daher ist absolute Nothwendigkeit ein Widerspruch. – Im Uebrigen verweise ich auf § 49 der Abhandlung über den Satz vom Grunde.

Das kontradiktorische Gegentheil, d. h. die Verneinung der Nothwendigkeit ist die Zufälligkeit. Der Inhalt dieses Begriffs ist daher negativ, nämlich weiter nichts als dieses: Mangel der durch den Satz vom Grunde ausgedrückten Verbindung. Folglich ist auch das Zufällige immer nur relativ: nämlich in Beziehung auf etwas, das nicht sein Grund ist, ist es ein solches. Jedes Objekt, von welcher Art es auch sei, z. B. jede Begebenheit in der wirklichen Welt, ist allemal nothwendig und zufällig zugleich: nothwendig in Beziehung auf das Eine, das ihre Ursache ist; zufällig in Beziehung auf alles Uebrige. Denn ihre Berührung in Zeit und Raum mit allem Uebrigen ist ein bloßes Zusammentreffen, ohne nothwendige Verbindung: daher auch die Wörter Zufall, συμπτωμα, *contingens.* So wenig daher, wie ein absolut Nothwendiges, ist ein absolut Zufälliges denkbar. Denn dieses Letztere wäre eben ein Objekt, welches zu keinem andern im Verhältniß der Folge zum Grunde stände. Die Unvorstellbarkeit eines solchen ist aber gerade der negativ ausgedrückte Inhalt des Satzes vom Grunde, welcher also erst umgestoßen werden müßte, um ein absolut Zufälliges zu denken: dieses selbst hätte aber alsdann auch alle Bedeutung verloren, da der Begriff des Zufälligen solche nur in Beziehung auf jenen Satz hat, und bedeutet, daß zwei Objekte nicht im Verhältniß von Grund und Folge zu einander stehn.

In der Natur, sofern sie anschauliche Vorstellung ist, ist Alles was geschieht nothwendig: denn es geht aus seiner Ursache hervor. Betrachten wir aber dieses Einzelne in Beziehung auf das Uebrige, welches nicht seine Ursache ist; so erkennen wir es als zufällig: dies ist aber schon eine abstrakte Reflexion. Abstrahiren wir nun ferner, bei einem Objekt der Natur, ganz von seinem Kausalverhältniß zu dem Uebrigen, also von seiner Nothwendigkeit und Zufälligkeit; so befaßt diese Art von Erkenntniß der Begriff des Wirklichen, bei welchem man nur die Wirkung betrachtet, ohne sich nach der Ursache umzusehn, in Beziehung auf welche man sie sonst nothwendig, in Beziehung auf alles Uebrige zufällig nennen müßte. Dieses Alles beruht zuletzt darauf, daß die Modalität des Urtheils nicht sowohl die objektive Beschaffenheit der Dinge, als das Verhältniß unserer Erkenntniß zu derselben bezeichnet. Da aber in der Natur Jedes aus einer Ursache hervorgeht; so ist jedes Wirkliche auch nothwendig: aber wieder auch nur sofern es zu dieser Zeit, an diesem Ort ist: denn allein darauf erstreckt sich die Bestimmung durch das Gesetz der Kausalität. Verlassen wir aber die anschauliche Natur und gehn über zum abstrakten Denken; so können wir, in der Reflexion, alle Naturgesetze, die uns theils *a priori,* theils erst *a posteriori* bekannt sind, uns vorstellen, und diese abstrakte Vorstellung enthält Alles, was in der Natur zu irgend einer Zeit, an irgend einem Ort ist, aber mit Abstraktion von jedem bestimmten Ort und Zeit: und damit eben, durch solche Reflexion, sind wir ins weite Reich der Möglichkeit getreten. Was aber sogar auch hier keine Stelle findet, ist das Unmögliche. Es ist offenbar, daß Möglichkeit und Unmöglichkeit nur für die Reflexion, für die abstrakte Erkenntniß der Vernunft, nicht für die anschauliche Erkenntniß dasind; obgleich die reinen Formen dieser es sind, welche der Vernunft die Bestimmungen des Möglichen und Unmöglichen an die Hand geben. Je nachdem die Naturgesetze, von denen wir beim Denken des Möglichen und Unmöglichen ausgehn, *a priori* oder *a posteriori* erkannt sind, ist die Möglichkeit oder Unmöglichkeit eine metaphysische, oder nur physische.

Aus dieser Darstellung, die keines Beweises bedarf, weil sie sich unmittelbar auf die Erkenntniß des Satzes vom Grunde und auf die Entwickelung der Begriffe des Nothwendigen, Wirklichen und Möglichen stützt, geht genugsam hervor, wie ganz grundlos Kants Annahme dreier besonderer Funktionen des Verstandes für jene drei Begriffe ist, und daß er hier abermals durch kein Bedenken sich hat stören lassen in der Durchführung seiner architektonischen Symmetrie.

Hiezu kommt nun aber noch der sehr große Fehler, daß er, freilich nach dem Vorgang der frühern Philosophie, die Begriffe des Nothwendigen und Zufälligen mit einander verwechselt hat. Jene frühere Philosophie nämlich hat die Abstraktion zu folgendem Mißbrauch benutzt. Es war offenbar, daß Das, dessen Grund gesetzt ist, unausbleiblich folgt, d.h. nicht nichtseyn kann, also nothwendig ist. An diese letzte Bestimmung aber hielt man sich ganz allein und sagte: nothwendig ist, was nicht anders seyn kann, oder dessen Gegentheil unmöglich. Man ließ aber den Grund und die Wurzel solcher Nothwendigkeit aus der Acht, übersah die daraus sich ergebende Relativität aller Nothwendigkeit und machte dadurch die ganz undenkbare Fiktion von einem absolut Nothwendigen, d.h. von einem Etwas, dessen Daseyn so unausbleiblich wäre, wie die Folge aus dem Grunde, das aber doch nicht Folge aus einem Grunde wäre und daher von nichts abhienge; welcher Beisatz eben eine absurde Petition [Forderung] ist, weil sie dem Satz vom Grunde widerstreitet. Von dieser Fiktion nun ausgehend erklärte man, der Wahrheit diametral entgegen, gerade Alles was durch einen Grund gesetzt ist, für das Zufällige, indem man nämlich auf das Relative seiner Nothwendigkeit sah und diese verglich mit jener ganz aus der Luft gegriffenen, in ihrem Begriff sich widersprechenden absoluten Nothwendigkeit*. Diese grundver-

* Man sehe Christian Wolf's »Vernünftige Gedanken von Gott, Welt und Seele«, § 577–579. – Sonderbar ist es, daß er nur das nach dem Satz vom Grunde des Werdens Nothwendige, d. h. aus Ursachen Geschehende, für zufällig erklärt, hingegen das nach den übrigen Gestaltungen des Satzes vom Grunde Nothwendige, auch dafür anerkennt, z. B. was aus der *essentia* (Definition) folgt, also die analytischen Urtheile, ferner auch die mathematischen Wahrheiten. Als Grund hievon giebt er an, daß nur das Gesetz der Kausalität endlose Reihen gebe, die andern Arten von Gründen aber endliche. Dies ist jedoch bei den Gestaltungen des Satzes vom Grunde im reinen Raum und Zeit gar nicht der Fall, sondern gilt nur vom logischen Erkenntnißgrund: für einen solchen hielt er aber die mathematische Nothwendigkeit. – Vergleiche: Abhandlung über den Satz vom Grunde, § 50.

kehrte Bestimmung des Zufälligen behält nun auch Kant bei und giebt sie als Erklärung: »Kritik der reinen Vernunft«, V, S. 289–291; 243. V, 301; 419, 458, 460. V, 447, 486, 488. Er geräth dabei sogar in den augenfälligsten Widerspruch mit sich selbst, indem er S. 301 sagt: »Alles Zufällige hat eine Ursache«, und hinzufügt: »Zufällig ist, dessen Nichtseyn möglich.« Was aber eine Ursache hat, dessen Nichtseyn ist durchaus unmöglich: also ist es nothwendig. – Uebrigens ist der Ursprung dieser ganzen falschen Erklärung des Nothwendigen und Zufälligen schon bei Aristoteles zu finden und zwar *»De generatione et corruptione«, Lib. II, c. 9 et 11*, wo nämlich das Nothwendige erklärt wird als Das, dessen Nichtseyn unmöglich ist: ihm steht gegenüber Das, dessen Seyn unmöglich ist; und zwischen diesen Beiden liegt nun Das, was seyn und auch nichtseyn kann, – also das Entstehende und Vergehende, und dieses wäre denn das Zufällige. Nach dem oben Gesagten ist es klar, daß diese Erklärung, wie so viele des Aristoteles, entstanden ist aus dem Stehnbleiben bei abstrakten Begriffen, ohne auf das Konkrete und Anschauliche zurückzugehn, in welchem doch die Quelle aller abstrakten Begriffe liegt, durch welches sie daher stets kontrolirt werden müssen. »Etwas, dessen Nichtseyn unmöglich ist« – läßt sich allenfalls *in abstracto* denken: aber gehn wir damit zum Konkreten, Realen, Anschaulichen, so finden wir nichts, den Gedanken, auch nur als ein Mögliches, zu belegen, – als eben nur die besagte Folge eines gegebenen Grundes, deren Nothwendigkeit jedoch eine relative und bedingte ist.

Ich füge bei dieser Gelegenheit noch einige Bemerkungen über jene Begriffe der Modalität hinzu. – Da alle Nothwendigkeit auf dem Satze vom Grunde beruht, und eben deshalb relativ ist; so sind alle apodiktischen Urtheile ursprünglich und ihrer letzten Bedeutung nach hypothetisch. Sie werden kategorisch nur durch den Zutritt einer assertorischen Minor, also im Schlußsatz. Ist diese Minor noch unentschieden, und wird diese Unentschiedenheit ausgedrückt; so giebt dieses das problematische Urtheil.

Was im Allgemeinen (als Regel) apodiktisch ist (ein Naturgesetz), ist in Bezug auf einen einzelnen Fall immer nur problematisch, weil erst die Bedingung wirklich eintreten muß, die den Fall unter die Regel setzt. Und umgekehrt, was im Einzelnen als solches nothwendig (apodiktisch) ist (jede einzelne Veränderung, nothwendig durch ihre Ursache), ist überhaupt und allgemein ausgesprochen wieder nur problematisch; weil die eingetretene Ursache nur den einzelnen Fall traf, und das apodiktische, immer hypothetische Urtheil stets nur allgemeine Gesetze aussagt, nicht unmittelbar einzelne Fälle. – Dieses Alles hat seinen Grund darin, daß die Möglichkeit nur im Gebiet der Reflexion und für die Vernunft daist, das Wirkliche im Gebiet der Anschauung und für den Verstand; das Nothwendige für Beide. Sogar ist eigentlich der Unterschied zwischen nothwendig, wirklich und möglich nur *in abstracto* und dem Begriffe nach vorhanden; in der realen Welt hingegen fallen alle Drei in Eins zusammen. Denn Alles, was geschieht, geschieht nothwendig; weil es aus Ursachen geschieht, diese aber selbst wieder Ursachen haben; so daß sämmtliche Hergänge der Welt, große wie kleine, eine strenge Verkettung des nothwendig Eintretenden sind. Demgemäß ist alles Wirkliche zugleich eine Nothwendiges, und in der Realität zwischen Wirklichkeit und Nothwendigkeit kein Unterschied; und eben so keiner zwischen Wirklichkeit und Möglichkeit: denn was nicht geschehn, d. h. nicht wirklich geworden ist, war auch nicht möglich; weil die Ursachen, ohne welche es nimmermehr eintreten konnte, selbst nicht eingetreten sind, noch eintreten konnten, in der großen Verkettung der Ursachen: es war also ein Unmögliches. Jeder Vorgang ist demnach entweder nothwendig, oder unmöglich. Dieses Alles jedoch gilt bloß von der empirisch realen Welt, d. h. dem Komplex der einzelnen Dinge, also vom ganz Einzelnen als solchem. Betrachten wir hingegen, mittelst der Vernunft, die Dinge im Allgemeinen, sie *in abstracto* auffassend; so treten Nothwendigkeit, Wirklichkeit und Möglichkeit wieder aus einander: wir erkennen dann alles den unserm Intellekt angehörenden Gesetzen *a priori* Gemäße als überhaupt möglich; das den empirischen Naturgesetzen Entsprechende als in dieser Welt möglich, auch wenn es nie wirklich geworden, unterscheiden also deutlich das Mögliche vom Wirklichen. Das Wirkliche ist an sich selbst zwar stets auch ein Nothwendiges, wird aber als solches nur von Dem aufgefaßt, der seine Ursache kennt: abgesehn von dieser ist und heißt es zufällig. Diese Betrachtung giebt uns auch den Schlüssel zu jener *contentio* περι δυνατων [Streit über das Mögliche] zwischen dem Megariker Diodores und Chrysippos dem Stoiker, welche Cicero vorträgt im Buche *de fato*. Diodoros sagt: »Nur was wirklich wird, ist möglich gewesen: und alles Wirkliche ist auch nothwendig.« – Chrysippos dagegen: »Es ist Vieles möglich, das nie wirklich wird: denn nur das Nothwendige wird wirklich.« – Wir können uns dies so erläutern. Die Wirklichkeit ist die Konklusion eines Schlusses, zu dem die Möglichkeit die Prämissen giebt. Doch ist hiezu nicht allein die Major [der Obersatz], sondern auch die Minor [der Untersatz] erfordert: erst Beide geben die volle Möglichkeit. Die Major nämlich giebt eine bloß theoretische, allgemeine Möglichkeit *in abstracto*: diese macht an sich aber noch gar nichts möglich, d. h. fähig wirklich zu werden. Dazu gehört noch die Minor, als welche die Möglichkeit für den einzelnen Fall giebt, indem sie ihn unter die Regel bringt. Dieser wird eben dadurch sofort zur Wirklichkeit. Z. B.:

Maj. Alle Häuser (folglich auch mein Haus) können abbrennen.

Min. Mein Haus geräth in Brand.

Konkl. Mein Haus brennt ab.

Denn jeder allgemeine Satz, also jede Major, bestimmt, in Hinsicht auf die Wirklichkeit, die Dinge stets nur unter einer Voraussetzung, mithin hypothetisch: z. B. das Abbrennenkönnen hat zur Voraussetzung das Inbrandgerathen. Diese Voraussetzung wird in der Minor beigebracht. Allemal ladet die Major die Kanone: allein erst wenn die Minor die Lunte hinzubringt, erfolgt der Schuß, die Konklusio. Das gilt durchweg vom Verhältniß der Möglichkeit zur Wirklichkeit. Da nun die Konklusio, welche die Aussage der Wirklichkeit ist, stets n o t h w e n d i g erfolgt; so geht hieraus hervor, daß Alles, was wirklich ist, auch nothwendig ist; welches auch daraus einzusehn, daß Nothwendigseyn nur heißt, Folge eines gegebenen Grundes seyn: dieser ist beim Wirklichen eine Ursache: also ist alles Wirkliche nothwendig. Demnach sehn wir hier die Begriffe des Möglichen, Wirklichen und Nothwendigen zusammenfallen und nicht bloß den letzteren den ersteren voraussetzen, sondern auch umgekehrt. Was sie auseinanderhält, ist die Beschränkung unsers Intellekts durch die Form der Zeit: denn die Zeit ist das Vermittelnde zwischen Möglichkeit und Wirklichkeit. Die Nothwendigkeit der einzelnen Begebenheit läßt sich durch die Erkenntniß ihrer sämmtlichen Ursachen vollkommen einsehn: aber das Zusammentreffen dieser sämmtlichen, verschiedenen und von einander unabhängigen Ursachen erscheint für uns als z u f ä l -

l i g , ja die Unabhängigkeit derselben von einander ist eben der Begriff der Zufälligkeit. Da aber doch jede von ihnen die nothwendige Folge i h r e r Ursache war, deren Kette anfangslos ist; so zeigt sich, daß die Zufälligkeit eine bloß subjektive Erscheinung ist, entstehend aus der Begränzung des Horizonts unsers Verstandes, und so subjektiv, wie der optische Horizont, in welchem der Himmel die Erde berührt. –

Da Nothwendigkeit einerlei ist mit Folge aus gegebenem Grunde, so muß sie auch bei jeder Gestaltung des Satzes vom Grunde als eine besondere erscheinen und auch ihren Gegensatz haben an der Möglichkeit und Unmöglichkeit, welcher immer erst durch Anwendung der abstrakten Betrachtung der Vernunft auf den Gegenstand entsteht. Daher stehn den oben erwähnten vier Arten von Nothwendigkeiten eben so viele Arten von Unmöglichkeiten gegenüber: also physische, logische, mathematische, praktische. Dazu mag noch bemerkt werden, daß wenn man ganz innerhalb des Gebietes abstrakter Begriffe sich hält, die Möglichkeit immer dem allgemeinern, die Nothwendigkeit dem engern Begriff anhängt: z. B. »ein Thier k a n n seyn ein Vogel, Fisch, Amphibie u. s. w.« – »eine Nachtigall m u ß seyn ein Vogel, dieser ein Thier, dieses ein Organismus, dieser ein Körper«. – Eigentlich weil die logische Nothwendigkeit, deren Ausdruck der Syllogismus ist, vom Allgemeinen auf das Besondere geht und nie umgekehrt. – Dagegen ist in der anschaulichen Natur (den Vorstellungen der ersten Klasse) eigentlich alles nothwendig, durch das Gesetz der Kausalität: bloß die hinzutretende Reflexion kann es zugleich als zufällig auffassen, es vergleichend mit dem was nicht dessen Ursache ist, und auch als bloß und rein wirklich, durch Absehn von aller Kausalverknüpfung: nur bei dieser Klasse von Vorstellungen hat eigentlich der Begriff des W i r k l i c h e n Statt, wie auch schon die Abstammung des Worts vom Kausalitätsbegriffe anzeigt. – In der dritten Klasse der Vorstellungen, der reinen mathematischen Anschauung, ist, wenn man ganz innerhalb derselben sich hält, lauter Nothwendigkeit: Möglichkeit entsteht auch hier bloß durch Beziehung auf die Begriffe der Reflexion: z. B. »ein Dreieck k a n n seyn recht-, stumpf-, gleichwinklicht; m u ß seyn mit drei Winkeln, die zwei rechte betragen«. Also zum M ö g l i c h e n kommt man hier nur durch Uebergang vom Anschaulichen zum Abstrakten.

Nach dieser Darstellung, welche die Erinnerung, sowohl an das in der Abhandlung über den Satz vom Grunde, als im ersten Buch gegenwärtiger Schrift Gesagte voraussetzt, wird hoffentlich über den wahren und sehr verschiedenartigen Ursprung jener Formen der Urtheile, welche die Tafel vor Augen legt, weiter kein Zweifel seyn, wie auch nicht über die Unzulässigkeit und gänzliche Grundlosigkeit der Annahme von zwölf besonderen Funktionen des Verstandes zur Erklärung derselben. Von dieser letztern geben auch schon manche einzelne und sehr leicht zu machende Bemerkungen Anzeige. So gehört z. B. große Liebe zur Symmetrie und viel Vertrauen zu einem von ihr genommenen Leitfaden dazu, um anzunehmen, ein bejahendes, ein kategorisches und ein assertorisches Urtheil seien drei so grundverschiedene Dinge, daß sie berechtigten, zu jedem derselben eine ganz eigenthümliche Funktion des Verstandes anzunehmen.

Das Bewußtseyn der Unhaltbarkeit seiner Kategorienlehre verräth Kant selbst dadurch, daß er im dritten Hauptstück der Analysis der Grundsätze (*phaenomena et noumena* [das den Augen Erscheinende und das mit dem Geist zu Erkennende]) aus der ersten Auflage mehrere lange Stellen (nämlich S. 241, 242, 244–246, 248–253) in der zweiten Auflage weggelassen hat, welche die Schwäche jener Lehre zu unverhohlen an den Tag legten. So z. B. sagt er daselbst, S. 241, er habe die einzelnen Kategorien nicht definirt, weil er sie nicht definiren konnte, auch wenn er es gewollt hätte, indem sie keiner Definition fähig seien; – er hatte hiebei vergessen, daß er S. 82 der selben ersten Auflage gesagt hatte: »Der Definition der Kategorien überhebe ich mich geflissentlich, ob ich gleich im Besitz derselben seyn möchte.« – Dies war also – *sit venia verbo* [mit Verlaub zu sagen] – Wind. Diese letztere Stelle hat er aber stehn lassen. Und so verrathen alle jene nachher weislich weggelassenen Stellen, daß sich bei den Kategorien nichts Deutliches denken läßt und diese ganze Lehre auf schwachen Füßen steht.

Diese Kategorientafel soll nun der Leitfaden seyn, nach welchem jede metaphysische, ja, jede wissenschaftliche Betrachtung anzustellen ist. (Prolegomena, § 39.) Und in der That ist sie nicht nur die Grundlage der ganzen Kantischen Philosophie und der Typus, nach welchem deren Symmetrie überall durchgeführt wird, wie ich bereits oben gezeigt habe; sondern sie ist auch recht eigentlich das Bett des Prokrustes geworden, in welches Kant jede mögliche Betrachtung hineinzwängt, durch eine Gewaltthätigkeit, die ich jetzt noch etwas näher betrachten werde. Was mußten aber bei einer solchen Gelegenheit nicht erst die *imitatores, servum pecus* [Nachäffer, sklavisches Gesindel] thun! Man hat es gesehn. Jene Gewaltthätigkeit also wird dadurch ausgeübt, daß man die Bedeutung der Ausdrücke, welche die Titel, Formen der Urtheile und Kategorien bezeichnen, ganz bei Seite setzt und vergißt, und sich allein an diese Ausdrücke selbst hält. Diese haben zum Theil ihren Ursprung aus des Aristoteles *Analyt. priora, I, 23* (περι ποιοτητος και ποσοτητος των του συλλογισμου ὁρων: *de qualitate et quantitate terminorum syllogismi*) [über die Qualität und die Quantität der Begriffe des Schlusses], sind aber willkürlich gewählt: denn den Umfang der Begriffe hätte man auch wohl noch anders, als durch das Wort Quantität, bezeichnen können, obwohl gerade dieses noch besser, als die übrigen Titel der Kategorien, zu seinem Gegenstande paßt. Schon das Wort Qualität hat man offenbar nur gewählt aus der Gewohnheit, der Quantität die Qualität gegenüber zu stellen: denn für Bejahung und Verneinung ist der Name Qualität doch wohl willkürlich genug ergriffen. Nun aber wird von Kant, bei jeder Betrachtung, die er anstellt, jede Quantität in Zeit und Raum, und jede mögliche Qualität von Dingen, physische, moralische u. s. w. unter jene Kategorientitel gebracht, obgleich zwischen diesen Dingen und jenen Titeln der Formen des Urtheilens und Denkens nicht das mindeste Gemeinsame ist, außer der zufälligen, willkürlichen Benennung. Man muß alle Hochachtung, die man Kanten übrigens schuldig ist, sich gegenwärtig halten, um nicht seinen Unwillen über dieses Verfahren in harten Ausdrücken zu äußern. – Das nächste Beispiel liefert uns gleich die reine physiologische Tafel allgemeiner Grundsätze der Naturwissenschaft. Was, in aller Welt, hat die Quantität der Urtheile damit zu thun, daß jede Anschauung eine extensive Größe hat? was die Qualität der Urtheile damit, daß jede Empfindung einen Grad hat? – Ersteres beruht vielmehr darauf, daß der Raum die Form unserer äußern Anschauung ist, und Letzteres ist nichts weiter, als eine empirische und noch dazu ganz subjektive Wahrnehmung, bloß aus der Betrachtung der Beschaffenheit unserer Sinnesorgane geschöpft. – Ferner auf der Tafel, welche den Grund zur rationalen Psychologie legt (Kritik der reinen Vernunft, S. 344; v, 402), wird unter der

Qualität die Einfachheit der Seele angeführt: diese ist aber gerade eine quantitative Eigenschaft, und zur Bejahung oder Verneinung im Urtheil hat sie gar keine Beziehung. Allein die Quantität sollte ausgefüllt werden durch die Einheit der Seele, die doch in der Einfachheit schon begriffen ist. Dann ist die Modalität auf eine lächerliche Weise hineingezwängt; die Seele stehe nämlich im Verhältniß zu möglichen Gegenständen; Verhältniß gehört aber zur Relation; allein diese ist bereits durch Substanz eingenommen. Sodann werden die vier kosmologischen Ideen, welche der Stoff der Antinomien sind, auf die Titel der Kategorien zurückgeführt; worüber das Nähere weiter unten, bei der Prüfung dieser Antinomien. Mehrere wo möglich noch grellere Beispiele liefert die Tafel der Kategorien der Freiheit! in der »Kritik der praktischen Vernunft«; – ferner in der »Kritik der Urtheilskraft« das erste Buch, welches das Geschmacksurtheil nach den vier Titeln der Kategorien durchgeht; endlich die Metaphysischen Anfangsgründe der Naturwissenschaft, die ganz nach der Kategorientafel zugeschnitten sind, wodurch eben vielleicht das Falsche, welches dem Wahren und Vortrefflichen dieses wichtigen Werkes hin und wieder beigemischt ist, hauptsächlich veranlaßt worden. Man sehe nur am Ende des ersten Hauptstücks, wie die Einheit, Vielheit, Allheit der Richtungen der Linien den nach der Quantität der Urtheile so benannten Kategorien entsprechen soll.

Der Grundsatz der Beharrlichkeit der Substanz ist aus der Kategorie der Subsistenz und Inhärenz abgeleitet. Diese kennen wir aber nur aus der Form der kategorischen Urtheile, d. i. aus der Verbindung zweier Begriffe als Subjekt und Prädikat. Wie gewaltsam ist daher von dieser einfachen, rein logischen Form jener große metaphysische Grundsatz abhängig gemacht! Allein es ist auch nur *pro forma* und der Symmetrie wegen geschehn. Der Beweis, der hier für diesen Grundsatz gegeben wird, setzt dessen vermeintlichen Ursprung aus dem Verstande und aus der Kategorie ganz bei Seite, und ist aus der reinen Anschauung der Zeit geführt. Aber auch dieser Beweis ist ganz unrichtig. Es ist falsch, daß es in der bloßen Zeit eine Simultaneität und eine Dauer gebe: diese Vorstellungen gehn allererst hervor aus der Vereinigung des Raumes mit der Zeit, wie ich bereits gezeigt habe in der Abhandlung über den Satz vom Grunde, § 18, und noch weiter ausgeführt § 4 gegenwärtiger Schrift; beide Auseinandersetzungen muß ich zum Verständniß des Folgenden voraussetzen. Es ist falsch, daß bei allem Wechsel die Zeit selbst bleibe: vielmehr ist gerade sie selbst das fließende: eine bleibende Zeit ist ein Widerspruch. Kants Beweis ist unhaltbar, so sehr er ihn auch mit Sophismen gestützt hat: ja, er geräth dabei in den handgreiflichsten Widerspruch. Nachdem er nämlich (S. 177; V, 219) das Zugleichseyn fälschlich als einen Modus der Zeit aufgestellt hat, sagt er (S. 183; V, 226) ganz richtig: »Das Zugleichseyn ist nicht ein Modus der Zeit, als in welcher gar keine Theile zugleich sind, sondern alle nach einander.« – In Wahrheit ist im Zugleichseyn der Raum eben so sehr implicirt, wie die Zeit. Denn, sind zwei Dinge zugleich und doch nicht Eins, so sind sie durch den Raum verschieden; sind zwei Zustände eines Dinges zugleich (z. B. das Leuchten und die Hitze des Eisens), so sind sie zwei gleichzeitige Wirkungen eines Dinges, setzen daher die Materie und diese den Raum voraus. Streng genommen ist das Zugleich eine negative Bestimmung, die bloß enthält, daß zwei Dinge, oder Zustände, nicht durch die Zeit verschieden sind, ihr Unterschied also anderweitig zu suchen ist. – Allerdings aber muß unsere Erkenntniß von der Beharrlichkeit der Substanz, d. i. der Materie, auf einer Einsicht *a priori* beruhen; da sie über allen Zweifel erhaben ist, daher nicht aus der Erfahrung geschöpft seyn kann. Ich leite sie davon ab, daß das Princip alles Werdens und Vergehns, das Gesetz der Kausalität, dessen wir uns *a priori* bewußt sind, ganz wesentlich nur die Veränderungen, d. h. die successiven Zustände der Materie betrifft, also auf die Form beschränkt ist, die Materie aber unangetastet läßt, welche daher in unserm Bewußtseyn als die keinem Werden noch Vergehn unterworfene, mithin immer gewesene und immer bleibende Grundlage aller Dinge dasteht. Eine tiefere, aus der Analyse unserer anschaulichen Vorstellung der empirischen Welt überhaupt geschöpfte Begründung der Beharrlichkeit der Substanz findet man in unserm ersten Buch, § 4, als wo gezeigt worden, daß das Wesen der Materie in der gänzlichen Vereinigung von Raum und Zeit besteht, welche Vereinigung nur mittelst der Vorstellung der Kausalität möglich ist, folglich nur für den Verstand, der nichts, als das subjektive Korrelat der Kausalität ist, daher auch die Materie nie anders als wirkend, d. h. durch und durch als Kausalität erkannt wird, Seyn und Wirken bei ihr Eins ist, welches schon das Wort Wirklichkeit andeutet. Innige Vereinigung von Raum und Zeit, – Kausalität, Materie, Wirklichkeit, – sind also Eines, und das subjektive Korrelat dieses Einen ist der Verstand. Die Materie muß die sich widerstreitenden Eigenschaften der beiden Faktoren, aus denen sie hervorgeht, an sich tragen, und die Vorstellung der Kausalität ist es, die das Widersprechende beider aufhebt und ihr Zusammenbestehn faßlich macht dem Verstande, durch den und für den allein die Materie ist und dessen ganzes Vermögen im Erkennen von Ursache und Wirkung besteht: für ihn also vereinigt sich in der Materie der bestandlose Fluß der Zeit, als Wechsel der Accidenzien auftretend, mit der starren Unbeweglichkeit des Raumes, die sich darstellt als das Beharren der Substanz. Denn vergienge, wie die Accidenzien, so auch die Substanz; so würde die Erscheinung vom Raume ganz losgerissen und gehörte nur noch der bloßen Zeit an: die Welt der Erfahrung wäre aufgelöst, durch Vernichtung der Materie, Annihilation. – Aus dem Antheil also, den der Raum an der Materie, d. i. an allen Erscheinungen der Wirklichkeit hat, – indem er der Gegensatz und das Widerspiel der Zeit ist und daher, an sich und außer dem Verein mit jener, gar keinen Wechsel kennt, – mußte jener Grundsatz von der Beharrlichkeit der Substanz, den Jeder als *a priori* gewiß anerkennt, abgeleitet und erklärt werden, nicht aber aus der bloßen Zeit, welcher Kant zu diesem Zweck ganz widersinnig ein Bleiben angedichtet hat. –

Die Unrichtigkeit des jetzt folgenden Beweises der Apriorität und Nothwendigkeit des Gesetzes der Kausalität, aus der bloßen Zeitfolge der Begebenheiten, habe ich ausführlich dargethan in der Abhandlung über den Satz vom Grunde, § 23; darf mich also hier nur darauf berufen*. Ganz eben so verhält es sich mit

* Mit jener meiner Widerlegung des Kantischen Beweises kann man beliebig die früheren Angriffe auf denselben vergleichen von Feder, Ueber Zeit, Raum und Kausalität, § 28; und von G. E. Schulze, Kritik der theoretischen Philosophie, Bd. 2, S. 422–442.

dem Beweise der Wechselwirkung, deren Begriff ich sogar oben als nichtig darstellen mußte. – Auch über die Modalität, von deren Grundsätzen nun die Ausführung folgt, ist schon das Nöthige gesagt. –

Ich hätte noch manche Einzelheiten in fernerem Verfolg der transscendentalen Analytik zu widerlegen, fürchte jedoch die Geduld des Lesers zu ermüden und überlasse dieselben daher seinem eigenen Nachdenken. Aber immer von Neuem tritt uns in der Kritik der reinen Vernunft jener Haupt- und Grundfehler Kants, welchen ich oben ausführlich gerügt habe, entgegen, die gänzliche Nichtunterscheidung der abstrakten, diskursiven Erkenntniß von der intuitiven. Diese ist es, welche eine beständige Dunkelheit über Kants ganze Theorie des Erkenntnißvermögens verbreitet, und den Leser nie wissen läßt, wovon jedesmal eigentlich die Rede ist; so daß er, statt zu verstehn, immer nur muthmaaßt, indem er das jedesmal Gesagte abwechselnd vom Denken und vom Anschauen zu verstehn versucht, und stets in der Schwebe bleibt. Jener unglaubliche Mangel an Besinnung über das Wesen der anschaulichen und der abstrakten Vorstellung bringt, wie ich sogleich näher erörtern werde, in dem Kapitel »Von der Unterscheidung aller Gegenstände in Phänomena und Noumena« Kanten zu der monströsen Behauptung, daß es ohne Denken, also ohne abstrakte Begriffe, gar keine Erkenntniß eines Gegenstandes gebe, und daß die Anschauung, weil sie kein Denken ist, auch gar kein Erkennen sei und überhaupt nichts, als eine bloße Affektion der Sinnlichkeit, bloße Empfindung! Ja noch mehr, daß Anschauung ohne Begriff ganz leer sei; Begriff ohne Anschauung aber immer noch etwas (S. 253; V, 309). Dies ist nun das gerade Gegentheil der Wahrheit: denn eben Begriffe erhalten alle Bedeutung, allen Inhalt, allein aus ihrer Beziehung auf anschauliche Vorstellungen, aus denen sie abstrahirt, abgezogen, d. h. durch Fallenlassen alles Unwesentlichen gebildet worden; daher, wenn ihnen die Unterlage der Anschauung entzogen wird, sie leer und nichtig sind. Anschauungen hingegen haben an sich selbst unmittelbare und sehr große Bedeutung (in ihnen ja objektivirt sich der Wille, das Ding an sich): sie vertreten sich selbst, sprechen sich selbst aus, haben nicht bloß entlehnten Inhalt, wie die Begriffe. Denn über sie herrscht der Satz vom Grunde nur als Gesetz der Kausalität, und bestimmt als solches nur ihre Stelle in Raum und Zeit; nicht aber bedingt er ihren Inhalt und ihre Bedeutsamkeit, wie es bei den Begriffen der Fall ist, wo er vom Grunde des Erkennens gilt. Uebrigens sieht es aus, als ob Kant gerade hier recht eigentlich darauf ausgehn wolle, die anschauliche und die abstrakte Vorstellung zu unterscheiden: er wirft Leibnitzen und Locken vor, jener hätte alles zu abstrakten, dieser zu anschaulichen Vorstellungen gemacht. Aber es kommt doch zu keiner Unterscheidung: und wenn gleich Locke und Leibnitz wirklich jene Fehler begiengen, so fällt Kanten selbst ein dritter, jene beiden umfassender Fehler zur Last, nämlich Anschauliches und Abstraktes dermaaßen vermischt zu haben, daß ein monströser Zwitter von Beiden entstand, ein Unding, von dem keine deutliche Vorstellung möglich ist und welches daher nur die Schüler verwirren, betäuben und in Streit versetzen mußte.

Allerdings nämlich treten mehr noch als irgendwo Denken und Anschauung aus einander in dem besagten Kapitel »Von der Unterscheidung aller Gegenstände in Phänomena und Noumena«: allein die Art dieser Unterscheidung ist hier eine grundfalsche. Es heißt nämlich, S. 253, v, 309: »Wenn ich alles Denken (durch Kategorien) aus einer empirischen Erkenntniß wegnehme; so bleibt gar keine Erkenntniß eines Gegenstandes übrig: denn durch bloße Anschauung wird gar nichts gedacht, und daß diese Affektion der Sinnlichkeit in mir ist, macht gar keine Beziehung von dergleichen Vorstellung auf irgend ein Objekt aus.« – Dieser Satz enthält gewissermaaßen alle Irrthümer Kants in einer Nuß; indem dadurch an den Tag kommt, daß er das Verhältniß zwischen Empfindung, Anschauung und Denken falsch gefaßt hat und demnach die Anschauung, deren Form denn doch der Raum und zwar nach allen drei Dimensionen seyn soll, mit der bloßen, subjektiven Empfindung in den Sinnesorganen identificirt, das Erkennen eines Gegenstandes aber allererst durch das vom Anschauen verschiedene Denken hinzukommen läßt. Ich sage hingegen: Objekte sind zunächst Gegenstände der Anschauung, nicht des Denkens, und alle Erkenntniß von G e g e n s t ä n d e n ist ursprünglich und an sich selbst Anschauung: diese aber ist keineswegs bloße Empfindung, sondern schon bei ihr erzeigt der Verstand sich thätig. Das allein beim Menschen, nicht aber bei den Thieren, hinzukommende D e n k e n ist bloße Abstraktion aus der Anschauung, giebt keine von Grund aus neue Erkenntniß, setzt nicht allererst

Gegenstände, die vorher nicht dagewesen; sondern ändert bloß die Form der durch die Anschauung bereits gewonnenen Erkenntniß, macht sie nämlich zu einer abstrakten in Begriffen, wodurch die Anschaulichkeit verloren geht, dagegen aber die Kombination derselben möglich wird, welche deren Anwendbarkeit unermeßlich erweitert. Der Stoff unseres Denkens hingegen ist kein anderer, als unsere Anschauungen selbst, und nicht etwas, welches, in der Anschauung nicht enthalten, erst durch das Denken hinzugebracht würde: daher auch muß von Allem, was in unserm Denken vorkommt, der Stoff sich in unserer Anschauung nachweisen lassen; da es sonst ein leeres Denken wäre. Wiewohl dieser Stoff durch das Denken gar vielfältig bearbeitet und umgestaltet wird; so muß er doch daraus wieder hergestellt und das Denken auf ihn zurückgeführt werden können; – wie man ein Stück Gold aus allen seinen Auflösungen, Oxydationen, Sublimationen [Verflüchtigung] und Verbindungen zuletzt wieder reducirt und es regulinisch [gediegen] und unvermindert wieder vorlegt. Dem könnte nicht so seyn, wenn das Denken selbst etwas, ja gar die Hauptsache, dem Gegenstande hinzugethan hätte.

Das ganze darauf folgende Kapitel von der Amphibolie ist bloß eine Kritik der Leibnitzischen Philosophie und als solche im Ganzen richtig, obwohl der ganze Zuschnitt bloß der architektonischen Symmetrie zu Liebe gemacht ist, die auch hier den Leitfaden giebt. So wird, um die Analogie mit dem Aristotelischen Organon herauszubringen, eine transscendentale Topik aufgestellt, die darin besteht, daß man jeden Begriff nach vier Rücksichten überlegen soll, um erst auszumachen, vor welches Erkenntnißvermögen er gehöre. Jene vier Rücksichten aber sind ganz und gar beliebig angenommen, und mit gleichem Rechte ließen sich noch zehn andere hinzufügen: ihre Vierzahl entspricht aber den Kategorientiteln, daher werden unter sie die Leibnitzischen Hauptlehren vertheilt, so gut es gehn will. Auch wird durch diese Kritik gewissermaaßen zu natürlichen Irrthümern der Vernunft gestämpelt, was bloß falsche Abstraktionen Leibnitzens waren, der, statt von seinen großen philosophischen Zeitgenossen, Spinoza und Locke, zu lernen, lieber seine eigenen seltsamen Erfindungen auftischte. Im Kapitel von der Amphibolie der Reflexion wird zuletzt gesagt, es könne möglicherweise eine von der unserigen ganz verschiedene Art der Anschauung geben, auf dieselbe unsere Kategorien aber doch anwendbar seyn; daher die Objekte jener supponirten [angenommenen] Anschauung die Noumena wären, Dinge, die sich von uns bloß denken ließen, aber da uns die Anschauung, welche jenem Denken Bedeutung gäbe, fehle, ja gar ganz problematisch sei, so wäre der Gegenstand jenes Denkens auch bloß eine ganz unbestimmte Möglichkeit. Ich habe oben durch angeführte Stellen gezeigt, daß Kant, im größten Widerspruch mit sich, die Kategorien bald als Bedingung der anschaulichen Vorstellung, bald als Funktion des bloß abstrakten Denkens aufstellt. Hier treten sie nun ausschließlich in letzterer Bedeutung auf, und es scheint ganz und gar, als wolle er ihnen bloß ein diskursives Denken zuschreiben. Ist aber dies wirklich seine Meinung, so hätte er doch nothwendig am Anfange der transscendentalen Logik, ehe er die verschiedenen Funktionen des Denkens so weitläuftig specificirte, das Denken überhaupt charakterisiren sollen, es folglich vom Anschauen unterscheiden, zeigen sollen, welche Erkenntniß das bloße Anschauen gebe und welche neue im Denken hinzukomme. Dann hätte man gewußt, wovon er eigentlich redet, oder vielmehr, dann würde er auch ganz anders geredet haben, nämlich ein Mal vom Anschauen und dann vom Denken, statt daß er jetzt es immer mit einem Mittelding von Beidem zu thun hat, welches ein Unding ist. Dann wäre auch nicht jene große Lücke zwischen der transscendentalen Aesthetik und der transscendentalen Logik, wo er, nach Darstellung der bloßen Form der Anschauung, ihren Inhalt, die ganze empirische Wahrnehmung, eben nur abfertigt mit dem »sie ist gegeben«, und nicht frägt, wie sie zu Stande kommt, ob mit, oder ohne Verstand; sondern mit einem Sprunge zum abstrakten Denken übergeht und nicht ein Mal zum Denken überhaupt, sondern gleich zu gewissen Denkformen, und kein Wort darüber sagt, was Denken sei, was Begriff, welches das Verhältniß des Abstrakten und Diskursiven zum Konkreten und Intuitiven, welches der Unterschied zwischen der Erkenntniß des Menschen und der des Thieres, und was die Vernunft sei.

Eben jener von Kant ganz übersehene Unterschied zwischen abstrakter und anschaulicher Erkenntniß war es aber, welchen die alten Philosophen durch φαινομενα und νοουμενα bezeichneten* und deren Gegensatz und Inkommensurabilität ihnen so viel zu schaffen machte, in den Philosophemen der Eleaten, in Plato's Lehre von den Ideen, in der Dialektik der Megariker, und später den Scholastikern, im Streit zwischen Nominalismus und Realismus, zu welchem den sich spät entwickelnden Keim schon die entgegengesetzte Geistesrichtung des Plato und des Aristoteles enthielt. Kant aber, der, auf eine unverantwortliche Weise, die Sache gänzlich vernachlässigte, zu deren Bezeichnung jene Worte φαινομενα und νοουμενα bereits eingenommen waren, bemächtigt sich nun der Worte, als wären sie noch herrenlos, um seine Dinge an sich und seine Erscheinungen damit zu bezeichnen.

Nachdem ich Kants Lehre von den Kategorien eben so habe verwerfen müssen, wie er selbst die des Aristoteles verwarf, will ich doch hier auf einen dritten Weg zur Erreichung des Beabsichtigten vorschlagsweise hinzeigen. Was nämlich Beide unter dem Namen der Kategorien suchten, waren jedenfalls die allgemeinsten Begriffe, unter welche man alle noch so verschiedenen Dinge subsumiren müsse, durch welche daher alles Vorhandene zuletzt gedacht würde. Deshalb eben faßte sie Kant als die F o r m e n alles Denkens auf.

Zur Logik verhält sich die Grammatik wie das Kleid zum Leibe. Sollten daher nicht diese allerobersten Begriffe, dieser Grundbaß der Vernunft, welcher die Unterlage alles speciellern Denkens ist, ohne dessen Anwendung daher gar kein Denken vor sich gehn kann, am Ende in den Begriffen liegen, welche eben wegen ihrer überschwänglichen Allgemeinheit (Transscendentalität) nicht an einzelnen Wörtern, sondern an ganzen Klassen von Wörtern ihren Ausdruck haben, indem bei jedem Worte, welches es auch sei, einer von ihnen schon mitgedacht ist; demgemäß man ihre Bezeichnung nicht im Lexikon, sondern in der Grammatik zu suchen hätte? Sollten es also nicht zuletzt jene Unterschiede der Begriffe seyn, vermöge welcher das sie ausdrückende Wort entweder ein Substantiv, oder ein Adjektiv, ein

---

* Siehe *Sext. Empir. Pyrrhon. hypotyp., Lib. I, c. 13,* νοουμενα φαινομενοις αντετιθη Αναξαγορας *(intelligibilia apparentibus opposuit Anaxagoras).* [Anaxagoras stellte das Gedachte dem Erscheinenden entgegen.]

Verbum, oder ein Adverbium, ein Pronomen, eine Präposition, oder sonstige Partikel sei, kurz die *partes orationis* [Redeteile]? Denn unstreitig bezeichnen diese die Formen, welche alles Denken zunächst annimmt und in denen es sich unmittelbar bewegt: deshalb eben sind sie die wesentlichen Sprachformen, die Grundbestandtheile jeder Sprache, so daß wir uns keine Sprache denken können, die nicht wenigstens aus Substantiven, Adjektiven und Verben bestände. Diesen Grundformen wären dann diejenigen Gedankenformen unterzuordnen, welche durch die Flexionen jener, also durch Deklination und Konjugation ausgedrückt werden, wobei es in der Hauptsache unwesentlich ist, ob man zur Bezeichnung derselben den Artikel oder das Pronomen zu Hülfe nimmt. Wir wollen jedoch die Sache noch etwas näher prüfen und von Neuem die Frage aufwerfen: welches sind die Formen des Denkens?

1) Das Denken besteht durchweg aus Urtheilen: Urtheile sind die Fäden seines ganzen Gewebes. Denn ohne Gebrauch eines Verbi geht unser Denken nicht von der Stelle, und so oft wir ein Verbum gebrauchen, urtheilen wir.

2) Jedes Urtheil besteht im Erkennen des Verhältnisses zwischen Subjekt und Prädikat, die es trennt oder vereint mit mancherlei Restriktionen. Es vereint sie, vom Erkennen der wirklichen Identität Beider an, welche nur bei Wechselbegriffen Statt finden kann; dann im Erkennen, daß das Eine im Andern stets mitgedacht sei, wiewohl nicht umgekehrt, – im allgemein bejahenden Satz; bis zum Erkennen, daß das Eine bisweilen im Andern mitgedacht sei, im partikulär bejahenden Satz. Den umgekehrten Gang gehn die verneinenden Sätze. Demnach muß in jedem Urtheil Subjekt, Prädikat und Kopula, letztere affirmativ, oder negativ, zu finden seyn; wenn auch nicht Jedes von diesen durch ein eigenes Wort, wie jedoch meistens, bezeichnet ist. Oft bezeichnet e i n Wort Prädikat und Kopula, wie: »Kajus altert«; bisweilen e i n Wort alle Drei, wie: *concurritur*, d. h. »die Heere werden handgemein«. Hieraus erhellt, daß man die Formen des Denkens doch nicht so geradezu und unmittelbar in den Worten, noch selbst in den Redetheilen zu suchen hat; da das selbe Urtheil in verschiedenen, ja sogar in der selben Sprache durch verschiedene Worte und selbst durch verschiedene Redetheile ausgedrückt werden kann, der Gedanke aber dennoch der selbe bleibt, folglich auch seine Form: denn der Gedanke könnte

nicht der selbe seyn, bei verschiedener Form des Denkens selbst. Wohl aber kann das Wortgebilde, bei gleichem Gedanken und gleicher Form desselben, ein verschiedenes seyn: denn es ist bloß die äußere Einkleidung des Gedankens, der hingegen von seiner Form unzertrennlich ist. Also erläutert die Grammatik nur die Einkleidung der Denkformen. Die Redetheile lassen sich daher ableiten aus den ursprünglichen, von allen Sprachen unabhängigen Denkformen selbst: diese, mit allen ihren Modifikationen, auszudrücken ist ihre Bestimmung. Sie sind das Werkzeug derselben, sind ihr Kleid, welches ihrem Gliederbau genau angepaßt seyn muß, so daß dieser darin zu erkennen ist.

3) Diese wirklichen, unveränderlichen, ursprünglichen Formen des Denkens sind allerdings die der logischen Tafel der Urtheile Kants; nur daß auf dieser sich blinde Fenster, zu Gunsten der Symmetrie und der Kategorientafel befinden, die also wegfallen müssen; imgleichen eine falsche Ordnung. Also etwan:

a) Qualität: Bejahung oder Verneinung, d.i. Verbindung oder Trennung der Begriffe: zwei Formen. Sie hängt der Kopula an.

b) Quantität: der Subjektbegriff wird ganz oder zum Theil genommen: Allheit oder Vielheit. Zur ersteren gehören auch die individuellen Subjekte: Sokrates, heißt: »alle Sokrates«. Also nur zwei Formen. Sie hängt dem Subjekt an.

c) Modalität: hat wirklich drei Formen. Sie bestimmt die Qualität als nothwendig, wirklich, oder zufällig. Sie hängt folglich ebenfalls der Kopula an.

Diese drei Denkformen entspringen aus den Denkgesetzen vom Widerspruch und von der Identität. Aber aus dem Satz vom Grunde und dem vom ausgeschlossenen Dritten entsteht die

d) Relation. Sie tritt bloß ein, wenn über fertige Urtheile geurtheilt wird und kann nur darin bestehn, daß sie entweder die Abhängigkeit eines Urtheils von einem andern (auch in der Pluralität beider) angiebt, mithin sie verbindet, im hypothetischen Satz; oder aber angiebt, daß Urtheile einander ausschließen, mithin sie trennt, im disjunktiven Satz. Sie hängt der Kopula an, welche hier die fertigen Urtheile trennt oder verbindet.

Die Redetheile und grammatischen Formen sind Ausdrucksweisen der drei Bestandtheile des Urtheils, also des Subjekts, Prädikats und der Kopula, wie auch der möglichen Verhältnisse dieser, also der eben aufgezählten Denkformen, und der näheren Bestimmungen und Modifikationen dieser letzteren. Substantiv, Adjektiv und Verbum sind daher wesentliche Grundbestandtheile der Sprache überhaupt; weshalb sie in allen Sprachen zu finden seyn müssen. Jedoch ließe sich eine Sprache denken, in welcher Adjektiv und Verbum stets mit einander verschmolzen wären, wie sie es in allen bisweilen sind. Vorläufig ließe sich sagen: zum Ausdruck des S u b j e k t s sind bestimmt: Substantiv, Artikel und Pronomen; – zum Ausdruck des P r ä - d i k a t s : Adjektiv, Adverbium, Präposition; – zum Ausdruck der K o p u l a : das Verbum, welches aber, mit Ausnahme von *esse*, schon das Prädikat mit enthält. Den genauen Mechanismus des Ausdrucks der Denkformen hat die philosophische Grammatik zu lehren; wie die Operationen mit den Denkformen selbst die Logik.

A n m e r k u n g. Zur Warnung vor einem Abwege und zur Erläuterung des Obigen erwähne ich S. S t e r n s »Vorläufige Grundlage zur Sprachphilosophie«, 1835, als einen gänzlich mißlungenen Versuch, aus den grammatischen Formen die Kategorien zu konstruiren. Er hat nämlich ganz und gar das Denken mit dem Anschauen verwechselt und daher aus den grammatischen Formen, statt der Kategorien des Denkens, die angeblichen Kategorien des Anschauens deduciren wollen, mithin die grammatischen Formen in gerade Beziehung zur A n s c h a u u n g gesetzt. Er steckt in dem großen Irrthum, daß die S p r a c h e sich unmittelbar auf die A n s c h a u u n g beziehe; statt daß sie unmittelbar sich bloß auf das D e n k e n als solches, also auf die a b s t r a k t e n B e g r i f f e bezieht und allererst mittelst dieser auf die Anschauung, zu der sie nun aber ein Verhältniß haben, welches eine gänzliche Aenderung der Form herbeiführt. Was in der Anschauung daist, also auch die aus der Zeit und dem Raum entspringenden Verhältnisse, wird allerdings ein Gegenstand des Denkens; also muß es auch Sprachformen geben es auszudrücken, jedoch immer nur *in abstracto*, als Begriffe. Das nächste Material des Denkens sind allemal Begriffe, und nur auf solche beziehn sich die Formen der Logik, nie d i r e k t auf die Anschauung. Diese bestimmt stets nur die materiale, nie die formale Wahrheit der Sätze, als welche sich nach den logischen Regeln allein richtet.

Ich kehre zur Kantischen Philosophie zurück und komme zur transsccendentalen Dialektik. Kant eröffnet sie mit der Erklärung der Vernunft, welches Vermögen in ihr die Hauptrolle spielen soll, da bisher nur Sinnlichkeit und Verstand auf dem Schauplatz waren. Ich habe schon oben, unter seinen verschiedenen Erklärungen der Vernunft, auch von der hier gegebenen, »daß sie das Vermögen der Principien sei«, geredet. Hier wird nun gelehrt, daß alle bisher betrachteten Erkenntnisse *a priori,* welche die reine Mathematik und reine Naturwissenschaft möglich machen, bloße Regeln, aber keine Principien geben; weil sie aus Anschauungen und Formen der Erkenntniß hervorgehn, nicht aber aus bloßen Begriffen, welches erfordert sei, um Princip zu heißen. Ein solches soll demnach eine Erkenntniß aus bloßen Begriffen seyn und dennoch synthetisch. Dies aber ist schlechthin unmöglich. Aus bloßen Begriffen können nie andere, als analytische Sätze hervorgehn. Sollen Begriffe synthetisch und doch *a priori* verbunden werden; so muß nothwendig diese Verbindung durch ein Drittes vermittelt seyn, durch eine reine Anschauung der formellen Möglichkeit der Erfahrung; so wie die synthetischen Urtheile *a posteriori,* durch die empirische Anschauung vermittelt sind: folglich kann ein synthetischer Satz *a priori,* nie aus bloßen Begriffen hervorgehn. Ueberhaupt aber ist uns *a priori* nichts weiter bewußt, als der Satz vom Grunde, in seinen verschiedenen Gestaltungen, und es sind daher keine andere synthetische Urtheile *a priori* möglich, als die, welche aus dem, was jenem Satze den Inhalt giebt, hervorgehn.

Inzwischen tritt Kant endlich mit einem seiner Forderung entsprechenden angeblichen Princip der Vernunft hervor, aber auch nur mit diesem einen, aus dem nachher andere Folgesätze fließen. Es ist nämlich der Satz, den Chr. Wolf aufstellt und erläutert in seiner *»Cosmologia«, sect. 1, c. 2, § 93,* und in seiner *»Ontologia«, § 178.* Wie nun oben, unter dem Titel der Amphibolie, bloße Leibnitzische Philosopheme für natürliche und nothwendige Irrwege der Vernunft genommen und als solche kritisirt wurden; gerade so geschieht das Selbe hier mit den Philosophemen Wolfs. Kant trägt dies Vernunftprincip noch durch Undeutlichkeit, Unbestimmtheit und Zerstückelung in ein Dämmerlicht gebracht vor (S. 307; V, 364, und 322; V, 379): es ist aber, deutlich ausgesprochen, folgendes: »Wenn das Bedingte gegeben ist, so muß auch die Totalität seiner Bedingungen, mithin auch das Unbedingte, dadurch jene Totalität allein vollzählig wird, gegeben seyn.« Der scheinbaren Wahrheit dieses Satzes wird man am lebhaftesten inne werden, wenn man sich die Bedingungen und die Bedingten vorstellt als die Glieder einer herabhängenden Kette, deren oberes Ende jedoch nicht sichtbar ist, daher sie ins Unendliche fortgehn könnte: da aber die Kette nicht fällt, sondern hängt, so muß oben ein Glied das erste und irgendwie befestigt seyn. Oder kürzer: die Vernunft möchte für die ins Unendliche zurückweisende Kausalkette einen Anknüpfungspunkt haben; das wäre ihr bequem. Aber wir wollen den Satz nicht an Bildern, sondern an sich selbst prüfen. Synthetisch ist derselbe allerdings: denn analytisch folgt aus dem Begriff des Bedingten nichts weiter, als der der Bedingung. Aber Wahrheit *a priori* hat er nicht, auch nicht *a posteriori*, sondern er erschleicht sich seinen Schein von Wahrheit auf eine sehr feine Weise, die ich jetzt aufdecken muß. Unmittelbar und *a priori* haben wir die Erkenntnisse, welche der Satz vom Grunde in seinen vier Gestaltungen ausdrückt. Von diesen unmittelbaren Erkenntnissen sind alle abstrakten Ausdrücke des Satzes vom Grunde schon entlehnt und sind also mittelbar: noch mehr aber deren Folgesätze. Ich habe schon oben erörtert, wie die abstrakte Erkenntniß oft mannigfaltige intuitive Erkenntnisse in eine Form oder einen Begriff so vereint, daß sie nun nicht mehr zu unterscheiden sind: daher sich die abstrakte Erkenntniß zur intuitiven verhält, wie der Schatten zu den wirklichen Gegenständen, deren große Mannigfaltigkeit er durch einen sie alle befassenden Umriß wiedergiebt. Diesen Schatten benutzt nun das angebliche Princip der Vernunft. Um aus dem Satz vom Grunde das Unbedingte, welches ihm geradezu widerspricht, doch zu folgern, verläßt es klüglich die unmittelbare, anschauliche Erkenntniß des Inhalts des Satzes vom Grunde in seinen einzelnen Gestalten, und bedient sich nur der abstrakten Begriffe, die aus jener abgezogen sind, und nur durch jene Werth und Bedeutung haben, um in den weiten Umfang jener Begriffe sein Unbedingtes irgendwie einzuschwärzen. Sein Verfahren wird durch dialektische Einkleidung am deutlichsten; z. B. so: »Wenn das Bedingte daist, muß auch seine Bedingung gegeben seyn, und zwar ganz, also vollständig, also die Totalität seiner Bedingungen, folglich, wenn sie eine Reihe ausmachen, die ganze Reihe, folglich auch der erste Anfang derselben, also das Unbedingte.« – Hiebei ist schon falsch, daß die Bedingungen zu einem Bedingten als solche eine Reihe ausmachen können. Vielmehr muß zu jedem Bedingten die Totalität seiner Bedingungen in seinem nächsten Grunde, aus dem es unmittelbar hervorgeht und der erst dadurch zureichender Grund ist, enthalten seyn. So z. B. die verschiedenen Bestimmungen des Zustandes welcher Ursache ist, als welche alle zusammengekommen seyn müssen, ehe die Wirkung eintritt. Die Reihe aber, z. B. die Kette der Ursachen, entsteht nur dadurch, daß wir Das, was soeben die Bedingung war, nun wieder als ein Bedingtes betrachten, wo dann aber sogleich die ganze Operation von vorne anfängt und der Satz vom Grunde mit seiner Forderung von Neuem auftritt. Nie aber kann es zu einem Bedingten eine eigentliche successive Reihe von Bedingungen geben, welche bloß als solche und des endlichen letzten Bedingten wegen daständen; sondern es ist immer eine abwechselnde Reihe von Bedingten und Bedingungen: bei jedem zurückgelegten Gliede aber ist die Kette unterbrochen und die Forderung des Satzes vom Grunde gänzlich getilgt; sie hebt von Neuem an, indem die Bedingung zum Bedingten wird. Also fordert der Satz vom zureichenden Grunde immer nur die Vollständigkeit der nächsten Bedingung, nie die Vollständigkeit einer Reihe. Aber eben dieser Begriff von Vollständigkeit der Bedingung läßt unbestimmt, ob solche eine simultane, oder eine successive seyn soll: und indem nun Letzteres gewählt wird, entsteht die Forderung einer vollständigen Reihe auf einander folgender Bedingungen. Bloß durch eine willkürliche Abstraktion wird eine Reihe von Ursachen und Wirkungen als eine Reihe von lauter Ursachen angesehn, die bloß der letzten Wirkung wegen dawären und daher als deren zureichender Grund gefordert würden. Bei näherer und besonnener Betrachtung und herabsteigend von der unbestimmten Allgemeinheit der Abstraktion zum einzelnen bestimmten Realen, findet sich hingegen, daß die Forderung eines zureichenden Grundes bloß auf die Vollständigkeit der Bestimmungen der nächsten Ursache geht, nicht auf die Vollständigkeit einer Reihe. Die Forderung des Satzes vom Grunde erlischt vollkommen in jedem gegebenen zureichenden Grunde. Sie hebt aber alsbald von Neuem an, indem dieser Grund wieder als Folge betrachtet wird: nie aber fordert sie unmittelbar eine Reihe von Gründen. Wenn man hingegen, statt zur Sache selbst zu gehn, sich innerhalb der abstrakten Begriffe hält, so sind jene Unterschiede verschwunden: dann wird eine Kette von abwechselnden Ursachen und Wirkungen, oder abwechselnden logischen Gründen und Folgen für eine Kette von lauter Ursachen oder Gründen zur letzten Wirkung ausgegeben, und die Vollständigkeit der Bedingungen, durch die ein Grund erst zureichend wird, erscheint als eine Vollständigkeit jener angenommenen Reihe von lauter Gründen, die nur der letzten Folge wegen dawären. Da tritt dann das abstrakte Vernunftprincip sehr keck mit seiner Forderung des Unbedingten auf. Aber um die Ungültigkeit derselben zu erkennen, bedarf es noch keiner Kritik der Vernunft, mittelst Antinomien und deren Auflösung, sondern nur einer Kritik der Vernunft, in meinem Sinne verstanden, nämlich einer Untersuchung des Verhältnisses der abstrakten Erkenntniß zur unmittelbar intuitiven, mittelst Herabsteigen von der unbestimmten Allgemeinheit jener zur festen Bestimmtheit dieser. Aus solcher ergiebt sich dann hier, daß keineswegs das Wesen der Vernunft im Fordern eines Unbedingten bestehe: denn sobald sie mit völliger Besonnenheit verfährt, muß sie selbst finden, daß ein Unbedingtes geradezu ein Unding ist. Die Vernunft, als ein Erkenntnißvermögen, kann es immer nur mit Objekten zu thun haben; alles Objekt für das Subjekt aber ist nothwendig und unwiderruflich dem Satz vom Grunde unterworfen und anheimgefallen, sowohl *a parte ante* als *a parte post* [hinsichtlich des Vorher wie des Nachher]. Die Gültigkeit des Satzes vom Grunde liegt so sehr in der Form des Bewußtseyns, daß man schlechterdings sich nichts objektiv vorstellen kann, davon kein Warum weiter zu fordern wäre, also kein absolutes Absolutum, wie ein Brett vor dem Kopf. Daß Diesen oder Jenen seine Bequemlichkeit irgendwo stillstehn und ein solches Absolutum beliebig annehmen heißt, kann nichts ausrichten gegen jene unumstößliche Gewißheit *a priori*, auch nicht wenn man sehr vornehme Mienen dazu macht. In der That ist das ganze Gerede vom Absoluten, dieses fast alleinige Thema der seit Kant versuchten Philosophien, nichts Anderes, als der kosmologische Beweis *incognito*. Dieser nämlich, in Folge des ihm von Kant gemachten Processes, aller Rechte verlustig und vogelfrei erklärt, darf sich in seiner wahren Gestalt nicht mehr zeigen, tritt daher in allerlei Verkleidungen auf, bald in vornehmen, bemäntelt durch intellektuale Anschauung, oder reines Denken, bald als verdächtiger Vagabunde, der was er verlangt halb erbettelt, halb ertrotzt, in den bescheideneren Philosophemen. Wollen die Herren absolut ein Absolutum haben; so will ich ihnen eines in die Hand geben, welches allen Anforderungen an ein Solches viel besser genügt, als ihre erfaselten Nebelgestalten: es ist die Materie. Sie ist unentstanden und unvergänglich, also wirklich unabhängig und *quod per se est et per se concipitur* [was durch sich ist und durch sich begriffen wird]: aus ihrem Schooß geht Alles hervor und Alles in ihn zurück: was kann man von einem Absolutum weiter verlangen? – Aber vielmehr sollte man ihnen, bei denen keine Kritik der Vernunft angeschlagen hat, zurufen:

> Seid ihr nicht wie die Weiber, die beständig
> Zurück nur kommen auf ihr erstes Wort,
> Wenn man Vernunft gesprochen stundenlang?
> [Schiller, *Wallensteins Tod*, II, 3.]

Daß das Zurückgehn zu einer unbedingten Ursache, zu einem ersten Anfang, keineswegs im Wesen der Vernunft begründet sei, ist übrigens auch faktisch bewiesen, dadurch, daß die Urreligionen unsers Geschlechtes, welche auch noch jetzt die größte Anzahl von Bekennern auf Erden haben, also Brahmanismus und Buddhaismus, dergleichen Annahmen nicht kennen, noch zulassen, sondern die Reihe der einander bedingenden Erscheinungen ins Unendliche hinaufführen. Ich verweise hierüber auf die weiter unten, bei der Kritik der ersten Antinomie, folgende Anmerkung, wozu man noch Uphams *»Doctrine of Buddhaism«* (S. 9), und überhaupt jeden ächten Bericht über die Religionen Asiens nachsehn kann. Man soll nicht Judenthum und Vernunft identificiren. –

Kant, der sein angebliches Vernunftprincip auch keineswegs als objektiv gültig, sondern nur als subjektiv nothwendig behaupten will, deducirt es, selbst als solches, nur durch ein seichtes Sophisma, S. 307; V, 364. Nämlich, weil wir jede uns bekannte Wahrheit unter eine allgemeinere zu subsumiren suchen, so lange es geht; so soll dieses nichts Anderes seyn, als eben schon die Jagd nach dem Unbedingten, welches wir voraussetzten. In Wahrheit aber thun wir durch solches Suchen nichts

Anderes, als daß wir die Vernunft, d. h. jenes Vermögen abstrakter, allgemeiner Erkenntniß, welches den besonnenen, sprachbegabten, denkenden Menschen vom Thier, dem Sklaven der Gegenwart, unterscheidet, anwenden und zweckmäßig gebrauchen zur Vereinfachung unserer Erkenntniß durch Uebersicht. Denn der Gebrauch der Vernunft besteht eben darin, daß wir das Besondere durch das Allgemeine, den Fall durch die Regel, diese durch die allgemeinere Regel erkennen, daß wir also die allgemeinsten Gesichtspunkte suchen: durch solche Uebersicht wird eben unsere Erkenntniß so sehr erleichtert und vervollkommnet, daß daraus der große Unterschied entsteht zwischen dem thierischen und dem menschlichen Lebenslauf, und wieder zwischen dem Leben des gebildeten und dem des rohen Menschen. Nun findet allerdings die Reihe der Erkenntnißgründe, welche allein auf dem Gebiet des Abstrakten, also der Vernunft, existirt, allemal ein Ende beim Unbeweisbaren, d. h. bei einer Vorstellung, die nach dieser Gestaltung des Satzes vom Grunde nicht weiter bedingt ist, also an dem, *a priori* oder *a posteriori*, unmittelbar anschaulichen Grunde des obersten Satzes der Schlußkette. Ich habe schon in der Abhandlung über den Satz vom Grunde, § 50, gezeigt, daß hier eigentlich die Reihe der Erkenntnißgründe übergeht in die der Gründe des Werdens, oder des Seyns. Diesen Umstand nun aber geltend machen wollen, um ein nach dem Gesetz der Kausalität Unbedingtes, sei es auch nur als Forderung, nachzuweisen; dies kann man nur, wenn man die Gestaltungen des Satzes vom Grunde noch gar nicht unterschieden hat, sondern, an den abstrakten Ausdruck sich haltend, sie alle konfundirt [vermischt]. Aber diese Verwechselung sucht Kant sogar durch ein bloßes Wortspiel mit *Universalitas* [Allgemeinheit] und *Universitas* [Allheit] zu begründen, S. 322; V, 379. – Es ist also grundfalsch, daß unser Aufsuchen höherer Erkenntnißgründe, allgemeiner Wahrheiten, entspringe aus der Voraussetzung eines seinem Daseyn nach unbedingten Objekts, oder nur irgend etwas hiemit gemein habe. Wie sollte es auch der Vernunft wesentlich seyn, etwas vorauszusetzen, das sie für ein Unding erkennen muß, sobald sie sich besinnt. Vielmehr ist der Ursprung jenes Begriffs vom Unbedingten nie in etwas Anderm nachzuweisen, als in der Trägheit des Individuums, das sich damit aller fremden und eigenen fernern Fragen entledigen will, wiewohl ohne alle Rechtfertigung.

Diesem angeblichen Vernunftprincip nun spricht zwar Kant selbst die objektive Gültigkeit ab, giebt es aber doch für eine nothwendige subjektive Voraussetzung und bringt so einen unauflöslichen Zwiespalt in unsere Erkenntniß, welchen er bald deutlicher hervortreten läßt. Zu diesem Zweck entfaltet er jenes Vernunftprincip weiter, S. 322; V, 379, nach der beliebten architektonisch-symmetrischen Methode. Aus den drei Kategorien der Relation entspringen drei Arten von Schlüssen, jede von welchen den Leitfaden giebt zur Aufsuchung eines besondern Unbedingten, deren es daher wieder drei giebt: Seele, Welt (als Objekt an sich und geschlossene Totalität), Gott. Hiebei ist nun sogleich ein großer Widerspruch zu bemerken, von welchem Kant aber keine Notiz nimmt, weil er der Symmetrie sehr gefährlich wäre: zwei dieser Unbedingten sind ja selbst wieder bedingt, durch das Dritte, nämlich Seele und Welt durch Gott, der ihre hervorbringende Ursache ist: jene haben also mit diesem gar nicht das Prädikat der Unbedingtheit gemein, worauf es doch hier ankommt, sondern nur das des Erschlossenseyns nach Principien der Erfahrung, über das Gebiet der Möglichkeit derselben hinaus.

Dies bei Seite gesetzt, finden wir in den drei Unbedingten, auf welche, nach Kant, jede Vernunft, ihren wesentlichen Gesetzen folgend, gerathen muß, die drei Hauptgegenstände wieder, um welche sich die ganze, unter dem Einfluß des Christenthums stehende Philosophie, von den Scholastikern an, bis auf Christian Wolf herab, gedreht hat. So zugänglich und geläufig jene Begriffe durch alle jene Philosophen auch jetzt der bloßen Vernunft geworden sind; so ist dadurch doch keineswegs ausgemacht, daß sie, auch ohne Offenbarung, aus der Entwickelung jeder Vernunft hervorgehn müßten, als ein dem Wesen dieser selbst eigenthümliches Erzeugniß. Um Dieses auszumachen, wäre die historische Untersuchung zu Hülfe zu nehmen, und zu erforschen, ob die alten und die nichteuropäischen Völker, besonders die Hindostanischen, und viele der ältesten Griechischen Philosophen auch wirklich zu jenen Begriffen gelangt seien; oder ob bloß wir, zu gutmüthig, sie ihnen zuschreiben, so wie die Griechen überall ihre Götter wiederfanden, indem wir ganz fälschlich das Brahm der Hindu und das Tien der Chinesen mit »Gott« übersetzen; ob nicht vielmehr der eigentliche Theismus allein in der Jüdischen und den beiden aus ihr hervorgegangenen Religionen zu finden sei, deren Bekenner gerade deshalb Anhänger aller andern Religionen auf Erden unter dem Namen Heiden zusammenfassen, – einem, beiläufig gesagt, höchst einfältigen und rohen Ausdruck, der wenigstens aus den Schriften der Gelehrten verbannt seyn sollte, weil er Brahmanisten, Buddhaisten, Aegypter, Griechen, Römer, Germanen, Gallier, Irokesen, Patagonier, Karaiben, Otaheiter [Tahitier], Australier u. a. m. identificirt und in Einen Sack steckt. Für Pfaffen ist ein solcher Ausdruck passend: in der gelehrten Welt aber muß ihm sogleich die Thüre gewiesen werden, er kann nach England reisen und sich in Oxford niederlassen. – Daß namentlich der Buddhaismus, diese auf Erden am zahlreichsten vertretene Religion, durchaus keinen Theismus enthält, ja, ihn perhorrescirt [verabscheut], ist eine ganz ausgemachte Sache. Was den Plato betrifft, so bin ich der Meinung, daß er seinen ihn periodisch anwandelnden Theismus den Juden verdankt. Numenius hat ihn deshalb (nach *Clem. Alex. Strom., I, c. 22, Euseb. praep. evang., XIII, 12,* und der Suda, unter Numenius) den *Moses graecisans* [griechisch redenden Moses] genannt: Τι γαρ εστι Πλατων, η Μωσης αττικιζων [Denn was ist Platon anderes als ein attisch redender Moses]; und er wirft ihm vor, daß er seine Lehren von Gott und der Schöpfung aus den Mosaischen Schriften gestohlen (αποσυλησας) habe. Klemens [Clemens Alexandrinus] kommt oft darauf zurück, daß Plato den Moses gekannt und benutzt habe, z. B. *Strom.*, I, 25. – V, c. 14, § 90 u. s. f. – *Paedagog., II, 10,* und *III, 11*; auch in der *Cohortatio ad gentes, c. 6,* woselbst er, nachdem er, im vorhergehenden Kapitel, sämmtliche Griechische Philosophen kapuzinerhaft gescholten und verhöhnt hat, weil sie keine Juden gewesen sind, den Plato ausschließlich lobt und in lauten Jubel darüber ausbricht, daß derselbe, wie er seine Geometrie von den Aegyptern, seine Astronomie von den Babyloniern, Magie von den Thrakiern, auch Vieles von den Assyriern gelernt habe, so seinen Theismus von den Juden: Οιδα σου τους διδασκαλους, κᾀν αποκρυπτειν εθελης, – – – – – δοξαν την του θεου παρ' αυτων ωφελησαι των Εβραιων *(tuos magistros novi, licet eos celare velis,* – – – – – *illa de Deo sententia suppeditata tibi est ab Hebraeis).* [Ich kenne deine Lehrmeister, auch wenn du sie verheimlichen möchtest, – – den Glauben an Gott hast du von den Hebräern bezogen: *Cohortatio in gentes,* cap. 6, § 70.] Eine rührende Erkennungsscene. – Aber eine sonderbare Bestätigung der Sache entdecke ich in Folgendem.

Nach Plutarch *(in Mario)* und besser nach Laktanz *(I, 3, 19)* hat Plato der Natur gedankt, daß er ein Mensch und kein Thier, ein Mann und kein Weib, ein Grieche und kein Barbar geworden sei. Nun steht in Isaak Euchels Gebeten der Juden, aus dem Hebräischen, zweite Auflage, 1799, S. 7, ein Morgengebet, worin sie Gott danken und loben, daß der Dankende ein Jude und kein Heide, ein Freier und kein Sklave, ein Mann und kein Weib geworden sei. – Eine solche historische Untersuchung würde Kanten einer schlimmen Nothwendigkeit überhoben haben, in die er jetzt geräth, indem er jene drei Begriffe aus der Natur der Vernunft nothwendig entspringen läßt, und doch darthut, daß sie unhaltbar und von der Vernunft nicht zu begründen sind, und deshalb die Vernunft selbst zum Sophisten macht, indem er S. 339; v, 397, sagt: »Es sind Sophistikationen, nicht der Menschen, sondern der reinen Vernunft selbst, von denen selbst der Weiseste sich nicht losmachen und vielleicht zwar nach vieler Bemühung den Irrthum verhüten, den Schein aber, der ihn unaufhörlich zwackt und äfft, niemals loswerden kann.« Danach wären diese Kantischen »Ideen der Vernunft« dem Fokus [Brennpunkt] zu vergleichen, in welchen die von einem Hohlspiegel konvergirend zurückgeworfenen Strahlen, einige Zolle vor seiner Oberfläche, zusammenlaufen, in Folge wovon, durch einen unvermeidlichen Verstandesproceß, sich uns daselbst ein Gegenstand darstellt, welcher ein Ding ohne Realität ist.

Sehr unglücklich ist aber für jene drei angeblich nothwendigen Produktionen der reinen theoretischen Vernunft der Name Ideen gewählt und dem Plato entrissen, der damit die unvergänglichen Gestalten bezeichnete, welche, durch Zeit und Raum vervielfältigt, in den unzähligen, individuellen, vergänglichen Dingen unvollkommen sichtbar werden. Plato's Ideen sind diesem zufolge durchaus anschaulich, wie auch das Wort, das er wählte, so bestimmt bezeichnet, welches man nur durch Anschaulichkeiten oder Sichtbarkeiten, entsprechend übersetzen könnte. Und Kant hat es sich zugeeignet, um Das zu bezeichnen, was von aller Möglichkeit der Anschauung so ferne liegt, daß sogar das abstrakte Denken nur halb dazu gelangen kann. Das Wort Idee, welches Plato zuerst einführte, hat auch seitdem, zweiundzwanzig Jahrhunderte hindurch, immer die Bedeutung behalten, in der Plato es gebrauchte: denn nicht nur alle Philosophen des

Alterthums, sondern auch alle Scholastiker und sogar die Kirchenväter und die Theologen des Mittelalters brauchten es allein in jener Platonischen Bedeutung, nämlich im Sinn des lateinischen Wortes *exemplar* [Abbild], wie Suarez ausdrücklich anführt in seiner fünfundzwanzigsten Disputation, Sect. 1. – Daß später Engländer und Franzosen die Armuth ihrer Sprache zum Mißbrauch jenes Wortes verleitet hat, ist schlimm genug, aber nicht von Gewicht. Kants Mißbrauch des Wortes Idee, durch Unterschiebung einer neuen Bedeutung, welche am dünnen Faden des Nicht Objekt der Erfahrungseyns, die es mit Plato's Ideen, aber auch mit allen möglichen Chimären gemein hat, herbeigezogen wird, ist also durchaus nicht zu rechtfertigen. Da nun der Mißbrauch weniger Jahre nicht in Betracht kommt gegen die Auktorität vieler Jahrhunderte, so habe ich das Wort immer in seiner alten, ursprünglichen, Platonischen Bedeutung gebraucht.

Die Widerlegung der rationalen Psychologie ist in der ersten Auflage der »Kritik der reinen Vernunft« sehr viel ausführlicher und gründlicher, als in der zweiten und folgenden; daher man hier schlechterdings sich jener bedienen muß. Diese Widerlegung hat im Ganzen sehr großes Verdienst und viel Wahres. Jedoch bin ich durchaus der Meinung, daß Kant bloß seiner Symmetrie zu Liebe den Begriff der Seele aus jenem Paralogismus [Fehlschluß] mittelst Anwendung der Forderung des Unbedingten auf den Begriff Substanz, der die erste Kategorie der Relation ist, als nothwendig herleitet und demnach behauptet, daß auf diese Weise in jeder spekulirenden Vernunft der Begriff von einer Seele entstände. Hätte derselbe wirklich seinen Ursprung in der Voraussetzung eines letzten Subjekts aller Prädikate eines Dinges, so würde man ja nicht allein im Menschen, sondern auch in jedem leblosen Dinge eben so nothwendig eine Seele angenommen haben, da auch ein solches ein letztes Subjekt aller seiner Prädikate verlangt. Ueberhaupt aber bedient Kant sich eines ganz unstatthaften Ausdrucks, wenn er von einem Etwas redet, das nur als Subjekt und nicht als Prädikat existiren könne (z. B. »Kritik der reinen Vernunft«, S. 323; V, 412; »Prolegomena«, § 4 und 47); obgleich schon in des Aristoteles »Metaphysik«, IV, Kap. 8, ein Vorgang dazu zu finden ist. Als Subjekt und Prädikat existirt gar nichts: denn diese Ausdrücke gehören ausschließlich der Logik an und bezeichnen das Verhältniß abstrakter Begriffe zueinander. In der anschaulichen Welt soll nun ihr Korrelat oder Stellvertreter Substanz und Accidenz seyn. Dann aber brauchen wir Das, was stets nur als Substanz und nie als Accidenz existirt, nicht weiter zu suchen, sondern haben es unmittelbar an der Materie. Sie ist die Substanz zu allen Eigenschaften der Dinge, als welche ihre Accidenzien sind. Sie ist wirklich, wenn man Kants eben gerügten Ausdruck beibehalten will, das letzte Subjekt aller Prädikate jedes empirisch gegebenen Dinges, nämlich Das, was übrig bleibt, nach Abzug aller seiner Eigenschaften jeder Art: und dies gilt vom Menschen, wie vom Thiere, Pflanze oder Stein, und ist so evident, daß, um es nicht zu seyn, ein determinirtes Nichtsehnwollen erfordert ist. Daß sie wirklich der Prototypos des Begriffs Substanz sei, werde ich bald zeigen. – Subjekt und Prädikat aber verhält sich zu Substanz und Accidenz vielmehr wie der Satz des zureichenden Grundes in der Logik zum Gesetz der Kausalität in der Natur, und so unstatthaft die Verwechselung oder Identificirung dieser, ist es auch die jener Beiden. Letztere Verwechselung und Identifikation treibt aber Kant bis zum höchsten Grade in den »Prolegomenen«, § 46, um den Begriff der Seele aus dem des letzten Subjekts aller Prädikate und aus der Form des kategorischen Schlusses entstehn zu lassen. Um die Sophistikation dieses Paragraphen aufzudecken, braucht man nur sich zu besinnen, daß Subjekt und Prädikat rein logische Bestimmungen sind, die einzig und allein abstrakte Begriffe, und zwar nach ihrem Verhältniß im Urtheil, betreffen: Substanz und Accidenz hingegen gehören der anschaulichen Welt und ihrer Apprehension im Verstande an, finden sich daselbst aber nur als identisch mit Materie und Form oder Qualität: davon sogleich ein Mehreres.

Der Gegensatz, welcher Anlaß zur Annahme zweier grundverschiedener Substanzen, Leib und Seele, gegeben hat, ist in Wahrheit der des Objektiven und Subjektiven. Faßt der Mensch sich in der äußeren Anschauung objektiv auf, so findet er ein räumlich ausgedehntes und überhaupt durchaus körperliches Wesen; faßt er hingegen sich im bloßen Selbstbewußtseyn, also rein subjektiv auf, so findet er ein bloß Wollendes und Vorstellendes, frei von allen Formen der Anschauung, also auch ohne irgend eine der den Körpern zukommenden Eigenschaften. Jetzt bildet er den Begriff der Seele, wie alle die transscendenten, von Kant Ideen genannten Begriffe, dadurch, daß er den Satz vom Grunde, die Form alles Objekts, auf Das anwendet, was nicht Objekt ist, und zwar hier auf das Subjekt des Erkennens und Wollens. Er betrachtet nämlich Erkennen, Denken und Wollen als Wirkungen, deren Ursache er sucht und den Leib nicht dafür annehmen kann, setzt also eine vom Leibe gänzlich verschiedene Ursache derselben. Auf diese Weise beweist der erste und der letzte Dogmatiker das Daseyn der Seele: nämlich schon Plato im Phädros und auch noch Wolf: nämlich aus dem Denken und Wollen als den Wirkungen, die auf jene Ursache leiten. Erst nachdem auf diese Weise, durch Hypostasirung einer der Wirkung entsprechenden Ursache, der Begriff von einem immateriellen, einfachen, unzerstörbaren Wesen entstanden war, entwickelte und demonstrirte diesen die Schule aus dem Begriff Substanz. Aber diesen selbst hatte sie vorher ganz eigens zu diesem Behuf gebildet, durch folgenden beachtenswerthen Kunstgriff.

Mit der ersten Klasse der Vorstellungen, d. h. der anschaulichen, realen Welt, ist auch die Vorstellung der Materie gegeben, weil das in jener herrschende Gesetz der Kausalität den Wechsel der Zustände bestimmt, welche selbst ein Beharrendes voraussetzen, dessen Wechsel sie sind. Oben, beim Satz der Beharrlichkeit der Substanz, habe ich, mit Berufung auf frühere Stellen, gezeigt, daß diese Vorstellung der Materie entsteht, indem im Verstande, für welchen allein sie daist, durch das Gesetz der Kausalität (seine einzige Erkenntnißform) Zeit und Raum innig vereinigt werden und der Antheil des Raumes an diesem Produkt als das Beharren der Materie, der Antheil der Zeit aber als der Wechsel der Zustände derselben sich darstellen. Rein für sich kann die Materie auch nur *in abstracto* gedacht, nicht aber angeschaut werden; da sie der Anschauung immer schon in Form und Qualität erscheint. Von diesem Begriff der Materie ist nun Substanz wieder eine Abstraktion, folglich ein höheres *Genus*, und ist dadurch entstanden, daß man von dem Begriff der Materie nur das Prädikat der Beharrlichkeit stehn ließ, alle ihre übrigen, wesentlichen Eigenschaften, Ausdehnung, Undurchdringlichkeit, Theilbarkeit u. s. w. aber wegdachte. Wie jedes höhere *Genus* enthält also der Begriff Substanz weniger in sich als der Begriff Materie: aber er enthält nicht dafür, wie sonst immer das höhere *Genus* [Gattung], mehr unter sich, indem er nicht mehrere niedere *genera* [Gattungen], neben der Materie, umfaßt; sondern diese bleibt die einzige wahre Unterart des Begriffes Substanz, das einzige Nachweisbare, dadurch sein Inhalt realisirt wird und einen Beleg erhält. Der Zweck also, zu welchem sonst die Vernunft durch Abstraktion einen höhern Begriff hervorbringt, nämlich um in ihm mehrere, durch Nebenbestimmungen verschiedene Unterarten zugleich zu denken, hat hier gar nicht Statt: folglich ist jene Abstraktion entweder ganz zwecklos und müßig vorgenommen, oder sie hat eine heimliche Nebenabsicht. Diese tritt nun ans Licht, indem unter den Begriff Substanz, seiner ächten Unterart Materie eine zweite koordinirt wird, nämlich die immaterielle, einfache, unzerstörbare Substanz, Seele. Die Erschleichung dieses Begriffs geschah aber dadurch, daß schon bei der Bildung des höhern Begriffes Substanz gesetzwidrig und unlogisch verfahren wurde. In ihrem gesetzmäßigen Gange bildet die Vernunft einen höhern Geschlechtsbegriff immer nur dadurch, daß sie mehrere Artbegriffe neben einander stellt, nun vergleichend, diskursiv, verfährt und, durch Weglassen ihrer Unterschiede und Beibehalten ihrer Uebereinstimmungen, den sie alle umfassenden, aber weniger enthaltenden Geschlechtsbegriff erhält: woraus folgt, daß die Artbegriffe immer dem Geschlechtsbegriff vorhergehn müssen. Im gegenwärtigen Fall ist es aber umgekehrt. Bloß der Begriff Materie war vor dem Geschlechtsbegriff Substanz da, welcher ohne Anlaß und folglich ohne Berechtigung, müßigerweise aus jenem gebildet wurde, durch beliebige Weglassung aller Bestimmungen desselben bis auf eine. Erst nachher wurde neben den Begriff Materie die zweite unächte Unterart gestellt und so untergeschoben. Zur Bildung dieser aber bedurfte es nun weiter nichts, als einer ausdrücklichen Verneinung dessen, was man vorher stillschweigend schon im höhern Geschlechtsbegriff weggelassen hatte, nämlich Ausdehnung, Undurchdringlichkeit, Theilbarkeit. So wurde also der Begriff Substanz bloß gebildet, um das Vehikel zur Erschleichung des Begriffs der immateriellen Substanz zu seyn. Er ist folglich sehr weit davon entfernt[,] für eine Kategorie oder nothwendige Funktion des Verstandes gelten zu können: vielmehr ist er ein höchst entbehrlicher Begriff, weil sein einziger wahrer Inhalt schon im Begriff der Materie liegt, neben welchem er nur noch eine große Leere enthält, die durch nichts ausgefüllt werden kann, als durch die erschlichene Nebenart immaterielle Substanz, welche aufzunehmen er auch allein gebildet worden: weswegen er, der Strenge nach, gänzlich zu verwerfen und an seine Stelle überall der Begriff der Materie zu setzen ist.

Die Kategorien waren für jedes mögliche Ding ein Bett des Prokrustes, aber die drei Arten der Schlüsse sind es nur für die drei sogenannten Ideen. Die Idee der Seele war gezwungen worden in der kategorischen Schlußform ihren Ursprung zu finden. Jetzt trifft die Reihe die dogmatischen Vorstellungen über das Weltganze, sofern es, als Objekt an sich, zwischen zwei Gränzen, der des Kleinsten (Atom) und der des Größten (Weltgränzen in Zeit und Raum) gedacht wird. Diese müssen nun aus der Form des hypothetischen Schlusses hervorgehn. Dabei ist an sich kein sonderlicher Zwang nöthig. Denn das hypothetische Urtheil hat seine Form vom Satze des Grundes, und aus der besinnungslosen, unbedingten Anwendung dieses Satzes und sodann beliebiger Beiseitelegung desselben entstehn in der That alle jene sogenannten Ideen, nicht die kosmologischen allein: nämlich dadurch, daß, jenem Satze gemäß, immer nur die Abhängigkeit eines Objekts vom andern gesucht wird, bis endlich die Ermüdung der Einbildungskraft ein Ziel der Reise schafft: wobei aus den Augen gelassen wird, daß jedes Objekt, ja die ganze Reihe derselben und der Satz vom Grunde selbst in einer viel nähern und größern Abhängigkeit steht, nämlich in der vom erkennenden Subjekt, für dessen Objekte, d. h. Vorstellungen, jener Satz allein gültig ist, indem deren bloße Stelle in Raum und Zeit durch ihn bestimmt wird. Da also die Erkenntnißform, aus welcher hier bloß die kosmologischen Ideen abgeleitet werden, nämlich der Satz vom Grunde, der Ursprung aller vernünftelnden Hypostasen ist; so bedarf es dazu diesmal keiner Sophismen; desto mehr aber, um jene Ideen nach den vier Titeln der Kategorien zu klassificiren.

1) Die kosmologischen Ideen in Hinsicht auf Zeit und Raum, also von den Gränzen der Welt in Beiden, werden kühn angesehn als bestimmt durch die Kategorie der Quantität, mit

der sie offenbar nichts gemein haben, als die in der Logik zufällige Bezeichnung des Umfangs des Subjektbegriffes im Urtheil durch das Wort Quantität, einen bildlichen Ausdruck, statt dessen eben so gut ein anderer hätte gewählt werden können. Aber für Kants Liebe zur Symmetrie ist dies genug, um den glücklichen Zufall dieser Namengebung zu benutzen und die transscendenten Dogmen von der Weltausdehnung daran zu knüpfen.

2) Noch kühner knüpft Kant an die Qualität, d. i. die Bejahung oder Verneinung in einem Urtheil, die transscendenten Ideen über die Materie, wobei nicht ein Mal eine zufällige Wortähnlichkeit zum Grunde liegt: denn gerade auf die Quantität und nicht auf die Qualität der Materie bezieht sich ihre mechanische (nicht chemische) Theilbarkeit. Aber, was noch mehr ist, diese ganze Idee von der Theilbarkeit gehört gar nicht unter die Folgerungen nach dem Satze vom Grunde, aus welchem, als dem Inhalt der hypothetischen Form, doch alle kosmologischen Ideen fließen sollen. Denn die Behauptung, auf welcher Kant dabei fußet, daß das Verhältniß der Theile zum Ganzen das der Bedingung zum Bedingten, also ein Verhältniß gemäß dem Satz vom Grunde sei, ist ein zwar feines, aber doch grundloses Sophisma. Jenes Verhältniß stützt sich vielmehr auf den Satz vom Widerspruch. Denn das Ganze ist nicht durch die Theile, noch diese durch jenes; sondern Beide sind nothwendig zusammen, weil sie Eines sind und ihre Trennung nur ein willkürlicher Akt ist. Darauf beruht es, nach dem Satz vom Widerspruch, daß, wenn die Theile weggedacht werden, auch das Ganze weggedacht ist, und umgekehrt; keineswegs aber darauf, daß die Theile als Grund das Ganze als Folge bedingten und wir daher, nach dem Satz vom Grunde, nothwendig getrieben würden, die letzten Theile zu suchen, um daraus, als seinem Grunde, das Ganze zu verstehn. – So große Schwierigkeiten überwältigt hier die Liebe zur Symmetrie.

3) Unter den Titel der Relation würde nun ganz eigentlich die Idee von der ersten Ursache der Welt gehören. Kant muß aber diese für den vierten Titel, den der Modalität, aufbewahren, für den sonst nichts übrig bliebe und unter welchen er jene Idee dann dadurch zwängt, daß das Zufällige (d. h. nach seiner, der Wahrheit diametral entgegengesetzten Erklärung, jede Folge aus ihrem Grunde) durch die erste Ursache zum

Nothwendigen wird. – Als dritte Idee tritt daher, zu Gunsten der Symmetrie, hier der Begriff der Freiheit auf, womit aber eigentlich doch nur die nun ein Mal allein hieher passende Idee von der Weltursache gemeint ist, wie die Anmerkung zur Thesis des dritten Widerstreits deutlich aussagt. Der dritte und vierte Widerstreit sind also im Grunde tautologisch.

Ueber alles dieses aber finde und behaupte ich, daß die ganze Antinomie eine bloße Spiegelfechterei, ein Scheinkampf ist. Nur die Behauptungen der Antithesen beruhen wirklich auf den Formen unsers Erkenntnißvermögens, d. h. wenn man es objektiv ausdrückt, auf den nothwendigen, *a priori* gewissen, allgemeinsten Naturgesetzen. Ihre Beweise allein sind daher aus objektiven Gründen geführt. Hingegen haben die Behauptungen und Beweise der Thesen keinen andern als subjektiven Grund, beruhen ganz allein auf der Schwäche des vernünftelnden Individuums, dessen Einbildungskraft bei einem unendlichen Regressus ermüdet und daher demselben durch willkürliche Voraussetzungen, die sie bestens zu beschönigen sucht, ein Ende macht, und dessen Urtheilskraft noch überdies durch früh und fest eingeprägte Vorurtheile an dieser Stelle gelähmt ist. Dieserwegen ist der Beweis für die Thesis in allen vier Widerstreiten überall nur ein Sophisma; statt daß der für die Antithesis eine unvermeidliche Folgerung der Vernunft aus den uns *a priori* bewußten Gesetzen der Welt als Vorstellung ist. Auch hat Kant nur mit vieler Mühe und Kunst die Thesis aufrecht erhalten können und sie scheinbare Angriffe auf den mit ursprünglicher Kraft begabten Gegner machen lassen. Hiebei nun ist sein erster und durchgängiger Kunstgriff dieser, daß er nicht, wie man thut, wenn man sich der Wahrheit seines Satzes bewußt ist, den *nervus argumentationis* [springenden Punkt der Beweisführung] hervorhebt und so isolirt, nackt und deutlich, als nur immer möglich, vor die Augen bringt; sondern vielmehr führt er auf beiden Seiten denselben, unter einem Schwall überflüssiger und weitläuftiger Sätze verdeckt und eingemengt ein.

Die hier nun so im Widerstreit auftretenden Thesen und Antithesen erinnern an den δικαιος und αδικος λογος [gerechte und ungerechte Sache], welche Sokrates in den Wolken des Aristophanes streitend auftreten läßt. Jedoch erstreckt sich diese Aehnlichkeit nur auf die Form, nicht aber auf den Inhalt, wie wohl Diejenigen gern behaupten möchten, welche diesen spekulativesten aller Fragen der theoretischen Philosophie einen Einfluß auf die Moralität zuschreiben und daher im Ernst die These für den δικαιος, die Antithese aber für den αδικος λογος halten. Auf solche beschränkte und verkehrte kleine Geister Rücksicht zu nehmen, werde ich mich hier jedoch nicht bequemen und nicht ihnen, sondern der Wahrheit die Ehre gebend, die von Kant geführten Beweise der einzelnen Thesen als Sophismen aufdecken, während die der Antithesen ganz ehrlich, richtig und aus objektiven Gründen geführt sind. – Ich setze voraus, daß man bei dieser Prüfung die Kantische Antinomie selbst immer vor sich habe.

Wollte man den Beweis der Thesis im ersten Widerstreit gelten lassen; so bewiese er zu viel, indem er eben so gut auf die Zeit selbst, als auf den Wechsel in ihr anwendbar wäre und daher beweisen würde, daß die Zeit selbst angefangen haben muß, was widersinnig ist. Uebrigens besteht das Sophisma darin, daß statt der Anfangslosigkeit der Reihe der Zustände, wovon zuerst die Rede, plötzlich die Endlosigkeit (Unendlichkeit) derselben untergeschoben und nun bewiesen wird, was Niemand bezweifelt, daß dieser das Vollendetseyn logisch widerspreche und dennoch jede Gegenwart das Ende der Vergangenheit sei. Das Ende einer anfangslosen Reihe läßt sich aber immer d e n - k e n , ohne ihrer Anfangslosigkeit Abbruch zu thun: wie sich auch umgekehrt der Anfang einer endlosen Reihe d e n k e n läßt. Gegen das wirklich richtige Argument der Antithesis aber, daß die Veränderungen der Welt r ü c k w ä r t s eine unendliche Reihe von Veränderungen schlechthin nothwendig voraussetzen, wird gar nichts vorgebracht. Die Möglichkeit, daß die Kausalreihe dereinst in einen absoluten Stillstand endige, können wir denken; keineswegs aber die Möglichkeit eines absoluten Anfangs*.

In Hinsicht auf die räumlichen Gränzen der Welt wird bewie-

* Daß die Annahme einer Gränze der Welt in der Zeit keineswegs ein nothwendiger Gedanke der Vernunft sei, läßt sich sogar auch historisch nachweisen, indem die Hindu nicht ein Mal in der Volksreligion, geschweige in den Veden, eine solche lehren; sondern die Unendlichkeit dieser erscheinenden Welt, dieses bestand- und wesenlosen Gewebes der Maja, mythologisch durch eine monströse Chronologie auszusprechen suchen, indem sie zugleich das Relative aller Zeitlängen in folgendem Mythos sehr sinnreich hervorheben *(Polier, Mythologie des Indous, Vol. 2, p. 585)*. Die vier Zeitalter, in deren letztem wir leben, umfassen zusammen 4 320 000 Jahre. Solcher Perioden von vier Zeitaltern hat jeder Tag des schaffenden Brahma 1000 und seine

sen, daß wenn sie ein gegebenes Ganzes heißen soll, sie nothwendig Gränzen haben muß: die Konsequenz ist richtig, nur war eben ihr vorderes Glied das, was zu beweisen war, aber unbewiesen bleibt. Totalität setzt Gränzen, und Gränzen setzen Totalität voraus: Beide zusammen werden hier aber willkürlich vorausgesetzt. – Die Antithesis liefert für diesen zweiten Punkt jedoch keinen so befriedigenden Beweis, als für den ersten, weil das Gesetz der Kausalität bloß in Hinsicht auf die Zeit, nicht auf den Raum, nothwendige Bestimmungen an die Hand giebt und uns zwar *a priori* die Gewißheit ertheilt, daß keine erfüllte Zeit je an eine ihr vorhergegangene leere gränzen und keine Veränderung die erste seyn konnte, nicht aber darüber, daß ein erfüllter Raum keinen leeren neben sich haben kann. Insofern wäre über Letzteres keine Entscheidung *a priori* möglich. Jedoch liegt die Schwierigkeit, die Welt im Raume als begränzt zu denken, darin, daß der Raum selbst nothwendig unendlich ist, und daher eine begränzte endliche Welt in ihm, so groß sie auch sei, zu einer unendlich kleinen Größe wird; an welchem Mißverhältniß die Einbildungskraft einen unüberwindlichen Anstoß findet; indem ihr danach nur die Wahl bleibt, die Welt entweder unendlich groß, oder unendlich klein zu denken. Dies haben schon die alten Philosophen eingesehn: Μητροδωρος, ὁ καθηγητης Επικουρου, φησιν ατοπον ειναι εν μεγαλῳ πεδιῳ ἑνα σταχυν γεννηθηναι, και ἑνα κοσμον εν τῳ απειρῳ *(Metrodorus, caput scholae Epicuri, absurdum ait, in magno campo spicam unam produci, et unum in infinito mundum).* [Metrodoros, der Lehrer des Epikur, lehrt, es sei widersinnig [zu glauben], daß auf einem großen Felde nur eine Ähre, und im unendlichen Raum nur eine Welt entstanden sei.] *Stob.[aeus,] Ecl., I, c. 23.* – Daher lehrten Viele von ihnen (wie gleich darauf folgt), απειρους κοσμους εν τῳ απειρῳ *(infinitos mundos in infinito)* [daß im unendlichen Raume unendlich viele Welten vorhanden seien]. Dieses ist auch der Sinn des Kantischen Arguments für

---

Nacht wieder 1000. Sein Jahr hat 365 Tage und eben so viele Nächte. Er lebt, immer schaffend, 100 seiner Jahre: und wenn er stirbt, wird sogleich ein neuer Brahma geboren, und so von Ewigkeit zu Ewigkeit. Die selbe Relativität der Zeit drückt auch die specielle Mythe aus, welche in Poliers Werk, Bd. 2, S. 594, den Puranas nacherzählt ist, wo ein Rajah, nach einem Besuch von wenigen Augenblicken bei Wischnu in dessen Himmel, bei seiner Rückkehr auf die Erde mehrere Millionen Jahre verstrichen und ein neues Zeitalter eingetreten findet, weil jeder Tag des Wischnu gleich ist 100 Wiederkehren der vier Zeitalter.

die Antithese; nur hat er es durch einen scholastischen, geschrobenen [geschraubten] Vortrag verunstaltet. Das selbe Argument könnte man auch gegen die Gränzen der Welt in der Zeit gebrauchen, wenn man nicht schon ein viel besseres am Leitfaden der Kausalität hätte. Ferner entsteht, bei der Annahme einer im Raume begränzten Welt, die unbeantwortbare Frage, welches Vorrecht denn der erfüllte Theil des Raumes vor dem unendlichen, leer gebliebenen gehabt hätte. Eine ausführliche und sehr lesenswerthe Darlegung der Argumente für und gegen die Endlichkeit der Welt giebt Jordanus Brunus im fünften Dialog seines Buches *»Del infinito, universo e mondi«*. Uebrigens behauptet Kant selbst im Ernst und aus objektiven Gründen die Unendlichkeit der Welt im Raum, in seiner »Naturgeschichte und Theorie des Himmels«, Theil II, Kap. 7. Zu derselben bekennt sich auch Aristoteles, *»Phys.[ica]«*, III, Kap. 4, welches Kapitel nebst den folgenden, in Hinsicht auf diese Antinomie sehr lesenswerth ist.

Beim zweiten Widerstreit begeht die Thesis sogleich eine gar nicht feine *petitio principii* [Erschleichung des Beweisgrundes], indem sie anhebt: »J e d e z u s a m m e n g e s e t z t e Substanz besteht aus einfachen Theilen.« Aus dem hier willkürlich angenommenen Zusammengesetztseyn beweist sie nachher freilich die einfachen Theile sehr leicht. Aber eben der Satz »alle Materie ist zusammengesetzt«, auf welchen es ankommt, bleibt unbewiesen, weil er eben eine grundlose Annahme ist. Dem Einfachen steht nämlich nicht das Zusammengesetzte, sondern das Extendirte, das Theilehabende, das Theilbare gegenüber. Eigentlich aber wird hier stillschweigend angenommen, daß die Theile vor dem Ganzen dawaren und zusammengetragen wurden, wodurch das Ganze entstanden sei: denn Dies besagt das Wort »zusammengesetzt«. Doch läßt sich Dieses so wenig behaupten, wie das Gegentheil. Die Theilbarkeit besagt bloß die Möglichkeit, das Ganze in Theile zu zerlegen; keineswegs, daß es aus Theilen zusammengesetzt und dadurch entstanden sei. Die Theilbarkeit behauptet bloß die Theile *a parte post* [hinsichtlich des Nachher]; das Zusammengesetztseyn behauptet sie *a parte ante* [hinsichtlich des Vorher]. Denn zwischen den Theilen und dem Ganzen ist wesentlich kein Zeitverhältniß: vielmehr bedingen sie sich wechselseitig und sind insofern stets zugleich: denn nur sofern Beide dasind, besteht das räumlich Ausgedehnte. Was daher Kant in der Anmerkung zur Thesis sagt: »Den Raum sollte man eigentlich nicht *Compositum* [Zusammengesetztes], sondern *Totum* [Ganzes] nennen u. s. w.«, dies gilt ganz und gar auch von der Materie, als welche bloß der wahrnehmbar gewordene Raum ist. – Dagegen folgt die unendliche Theilbarkeit der Materie, welche die Antithese behauptet, *a priori* und unwidersprechlich aus der des Raumes, den sie erfüllt. Dieser Satz hat gar nichts gegen sich: daher ihn auch Kant, S. 513; V, 541, wo er ernstlich und in eigener Person, nicht mehr als Wortführer des αδικος λογος [der ungerechten Sache] spricht, als objektive Wahrheit darstellt: desgleichen in den »Metaphysischen Anfangsgründen der Naturwissenschaft« (S. 108, erste Ausgabe) steht der Satz, »die Materie ist ins Unendliche theilbar«, als ausgemachte Wahrheit an der Spitze des Beweises des ersten Lehrsatzes der Mechanik, nachdem er in der Dynamik als vierter Lehrsatz aufgetreten war und bewiesen worden. Hier aber verdirbt Kant den Beweis für die Antithese, durch die größte Verworrenheit des Vortrags und unnützen Wortschwall, in der schlauen Absicht, daß die Evidenz der Antithese die Sophismen der These nicht zu sehr in Schatten stelle. – Die Atome sind kein nothwendiger Gedanke der Vernunft, sondern bloß eine Hypothese zur Erklärung der Verschiedenheit des specifischen Gewichts der Körper. Daß wir aber auch dieses anderweitig und sogar besser und einfacher, als durch Atomistik erklären können, hat Kant selbst gezeigt, in der Dynamik seiner »Metaphysischen Anfangsgründe zur Naturwissenschaft«; vor ihm jedoch Priestley, *»On matter and spirit«; sect. 1.* Ja, schon im Aristoteles, *»Phys.«, IV, 9*, ist der Grundgedanke davon zu finden.

Das Argument für die dritte Thesis ist ein sehr feines Sophisma und eigentlich Kants vorgebliches Princip der reinen Vernunft selbst, ganz unvermischt und unverändert. Es will die Endlichkeit der Reihe der Ursachen daraus beweisen, daß eine Ursache, um zureichend zu seyn, die vollständige Summe der Bedingungen enthalten muß, aus denen der folgende Zustand, die Wirkung, hervorgeht. Dieser Vollständigkeit der in dem Zustand, welcher Ursache ist, zugleich vorhandenen Bestimmungen schiebt nun das Argument die Vollständigkeit der Reihe von Ursachen unter, durch die jener Zustand selbst erst zur Wirklichkeit gekommen ist: und weil Vollständigkeit Geschlossenheit, diese aber Endlichkeit voraussetzt, so folgert das Argument hieraus eine erste, die Reihe schließende, mithin unbedingte Ursache. Aber die Taschenspielerei liegt am Tage. Um den Zustand *A* als zureichende Ursache des Zustandes *B* zu begreifen, setze ich voraus, er enthalte die Vollständigkeit der hiezu erforderlichen Bestimmungen, durch deren Beisammenseyn der Zustand *B* unausbleiblich erfolgt. Hiedurch ist nun meine Anforderung an ihn als zureichende Ursache gänzlich befriedigt und sie hat keine unmittelbare Verbindung mit der Frage, wie der Zustand *A* selbst zur Wirklichkeit gekommen sei: vielmehr gehört diese einer ganz andern Betrachtung an, in der ich den nämlichen Zustand *A* nicht mehr als Ursache, sondern selbst wieder als Wirkung ansehe, wobei ein anderer Zustand sich zu ihm wieder eben so verhalten muß, wie er selbst sich zu *B* verhielt. Die Voraussetzung der Endlichkeit der Reihe von Ursachen und Wirkungen, und demnach eines ersten Anfanges, erscheint dabei aber nirgends als nothwendig, so wenig wie die Gegenwart des gegenwärtigen Augenblicks einen Anfang der Zeit selbst zur Voraussetzung hat; sondern jene wird erst hinzugethan von der Trägheit des spekulirenden Individuums. Daß jene Voraussetzung in der Annahme einer Ursache als zureichenden Grundes liege, ist also erschlichen und falsch; wie ich dieses oben, bei Betrachtung des Kantischen, mit dieser Thesis zusammenfallenden Princips der Vernunft ausführlich gezeigt habe. Zur Erläuterung der Behauptung dieser falschen Thesis entblödet sich Kant nicht, in der Anmerkung zu derselben, sein Aufstehn vom Stuhl als Beispiel eines unbedingten Anfangs zu geben: als ob es ihm nicht so unmöglich wäre, ohne Motiv aufzustehn, wie der Kugel ohne Ursache zu rollen. Die Grundlosigkeit seiner vom Gefühl der Schwäche eingegebenen Berufung auf die Philosophen des Alterthums brauche ich wohl nicht erst aus dem Okellos Lukanos, den Eleaten u. s. w. nachzuweisen; der Hindu ganz zu geschweigen. Gegen die Beweisführung der Antithese ist, wie bei den vorhergehenden, nichts einzuwenden.

Der vierte Widerstreit ist, wie ich schon bemerkt habe, mit dem dritten eigentlich tautologisch. Auch ist der Beweis der These im Wesentlichen wieder der selbe, wie der der vorhergehenden. Seine Behauptung, daß jedes Bedingte eine vollständige und daher mit dem Unbedingten sich endende Reihe von Bedingungen voraussetze, ist eine *petitio principii*, die man geradezu ableugnen muß. Jedes Bedingte setzt nichts voraus, als seine Bedingung: daß diese wieder bedingt sei, hebt eine neue Betrachtung an, welche in der ersten nicht unmittelbar enthalten ist.

Eine gewisse Scheinbarkeit ist der Antinomie nicht abzusprechen: dennoch ist es merkwürdig, daß kein Theil der Kantischen Philosophie so wenig Widerspruch erfahren, ja, so viel Anerkennung gefunden hat, wie diese so höchst paradoxe Lehre. Fast alle philosophische Parteien und Lehrbücher haben sie gelten gelassen und wiederholt, auch wohl bearbeitet; während beinahe alle andern Lehren Kants angefochten worden sind, ja, es nie an einzelnen schiefen Köpfen gefehlt hat, welche sogar die transscendentale Aesthetik verwarfen. Der ungetheilte Beifall, den hingegen die Antinomie gefunden, mag am Ende daher kommen, daß gewisse Leute mit innerlichem Behagen den Punkt betrachten, wo so recht eigentlich der Verstand stille stehn soll, indem er auf etwas gestoßen wäre, was zugleich ist und nicht ist, und sie demnach das sechste Kunststück des Philadelphia, in Lichtenbergs Anschlagszettel [*Vermischte Schriften,* neue Ausgabe Bd. 3, S. 107], hier wirklich vor sich hätten.

Kants nun folgende Kritische Entscheidung des kosmologischen Streites ist, wenn man ihren eigentlichen Sinn erforscht, nicht Das, wofür er sie giebt, nämlich die Auflösung des Streites durch die Eröffnung, daß beide Theile, von falschen Voraussetzungen ausgehend, im ersten und zweiten Widerstreit beide Unrecht, aber im dritten und vierten beide Recht haben; sondern sie ist in der That die Bestätigung der Antithesen durch die Erläuterung ihrer Aussage.

Zuerst behauptet Kant in dieser Auflösung, mit offenbarem Unrecht, beide Theile giengen von der Voraussetzung, als Obersatz, aus, daß mit dem Bedingten auch die vollendete (also geschlossene) Reihe seiner Bedingungen gegeben sei. Bloß die Thesis legte diesen Satz, Kants reines Vernunftprincip, ihren Behauptungen zum Grunde: die Antithesis hingegen leugnete ihn ja überall ausdrücklich, und behauptete das Gegentheil. Ferner legt Kant beiden Theilen noch diese Voraussetzung zur Last, daß die Welt an sich selbst, d. h. unabhängig von ihrem Erkanntwerden und den Formen dieses, dasei: aber auch diese Voraussetzung ist abermals bloß von der Thesis gemacht; hingegen liegt sie den Behauptungen der Antithesis so wenig zum

Grunde, daß sie sogar mit ihnen durchaus unvereinbar ist. Denn dem Begriff einer unendlichen Reihe widerspricht es geradezu, daß sie ganz gegeben sei: es ist ihr daher wesentlich, daß sie immer nur in Beziehung auf das Durchgehn derselben, nicht aber unabhängig von ihm, dasei. Hingegen liegt in der Voraussetzung bestimmter Gränzen auch die eines Ganzen, welches für sich bestehend und unabhängig von dem Vollziehn seiner Ausmessung daist. Also nur die Thesis macht die falsche Voraussetzung von einem an sich bestehenden, d. h. vor aller Erkenntniß gegebenen Weltganzen, zu welchem die Erkenntniß bloß hinzukäme. Die Antithese streitet durchaus schon ursprünglich mit dieser Voraussetzung: denn die Unendlichkeit der Reihen, welche sie bloß nach Anleitung des Satzes vom Grund behauptete, kann nur daseyn, sofern der Regressus vollzogen wird, nicht unabhängig von diesem. Wie nämlich das Objekt überhaupt das Subjekt voraussetzt, so setzt auch das als eine endlose Kette von Bedingungen bestimmte Objekt nothwendig die diesem entsprechende Erkenntnißart, nämlich das beständige Verfolgen der Glieder jener Kette, im Subjekt voraus. Dies ist aber eben was Kant als Auflösung des Streites giebt und so oft wiederholt: »Die Unendlichkeit der Weltgröße ist nur durch den Regressus, nicht vor demselben.« Diese seine Auflösung des Widerstreits ist also eigentlich nur die Entscheidung zu Gunsten der Antithese, in deren Behauptung jene Wahrheit schon liegt, so wie dieselbe mit den Behauptungen der These ganz unvereinbar ist. Hätte die Antithese behauptet, daß die Welt aus unendlichen Reihen von Gründen und Folgen bestehe und dabei doch unabhängig von der Vorstellung und deren regressiver Reihe, also an sich existire und daher ein gegebenes Ganzes ausmache; so hätte sie nicht nur der These, sondern auch sich selber widersprochen: denn ein Unendliches kann nie ganz gegeben seyn, noch eine endlose Reihe daseyn, als sofern sie endlos durchlaufen wird, noch ein Gränzenloses ein Ganzes ausmachen. Nur der Thesis also kommt jene Voraussetzung zu, von der Kant behauptet, daß sie beide Theile irre geführt hätte.

Es ist schon Lehre des Aristoteles, daß ein Unendliches nie *actu*, d. h. wirklich und gegeben seyn könne, sondern bloß *potentiâ* [in der Möglichkeit]. Ουκ εστιν ενεργειᾳ ειναι το απειρον· – – – – – αλλ᾽ αδυνατον το εντελεχειᾳ ον απειρον (*infinitum non potest esse actu: – – – – – sed impossibile, actu esse infinitum*).

[Das Unendliche kann nicht in Wirklichkeit bestehen: – – – sondern das in Wirklichkeit bestehende Unendliche ist unmöglich.] *Metaph. K, 10.* – Ferner: κατ' ενεργειαν μεν γαρ ουδεν εστιν απειρον, δυναμει δε επι την διαιρεσιν *(nihil enim actu infinitum est, sed potentia tantum, nempe divisione ipsa).* [Denn in der Wirklichkeit gibt es kein Unendliches, wohl aber in der Möglichkeit in bezug auf die Teilung.] *De generat. et corrupt., 1, 3.* – Dies führt er weitläuftig aus, *Phys. III, 5* u. *6,* woselbst er gewissermaaßen die ganz richtige Auflösung sämmtlicher antinomischer Gegensätze giebt. Er stellt, in seiner kurzen Art, die Antinomien dar und sagt dann: »Eines Vermittlers (διαιτητου) bedarf es«: wonach er die Auflösung giebt, daß das Unendliche, sowohl der Welt im Raum, als in der Zeit und in der Theilung, nie v o r dem Regressus, oder Progressus, sondern i n demselben ist. – Also liegt diese Wahrheit schon im richtig gefaßten Begriff des Unendlichen. Man mißversteht sich also selbst, wenn man das Unendliche, welcher Art es auch sei, als ein objektiv Vorhandenes und Fertiges, und unabhängig vom Regressus zu denken vermeint.

Ja, wenn man, umgekehrt verfahrend, zum Ausgangspunkt Dasjenige nimmt, was Kant als die Auflösung des Widerstreits giebt; so folgt eben schon aus demselben geradezu die Behauptung der Antithese. Nämlich: ist die Welt kein unbedingtes Ganzes und existirt nicht an sich, sondern nur in der Vorstellung, und sind ihre Reihen von Gründen und Folgen nicht v o r dem Regressus der Vorstellungen davon da, sondern erst d u r c h diesen Regressus; so kann die Welt nicht bestimmte und endliche Reihen enthalten, weil deren Bestimmung und Begränzung unabhängig von der dann nur hinzukommenden Vorstellung seyn müßte: sondern alle ihre Reihen müssen endlos, d. h. durch keine Vorstellung zu erschöpfen seyn.

S. 506; V, 534, will Kant aus dem Unrechthaben beider Theile die transscendentale Idealität der Erscheinung beweisen und hebt an: »Ist die Welt ein an sich existirendes Ganzes, so ist sie entweder endlich oder unendlich.« – Dies ist aber falsch: ein an sich existirendes Ganzes kann durchaus nicht unendlich seyn. – Vielmehr ließe sich jene Idealität aus der Unendlichkeit der Reihen in der Welt folgendermaaßen schließen: Sind die Reihen der Gründe und Folgen in der Welt durchaus ohne Ende; so kann die Welt nicht ein unabhängig von der Vorstellung gegebenes Ganzes seyn: denn ein solches setzt immer bestimmte Gränzen, so wie hingegen unendliche Reihen unendlichen Regressus voraus. Daher muß die vorausgesetzte Unendlichkeit der Reihen durch die Form von Grund und Folge, und diese durch die Erkenntnißweise des Subjekts bestimmt seyn, also die Welt wie sie erkannt wird, nur in der Vorstellung des Subjekts daseyn.

Ob nun Kant selbst gewußt habe, oder nicht, daß seine kritische Entscheidung des Streits eigentlich ein Ausspruch zu Gunsten der Antithese ist, vermag ich nicht zu entscheiden. Denn es hängt davon ab, ob dasjenige, was Schelling irgendwo sehr treffend Kants Akkommodationssystem genannt hat, sich so weit erstrecke, oder ob Kants Geist hier schon in einer unbewußten Akkommodation zum Einfluß seiner Zeit und Umgebung befangen ist.

Die Auflösung der dritten Antinomie, deren Gegenstand die Idee der Freiheit war, verdient eine besondere Betrachtung, sofern es für uns sehr merkwürdig ist, daß Kant vom Ding an sich, das bisher nur im Hintergrunde gesehn wurde, gerade hier, bei der Idee der Freiheit, ausführlicher zu reden genöthigt wird. Dies ist uns sehr erklärlich, nachdem wir das Ding an sich als den Willen erkannt haben. Ueberhaupt liegt hier der Punkt, wo Kants Philosophie auf die meinige hinleitet, oder wo diese aus ihr als ihrem Stamm hervorgeht. Hievon wird man sich überzeugen, wenn man in der Kritik der reinen Vernunft, S. 356 und 537; V, 564 und 565, mit Aufmerksamkeit liest: mit dieser Stelle vergleiche man noch die Einleitung zur Kritik der Urtheilskraft, S. XVIII und XIX der dritten, oder S. 13 der Rosenkranzischen Ausgabe, wo es sogar heißt: »Der Freiheitsbegriff kann in seinem Objekt (das ist denn doch der Wille) ein Ding an sich, aber nicht in der Anschauung, vorstellig machen; dagegen der Naturbegriff seinen Gegenstand zwar in der Anschauung, aber nicht als Ding an sich vorstellig machen kann.« Besonders aber lese man über die Auflösung der Antinomien den § 53 der Prolegomena und beantworte dann aufrichtig die Frage, ob alles dort Gesagte nicht lautet wie ein Räthsel, zu welchem meine Lehre das Wort ist. Kant ist mit seinem Denken nicht zu Ende gekommen: ich habe bloß seine

Sache durchgeführt. Demgemäß habe ich was Kant von der menschlichen Erscheinung allein sagt auf alle Erscheinung überhaupt, als welche von jener nur dem Grade nach verschieden ist, übertragen, nämlich daß das Wesen an sich derselben ein absolut Freies, d. h. ein Wille ist. Wie fruchtbar aber diese Einsicht im Verein mit Kants Lehre von der Idealität des Raumes, der Zeit und der Kausalität ist, ergiebt sich aus meinem Werk.

Kant hat das Ding an sich nirgends zum Gegenstand einer besondern Auseinandersetzung oder deutlichen Ableitung gemacht. Sondern, so oft er es braucht, zieht er es sogleich herbei durch den Schluß, daß die Erscheinung, also die sichtbare Welt, doch einen Grund, eine intelligibele Ursache, die nicht Erscheinung wäre und daher zu keiner möglichen Erfahrung gehöre, haben müsse. Dies thut er, nachdem er unablässig eingeschärft hat, die Kategorien, also auch die der Kausalität, hätten einen durchaus nur auf mögliche Erfahrung beschränkten Gebrauch, wären bloße Formen des Verstandes, welche dienten, die Erscheinungen der Sinnenwelt zu buchstabiren, über welche hinaus sie hingegen gar keine Bedeutung hätten u. s. w., daher er ihre Anwendung auf Dinge jenseit der Erfahrung aufs strengste verpönt und aus der Verletzung dieses Gesetzes, mit Recht, allen frühern Dogmatismus erklärt und zugleich umwirft. Die unglaubliche Inkonsequenz, welche Kant hierin begieng, wurde von seinen ersten Gegnern bald bemerkt und zu Angriffen benutzt, denen seine Philosophie keinen Widerstand leisten konnte. Denn allerdings wenden wir zwar völlig *a priori* und vor aller Erfahrung das Gesetz der Kausalität an auf die in unsern Sinnesorganen empfundenen Veränderungen: aber gerade darum ist dasselbe eben so subjektiven Ursprungs, wie diese Empfindungen selbst, führt also nicht zum Dinge an sich. Die Wahrheit ist, daß man auf dem Wege der Vorstellung nie über die Vorstellung hinaus kann: sie ist ein geschlossenes Ganzes und hat in ihren eigenen Mitteln keinen Faden, der zu dem von ihr *toto genere* verschiedenen Wesen des Dinges an sich führt. Wären wir bloß vorstellende Wesen, so wäre der Weg zum Dinge an sich uns gänzlich abgeschlossen. Nur die andere Seite unsers eigenen Wesens kann uns Aufschluß geben über die andere Seite des Wesens an sich der Dinge. Diesen Weg habe ich eingeschlagen. Einige Beschönigung gewinnt Kants von ihm selbst verpönter Schluß auf das Ding an sich jedoch durch Folgendes. Er setzt nicht, wie es die Wahrheit verlangte, einfach und schlechthin das Objekt als bedingt durch das Subjekt, und umgekehrt; sondern nur die Art und Weise der Erscheinung des Objekts als bedingt durch die Erkenntnißformen des Subjekts, welche daher auch *a priori* zum Bewußtseyn kommen. Was nun aber, im Gegensatz hievon, bloß *a posteriori* erkannt wird, ist ihm schon unmittelbare Wirkung des Dinges an sich, welches nur im Durchgang durch jene *a priori* gegebenen Formen zur Erscheinung wird. Aus dieser Ansicht ist es einigermaaßen erklärlich, wie es ihm entgehn konnte, daß schon das Objektseyn überhaupt zur Form der Erscheinung gehört und durch das Subjektseyn überhaupt eben so wohl bedingt ist, als die Erscheinungsweise des Objekts durch die Erkenntnißformen des Subjekts, daß also, wenn ein Ding an sich angenommen werden soll, es durchaus auch nicht Objekt seyn kann, als welches er es jedoch immer voraussetzt, sondern ein solches Ding an sich in einem von der Vorstellung (dem Erkennen und Erkanntwerden) *toto genere* verschiedenen Gebiet liegen müßte, und es daher auch am wenigsten nach den Gesetzen der Verknüpfung der Objekte unter einander erschlossen werden könnte.

Mit der Nachweisung des Dinges an sich ist es Kanten gerade so gegangen, wie mit der der Apriorität des Kausalitätsgesetzes: Beide Lehren sind richtig, aber ihre Beweisführung falsch: sie gehören also zu den richtigen Konklusionen aus falschen Prämissen. Ich habe Beide beibehalten, jedoch sie auf ganz andere Weise und sicher begründet.

Das Ding an sich habe ich nicht erschlichen noch erschlossen, nach Gesetzen die es ausschließen, indem sie schon seiner Erscheinung angehören; noch bin ich überhaupt auf Umwegen dazu gelangt: vielmehr habe ich es unmittelbar nachgewiesen, da, wo es unmittelbar liegt, im Willen, der sich Jedem als das Ansich seiner eigenen Erscheinung unmittelbar offenbaret.

Und diese unmittelbare Erkenntniß des eigenen Willens ist es auch, aus der im menschlichen Bewußtseyn der Begriff von F r e i h e i t hervorgeht; weil allerdings der Wille als Weltschaffendes, als Ding an sich, frei vom Satz des Grundes und damit von aller Nothwendigkeit, also vollkommen unabhängig, frei, ja allmächtig ist. Doch gilt dies, der Wahrheit nach, nur vom Willen an sich, nicht von seinen Erscheinungen, den Individuen, die schon, eben durch ihn selbst, als seine Erscheinungen in der Zeit, unveränderlich bestimmt sind. Im gemeinen, nicht durch Philosophie geläuterten Bewußtseyn wird aber auch sogleich der Wille mit seiner Erscheinung verwechselt und was nur ihm zukommt, dieser beigelegt: wodurch der Schein der unbedingten Freiheit des Individuums entsteht. Spinoza sagt eben deswegen mit Recht, daß auch der geworfene Stein, wenn er Bewußtseyn hätte, glauben würde freiwillig zu fliegen. Denn allerdings ist das Ansich auch des Steines der alleinige freie Wille, aber, wie in allen seinen Erscheinungen, auch hier, wo er als Stein erscheint, schon völlig bestimmt. Doch von dem Allen ist im Haupttheile dieser Schrift schon zur Genüge geredet.

Kant, indem er diese unmittelbare Entstehung des Begriffs von Freiheit in jedem menschlichen Bewußtseyn verkennt und übersieht, setzt nun, S. 533; V, 561, den Ursprung jenes Begriffs in eine sehr subtile Spekulation, durch welche nämlich das Unbedingte, auf welches die Vernunft immer ausgehn soll, die Hypostasirung des Begriffs von Freiheit veranlaßt, und auf diese transscendente Idee der Freiheit soll sich allererst auch der praktische Begriff derselben gründen. In der Kritik der praktischen Vernunft, § 6, und S. 185 der vierten, S. 235 der Rosenkranzischen Ausgabe, leitet er diesen letztern Begriff jedoch wieder anders ab, daraus, daß der kategorische Imperativ ihn voraussetze: zum Behuf dieser Voraussetzung sei sonach jene spekulative Idee nur der erste Ursprung des Begriffs von Freiheit; hier aber erhalte er eigentlich Bedeutung und Anwendung. Beides ist jedoch nicht der Fall. Denn der Wahn einer vollkommenen Freiheit des Individuums in seinen einzelnen Handlungen ist am lebendigsten in der Ueberzeugung des rohesten Menschen, der nie nachgedacht hat, ist also auf keine Spekulation gegründet, wiewohl oft dahin hinübergenommen. Frei davon sind hingegen nur Philosophen und zwar die tiefsten, ebenfalls sind es auch die denkendesten und erleuchtetesten Schriftsteller der Kirche.

Allem Gesagten zufolge ist also der eigentliche Ursprung des Begriffs der Freiheit auf keine Weise wesentlich ein Schluß, weder aus der spekulativen Idee einer unbedingten Ursache, noch daraus, daß ihn der kategorische Imperativ voraussetze; sondern er entspringt unmittelbar aus dem Bewußtseyn, darin sich Jeder selbst, ohne Weiteres, als den W i l l e n, d. h. als dasjenige, was als Ding an sich nicht den Satz vom Grunde zur Form hat und das selbst von nichts, von dem vielmehr alles andere abhängt, erkennt, nicht aber zugleich mit philosophischer Kritik und Besonnenheit sich, als schon in die Zeit eingetretene und bestimmte Erscheinung dieses Willens, man könnte sagen Willensakt, von jenem Willen zum Leben selbst unterscheidet, und daher, statt sein ganzes Daseyn als Akt seiner Freiheit zu erkennen, diese vielmehr in seinen einzelnen Handlungen sucht. Hierüber verweise ich auf meine Preisschrift von der Freiheit des Willens.

Hätte nun Kant, wie er hier vorgiebt und auch scheinbar bei früheren Gelegenheiten that, das Ding an sich bloß erschlossen und dazu mit der großen Inkonsequenz eines von ihm selbst durchaus verpönten Schlusses; – welch ein sonderbarer Zufall wäre es dann, daß er hier, wo er zum ersten Mal näher an das Ding an sich herangeht und es beleuchtet, in ihm sogleich den W i l l e n erkennt, den freien, in der Welt sich nur durch zeitliche Erscheinungen kund gebenden Willen! – Ich nehme daher wirklich an, obwohl es nicht zu beweisen ist, daß Kant, so oft er vom Ding an sich redete, in der dunkelsten Tiefe seines Geistes, immer schon den Willen undeutlich dachte. Einen Beleg hiezu giebt, in der Vorrede zur zweiten Auflage der Kritik der reinen Vernunft, S. XXVII und XXVIII, in der Rosenkranzischen Ausgabe S. 677 der Supplemente.

Uebrigens ist es eben diese beabsichtigte Auflösung des vorgeblichen dritten Widerstreits, welche Kanten Gelegenheit giebt, die tiefsten Gedanken seiner ganzen Philosophie sehr schön auszusprechen. So im ganzen »sechsten Abschnitt der Antinomie der reinen Vernunft«; vor allem aber die Auseinandersetzung des Gegensatzes zwischen empirischem und intelligibelem Charakter, S. 534–550; V, 562–578, welche ich dem Vortrefflichsten beizähle, das je von Menschen gesagt worden (als ergänzende Erläuterung dieser Stelle ist anzusehn eine ihr parallele in der »Kritik der praktischen Vernunft«, S. 169–179 der vierten, oder S. 224–231 der Rosenkranzischen Ausgabe). Es ist jedoch um so mehr zu bedauern, daß solches hier nicht am rechten Orte steht, sofern nämlich, als es theils nicht auf dem Wege gefunden ist, den die Darstellung angiebt und daher auch anders, als geschieht, abzuleiten wäre, theils auch nicht den Zweck erfüllt, zu welchem es dasteht, nämlich die Auflösung der vorgeblichen Antinomie. Es wird von der Erscheinung auf ihren intelligibeln Grund, das Ding an sich, geschlossen, durch den schon genugsam gerügten inkonsequenten Gebrauch der Kategorie der Kausalität über alle Erscheinung hinaus. Als dieses Ding an sich wird für diesen Fall des Menschen Wille (den Kant höchst unstatthaft, mit unverzeihlicher Verletzung alles Sprachgebrauchs, Vernunft betitelt) aufgestellt, mit Berufung auf ein unbedingtes Sollen, den kategorischen Imperativ, der ohne Weiteres postulirt wird.

Statt alles diesen nun wäre das lautere, offene Verfahren gewesen, unmittelbar vom Willen auszugehn, diesen nachzuweisen als das ohne alle Vermittelung erkannte Ansich unserer eigenen Erscheinung, und dann jene Darstellung des empirischen und intelligibeln Charakters zu geben, darzuthun, wie alle Handlungen, obwohl durch Motive necessitirt [notwendig bedingt], dennoch, sowohl von ihrem Urheber, als vom fremden Beurtheiler, jenem selbst und allein, nothwendig und schlechthin zugeschrieben werden, als lediglich von ihm abhängend, dem sonach Schuld und Verdienst ihnen gemäß zuerkannt werden. – Dieses allein war der gerade Weg zur Erkenntniß Dessen, was nicht Erscheinung ist, folglich auch nicht nach den Gesetzen der Erscheinung gefunden wird, sondern Das ist, was durch die Erscheinung sich offenbart, erkennbar wird, sich objektivirt, der Wille zum Leben. Derselbe hätte sodann, bloß nach Analogie, als das Ansich jeder Erscheinung dargestellt werden müssen. Dann hätte aber freilich nicht (S. 546; V, 574) gesagt werden können, bei der leblosen, ja der thierischen Natur, sei kein Vermögen anders als sinnlich bedingt zu denken; womit in Kants Sprache eigentlich gesagt ist, die Erklärung nach dem Gesetze der Kausalität erschöpfe auch das innerste Wesen jener Erscheinungen, wodurch sodann, sehr inkonsequent, das Ding an sich bei ihnen wegfällt. – Durch die unrechte Stelle und die ihr gemäße umgehende Ableitung, welche die Darstellung des Dinges an sich bei Kant erhalten hat, ist auch der ganze Begriff desselben verfälscht worden. Denn, durch Nachforschung einer unbedingten Ursache gefunden, tritt hier der Wille, oder das Ding an sich, zur Erscheinung in das Verhältniß der Ursache zur Wirkung. Dieses Verhältniß findet aber nur innerhalb der Erscheinung Statt, setzt diese daher schon voraus und kann nicht sie selbst mit dem verbinden, was außer ihr liegt und *toto genere* von ihr verschieden ist.

Ferner wird der vorgesetzte Zweck, die Auflösung der dritten Antinomie, durch die Entscheidung, daß beide Theile, jeder in einem andern Sinne, Recht haben, gar nicht erreicht. Denn sowohl Thesis als Antithesis reden keineswegs vom Dinge an sich, sondern durchaus von der Erscheinung, der objektiven Welt, der Welt als Vorstellung. Diese und durchaus nichts Anderes ist es, von der die Thesis durch das aufgezeigte Sophisma darthun will, daß sie unbedingte Ursachen enthalte, und diese auch ist es, von der die Antithesis dasselbe, mit Recht, leugnet. Daher ist die ganze zur Rechtfertigung der Thesis hier gegebene Darstellung von der transscendentalen Freiheit des Willens, sofern er Ding an sich ist, so vortrefflich an sich auch solche ist, hier doch ganz eigentlich eine μεταβασις εις αλλο γενος [logisch falsches Überspringen auf ein anderes Gebiet]. Denn die dargestellte transscendentale Freiheit des Willens ist keineswegs die unbedingte Kausalität einer Ursache, welche die Thesis behauptet, weil eine Ursache wesentlich Erscheinung seyn muß, nicht ein jenseit aller Erscheinung liegendes *toto genere* Verschiedenes.

Wenn von Ursache und Wirkung geredet wird, darf das Verhältniß des Willens zu seiner Erscheinung (oder des intelligibeln Charakters zum empirischen) nie herbeigezogen werden, wie hier geschieht: denn es ist vom Kausalverhältniß durchaus verschieden. Inzwischen wird auch hier, in dieser Auflösung der Antinomie, der Wahrheit gemäß gesagt, daß der empirische Charakter des Menschen, wie der jeder andern Ursache in der Natur, unabänderlich bestimmt ist, und demgemäß aus ihm, nach Maaßgabe der äußern Einwirkungen, die Handlungen nothwendig hervorgehn; daher denn auch, ohngeachtet aller transscendentalen Freiheit (d. i. Unabhängigkeit des Willens an sich von den Gesetzen des Zusammenhangs seiner Erscheinung), kein Mensch das Vermögen hat, eine Reihe von Handlungen von selbst zu beginnen: welches Letztere hingegen von der Thesis behauptet wurde. Also hat auch die Freiheit keine Kausalität: denn frei ist nur der Wille, welcher außerhalb der Natur oder Erscheinung liegt, die eben nur seine Objektivation ist, aber nicht in einem Verhältniß der Kausalität zu ihm steht, als welches Verhältniß erst innerhalb der Erscheinung angetroffen wird, also diese schon voraussetzt, nicht sie selbst einschließen und mit Dem verbinden kann, was ausdrücklich nicht Erscheinung ist. Die Welt selbst ist allein aus dem Willen (da sie eben er selbst ist, sofern er erscheint) zu erklären und nicht durch Kausalität.

Aber in der Welt ist Kausalität das einzige Princip der Erklärung und geschieht Alles lediglich nach Gesetzen der Natur. Also liegt das Recht ganz auf der Seite der Antithese, welche bei Dem bleibt, wovon die Rede war, und das Princip der Erklärung gebraucht, das davon gilt, daher auch keiner Apologie bedarf; da hingegen die These durch eine Apologie aus der Sache gezogen werden soll, die erstlich zu etwas ganz anderm, als wonach die Frage war, überspringt und dann ein Princip der Erklärung hinüber nimmt, das daselbst nicht anzuwenden ist.

Der vierte Widerstreit ist, wie schon gesagt, seinem innersten Sinn nach, mit dem dritten tautologisch. In der Auflösung dazu entwickelt Kant noch mehr die Unhaltbarkeit der Thesis: für ihre Wahrheit hingegen und ihr vorgebliches Zusammenbestehn mit der Antithesis bringt er keinen Grund vor, so wie er umgekehrt keinen der Antithese entgegenzustellen vermag. Nur ganz bittweise führt er die Annahme der Thesis ein, nennt sie jedoch selbst (S. 562; v, 590) eine willkürliche Voraussetzung, deren Gegenstand an sich wohl unmöglich seyn möchte, und zeigt bloß ein ganz ohnmächtiges Bestreben, demselben vor der durchgreifenden Macht der Antithese irgendwo ein sicheres Plätzchen zu verschaffen, um nur die Nichtigkeit des ganzen ihm ein Mal beliebten Vorgebens der nothwendigen Antinomie in der menschlichen Vernunft nicht aufzudecken.

Es folgt das Kapitel vom transscendentalen Ideale, welches uns mit einem Mal in die starre Scholastik des Mittelalters zurückversetzt. Man glaubt den Anselmus von Kanterbury selbst zu hören. Das *ens realissimum* [allerrealste Wesen], der Inbegriff aller Realitäten, der Inhalt aller bejahenden Sätze, tritt auf und zwar mit dem Anspruch ein nothwendiger Gedanke der Vernunft zu seyn! – Ich meinerseits muß gestehn, daß meiner Vernunft ein solcher Gedanke unmöglich ist, und daß ich bei den Worten, die ihn bezeichnen, nichts Bestimmtes zu denken vermag.

Ich zweifle übrigens nicht, daß Kant zu diesem seltsamen und seiner unwürdigen Kapitel bloß durch seine Liebhaberei zur architektonischen Symmetrie genöthigt wurde. Die drei Hauptobjekte der Scholastischen Philosophie (welche man, wie gesagt, im weitern Sinn verstanden, bis auf Kant gehn lassen kann), die Seele, die Welt und Gott sollten aus den drei möglichen Obersätzen von Schlüssen abgeleitet werden; obwohl es offenbar ist, daß sie einzig und allein durch unbedingte Anwendung des Satzes vom Grunde entstanden sind und entstehn können. Nachdem nun die Seele in das kategorische Urtheil gezwängt worden, das hypothetische für die Welt verwendet war, blieb für die dritte Idee nichts übrig, als der disjunktive Obersatz. Glücklicherweise fand sich in diesem Sinn eine Vorarbeit, nämlich das *ens realissimum* der Scholastiker, nebst dem ontologischen Beweise des Daseyns Gottes, rudimentarisch von Anselm von Kanterbury aufgestellt und dann von Cartesius vervollkommnet. Dieses wurde von Kant mit Freuden benutzt, auch wohl mit einiger Reminiscenz einer frühern lateinischen Jugendarbeit. Indessen ist das Opfer, welches Kant seiner Liebe zur architektonischen Symmetrie durch dieses Kapitel bringt, überaus groß. Aller Wahrheit zum Trotz wird die, man muß sagen grotteske Vorstellung eines Inbegriffs aller möglichen Realitäten zu einem der Vernunft wesentlichen und nothwendigen Gedanken gemacht. Zur Ableitung desselben ergreift Kant das falsche Vorgeben, daß unsere Erkenntniß einzelner Dinge durch eine immer weiter gehende Einschränkung allgemeiner Begriffe, folglich auch eines allerallgemeinsten, der alle Realität in sich enthielte, entstehe. Hierin steht er eben so sehr mit seiner eigenen Lehre, wie mit der Wahrheit in Widerspruch; da gerade umgekehrt unsere Erkenntniß, vom Einzelnen ausgehend, zum Allgemeinen erweitert wird, und alle allgemeinen Begriffe durch Abstraktion von realen, einzelnen, anschaulich erkannten Dingen entstehn, welche bis zum allerallgemeinsten Begriff fortgesetzt werden kann, der dann Alles unter sich, aber fast nichts in sich begreift. Kant hat also hier das Verfahren unsers Erkenntnißvermögens gerade auf den Kopf gestellt und könnte deshalb wohl gar beschuldigt werden, Anlaß gegeben zu haben zu einer in unsern Tagen berühmt gewordenen philosophischen Charlatanerie, welche, statt die Begriffe für aus den Dingen abstrahirte Gedanken zu erkennen, umgekehrt die Begriffe zum Ersten macht und in den Dingen nur konkrete Begriffe sieht, auf diese Weise die verkehrte Welt, als eine philosophische Hanswurstiade, die natürlich großen Beifall finden mußte, zu Markte bringend. –

Wenn wir auch annehmen, jede Vernunft müsse, oder wenigstens könne, auch ohne Offenbarung zum Begriff von Gott gelangen; so geschieht dies doch offenbar allein am Leitfaden der Kausalität: was so einleuchtend ist, daß es keines Beweises bedarf. Daher sagt auch Chr. Wolf *(Cosmologia generalis, praef. p. 1): Sane in theologia naturali existentiam Numinis e principiis cosmologicis demonstramus. Contingentia universi et ordinis naturae, una cum impossibilitate casus, sunt scala, per quam a mundo hoc adspectabili ad Deum ascenditur.* [Folgerichtig beweisen wir in der natürlichen Theologie die Existenz des höchsten Wesens aus kosmologischen Grundsätzen. Die Zufälligkeit des Universums und der Naturordnung zugleich mit der Unmöglichkeit eines (reinen) Zufalls sind die Stufen, auf welchen man von dieser sichtbaren Welt zu Gott aufsteigt.] Und vor ihm sagte schon Leibnitz, in Beziehung auf das Kausalgesetz: *Sans ce grand principe nous ne pourrions jamais prouver l'existence de Dieu* [Ohne dieses große Prinzip könnten wir niemals die Existenz Gottes beweisen] *(Théod., § 44).* Und eben so in seiner Kontroverse mit Clarke, § 126: *J'ose dire que sans ce grand principe on ne saurait venir à la preuve de l'existence de Dieu.* [Ich gehe so weit, zu sagen, daß man ohne dieses große Prinzip nicht zum Beweis des Daseins Gottes gelangen könnte: *Lettres entre Leibnitz et Clarke*, § 126.] Hingegen ist der in diesem Kapitel ausgeführte Gedanke so weit davon entfernt, ein der Vernunft wesentlicher und nothwendiger zu seyn, daß er vielmehr zu betrachten ist als ein rechtes Musterstück von den monstrosen Erzeugnissen eines durch wunderliche Umstände auf die seltsamsten Abwege und Verkehrtheiten gerathenen Zeitalters, wie das der Scholastik war, das ohne Aehnliches in der Weltgeschichte dasteht, noch je wiederkehren kann. Diese Scholastik hat allerdings, als sie zu ihrer Vollendung gediehen war, den Hauptbeweis für das Daseyn Gottes aus dem Begriffe des *ens realissimum* geführt und die andern Beweise nur daneben gebraucht, accessorisch: dies ist aber bloße Lehrmethode und beweist nichts über den Ursprung der Theologie im menschlichen Geist. Kant hat hier das Verfahren der Scholastik für das der Vernunft genommen, welches ihm überhaupt öfter begegnet ist. Wenn es wahr wäre, daß, nach wesentlichen Gesetzen der Vernunft, die Idee von Gott aus dem disjunktiven Schlusse hervorgienge, unter Gestalt einer Idee vom allerrealsten Wesen; so würde doch auch bei den Philosophen des Alterthums diese Idee sich eingefunden haben: aber vom *ens realissimum* ist nirgends eine Spur, bei keinem der alten Philosophen, obgleich einige derselben allerdings einen Weltschöpfer, aber nur als Formgeber der ohne ihn vorhandenen Materie, δημιουργος, lehren, den sie jedoch einzig und allein nach dem Gesetz der Kausalität erschließen. Zwar führt Sextus Empirikus *(adv. Math., IX, § 88)* eine Argumentation des Kleanthes an, welche Einige für den ontologischen Beweis halten. Dies ist sie jedoch nicht, sondern ein bloßer Schluß aus der Analogie: weil nämlich die Erfahrung lehrt, daß auf Erden ein Wesen immer vorzüglicher, als das andere ist, und zwar der Mensch, als das vorzüglichste, die Reihe schließt, er jedoch noch viele Fehler hat; so muß es noch vorzüglichere und zuletzt ein allervorzüglichstes (κρατιστον, αριστον [vortrefflichstes, bestes]) geben, und dieses wäre der Gott.

Ueber die nunmehr folgende ausführliche Widerlegung der spekulativen Theologie habe ich nur in der Kürze zu bemerken, daß sie, wie überhaupt die ganze Kritik der drei sogenannten Ideen der Vernunft, also die ganze Dialektik der reinen Vernunft, zwar gewissermaaßen das Ziel und der Zweck des ganzen Werkes ist, dennoch aber dieser polemische Theil nicht eigentlich, wie der vorhergehende doktrinale, d. i. die Aesthetik und Analytik, ein ganz allgemeines, bleibendes und rein philosophisches Interesse hat; sondern mehr ein temporelles und lokales, indem derselbe in besonderer Beziehung steht zu den Hauptmomenten der bis auf Kant in Europa herrschenden Philosophie, deren völliger Umsturz durch diese Polemik jedoch Kanten zum unsterblichen Verdienst gereicht. Er hat aus der Philosophie den Theismus eliminirt, da in ihr, als einer Wissenschaft, und nicht Glaubenslehre, nur Das eine Stelle finden kann, was entweder empirisch gegeben, oder durch haltbare Beweise festgestellt ist. Natürlich ist hier bloß die wirkliche, ernstlich verstandene, auf Wahrheit und nichts Anderes gerichtete Philosophie gemeint, und keineswegs die Spaaßphilosophie der Universitäten, als in welcher, nach wie vor, die spekulative Theologie die Hauptrolle spielt; wie denn auch daselbst die Seele, als eine bekannte Person, nach wie vor, ohne Umstände auftritt. Denn sie ist die mit Gehalten und Honoraren, ja gar noch mit Hofrathstiteln ausgestattete Philosophie, welche, von ihrer Höhe stolz herabsehend, Leutchen, wie ich bin, vierzig Jahre hindurch, gar nicht gewahr wird, und den alten Kant, mit seinen Kritiken, auch herzlich gern los wäre, um den Leibnitz aus voller Brust hoch leben zu lassen. – Ferner ist hier zu bemerken, daß, wie Kant zu seiner Lehre von der Apriorität des Kausalitätsbegriffes eingeständlich veranlaßt worden ist durch Hume's Skepsis in Hinsicht auf jenen Begriff, vielleicht eben so Kants Kritik aller spekulativen Theologie ihren Anlaß hat in Hume's Kritik aller populären Theologie, welche dieser dargelegt hatte in seiner so lesenswerthen *»Natural history of religion«*, und den *»Dialogues on natural religion«*, ja, daß Kant diese gewissermaaßen ergänzen gewollt. Denn die zuerst genannte Schrift Hume's ist eigentlich eine Kritik der populären Theologie, deren Erbärmlichkeit sie zeigen und dagegen auf die rationale oder spekulative Theologie, als die ächte, achtungsvoll hinweisen will. Kant aber deckt nun das Grundlose dieser letztern auf, läßt hingegen die populäre unangetastet und stellt sie sogar in veredelter Gestalt auf, als einen auf moralisches Gefühl gestützten Glauben. Diesen verdrehten späterhin die Philosophaster zu Vernunftvernehmungen, Gottesbewußtseynen, oder intellektuellen Anschauungen des Uebersinnlichen, der Gottheit u. dgl. m.; während vielmehr Kant, als er alte, ehrwürdige Irrthümer einriß und die Gefährlichkeit der Sache kannte, nur hatte, durch die Moraltheologie, einstweilen ein Paar schwache Stützen unterschieben wollen, damit der Einsturz nicht ihn träfe, sondern er Zeit gewönne, sich wegzubegeben.

Was nun die Ausführung betrifft, so war zur Widerlegung des ontologischen Beweises des Daseyns Gottes gar noch keine Vernunftkritik von Nöthen, indem auch ohne Voraussetzung der Aesthetik und Analytik es sehr leicht ist deutlich zu machen, daß jener ontologische Beweis nichts ist, als ein spitzfündiges Spiel mit Begriffen, ohne alle Ueberzeugungskraft. Schon im Organon des Aristoteles steht ein Kapitel, welches zur Widerlegung des ontotheologischen Beweises so vollkommen hinreicht, als ob es absichtlich dazu geschrieben wäre: sie ist das siebente Kapitel des zweiten Buches der *Analyt. post.*: unter Anderm heißt es dort ausdrücklich: το δε ειναι ουκ ουσια ουδενι:

d. h. *existentia nunquam ad essentiam rei pertinet* [das Dasein gehört nicht zum Wesen einer Sache].

Die Widerlegung des kosmologischen Beweises ist eine Anwendung der bis dahin vorgetragenen Lehre der Kritik auf einen gegebenen Fall, und nichts dagegen zu erinnern. – Der physikotheologische Beweis ist eine bloße Amplifikation des kosmologischen, den er voraussetzt, und findet auch seine ausführliche Widerlegung erst in der Kritik der Urtheilskraft. Meinen Leser verweise ich in dieser Hinsicht auf die Rubrik »Vergleichende Anatomie« in meiner Schrift über den Willen in der Natur.

Kant hat es, wie gesagt, bei der Kritik dieser Beweise bloß mit der spekulativen Theologie zu thun und beschränkt sich auf die Schule. Hätte er hingegen auch das Leben und die populäre Theologie im Auge gehabt, so hätte er zu den drei Beweisen noch einen vierten fügen müssen, der bei dem großen Haufen der eigentlich wirksame ist und in Kants Kunstsprache wohl am passendsten der keraunologische [auf Furcht gegründete] zu benennen wäre: es ist der, welcher sich gründet auf das Gefühl der Hülfsbedürftigkeit, Ohnmacht und Abhängigkeit des Menschen, unendlich überlegenen, unergründlichen und meistens unheildrohenden Naturmächten gegenüber; wozu sich sein natürlicher Hang Alles zu personificiren gesellt und endlich noch die Hoffnung kommt, durch Bitten und Schmeicheln, auch wohl durch Geschenke, etwas auszurichten. Bei jeder menschlichen Unternehmung ist nämlich etwas, das nicht in unserer Macht steht und nicht in unsere Berechnung fällt: der Wunsch, dieses für sich zu gewinnen, ist der Ursprung der Götter. *Primus in orbe Deos fecit timor* [Die Furcht schuf als erste den Glauben an die Götter] ist ein altes Wahrwort des Petronius [*Fragmenta*, 27,1]. Diesen Beweis hauptsächlich kritisirt Hume, der durchaus als Kants Vorläufer erscheint, in den oben erwähnten Schriften. – Wen nun aber Kant durch seine Kritik der spekulativen Theologie in dauernde Verlegenheit gesetzt hat, das sind die Philosophieprofessoren: von Christlichen Regierungen besoldet dürfen sie den Hauptglaubensartikel nicht im Stich lassen*.

* Kant hat gesagt: »Es ist sehr was Ungereimtes, von der Vernunft Aufklärung zu erwarten, und ihr doch vorher vorzuschreiben, auf welche Seite sie nothwendig ausfallen müsse.« (Kritik der reinen Vernunft, S. 747; v, 775.) Hingegen ist folgende

Wie helfen sich nun die Herren? – Sie behaupten eben, das Daseyn Gottes verstände sich von selbst. – So! nachdem die alte Welt, auf Kosten ihres Gewissens, Wunder gethan hat, es zu beweisen, und die neue Welt, auf Kosten ihres Verstandes, ontologische, kosmologische und physikotheologische Beweise ins Feld gestellt hat, – versteht es sich bei den Herren von selbst. Und aus diesem sich von selbst verstehenden Gott erklären sie sodann die Welt: das ist ihre Philosophie.

Bis auf Kant stand ein wirkliches Dilemma fest zwischen Materialismus und Theismus, d. h. zwischen der Annahme, daß ein blinder Zufall, oder daß eine von außen ordnende Intelligenz nach Zwecken und Begriffen, die Welt zu Stande gebracht hätte, *neque dabatur tertium* [und ein Drittes gab es nicht]. Daher war Atheismus und Materialismus das Selbe: daher der Zweifel, ob es wohl einen Atheisten geben könne, d. h. einen Menschen, der wirklich die so überschwänglich zweckmäßige Anordnung der Natur, zumal der organischen, dem blinden Zufall zutrauen könne: man sehe z. B. *Bacon's essays (sermones fideles), essay 16, on Atheism.* In der Meinung des großen Haufens und der Engländer, welche in solchen Dingen gänzlich zum großen Haufen *(mob)* gehören, steht es noch so, sogar bei ihren berühmtesten Gelehrten: man sehe nur des *R. Owen Ostéologie comparée,* von 1855, *préface p. 11, 12,* wo er noch immer vor dem alten Dilemma steht zwischen Demokrit und Epikur einerseits und einer *intelligence* andererseits, in welcher *la connaissance d'un être tel que l'homme a existé avant que l'homme fit son apparition* [die Erkenntnis von einem Wesen, wie der Mensch es ist, bestanden hat, bevor der Mensch in Erscheinung trat]. Von einer Intelligenz muß alle Zweckmäßigkeit ausgegangen seyn: daran zu zweifeln ist ihm noch nicht im Traume eingefallen. Hat er doch in der am

Naivetät der Ausspruch eines Philosophieprofessors in unserer Zeit: »Leugnet eine Philosophie die Realität der Grundideen des Christenthums, so ist sie entweder falsch, oder, wenn auch wahr, doch unbrauchbar –« *scilicet* [versteht sich] für Philosophieprofessoren. Der verstorbene Professor Bachmann ist es gewesen, welcher, in der Jena'schen Litteraturzeitung vom Juli 1840, Nr. 126, so indiskret die Maxime aller seiner Kollegen ausgeplaudert hat. Inzwischen ist es für die Charakteristik der Universitätsphilosophie bemerkenswerth, wie hier der Wahrheit, wenn sie sich nicht schicken und fügen will, so ohne Umschweife die Thüre gewiesen wird, mit: »Marsch, Wahrheit! wir können dich nicht brauchen. Sind wir dir etwas schuldig? Bezahlst du uns? – Also, Marsch!«

5. Sept. 1853 in der *Académie des sciences* gehaltenen Vorlesung dieser hier etwas modificirten *préface*, mit kindlicher Naivetät gesagt: *La téléologie, ou la théologie scientifique* [Die Lehre von der Teleologie oder die wissenschaftliche Theologie] (*Comptes rendus*, Sept. 1853), das ist ihm unmittelbar Eins! Ist etwas in der Natur zweckmäßig; nun so ist es ein Werk der Absicht, der Ueberlegung, der Intelligenz. Nun freilich, was geht so einen Engländer und die *Académie des sciences* die Kritik der Urtheilskraft an, oder gar mein Buch über den Willen in der Natur? So tief sehn die Herren nicht herab. Diese *illustres confrères* [erlauchten Kollegen] verachten ja die Metaphysik und die *philosophie allemande* [deutsche Philosophie]: – sie halten sich an die Rockenphilosophie. Die Gültigkeit jenes disjunktiven Obersatzes, jenes Dilemmas zwischen Materialismus und Theismus, beruht aber auf der Annahme, daß die vorliegende Welt die der Dinge an sich sei, daß es folglich keine andere Ordnung der Dinge gebe, als die empirische. Nachdem aber, durch Kant, die Welt und ihre Ordnung zur bloßen Erscheinung geworden war, deren Gesetze hauptsächlich auf den Formen unsers Intellekts beruhen, brauchte das Daseyn und Wesen der Dinge und der Welt nicht mehr nach Analogie der von uns wahrgenommenen, oder bewirkten Veränderungen in der Welt erklärt zu werden, noch Das, was wir als Mittel und Zweck auffassen, auch in Folge einer solchen Erkenntniß entstanden zu seyn. Indem also Kant, durch seine wichtige Unterscheidung zwischen Erscheinung und Ding an sich, dem Theismus sein Fundament entzog, eröffnete er andererseits den Weg zu ganz anderartigen und tiefsinnigeren Erklärungen des Daseyns.

Im Kapitel von den Endabsichten der natürlichen Dialektik der Vernunft wird vorgegeben, die drei transscendenten Ideen seien als regulative Principien für die Fortschreitung der Kenntniß der Natur von Werth. Aber schwerlich kann es Kanten mit dieser Behauptung Ernst gewesen seyn. Wenigstens wird ihr Gegentheil, daß nämlich jene Voraussetzungen für alle Naturforschung hemmend und ertödtend sind, jedem Naturkundigen außer Zweifel seyn. Um dies an einem Beispiel zu erproben, überlege man, ob die Annahme einer Seele, als immaterieller, einfacher, denkender Substanz, den Wahrheiten, welche Cabanis so schön dargelegt hat, oder den Entdeckungen Flourens', Marshall Halls, und Ch. Bells hätte förderlich, oder im höchsten Grade hinderlich seyn müssen. Ja, Kant selbst sagt (Prolegomena, § 44), »daß die Vernunftideen den Maximen der Vernunfterkenntniß der Natur entgegen und hinderlich sind.« –

Es ist gewiß keines der geringsten Verdienste Friedrichs des Großen, daß unter seiner Regierung Kant sich entwickeln konnte und die »Kritik der reinen Vernunft« veröffentlichen durfte. Schwerlich würde unter irgend einer andern Regierung ein besoldeter Professor so etwas gewagt haben. Schon dem Nachfolger des großen Königs mußte Kant versprechen, nicht mehr zu schreiben.

Der Kritik des ethischen Theils der Kantischen Philosophie könnte ich mich hier entübrigt [enthoben] erachten, sofern ich eine solche ausführlicher und gründlicher, 22 Jahre später, als die gegenwärtige, geliefert habe, in den »beiden Grundproblemen der Ethik«. Indessen kann das aus der ersten Auflage hier Beibehaltene, welches schon der Vollständigkeit wegen nicht wegfallen durfte, als zweckmäßige Prolusion [Vorübung] zu jener spätern und viel gründlichern Kritik dienen, auf welche ich demnach, in der Hauptsache, den Leser verweise.

Gemäß der Liebe zur architektonischen Symmetrie mußte die theoretische Vernunft auch einen *Pendant* haben. Der *intellectus practicus* der Scholastik, welcher wieder abstammt vom νους πρακτικος des Aristoteles *(De anima, III, 10,* und *Polit., VII, c. 14:* ὁ μεν γαρ πρακτικος εστι λογος, ὁ δε θεωρητικος [Denn die Vernunft ist sowohl praktisch als auch theoretisch]*)*, giebt das Wort an die Hand. Jedoch wird hier etwas ganz Anderes damit bezeichnet, nicht wie dort die auf Technik gerichtete Vernunft; sondern hier tritt die praktische Vernunft auf als Quell und Ursprung der unleugbaren ethischen Bedeutsamkeit des menschlichen Handelns, so wie auch aller Tugend, alles Edelmuths und jedes erreichbaren Grades von Heiligkeit. Dieses Alles demnach käme aus bloßer V e r n u n f t und erforderte nichts, als diese. Vernünftig handeln und tugendhaft, edel, heilig handeln wäre Eines und das Selbe: und eigennützig, boshaft, lasterhaft handeln wäre bloß unvernünftig handeln. Inzwischen haben alle Zeiten, alle Völker, alle Sprachen Beides immer sehr unterschieden und gänzlich für zweierlei gehalten, wie auch noch bis auf den heutigen Tag alle Die thun, welche von der Sprache der neuern Schule nichts wissen, d. h. die ganze Welt mit Ausnahme eines kleinen Häufchens Deutscher Gelehrten: jene alle verstehn unter einem tugendhaften Wandel und einem vernünftigen Lebenslauf durchaus zwei ganz verschiedene Dinge. Daß der erhabene Urheber der Christlichen Religion, dessen Lebenslauf uns als das Vorbild aller Tugend aufgestellt wird, der allervernünftigste Mensch gewesen wäre, würde man eine sehr unwürdige, wohl gar eine blasphemirende Redensart nennen, und fast eben so auch, wenn gesagt würde, daß seine Vorschriften nur die beste Anweisung zu einem ganz vernünftigen Leben enthielten. Ferner, daß, wer diesen Vorschriften gemäß, statt an sich und seine eigenen zukünftigen Bedürfnisse zum voraus zu denken, allemal nur dem größern gegenwärtigen Mangel Anderer abhilft, ohne weitere Rücksicht; ja, seine ganze Habe den Armen schenkt, um dann, aller Hülfsmittel entblößt, hinzugehn, die Tugend, welche er selbst geübt, auch Andern zu predigen; dies verehrt Jeder mit Recht: wer aber wagt es als den Gipfel der Vernünftigkeit zu preisen? Und endlich, wer lobt es als eine überaus vernünftige That, daß Arnold von Winkelried, mit überschwänglichem Edelmuth, die feindlichen Speere zusammenfaßte, gegen seinen eigenen Leib, um seinen Landsleuten Sieg und Rettung zu verschaffen? – Hingegen, wenn wir einen Menschen sehn, der von Jugend an, mit seltener Ueberlegung darauf bedacht ist, sich die Mittel zu einem sorgenfreien Auskommen, zur Unterhaltung von Weib und Kindern, zu einem guten Namen bei den Leuten, zu äußerer Ehre und Auszeichnung zu verschaffen, und dabei sich nicht durch den Reiz gegenwärtiger Genüsse, oder den Kitzel dem Uebermuth der Mächtigen zu trotzen, oder den Wunsch erlittene Beleidigungen oder unverdiente Demüthigung zu rächen, oder die Anziehungskraft unnützer ästhetischer oder philosophischer Geistesbeschäftigung und Reisen nach sehenswerthen Ländern, – der sich durch alles Dieses und dem Aehnliches nicht irre machen, noch verleiten läßt, jemals sein Ziel aus den Augen zu verlieren; sondern mit größter Konsequenz einzig darauf hinarbeitet: wer wagt es zu leugnen, daß ein solcher Philister ganz außerordentlich vernünftig sei? sogar auch dann noch, wenn er sich einige nicht lobenswerthe, aber gefahrlose Mittel erlaubt hätte. Ja, noch mehr: wenn ein Bösewicht mit überlegter Verschmitztheit, nach einem wohldurchdachten Plan, sich zu Reichthümern, zu Ehren, ja zu Thronen und Kronen verhilft, dann mit der feinsten Arglist benachbarte Staaten umstrickt, sie einzeln überwältigt und nun zum Welteroberer wird, dabei sich nicht irre machen läßt durch irgend eine Rücksicht auf Recht, oder Menschlichkeit, sondern mit scharfer Konsequenz Alles zertritt und zermalmt, was seinem Plane entgegensteht, ohne Mitleid Millionen in Unglück jeder Art, Millionen in Blut und Tod stürzt, jedoch seine Anhänger und Helfer königlich belohnt und jederzeit schützt, nichts jemals vergessend, und dann so sein Ziel erreicht: wer sieht nicht ein, daß ein solcher überaus vernünftig zu Werk gehn mußte, daß, wie zum Entwurf der Pläne ein gewaltiger Verstand, so zu ihrer Ausführung vollkommene Herrschaft der Vernunft, ja recht eigentlich praktische Vernunft erfordert war? – Oder sind etwan auch die Vorschriften, welche der kluge und konsequente, überlegte und weitsehende Machiavelli dem Fürsten giebt, unvernünftig?*

Wie Bosheit mit Vernunft sehr gut zusammen besteht, ja erst in dieser Vereinigung recht furchtbar ist; so findet sich umgekehrt auch bisweilen Edelmuth verbunden mit Unvernunft. Dahin kann man die That des Koriolanus rechnen, der, nachdem er Jahrelang alle seine Kraft aufgewendet hatte, um sich Rache an den Römern zu verschaffen, jetzt, nachdem die Zeit endlich gekommen ist, sich durch das Flehn des Senats und das Weinen seiner Mutter und Gattin erweichen läßt, die so lange und so mühsam vorbereitete Rache aufgiebt, ja sogar, indem er dadurch den gerechten Zorn der Volsker auf sich ladet, für jene Römer stirbt, deren Undankbarkeit er kennt und mit so großer Anstrengung strafen gewollt hat. – Endlich, der Vollständigkeit wegen sei es erwähnt, kann Vernunft sehr wohl mit Unverstand sich vereinigen. Dies ist der Fall, wann eine dumme Maxime

---

* Beiläufig: Machiavells Problem war die Auflösung der Frage, wie sich der Fürst unbedingt auf dem Thron erhalten könne, trotz innern und äußern Feinden. Sein Problem war also keineswegs das ethische, ob ein Fürst als Mensch dergleichen wollen solle, oder nicht; sondern rein das politische, wie er, wenn er es will, es ausführen könne. Hiezu nun giebt er die Auflösung, wie man eine Anweisung zum Schachspielen schreibt, bei der es doch thöricht wäre, die Beantwortung der Frage zu vermissen, ob es moralisch räthlich sei, überhaupt Schach zu spielen. Dem Machiavell die Immoralität seiner Schrift vorwerfen, ist eben so angebracht, als es wäre, einem Fechtmeister vorzuwerfen, daß er nicht seinen Unterricht mit einer moralischen Vorlesung gegen Mord und Todschlag eröffnet.

gewählt, aber mit Konsequenz durchgeführt wird. Ein Beispiel der Art gab die Prinzessin Isabella, Tochter Philipp's II., welche gelobte, so lange Ostende nicht erobert worden, kein reines Hemd anzuziehn, und Wort hielt, drei Jahre hindurch. Ueberhaupt gehören alle Gelübde hieher, deren Ursprung allemal Mangel an Einsicht gemäß dem Gesetz der Kausalität, d.h. Unverstand ist; nichts desto weniger ist es vernünftig, sie zu erfüllen, wenn man ein Mal von so beschränktem Verstande ist, sie zu geloben.

Dem Angeführten entsprechend sehn wir auch die noch dicht vor Kant auftretenden Schriftsteller das Gewissen, als den Sitz der moralischen Regungen, mit der Vernunft in Gegensatz stellen: so Rousseau im vierten Buche des Émile: *La raison nous trompe, mais la conscience ne trompe jamais* [Die Vernunft täuscht uns, aber das Gewissen täuscht uns nie]; und etwas weiterhin: *il est impossible d'expliquer par les conséquences de notre nature le principe immédiat de la conscience indépendant de la raison même* [Es ist unmöglich, mit den Folgerungen unserer Natur das unmittelbare Prinzip des Gewissens zu erklären, das von der Vernunft selbst unabhängig ist]. Noch weiter: *Mes sentimens naturels parlaient pour l'intérêt commun, ma raison rapportait tout à moi. – – – On a beau vouloir établir la vertu par la raison seule, quelle solide base peut-on lui donner?* [Meine natürlichen Gefühle sprachen für das Gemeinwohl, meine Vernunft bezog alles auf mich. – – – Man mag sich noch so sehr bemühen, die Tugend allein auf die Vernunft zu gründen, aber welche solide Grundlage kann man ihr geben?] – In den *Rêveries du promeneur, prom. 4ème*, sagt er: *Dans toutes les questions de morale difficiles je me suis toujours bien trouvé de les résoudre par le dictamen de la conscience, plutôt que par les lumières de la raison.* [In allen schwierigen Moral-Fragen habe ich mich immer gut dabei befunden, wenn ich der Entscheidung nach dem Richterspruch des Gewissens vor der nach der Erleuchtung durch die Vernunft den Vorzug gab.] – Ja, schon Aristoteles sagt ausdrücklich *(Eth. magna, I, 5)*, daß die Tugenden ihren Sitz im αλογῳ μοριῳ της ψυχης *(in parte irrationali animi)* [im vernunftlosen Teile der Seele] haben und nicht im λογον εχοντι *(in parte rationali)* [im vernünftigen]. Diesem gemäß sagt Stobäos *(Ecl., II, c. 7)*, von den Peripatetikern redend: Την ηθικην αρετην ὑπολαμβανουσι περι το αλογον μερος γιγνεσθαι της ψυχης, επειδη διμερη προς την παρουσαν θεωριαν ὑπεθεντο την ψυχην, το μεν λογικον εχουσαν, το δ' αλογον. Και περι μεν το λογικον την καλοκἀγαθιαν γιγνεσθαι, και την φρονησιν, και την αγχινοιαν, και σοφιαν, και ευμαθειαν, και μνημην, και τας ὁμοιους· περι δε το αλογον, σωφροσυνην, και δικαιοσυνην, και ανδρειαν, και τας αλλας τας ηθικας καλουμενας αρετας. *(Ethicam virtutem circa partem animae ratione carentem versari putant, cum duplicem, ad hanc disquisitionem, animam ponant, ratione praeditam, et ea carentem. In parte vero ratione praedita collocant ingenuitatem, prudentiam, perspicacitatem, sapientiam, docilitatem, memoriam et reliqua; in parte vero ratione destituta temperantiam, justitiam, fortitudinem, et reliquas virtutes, quas ethicas vocant.)* [Von der ethischen Tugend glauben sie, daß sie den unvernünftigen Teil der Seele betreffe; denn was die gegenwärtige Betrachtung betrifft, so nehmen sie an, daß die Seele aus zwei Teilen bestehe, einem vernünftigen und einem unvernünftigen; und dem vernünftigen Teile gehörten an: Edelsinn, Besonnenheit, Scharfsinn, Weisheit, Gelehrigkeit, Gedächtnis und ähnliches; dem unvernünftigen Teile hingegen: Enthaltsamkeit, Gerechtigkeit, Tapferkeit und die übrigen sogenannten ethischen Tugenden.] Und Cicero setzt *(De nat. Deor., III, c. 26–31)* weitläuftig auseinander, daß Vernunft das nothwendige Mittel und Werkzeug zu allen Verbrechen ist.

Für das Vermögen der Begriffe habe ich die Vernunft erklärt. Diese ganz eigene Klasse allgemeiner, nicht anschaulicher, nur durch Worte symbolisirter und fixirter Vorstellungen ist es, die den Menschen vom Thiere unterscheidet und ihm die Herrschaft auf Erden giebt. Wenn das Thier der Sklave der Gegenwart ist, keine andere, als unmittelbar sinnliche Motive kennt und daher, wenn sie sich ihm darbieten, so nothwendig von ihnen gezogen oder abgestoßen wird, wie das Eisen vom Magnet; so ist dagegen im Menschen durch die Gabe der Vernunft die Besonnenheit aufgegangen. Diese läßt ihn, rückwärts und vorwärts blickend, sein Leben und den Lauf der Welt leicht im Ganzen übersehn, macht ihn unabhängig von der Gegenwart, läßt ihn überlegt, planmäßig und mit Bedacht zu Werke gehn, zum Bösen wie zum Guten. Aber was er thut, thut er mit vollkommnem Selbstbewußtseyn: er weiß genau, wie sein Wille sich entscheidet, was er jedesmal erwählt und welche andere Wahl, der Sache nach, möglich war, und aus diesem selbstbewußten Wollen lernt er sich selbst kennen und spiegelt sich an seinen Thaten. In allen diesen Beziehungen auf das Handeln des Menschen ist die Vernunft praktisch zu nennen: theoretisch ist sie nur, sofern die Gegenstände, mit denen sie sich beschäftigt, auf das Handeln des Denkenden keine Beziehung, sondern lediglich ein theoretisches Interesse haben, dessen sehr wenige Menschen fähig sind. Was in diesem Sinne praktische Vernunft heißt, wird so ziemlich durch das Lateinische Wort *prudentia* (Umsicht, Lebensklugheit), welches nach Cicero *(De nat. Deor., II, 22)*, das zusammengezogene *providentia* [Voraussicht, Vorsorge] ist, bezeichnet; da hingegen *ratio*, wenn von einer Geisteskraft gebraucht, meistens die eigentliche theoretische Vernunft bedeutet, wiewohl die Alten den Unterschied nicht strenge beobachten. – In fast allen Menschen hat die Vernunft eine beinahe ausschließlich praktische Richtung: wird nun aber auch diese verlassen, verliert das Denken die Herrschaft über das Handeln, wo es dann heißt: *Scio meliora, proboque, deteriora sequor* [Das Bessere weiß ich und heiß' es gut, aber dem Schlechteren folg' ich: Ovid, *Metamorphoses*, VII, 20], oder *»Le matin je fais des projets, et le soir je fais des sottises«* [Am Morgen mache ich Pläne, und am Abend mache ich Dummheiten], läßt also der Mensch sein Handeln nicht durch sein Denken geleitet werden, sondern durch den Eindruck der Gegenwart, fast nach Weise des Thieres, so nennt man ihn unvernünftig (ohne dadurch ihm moralische Schlechtigkeit vorzuwerfen), obwohl es ihm eigentlich nicht an Vernunft, sondern an Anwendung derselben auf sein Handeln fehlt, und man gewissermaaßen sagen könnte, seine Vernunft sei lediglich theoretisch, aber nicht praktisch. Er kann dabei ein recht guter Mensch seyn, wie Mancher, der keinen Unglücklichen sehn kann, ohne ihm zu helfen, selbst mit Aufopferung, hingegen seine Schulden unbezahlt läßt. Der Ausübung großer Verbrechen ist ein solcher unvernünftiger Charakter gar nicht fähig, weil die dabei immer nöthige Planmäßigkeit, Verstellung und Selbstbeherrschung ihm unmöglich ist. Zu einem sehr hohen Grade von Tugend wird er es jedoch auch schwerlich bringen: denn, wenn er auch von Natur noch so sehr zum Guten geneigt ist; so können doch die einzelnen lasterhaften und boshaften Aufwallungen, denen jeder Mensch unterworfen ist, nicht ausbleiben und müssen, wo nicht Vernunft [,] sich praktisch erzeigend, ihnen unveränderliche Maximen und feste Vorsätze entgegenhält, zu Thaten werden.

Als praktisch zeigt sich endlich die Vernunft ganz eigentlich in den recht vernünftigen Charakteren, die man deswegen im gemeinen Leben praktische Philosophen nennt, und die sich auszeichnen durch einen ungemeinen Gleichmuth bei unangenehmen, wie bei erfreulichen Vorfällen, gleichmäßige Stimmung und festes Beharren bei gefaßten Entschlüssen. In der That ist es das Vorwalten der Vernunft in ihnen, d. h. das mehr abstrakte, als intuitive Erkennen und daher das Ueberschauen des Lebens, mittelst der Begriffe, im Allgemeinen, Ganzen und Großen, welches sie ein für alle Mal bekannt gemacht hat mit der Täuschung des momentanen Eindrucks, mit dem Unbestand aller Dinge, der Kürze des Lebens, der Leerheit der Genüsse, dem Wechsel des Glücks und den großen und kleinen Tücken des Zufalls. Nichts kommt ihnen daher unerwartet, und was sie *in abstracto* wissen, überrascht sie nicht und bringt sie nicht aus der Fassung, wann es nun in der Wirklichkeit und im Einzelnen ihnen entgegentritt, wie dieses der Fall ist bei den nicht so vernünftigen Charakteren, auf welche die Gegenwart, das Anschauliche, das Wirkliche solche Gewalt ausübt, daß die kalten, farblosen Begriffe ganz in den Hintergrund des Bewußtseyns treten und sie, Vorsätze und Maximen vergessend, den Affekten und Leidenschaften jeder Art preisgegeben sind. Ich habe bereits am Ende des ersten Buches auseinandergesetzt, daß, meiner Ansicht nach, die Stoische Ethik ursprünglich nichts, als eine Anweisung zu einem eigentlich vernünftigen Leben, in diesem Sinne, war. Ein solches preiset auch Horatius wiederholentlich an sehr vielen Stellen. Dahin gehört auch sein *Nil admirari* [Sich durch nichts aus der Fassung bringen lassen: *Epistulae,* 1, 6, 1], und dahin ebenfalls das Delphische Μηδεν αγαν [Nichts im Übermaß]. *Nil admirari* mit »Nichts bewundern« zu übersetzen ist ganz falsch. Dieser Horazische Ausspruch geht nicht sowohl auf das Theoretische, als auf das Praktische, und will eigentlich sagen: »Schätze keinen Gegenstand unbedingt, vergaffe dich in nichts, glaube nicht, daß der Besitz irgend einer Sache Glücksäligkeit verleihen könne: jede unsägliche Begierde auf einen Gegenstand ist nur eine neckende Chimäre, die man eben so gut, aber viel leichter, durch verdeutlichte Erkenntniß, als durch errungenen Besitz, los werden kann.« In diesem Sinne gebraucht das *admirari* auch Cicero, *De divinatione, II, 2.* Was Horaz meint, ist also die αθαμβια [Furchtlosigkeit] und ακαταπληξις [Unerschütterlichkeit], auch αθαυμασια [Bewunderungslosigkeit], welche schon Demokritos als das höchste Gut pries (siehe *Clem. Alex. Strom., II, 21,* und vgl. Strabo, I, S. 98 und 105). – Von Tugend und Laster ist bei solcher Vernünftigkeit des Wandels eigentlich nicht die Rede, aber dieser praktische Gebrauch der Vernunft macht das eigentliche Vorrecht, welches der Mensch vor dem Thiere hat, geltend, und allein in dieser Rücksicht hat es einen Sinn und ist zulässig von einer Würde des Menschen zu reden.

In allen dargestellten und in allen erdenklichen Fällen läuft der Unterschied zwischen vernünftigem und unvernünftigem Handeln darauf zurück, ob die Motive abstrakte Begriffe, oder anschauliche Vorstellungen sind. Daher eben stimmt die Erklärung, welche ich von der Vernunft gegeben, genau mit dem Sprachgebrauch aller Zeiten und Völker zusammen, welchen selbst man doch wohl nicht für etwas Zufälliges oder Beliebiges halten wird, sondern einsehn, daß er eben hervorgegangen ist aus dem jedem Menschen bewußten Unterschiede der verschiedenen Geistesvermögen, welchem Bewußtseyn gemäß er redet, aber freilich es nicht zur Deutlichkeit abstrakter Definition erhebt. Unsere Vorfahren haben nicht die Worte, ohne ihnen einen bestimmten Sinn beizulegen, gemacht, etwan damit sie bereit lägen für Philosophen, die nach Jahrhunderten kommen und bestimmen möchten, was dabei zu denken seyn sollte; sondern sie bezeichneten damit ganz bestimmte Begriffe. Die Worte sind also nicht mehr herrenlos, und ihnen einen ganz andern Sinn unterlegen, als den sie bisher gehabt, heißt sie mißbrauchen, heißt eine Licenz [Willkür] einführen, nach der Jeder jedes Wort in beliebigem Sinn gebrauchen könnte, wodurch gränzenlose Verwirrung entstehn müßte. Schon Locke hat ausführlich dargethan, daß die meisten Uneinigkeiten in der Philosophie vom falschen Gebrauch der Worte kommen. Man werfe, der Erläuterung halber, nur einen Blick auf den schändlichen Mißbrauch, den heut zu Tage gedankenarme Philosophaster mit den Worten Substanz, Bewußtseyn, Wahrheit u. a. m. treiben. Auch die Aeußerungen und Erklärungen aller Philosophen, aus allen Zeiten, mit Ausnahme der neuesten, über die Vernunft, stimmen nicht weniger, als die unter allen Völkern herrschenden

Begriffe von jenem Vorrecht des Menschen, mit meiner Erklärung davon überein. Man sehe was Plato, im vierten Buche der Republik und an unzähligen zerstreuten Stellen, das λογιμον [= λογικον: den Ausdruck Betreffende] oder λογιστικον της ψυχης [Denkende der Seele] nennt, was Cicero sagt, *De nat. Deor., III, 26–31*, was Leibnitz, Locke in den im ersten Buch bereits angeführten Stellen hierüber sagen. Es würde hier der Anführungen gar kein Ende seyn, wenn man zeigen wollte, wie alle Philosophen vor Kant von der Vernunft im Ganzen in meinem Sinn geredet haben, wenn sie gleich nicht mit vollkommener Bestimmtheit und Deutlichkeit das Wesen derselben, durch dessen Zurückführung auf einen Punkt, zu erklären wußten. Was man kurz vor Kants Auftreten unter Vernunft verstand, zeigen im Ganzen zwei Abhandlungen von Sulzer, im ersten Bande seiner vermischten philosophischen Schriften: die eine, »Zergliederung des Begriffes der Vernunft«, die andere, »Ueber den gegenseitigen Einfluß von Vernunft und Sprache«. Wenn man dagegen liest, wie in der neuesten Zeit, durch den Einfluß des Kantischen Fehlers, der sich nachher lawinenartig vergrößert hat, von der Vernunft geredet wird; so ist man genöthigt anzunehmen, daß sämmtliche Weisen des Alterthums, wie auch alle Philosophen vor Kant, ganz und gar keine Vernunft gehabt haben: denn die jetzt entdeckten unmittelbaren Wahrnehmungen, Anschauungen, Vernehmungen, Ahndungen der Vernunft sind ihnen so fremd geblieben, wie uns der sechste Sinn der Fledermäuse ist. Was übrigens mich betrifft, so muß ich bekennen, daß ich ebenfalls jene das Uebersinnliche, das Absolutum, nebst langen Geschichten, die sich mit demselben zutragen, unmittelbar wahrnehmende, oder auch vernehmende, oder intellektual anschauende Vernunft mir, in meiner Beschränktheit, nicht anders faßlich und vorstellig machen kann, als gerade so, wie den sechsten Sinn der Fledermäuse. Das aber muß man der Erfindung, oder Entdeckung, einer solchen Alles was beliebt sogleich unmittelbar wahrnehmenden Vernunft nachrühmen, daß sie ein unvergleichliches *expédient* [Hilfsmittel] ist, um allen Kanten mit ihren Vernunftkritiken zum Trotz sich und seine fixirten Favoritideen auf die leichteste Weise von der Welt aus der Affäre zu ziehn. Die Erfindung und die Aufnahme, welche sie gefunden, macht dem Zeitalter Ehre.

Wenn gleich also das Wesentliche der Vernunft (το λογιμον, ἡ φρονησις [die vernünftige Einsicht], *ratio, raison, reason)* von allen Philosophen aller Zeiten im Ganzen und Allgemeinen richtig erkannt, obwohl nicht scharf genug bestimmt, noch auf einen Punkt zurückgeführt wurde; so ist hingegen was der Verstand (νους, διανοια, *intellectus, esprit, intellect, understanding)* sei, ihnen nicht so deutlich geworden; daher sie ihn oft mit der Vernunft vermischen und eben dadurch auch zu keiner ganz vollkommenen, reinen und einfachen Erklärung des Wesens dieser gelangen. Bei den Christlichen Philosophen erhielt nun der Begriff der Vernunft noch eine ganz fremdartige Nebenbedeutung, durch den Gegensatz zur Offenbarung, und hievon ausgehend behaupten dann Viele, mit Recht, daß die Erkenntniß der Verpflichtung zur Tugend auch aus bloßer Vernunft, d. h. auch ohne Offenbarung, möglich sei. Sogar auf Kants Darstellung und Wortgebrauch hat diese Rücksicht gewiß Einfluß gehabt. Allein jener Gegensatz ist eigentlich von positiver, historischer Bedeutung und daher ein der Philosophie fremdes Element, von welchem sie frei gehalten werden muß.

Man hätte erwarten dürfen, daß Kant in seinen Kritiken der theoretischen und praktischen Vernunft ausgegangen seyn würde von einer Darstellung des Wesens der Vernunft überhaupt, und, nachdem er so das *Genus* bestimmt hätte, zur Erklärung der beiden *Species* geschritten wäre, nachweisend, wie die eine und selbe Vernunft sich auf zwei so verschiedene Weisen äußert und doch, durch Beibehaltung des Hauptcharakters, sich als die selbe beurkundet. Allein von dem allen findet sich nichts. Wie ungenügend, schwankend und disharmonirend die Erklärungen sind, die er in der Kritik der reinen Vernunft von dem Vermögen, welches er kritisiert, hin und wieder beiläufig giebt, habe ich bereits nachgewiesen. Die praktische Vernunft findet sich schon in der Kritik der reinen Vernunft unangemeldet ein und steht nachher, in der ihr eigens gewidmeten Kritik, als ausgemachte Sache da, ohne weitere Rechenschaft und ohne daß der mit Füßen getretene Sprachgebrauch aller Zeiten und Völker, oder die Begriffsbestimmungen der größten früheren Philosophen ihre Stimmen erheben dürfen. Im Ganzen kann man aus den einzelnen Stellen abnehmen, daß Kants Meinung dahin geht: das Erkennen von Principien *a priori* sei wesentlicher Charakter der Vernunft: da nun die Erkenntniß der ethischen Bedeutsamkeit des Handelns nicht empirischen Ursprungs ist; so ist auch sie ein *principium a priori* und stammt demnach aus der Vernunft, die dann insofern praktisch ist. – Ueber die Unrichtigkeit jener Erklärung der Vernunft habe ich schon genugsam geredet. Aber auch hievon abgesehn, wie oberflächlich und ungründlich ist es, hier das einzige Merkmal der Unabhängigkeit von der Erfahrung zu benutzen, um die heterogensten Dinge zu vereinigen, ihren übrigen, grundwesentlichen, unermeßlichen Abstand dabei übersehend. Denn auch angenommen, wiewohl nicht zugestanden, die Erkenntniß der ethischen Bedeutsamkeit des Handelns entspringe aus einem in uns liegenden Imperativ, einem unbedingten Soll; wie grundverschieden wäre doch ein solches von jenen allgemeinen Formen der Erkenntniß, welche er in der Kritik der reinen Vernunft als *a priori* uns bewußt nachweist, vermöge welches Bewußtseyns wir ein unbedingtes Muß zum Voraus aussprechen können, gültig für alle mögliche Erfahrung. Der Unterschied aber zwischen diesem Muß, dieser schon im Subjekt bestimmten nothwendigen Form des Objekts, und jenem Soll der Moralität, ist so himmelweit und so augenfällig, daß man das Zusammentreffen Beider im Merkmal der nichtempirischen Erkenntnißart wohl als ein witziges Gleichniß, nicht aber als eine philosophische Berechtigung zur Identificirung des Ursprungs Beider geltend machen kann.

Uebrigens ist die Geburtsstätte dieses Kindes der praktischen Vernunft, des absoluten Solls oder kategorischen Imperativs, nicht in der Kritik der praktischen, sondern schon in der reinen Vernunft, S. 802; v, 830. Die Geburt ist gewaltsam und gelingt nur mittelst der Geburtszange eines Daher, welches keck und kühn, ja man möchte sagen unverschämt, sich zwischen zwei einander wildfremde und keinen Zusammenhang habende Sätze stellt, um sie als Grund und Folge zu verbinden. Nämlich, daß nicht bloß anschauliche, sondern auch abstrakte Motive uns bestimmen, ist der Satz, von dem Kant ausgeht, ihn folgendermaaßen ausdrückend: »Nicht bloß was reizt, d. i. die Sinne unmittelbar afficirt, bestimmt die menschliche Willkür; sondern wir haben ein Vermögen, durch Vorstellungen von dem, was selbst auf entferntere Art nützlich oder schädlich ist, die Eindrücke auf unser sinnliches Begehrungsvermögen zu überwinden. Diese Ueberlegungen von dem, was in Ansehung unsers ganzen Zustandes begehrungswerth, d. i. gut und nützlich, ist, beruhen auf der Vernunft.« (Vollkommen richtig: spräche er nur immer so vernünftig von der Vernunft!) »Diese giebt daher! auch Gesetze, welche Imperativen, d. i. objektive Gesetze der Freiheit sind und sagen was geschehn soll, ob es gleich vielleicht nie geschieht.« –! So, ohne weitere Beglaubigung, springt der kategorische Imperativ in die Welt, um daselbst das Regiment zu führen mit seinem unbedingten Soll, – einem Scepter aus hölzernem Eisen. Denn im Begriff Sollen liegt durchaus und wesentlich die Rücksicht auf angedrohte Strafe, oder versprochene Belohnung, als nothwendige Bedingung, und ist nicht von ihm zu trennen, ohne ihn selbst aufzuheben und ihm alle Bedeutung zu nehmen: daher ist ein unbedingtes Soll eine *contradictio in adjecto* [ein Widerspruch im Beiwort]. Dieser Fehler mußte gerügt werden, so nahe er übrigens mit Kants großem Verdienst um die Ethik verwandt ist, welches eben darin besteht, daß er die Ethik von allen Principien der Erfahrungswelt, namentlich von aller direkten oder indirekten Glücksäligkeitslehre frei gemacht und ganz eigentlich gezeigt hat, daß das Reich der Tugend nicht von dieser Welt sei. Dieses Verdienst ist um so größer, als schon alle alten Philosophen, mit Ausnahme des einzigen Plato, nämlich Peripatetiker, Stoiker, Epikureer, durch sehr verschiedene Kunstgriffe, Tugend und Glücksäligkeit bald nach dem Satz vom Grunde von einander abhängig machen, bald nach dem Satz vom Widerspruch identificiren wollten. Nicht minder trifft der selbe Vorwurf alle Philosophen der neuern Zeit, bis auf Kant. Sein Verdienst hierin ist daher sehr groß: jedoch fordert die Gerechtigkeit auch hiebei zu erinnern, daß theils seine Darstellung und Ausführung der Tendenz und dem Geist seiner Ethik oft nicht entspricht, wie wir sogleich sehn werden, theils auch, daß er, selbst so, nicht der allererste ist, der die Tugend von allen Glücksäligkeitsprincipien gereinigt hat. Denn schon Plato, besonders in der Republik, deren Haupttendenz eben dieses ist, lehrt ausdrücklich, daß die Tugend allein ihrer selbst wegen zu wählen sei, auch wenn Unglück und Schande unausbleiblich mit ihr verknüpft wäre. Noch mehr aber predigt das Christenthum eine völlig uneigennützige Tugend, welche auch nicht wegen des Lohnes in einem Leben nach dem Tode, sondern ganz unentgeltlich, aus Liebe zu Gott, geübt wird, sofern die Werke nicht rechtfertigen, sondern allein der Glaube, welchen, gleichsam als sein bloßes Symptom, die Tugend begleitet und daher ganz unentgeltlich und von selbst eintritt. Man lese Luther, *De libertate Christiana.* Ich will gar nicht die Inder in Rechnung bringen, in deren heiligen Büchern überall das Hoffen eines Lohnes seiner Werke als der Weg der Finsterniß geschildert wird, der nie zur Säligkeit führen kann. So rein finden wir Kants Tugendlehre doch nicht: oder vielmehr die Darstellung ist hinter dem Geiste weit zurückgeblieben, ja, in Inkonsequenz verfallen. In seinem nachher abgehandelten höchsten Gut finden wir die Tugend mit der Glücksäligkeit vermählt. Das ursprünglich so unbedingte Soll postulirt sich hinterdrein doch eine Bedingung, eigentlich um den innern Widerspruch los zu werden, mit welchem behaftet es nicht leben kann. Die Glücksäligkeit im höchsten Gut soll nun zwar nicht eigentlich das Motiv zur Tugend seyn: dennoch steht sie da, wie ein geheimer Artikel, dessen Anwesenheit alles Uebrige zu einem bloßen Scheinvertrage macht: sie ist nicht eigentlich der Lohn der Tugend, aber doch eine freiwillige Gabe, zu der die Tugend, nach ausgestandener Arbeit, verstohlen die Hand offen hält. Man überzeuge sich hievon durch die »Kritik der praktischen Vernunft« (S. 223–266 der vierten, oder S. 264–295 der Rosenkranzischen Ausgabe). Die selbe Tendenz hat auch seine ganze Moraltheologie: durch diese vernichtet eben deshalb eigentlich die Moral sich selbst. Denn, ich wiederhole es, alle Tugend, die irgendwie eines Lohnes wegen geübt wird, beruht auf einem klugen, methodischen, weitsehenden Egoismus.

Der Inhalt des absoluten Solls, das Grundgesetz der praktischen Vernunft, ist nun das Gerühmte: »Handle so, daß die Maxime deines Willens jederzeit zugleich als Princip einer allgemeinen Gesetzgebung gelten könnte.« – Dieses Princip giebt Dem, welcher ein Regulativ für seinen eigenen Willen verlangt, die Aufgabe gar eines für den Willen Aller zu suchen. – Dann frägt sich, wie ein solches zu finden sei. Offenbar soll ich, um die Regel meines Verhaltens aufzufinden, nicht mich allein berücksichtigen, sondern die Gesammtheit aller Individuen. Alsdann wird, statt meines eigenen Wohlseyns, das Wohlseyn Aller, ohne Unterschied, mein Zweck. Derselbe bleibt aber noch immer Wohlseyn. Ich finde sodann, daß Alle sich nur so gleich wohl befinden können, wenn Jeder seinem Egoismus den fremden zur Schranke setzt. Hieraus folgt freilich, daß ich Niemanden beeinträchtigen soll, weil, indem dies Princip als allgemein angenommen wird, auch ich nicht beeinträchtigt werde, welches aber der alleinige Grund ist, weshalb ich, ein Moralprincip noch nicht besitzend, sondern erst suchend, dieses zum allgemeinen Gesetz wünschen kann. Aber offenbar bleibt, auf diese Weise, Wunsch nach Wohlseyn, d. h. Egoismus, die Quelle dieses ethischen Princips. Als Basis der Staatslehre wäre es vortrefflich, als Basis der Ethik taugt es nicht. Denn zu der in jenem Moralprincip aufgegebenen Festsetzung eines Regulativs für den Willen Aller, bedarf, der es sucht, nothwendig selbst wieder eines Regulativs, sonst wäre ihm ja Alles gleichgültig. Dies Regulativ aber kann nur der eigene Egoismus seyn, da nur auf diesen das Verhalten Anderer einfließt, und daher nur mittelst desselben und in Rücksicht auf ihn, Jener einen Willen in Betreff des Handelns Anderer haben kann und es ihm nicht gleichgültig ist. Sehr naiv giebt Kant dieses selbst zu erkennen, S. 123 der »Kritik der praktischen Vernunft« (Rosenkranzische Ausgabe, S. 192), wo er das Aufsuchen der Maxime für den Willen also ausführt: »Wenn Jeder Anderer Noth mit völliger Gleichgültigkeit ansähe, und du gehörtest mit zu einer solchen Ordnung der Dinge, würdest du darin willigen?« – *Quam temere in nosmet legem sancimus iniquam!* [Wie leichtfertig erkennen wir an, was gegen uns selbst spricht!] wäre das Regulativ der nachgefragten Einwilligung. Eben so in der »Grundlegung zur Metaphysik der Sitten«, S. 56 der dritten, S. 50 der Rosenkranzischen Ausgabe: »Ein Wille, der beschlösse, Niemanden in der Noth beizustehn, würde sich widerstreiten, indem sich Fälle ereignen können, wo er Anderer Liebe und Theilnahme bedarf« u.s.w. Dieses Princip der Ethik, welches daher, beim Licht betrachtet, nichts Anderes, als ein indirekter und verblümter Ausdruck des alten, einfachen Grundsatzes, *quod tibi fieri non vis, alteri ne feceris* [Was du nicht willst, daß man dir tu, das füge keinem andern zu!] ist, bezieht sich also zuerst und unmittelbar auf das Passive, das Leiden, und dann erst vermittelst dieses auf das Thun: daher wäre es, wie gesagt, als Leitfaden zur Errichtung des Staats, welcher auf die Verhütung des Unrechtleidens gerichtet ist, auch Allen und Jedem die größte Summe von Wohlseyn verschaffen möchte, ganz brauchbar; aber in der Ethik, wo der Gegenstand der Untersuchung das Thun als Thun und in seiner unmittelbaren Bedeutung für den Thäter ist, nicht aber seine

Folge, das Leiden, oder seine Beziehung auf Andere, ist jene Rücksicht durchaus nicht zulässig, indem sie im Grunde doch wieder auf ein Glücksäligkeitsprincip, also auf Egoismus, hinausläuft.

Wir können daher auch nicht Kants Freude theilen, die er daran hat, daß sein Princip der Ethik kein materiales, d. h. ein Objekt als Motiv setzendes, sondern ein bloß formales ist, wodurch es symmetrisch entspricht den formalen Gesetzen, welche die Kritik der reinen Vernunft uns kennen gelehrt hat. Es ist freilich statt eines Gesetzes, nur die Formel zur Auffindung eines solchen: aber theils hatten wir diese Formel schon kürzer und klärer in dem: *quod tibi fieri non vis, alteri ne feceris*; theils zeigt die Analyse dieser Formel, daß einzig und allein die Rücksicht auf eigene Glücksäligkeit ihr Gehalt giebt, daher sie nur dem vernünftigen Egoismus dienen kann, dem auch alle gesetzliche Verfassung ihren Ursprung verdankt.

Ein anderer Fehler, der, weil er dem Gefühl eines Jeden Anstoß giebt, oft gerügt und von Schiller in einem Epigramm persiflirt ist, ist die pedantische Satzung, daß eine That, um wahrhaft gut und verdienstlich zu seyn, einzig und allein aus Achtung vor dem erkannten Gesetz und dem Begriff der Pflicht, und nach einer der Vernunft *in abstracto* bewußten Maxime vollbracht werden muß, nicht aber irgend aus Neigung, nicht aus gefühltem Wohlwollen gegen Andere, nicht aus weichherziger Theilnahme, Mitleid oder Herzensaufwallung, welche (laut »Kritik der praktischen Vernunft«, S. 213; Rosenkranzische Ausgabe, S. 257) wohldenkenden Personen, als ihre überlegten Maximen verwirrend, sogar sehr lästig sind; sondern die That muß ungern und mit Selbstzwang geschehn. Man erinnere sich, daß dabei dennoch Hoffnung des Lohnes nicht einfließen soll, und ermesse die große Ungereimtheit der Forderung. Aber, was mehr sagen will, dieselbe ist dem ächten Geiste der Tugend gerade entgegen: nicht die That, sondern das Gernthun derselben, die Liebe, aus der sie hervorgeht und ohne welche sie ein todtes Werk ist, macht das Verdienstliche derselben aus. Daher lehrt auch das Christenthum mit Recht, daß alle äußern Werke werthlos sind, wenn sie nicht aus jener ächten Gesinnung, welche in der wahren Gernwilligkeit und reinen Liebe besteht, hervorgehn, und daß nicht die verrichteten Werke *(opera operata)*, sondern der Glaube, die ächte Gesinnung, welche allein der heilige Geist verleiht, nicht aber der freie und überlegte, das Gesetz allein vor Augen habende Wille gebiert, sälig mache und erlöse. – Mit jener Forderung Kants, daß jede tugendhafte Handlung aus reiner, überlegter Achtung vor dem Gesetz und nach dessen abstrakten Maximen, kalt und ohne, ja gegen alle Neigung geschehn solle, ist es gerade so, wie wenn behauptet würde, jedes ächte Kunstwerk müßte durch wohl überlegte Anwendung ästhetischer Regeln entstehn. Eines ist so verkehrt wie das Andere. Die schon von Plato und Seneka behandelte Frage, ob die Tugend sich lehren lasse, ist zu verneinen. Man wird sich endlich entschließen müssen einzusehn, was auch der Christlichen Lehre von der Gnadenwahl den Ursprung gab, daß, der Hauptsache und dem Innern nach, die Tugend gewissermaaßen wie der Genius angeboren ist, und daß eben so wenig, als alle Professoren der Aesthetik, mit vereinten Kräften, irgend Einem die Fähigkeit genialer Produktionen, d. h. ächter Kunstwerke beibringen können, eben so wenig alle Professoren der Ethik und Prediger der Tugend einen unedeln Charakter zu einem tugendhaften, edeln umzuschaffen vermögen, wovon die Unmöglichkeit sehr viel offenbarer ist, als die der Umwandlung des Bleies in Gold; und das Aufsuchen einer Ethik und eines obersten Princips derselben, die praktischen Einfluß hätten und wirklich das Menschengeschlecht umwandelten und besserten, ist ganz gleich dem Suchen des Steines der Weisen. – Von der Möglichkeit jedoch einer gänzlichen Sinnesänderung des Menschen (Wiedergeburt), nicht mittelst abstrakter (Ethik), sondern mittelst intuitiver Erkenntniß (Gnadenwirkung), ist am Ende unsers vierten Buches ausführlich geredet; der Inhalt welches Buches mich überhaupt der Nothwendigkeit überhebt, hiebei länger zu verweilen.

Daß Kant in die eigentliche Bedeutung des ethischen Gehaltes der Handlungen keineswegs eingedrungen sei, zeigt er endlich auch durch seine Lehre vom höchsten Gut als der nothwendigen Vereinigung von Tugend und Glücksäligkeit und zwar so, daß jene die Würdigkeit zu dieser wäre. Schon der logische Tadel trifft ihn hier, daß der Begriff der Würdigkeit, der hier den Maaßstab macht, bereits eine Ethik als seinen Maaßstab voraussetzt, also nicht von ihm ausgegangen werden durfte. In unserm vierten Buche hat sich ergeben, daß alle ächte Tugend, nachdem sie ihren höchsten Grad erreicht hat, zuletzt hinleitet zu einer völligen Entsagung, in der alles Wollen ein Ende findet: hingegen ist Glücksäligkeit ein befriedigtes Wollen, Beide sind also von Grund aus unvereinbar. Für Den, welchem meine Darstellung eingeleuchtet hat, bedarf es weiter keiner Auseinandersetzung der gänzlichen Verkehrtheit dieser Kantischen Ansicht vom höchsten Gut. Und unabhängig von meiner positiven Darstellung habe ich hier weiter keine negative zu geben.

Kants Liebe zur architektonischen Symmetrie tritt uns denn auch in der »Kritik der praktischen Vernunft« entgegen, indem er dieser ganz den Zuschnitt der »Kritik der reinen Vernunft« gegeben und die selben Titel und Formen wieder angebracht hat, mit augenscheinlicher Willkür, welche besonders sichtbar wird an der Tafel der Kategorien der Freiheit.

Die Rechtslehre ist eines der spätesten Werke Kants und ein so schwaches, daß, obgleich ich sie gänzlich mißbillige, ich eine Polemik gegen dieselbe für überflüssig halte, da sie, gleich als wäre sie nicht das Werk dieses großen Mannes, sondern das Erzeugniß eines gewöhnlichen Erdensohnes, an ihrer eigenen Schwäche natürlichen Todes sterben muß. Ich begebe mich also in Hinsicht auf die Rechtslehre des negativen Verfahrens, und beziehe mich auf das positive, also auf die kurzen Grundzüge derselben, die in unserm vierten Buche aufgestellt sind. Bloß ein Paar allgemeine Bemerkungen über Kants Rechtslehre mögen hier stehn. Die Fehler, welche ich, als Kanten überall anhängend, bei der Betrachtung der »Kritik der reinen Vernunft« gerügt habe, finden sich in der Rechtslehre in solchem Uebermaaß, daß man oft eine satirische Parodie der Kantischen Manier zu lesen, oder doch wenigstens einen Kantianer zu hören glaubt. Zwei Hauptfehler sind aber diese. Er will (und Viele haben es seitdem gewollt) die Rechtslehre von der Ethik scharf trennen, dennoch aber erstere nicht von positiver Gesetzgebung, d. h. willkürlichem Zwange, abhängig machen, sondern den Begriff des Rechts rein und *a priori* für sich bestehn lassen. Allein dieses ist nicht möglich; weil das Handeln, außer seiner ethischen Bedeutsamkeit und außer der physischen Beziehung auf Andere und dadurch auf äußern Zwang, gar keine dritte Ansicht auch nur möglicherweise zuläßt. Folglich wenn er sagt: »Rechtspflicht ist die, welche erzwungen werden kann«; so ist dieses Kann entweder physisch zu verstehn: dann ist alles

Recht positiv und willkürlich, und wieder auch alle Willkür, die sich durchsetzen läßt, ist Recht: oder das Kann ist ethisch zu verstehn, und wir sind wieder auf dem Gebiet der Ethik. Bei Kant schwebt folglich der Begriff des Rechts zwischen Himmel und Erde, und hat keinen Boden, auf dem er fußen kann: bei mir gehört er in die Ethik. Zweitens ist seine Bestimmung des Begriffs Recht ganz negativ und dadurch ungenügend*: »Recht ist das, was sich mit dem Zusammenbestehn der Freiheiten der Individuen neben einander nach einem allgemeinen Gesetze verträgt.« – Freiheit (hier die empirische, d. i. physische, nicht die moralische des Willens) bedeutet das Nichtgehindertseyn, ist also eine bloße Negation: ganz die selbe Bedeutung hat das Zusammenbestehn wieder: wir bleiben also bei lauter Negationen und erhalten keinen positiven Begriff, ja erfahren gar nicht, wovon eigentlich die Rede ist, wenn wir es nicht schon anderweitig wissen. – In der Ausführung entwickeln sich nachher die verkehrtesten Ansichten, wie die, daß es im natürlichen Zustande, d. h. außer dem Staat, gar kein Recht auf Eigenthum gebe, welches eigentlich heißt, daß alles Recht positiv sei, und wodurch das Naturrecht auf das positive gestützt wird, statt daß der Fall umgekehrt seyn sollte; ferner die Begründung der rechtlichen Erwerbung durch Besitzergreifung; die ethische Verpflichtung zur Errichtung der bürgerlichen Verfassung; der Grund des Strafrechts u. s. w., welches alles ich, wie gesagt, gar keiner besondern Widerlegung werth achte. Inzwischen haben auch diese Kantischen Irrthümer einen sehr nachtheiligen Einfluß bewiesen, längst erkannte und ausgesprochene Wahrheiten wieder verwirrt und verdunkelt, seltsame Theorien, viel Schreibens und Streitens veranlaßt. Von Bestand kann das freilich nicht seyn, und schon sehn wir, wie Wahrheit und gesunde Vernunft sich wieder Bahn machen: von letzterer zeugt, im Gegensatz so mancher verschrobenen Theorie, besonders J. C. F. Meister's Naturrecht, obgleich ich dieses darum nicht als Muster erreichter Vollkommenheit ansehe.

---

* Wenn gleich der Begriff Recht eigentlich ein negativer ist, im Gegensatz des Unrechts, welches der positive Ausgangspunkt ist; so darf deshalb doch die Erklärung dieser Begriffe nicht durch und durch negativ seyn.

Auch über die Kritik der Urtheilskraft kann ich, nach dem Bisherigen, sehr kurz seyn. Man muß es bewundern, wie Kant, dem die Kunst wohl sehr fremd geblieben ist, und der, allem Anschein nach, wenig Empfänglichkeit für das Schöne hatte, ja der zudem wahrscheinlich nie Gelegenheit gehabt, ein bedeutendes Kunstwerk zu sehn, und der endlich sogar von seinem, sowohl im Jahrhundert als in der Nation, allein ihm an die Seite zu stellenden Riesenbruder Goethe keine Kunde gehabt zu haben scheint, – es ist, sage ich, zu bewundern, wie bei diesem Allen Kant sich um die philosophische Betrachtung der Kunst und des Schönen ein großes und bleibendes Verdienst erwerben konnte. Dieses Verdienst liegt darin, daß, so viel auch über das Schöne und die Kunst waren Betrachtungen angestellt worden, man doch eigentlich die Sache immer nur vom empirischen Standpunkt aus betrachtet hatte und auf Thatsachen gestützt untersuchte, welche Eigenschaft das schön genannte Objekt irgend einer Art von andern Objekten der selben Art unterschied. Auf diesem Wege gelangte man Anfangs zu ganz speciellen Sätzen, dann zu allgemeineren. Man suchte das ächte Kunstschöne vom unächten zu sondern und Merkmale dieser Aechtheit aufzufinden, die dann eben auch wieder als Regeln dienen konnten. Was als schön gefalle, was nicht, was daher nachzuahmen, anzustreben, was zu vermeiden sei, welche Regeln, wenigstens negativ, festzustellen, kurz, welches die Mittel zur Erregung des ästhetischen Wohlgefallens, d. h. welches die im Objekt liegenden Bedingungen hiezu seien, das war fast ausschließlich das Thema aller Betrachtungen über die Kunst. Diesen Weg hatte Aristoteles eingeschlagen, und auf demselben finden wir noch in der neuesten Zeit Home, Burke, Winckelmann, Lessing, Herder u. a. m. Zwar führte die Allgemeinheit der aufgefundenen ästhetischen Sätze zuletzt auch auf das Subjekt zurück, und man merkte, daß wenn die Wirkung in diesem gehörig bekannt wäre, man alsdann auch die im Objekt liegende Ursache derselben würde *a priori* bestimmen können, wodurch allein diese Betrachtung zur Sicherheit einer Wissenschaft gelangen könnte. Dieses veranlaßte hin und wieder psychologische Erörterungen, besonders aber stellte in dieser Absicht Alexander Baumgarten eine allgemeine Aesthetik alles Schönen auf, wobei er ausgieng vom Begriff der Vollkommenheit der sinnlichen, also anschaulichen Erkenntniß. Mit der Aufstellung dieses Begriffs ist bei ihm aber auch der subjektive Theil sogleich abgethan, und es wird zum objektiven und dem sich darauf beziehenden Praktischen geschritten. – Kanten aber war auch hier das Verdienst aufbehalten, die Anregung selbst, in Folge welcher wir das sie veranlassende Objekt schön nennen, ernstlich und tief zu untersuchen, um, wo möglich, die Bestandtheile und Bedingungen derselben in unserm Gemüth aufzufinden. Seine Untersuchung nahm daher ganz die subjektive Richtung. Dieser Weg war offenbar der richtige: weil, um eine in ihren Wirkungen gegebene Erscheinung zu erklären, man, um die Beschaffenheit der Ursache gründlich zu bestimmen, erst diese Wirkung selbst genau kennen muß. Viel weiter jedoch, als den rechten Weg gezeigt und durch einen einstweiligen Versuch ein Beispiel gegeben zu haben, wie man ungefähr ihn gehn müsse, erstreckt sich Kants Verdienst hierin eigentlich nicht. Denn was er gab, kann nicht als objektive Wahrheit und realer Gewinn betrachtet werden. Er gab die Methode dieser Untersuchung an, brach die Bahn, verfehlte übrigens das Ziel.

Bei der Kritik der ästhetischen Urtheilskraft wird zuvörderst sich uns die Bemerkung aufdringen, daß er die Methode, welche seiner ganzen Philosophie eigen ist und welche ich oben ausführlich betrachtet habe, beibehielt: ich meine das Ausgehn von der abstrakten Erkenntniß, zur Ergründung der anschaulichen, so daß ihm jene gleichsam als *camera obscura* dient, um diese darin aufzufangen und zu übersehn. Wie, in der Kritik der reinen Vernunft, die Formen der Urtheile ihm Aufschluß geben sollten über die Erkenntniß unserer ganzen anschaulichen Welt; so geht er auch in dieser Kritik der ästhetischen Urtheilskraft nicht vom Schönen selbst, vom anschaulichen, unmittelbaren Schönen aus, sondern vom Urtheil über das Schöne, dem sehr häßlich sogenannten Geschmacksurtheil. Dieses ist ihm sein Problem. Besonders erregt seine Aufmerksamkeit der Umstand, daß ein solches Urtheil offenbar die Aussage eines Vorgangs im Subjekt ist, dabei aber doch so allgemein gültig, als beträfe es eine Eigenschaft des Objekts. Dies hat ihn frappirt, nicht das Schöne selbst. Er geht immer nur von den Aussagen Anderer aus, vom Urtheil über das Schöne, nicht vom Schönen selbst. Es ist daher, als ob er es ganz und gar nur von Hörensagen, nicht unmittelbar kennte. Fast eben so könnte ein höchst verständiger Blinder, aus genauen Aussagen, die er über die Farben hörte, eine Theorie derselben kombiniren. Und wirklich dürfen wir Kants Philosopheme über das Schöne beinahe nur in solchem Verhältniß betrachten. Dann werden wir finden, daß seine Theorie sehr sinnreich ist, ja, daß hin und wieder treffende und wahre allgemeine Bemerkungen gemacht sind: aber seine eigentliche Auflösung des Problems ist so sehr unstatthaft, bleibt so tief unter der Würde des Gegenstandes, daß es uns nicht einfallen kann, sie für objektive Wahrheit zu halten; daher ich selbst einer Widerlegung derselben mich überhoben achte und auch hier auf den positiven Theil meiner Schrift verweise.

In Hinsicht auf die Form seines ganzen Buches ist zu bemerken, daß sie aus dem Einfall entsprungen ist, im Begriff der Zweckmäßigkeit den Schlüssel zum Problem des Schönen zu finden. Der Einfall wird deducirt, was überall nicht schwer ist, wie wir aus den Nachfolgern Kants gelernt haben. So entsteht nun die barocke Vereinigung der Erkenntniß des Schönen mit der des Zweckmäßigen der natürlichen Körper, in ein Erkenntnißvermögen, Urtheilskraft genannt, und die Abhandlung beider heterogenen Gegenstände in einem Buch. Mit diesen drei Erkenntnißkräften, Vernunft, Urtheilskraft und Verstand, werden nachher mancherlei symmetrisch-architektonische Belustigungen vorgenommen, die Liebhaberei zu welchen überhaupt in diesem Buch sich vielfältig zeigt, schon in dem, dem Ganzen gewaltsam angepaßten Zuschnitt der Kritik der reinen Vernunft, ganz besonders aber in der bei den Haaren herbeigezogenen Antinomie der ästhetischen Urtheilskraft. Man könnte auch einen Vorwurf großer Inkonsequenz daraus nehmen, daß, nachdem in der Kritik der reinen Vernunft unablässig wiederholt ist, der Verstand sei das Vermögen zu urtheilen, und nachdem die Formen seiner Urtheile zum Grundstein aller Philosophie gemacht sind, nun noch eine ganz eigenthümliche Urtheilskraft auftritt, die von jenem völlig verschieden ist. Was übrigens ich Urtheilskraft nenne, nämlich die Fähigkeit, die anschauliche Erkenntniß in die abstrakte zu übertragen und diese wieder richtig auf jene anzuwenden, ist im positiven Theil meiner Schrift ausgeführt.

Bei weitem das Vorzüglichste in der Kritik der ästhetischen Urtheilskraft ist die Theorie des Erhabenen: sie ist ungleich besser gelungen, als die des Schönen, und giebt nicht nur, wie jene, die allgemeine Methode der Untersuchung an, sondern auch noch ein Stück des rechten Weges dazu, so sehr, daß wenn sie gleich nicht die eigentliche Auflösung des Problems giebt, sie doch sehr nahe daran streift.

In der Kritik der teleologischen Urtheilskraft kann man, wegen der Einfachheit des Stoffs, vielleicht mehr als irgendwo Kants seltsames Talent erkennen, einen Gedanken hin und her zu wenden und auf mannigfaltige Weise auszusprechen, bis daraus ein Buch geworden. Das ganze Buch will allein dieses: obgleich die organisirten Körper uns nothwendig so erscheinen, als wären sie einem ihnen vorhergegangenen Zweckbegriff gemäß zusammengesetzt; so berechtigt uns dies doch nicht, es objektiv so anzunehmen. Denn unser Intellekt, dem die Dinge von außen und mittelbar gegeben werden, der also nie das Innere derselben, wodurch sie entstehn und bestehn, sondern bloß ihre Außenseite erkennt, kann sich eine gewisse, den organischen Naturprodukten eigenthümliche Beschaffenheit nicht anders faßlich machen, als durch Analogie, indem er sie vergleicht mit den von Menschen absichtlich verfertigten Werken, deren Beschaffenheit durch einen Zweck und den Begriff von diesem bestimmt wird. Diese Analogie ist hinreichend, die Uebereinstimmung aller ihrer Theile zum Ganzen uns faßlich zu machen und dadurch sogar den Leitfaden zu ihrer Untersuchung abzugeben: aber keineswegs darf sie deshalb zum wirklichen Erklärungsgrunde des Ursprungs und Daseyns solcher Körper gemacht werden. Denn die Nothwendigkeit sie so zu begreifen ist subjektiven Ursprungs. – So etwan würde ich Kants Lehre hierüber resumiren. Der Hauptsache nach hatte er sie bereits in der Kritik der reinen Vernunft, S. 692–702; v, 720–730, dargelegt. Aber auch in der Erkenntniß dieser Wahrheit finden wir den David Hume als Kants ruhmwürdigen Vorläufer: auch er hatte jene Annahme scharf bestritten, in der zweiten Abtheilung seiner *Dialogues concerning natural religion.* Der Unterschied der Hume'schen Kritik jener Annahme von der Kantischen ist hauptsächlich dieser, daß Hume dieselbe als eine auf Erfahrung gestützte, Kant hingegen sie als eine apriorische kritisirt. Beide haben Recht und ihre Darstellungen ergänzen einander. Ja, das Wesentliche der Kantischen Lehre hierüber finden wir schon ausgesprochen im Kommentar des Simplicius zur Physik des Aristoteles: ἡ δε πλανη γεγονεν αυτοις απο του ἡγεισθαι, παντα τα ἑνεκα του γινομενα κατα προαιρεσιν γενεσθαι και λογισμον, τα δε φυσει μη οὕτως ὁραν γινομενα. *(Error iis ortus est ex eo, quod credebant, omnia, quae propter finem aliquem fierent, ex proposito et ratiocinio fieri, dum videbant, naturae opera non ita fieri.)* [Der Irrtum aber ging bei ihnen (Demokrit und Epikur) daraus hervor, daß sie meinten, alles was um eines Zweckes willen geschehe, könne nur auf Vorsatz und Überlegung beruhen, und doch wiederum bemerkten, daß die Naturprodukte nicht auf diese Weise entstünden.] *Schol. in Arist. ex. edit. Berol. p. 354.* Kant hat in der Sache vollkommen Recht: auch war es nöthig, daß, nachdem gezeigt war, daß auf das Ganze der Natur überhaupt, ihrem Daseyn nach, der Begriff von Wirkung und Ursache nicht anzuwenden, auch gezeigt wurde, daß sie ihrer Beschaffenheit nach nicht als Wirkung einer von Motiven (Zweckbegriffen) geleiteten Ursache zu denken sei. Wenn man die große Scheinbarkeit des physikotheologischen Beweises bedenkt, den sogar Voltaire für unwiderleglich hielt; so war es von der größten Wichtigkeit, zu zeigen, daß das Subjektive in unserer Auffassung, welchem Kant Raum, Zeit und Kausalität vindicirt [zugesprochen] hat, sich auch auf unsere Beurtheilung der Naturkörper erstreckt, und demnach die Nöthigung, welche wir empfinden, sie uns als prämeditirt [vorbedacht], nach Zweckbegriffen, also auf einem Wege, wo die Vorstellung derselben ihrem Daseyn vorangegangen wäre, enstanden zu denken, eben so subjektiven Ursprungs ist, wie die Anschauung des so objektiv sich darstellenden Raums, mithin nicht als objektive Wahrheit geltend gemacht werden darf. Kants Auseinandersetzung der Sache ist, abgesehn von der ermüdenden Weitschweifigkeit und Wiederholung, vortrefflich. Mit Recht behauptet er, daß wir nie dahin gelangen werden, die Beschaffenheit der organischen Körper aus bloß mechanischen Ursachen, worunter er die absichtslose und gesetzmäßige Wirkung aller allgemeinen Naturkräfte versteht, zu erklären. Ich finde hier jedoch noch eine Lücke. Er leugnet nämlich die Möglichkeit einer solchen Erklärung bloß in Rücksicht auf die Zweckmäßigkeit und anscheinende Absichtlichkeit der organischen Körper. Allein wir finden, daß, auch wo diese nicht Statt hat, die Erklärungsgründe aus einem Gebiet der Natur nicht in das andere hinübergezogen werden können, sondern uns, sobald wir ein neues Gebiet betreten, verlassen, und statt ihrer neue Grundgesetze auftreten, deren Erklärung aus denen des vorigen gar nicht zu hoffen ist. So herrschen im Gebiet des eigentlich Mechanischen die Gesetze der Schwere, Kohäsion, Starrheit, Flüssigkeit, Elasticität, welche an sich (abgesehn von meiner Erklärung aller Naturkräfte als niederer Stufen der Objektivation des Willens) als Aeußerungen weiter nicht zu erklärender Kräfte dastehn, selbst aber die Principien aller fernern Erklärung, welche bloß in Zurückführung auf jene besteht, ausmachen. Verlassen wir dieses Gebiet und kommen zu den Erscheinungen des Chemismus, der Elektricität, Magnetismus, Krystallisation; so sind jene Principien durchaus nicht mehr zu gebrauchen, ja, jene Gesetze gelten nicht mehr, jene Kräfte werden von andern überwältigt und die Erscheinungen gehn in geradem Widerspruch mit ihnen vor sich, nach neuen Grundgesetzen, die, eben wie jene ersteren, ursprünglich und unerklärlich, d. h. auf keine allgemeineren zurückzuführen sind. So z. B. wird es nie gelingen, nach jenen Gesetzen des eigentlichen Mechanismus auch nur die Auflösung eines Salzes im Wasser zu erklären, geschweige die komplicirteren Erscheinungen der Chemie. Im zweiten Buch gegenwärtiger Schrift ist dieses Alles bereits ausführlicher dargestellt. Eine Erörterung dieser Art würde, wie es mir scheint, in der Kritik der teleologischen Urtheilskraft von großem Nutzen gewesen seyn und viel Licht über das dort Gesagte verbreitet haben. Besonders günstig wäre eine solche seiner vortrefflichen Andeutung gewesen, daß eine tiefere Kenntniß des Wesens an sich, dessen Erscheinung die Dinge in der Natur sind, sowohl in dem mechanischen (gesetzmäßigen) als in dem scheinbar absichtlichen Wirken der Natur, ein und das selbe letzte Princip wiederfinden würde, welches als gemeinschaftlicher Erklärungsgrund beider dienen könnte. Ein solches hoffe ich durch Aufstellung des Willens als des eigentlichen Dinges an sich gegeben zu haben, demgemäß überhaupt, in unserm zweiten Buch und dessen Ergänzungen, zumal aber in meiner Schrift, »Ueber den Willen in der Natur«, die Einsicht in das innere Wesen der anscheinenden Zweckmäßigkeit und der Harmonie und Zusammenstimmung der gesammten Natur vielleicht heller und tiefer geworden ist. Daher ich hier nichts weiter darüber zu sagen habe. –

Der Leser, welchen diese Kritik der Kantischen Philosophie interessirt, unterlasse nicht, in der zweiten Abhandlung des ersten Bandes meiner Parerga und Paralipomena die unter der Ueberschrift »Noch einige Erläuterungen zur Kantischen Philosophie« gelieferte Ergänzung derselben zu lesen. Denn man muß erwägen, daß meine Schriften, so wenige ihrer auch sind, nicht alle zugleich, sondern successiv, im Laufe eines langen Lebens und mit weiten Zwischenräumen abgefaßt sind; demnach man nicht erwarten darf, daß Alles, was ich über einen Gegenstand gesagt habe, auch an Einem Orte zusammen stehe.

Theorie · Philosophie · Historie · Theologie · Politik · Polemik in Diogenes Taschenbüchern

● **Andrej Amalrik**
Kann die Sowjetunion das Jahr 1984 erleben?
detebe 5

● **Alfred Andersch**
Öffentlicher Brief an einen sowjetischen Schriftsteller, das Überholte betreffend
Reportagen und Aufsätze. detebe 1/13

Einige Zeichnungen
Graphische Thesen am Beispiel einer Künstlerin. Mit Zeichnungen von Gisela Andersch. detebe 151

Die Blindheit des Kunstwerks
Literarische Essays und Aufsätze. detebe 1/11

Ein neuer Scheiterhaufen für alte Ketzer
Kritiken und Rezensionen. detebe 1/12

● **Angelus Silesius**
Der cherubinische Wandersmann
Ausgewählt und eingeleitet von Erich Brock. detebe 204

● **Anton Čechov**
Die Insel Sachalin
Ein politischer Reisebericht. Deutsch von Gerhard Dick. detebe 50/20

● **Raymond Chandler**
Die simple Kunst des Mordes
Briefe, Essays, Fragmente. Deutsch von Hans Wollschläger. detebe 70/5

● **Jörg Drews & Co.**
Das zynische Wörterbuch
Ein Alphabet harter Wahrheiten. detebe 186

● **Friedrich Dürrenmatt**
Albert Einstein
Rede zum 100. Geburtstag von Albert Einstein. detebe 213

● **Meister Eckehart**
Deutsche Predigten und Traktate
in der Edition von Josef Quint. detebe 202

● **Albert Einstein & Sigmund Freud**
Warum Krieg?
Ein Briefwechsel. Mit einem Essay von Isaac Asimov. detebe 28

● **Federico Fellini**
Aufsätze und Notizen
Herausgegeben von Christian Strich und Anna Keel. detebe 55/6

● **Ernst Fischer**
Überlegungen zur Situation der Kunst
Drei Essays. detebe 15

● **Franz von Assisi**
Sonnengesang · Testament · Ordensregeln · Briefe · Fioretti
in der Edition von Wolfram von den Steinen, deutsch von Wolfram von den Steinen und Max Kirschstein. detebe 201

● **Egon Friedell**
Konversationslexikon
Herausgegeben und vorgestellt von Peter Haage. detebe 59

● **Das Karl-Kraus-Lesebuch**
Ein Querschnitt durch die ›Fackel‹, herausgegeben von Hans Wollschläger. detebe 219

● **D. H. Lawrence**
Pornographie und Obszönität
und andere Essays über Liebe, Sex und Emanzipation. Deutsch von Elisabeth Schnack. detebe 11

● **Fritz Mauthner**
Wörterbuch der Philosophie
in zwei Bänden. detebe 215/1–2

● **Liam O'Flaherty**
Ich ging nach Rußland
Ein politischer Reisebericht. Deutsch von Heinrich Hauser. detebe 16

● **George Orwell**
Im Innern des Wals
Ausgewählte Essays I. Deutsch von Felix Gasbarra und Peter Naujack. detebe 63/2

Rache ist sauer
Ausgewählte Essays II. Deutsch von Felix Gasbarra, Peter Naujack und Claudia Schmölders. detebe 63/3

Mein Katalonien
Bericht über den Spanischen Bürgerkrieg. Deutsch von Wolfgang Rieger. detebe 63/4

Erledigt in Paris und London
Sozialreportage aus dem Jahr 1933. Deutsch von Helga und Alexander Schmitz. detebe 63/5

● **Arthur Schopenhauer**
Zürcher Ausgabe
Studienausgabe der Werke in zehn Bänden nach der historisch-kritischen Edition von Arthur Hübscher. detebe 140/1–10

Dazu ein Band
Über Arthur Schopenhauer
Essays und Zeugnisse von Jean Paul bis Hans Wollschläger. detebe 151

● **Teresa von Avila**
Die innere Burg
in der Neuedition und -übersetzung von Fritz Vogelsang. detebe 203

● **Henry David Thoreau**
Walden oder Leben in den Wäldern
Deutsch von Emma Emmerich und Tatjana Fischer. Vorwort von W. E. Richartz. detebe 19/1

Über die Pflicht zum Ungehorsam gegen den Staat
Ausgewählte Essays. Herausgegeben, übersetzt und mit einem Nachwort von W. E. Richartz. detebe 19/2

● **H. G. Wells**
Die Geschichte unserer Welt
Ein historischer Grundriß. Deutsch von Otto Mandl u. a. detebe 67/4

● **James Abbott McNeill Whistler**
Die vornehme Kunst sich Feinde zu machen
Whistlers ›Kunstregeln‹ und der ›Zehn-Uhr-Vortrag‹ und die Einwände von Oscar Wilde und G. K. Chesterton. Herausgegeben und mit einem Vorwort von Gerd Haffmans. detebe 34

● **Urs Widmer**
Das Normale und die Sehnsucht
Essays und Geschichten. detebe 39/1

● **Oscar Wilde**
Der Sozialismus und die Seele des Menschen
Ein Essay. Deutsch von Gustav Landauer und Hedwig Lachmann. detebe 3

● **Hans Wollschläger**
Die bewaffneten Wallfahrten gen Jerusalem
Geschichte der Kreuzzüge. detebe 48

Die Gegenwart einer Illusion
Reden gegen ein Monstrum. detebe 113

● **Über Gott und die Welt**
Revolutionäre Texte aus dem Neuen Testament. Mit einem Vorwort von H. G. Wells. detebe 46